진로진학상담교육론

한국생애개발상담학회
진로진학상담총서 02

진로진학상담교육론

2017년 2월 28일 초판 1쇄 찍음
2024년 7월 19일 초판 4쇄 펴냄

지은이 손은령·문승태·임경희·김희수·손진희·임효진·여태철·최지영·손민호·고홍월·공윤정·허창수

편집 임현규
디자인 김진운
본문조판 디자인 시

펴낸이 윤철호
펴낸곳 ㈜사회평론아카데미
등록번호 2013-000247(2013년 8월 23일)
전화 02-326-1545
팩스 02-326-1626
주소 03993 서울특별시 마포구 월드컵북로6길 56
이메일 academy@sapyoung.com
홈페이지 www.sapyoung.com

진로진학상담교육론

손은령 · 문승태 · 임경희 · 김희수 · 손진희 · 임효진
여태철 · 최지영 · 손민호 · 고홍월 · 공윤정 · 허창수 지음

사회평론아카데미

차례

서문

　한국 상황에 맞는 진로교육을 고민하고 진로상담의 방법을 찾아가기 위해, 진로개발직업상담연구회를 만들고 첫 번째 콜로키움을 열고 난 지 어언 10년이 흘렀다. 2007년 4월 14일로부터 만 10년이 지난 2017년 3월에 한국생애개발상담학회가 주관한 진로진학상담총서가 발간되는 것에 대해 자못 감회가 새롭다. 맞지 않는 옷을 입고 어색해 하면서 자리에 앉아 있어야 했던 일군의 학자들이 서구의 시각에서 본 진로이론이나 상담기법이 아닌 한국의 현실을 기반으로 한 이론과 우리 문화에 맞는 방법론을 찾아보려는 약 10년 동안의 노력이 결실을 맺어, 2016년에 한국생애개발상담학회가 한국상담학회의 14번째 분과학회로 가입되었다. 이 책은 이를 기념하기 위한 성격을 지님과 동시에, 올해부터 시작되는 교육대학원의 진로진학상담교육 전공 교재로 활용되기 위한 목적도 갖고 있다.

　학교 현장에서 학생들을 대상으로 진로지도와 진학상담을 해야 하는 교사의 입장에서는 되도록이면 열린 시각과 알찬 정보를 토대로 해서 학생들을 만나고 싶어 한다. 사실상 모든 교사는 상담교사이면서 진로지도자로서의 역할을 수행해야 한다. 하지만 입시 중심의 학교체제 하에서 이러한 수행이 어려웠기 때문에, 이를 지원하기 위한 별도의 방편으로 만든 것이 진로진학상담교사제도이다. 처음 도입 당시부터 여러 가지 잡음이 있었던 것은 사실이지만, 그럼에도 이 제도를 통해서 전공교사들이 부전공 연수 과정을 거쳐 7기까지 배출되었다. 그리고 올해부터는 10개 교육대학원에서 전공 과정으로 개설되어, 많은 수의 중등교사들이 부전공 자격과 석사학위를 동시에 부여받고 학교 현장에 배치될 것으로 보인다. 한국생애개발상담학회의 여러 연구자들은 이 제도의 필요성 여부보다는 제도의 성과를 극대화하기 위해 무엇을 해야 할지를 고민했다. 이 과정에서 의견을 모은 것이 교재 발간이었다. 처음 그 회의에 참석하지는 못했지만 취지에 적극 공감했고, 이 책의 대표 집필자 역할에 선뜻 응했다.

사실 이 책의 대표 집필자가 되었을 당시만 해도 책 출판과 관련해서 이렇게 많은 고민을 하게 될 줄은 상상하지 못했다. 이론이나 기법과 관련된 다른 저서들은 교직 실무편람에 제시된 교과목명을 그대로 활용하거나, 기존의 저서들을 한국 현실에 맞추어 수정 보완하고 심화하는 수준에서의 노력을 필요로 했을 것이다. 그 과정에서 상당한 어려움이 있었으리라고 감히 예측해 본다. 하지만 이 책은 다른 어느 책보다도 창의적이며 신선한 내용을 담고 있다고 자부할 수 있다. 이 책은 교과 교육학의 과목에 해당되기 때문에, 내용 선정에 참고할 만한 사항이 거의 전무했다. 이 때문에 차례 구성에 대해서 여러 날 고민했다. 기존의 교육학개론이나 교사론은 전통적인 관점에서 내용을 선정했다는 한계를 지니고 있다. 그렇기 때문에 이 책에서는 관점을 달리해 '진로진학상담교사들은 어떤 내용을 알고 싶어 할 것인가'와 '학생들은 어떤 진로진학상담교사를 원할 것인가'라는 이중의 관점에서 총 12개의 주제를 선정했다.

　　이 책의 12개 장은 크게 3개의 영역으로 구분된다. 첫 번째 영역은 진로진학상담교사의 역할, 자질, 역량, 교육, 훈련 등의 내용으로 구성되어 있다. 모든 교사는 진로진학상담교사가 되어야 한다는 전제 하에 어떤 철학을 갖고 진로진학상담을 진행해야 할지를 고민하는 한편, 그에 걸맞은 교육과 훈련의 내용을 알려 줌으로써 자기진단을 토대로 한 발달을 도모할 수 있도록 내용을 기획했다. 두 번째 영역에는 진로진학상담교사가 알아야 할 여러 교육학적 지식과 이론을 담고자 했다. 학습이론, 발달이론, 성격이론, 교수학습이론이 이에 해당한다. 물론 더 많이 알수록 더 좋을 수 있다는 점은 자명하지만, 넘치기보다는 제대로 알기를 바라는 마음에서 꼭 필요한 내용으로만 압축했다. 세 번째 영역에는 진로진학상담교사 자신의 성장과 관련된 내용을 담았다. 학생은 교사를 보고 닮아 간다. 교사 자신의 삶이 조화롭고 풍성해지면 학생들의 삶도 그만큼 더 깊어지고 넓어질 수 있다고 생각한다. 행복을 추구하고 적극적으로 삶을 영위하는 한편 윤리의식을 토대로 자기성찰을 지속적으로 실행하는 교사가 되기를 바라는 마음에서 내용을 풀어냈다.

　　차례 선정 이후에는 자연스럽게 저자 선정의 과제로 넘어갔는데, 이는 아주 순조롭게 진행되었다. 집필을 부탁드린 저자 모두 선뜻 취지에 공감했고, 각각의 주제에 대해 깊은 고민을 토대로 심혈을 기울여서 집필에 임했음을 목도했다. 집필 기한을 넘긴

분이 없었기 때문에, 처음 기획된 6권의 책 중 가장 먼저 집필이 완료되었다. 이 때문에 출판되기까지 상당한 기간을 기다려야 했지만, 이 또한 즐거운 기다림이었고 기대를 담뿍 담은 달콤한 대기상태였음을 밝힌다. 대기는 기대가 있을 때 기쁨으로 다가온다는 사실을 깨닫는 순간이었다.

모든 저자의 면면을 알고 집필을 시작하지는 않았다. 몇 분의 저자는 서면으로만 연락을 했기 때문에 아직까지 얼굴을 뵙지 못한 경우도 있다. 아마 총 12분의 저자가 서로 다 알지는 못하리라고 생각한다. 하지만 한 책에 동시에 이름을 올리는 순간 우리는 친구가 되고 동지가 되었다. 우리나라의 진로교육에 일조하겠다는 약속과 함께, 학생 개개인의 진로발달에 도움을 주고 싶다는 열망이 이 책 곳곳에 담겨 있음을 믿는다. 네트워킹의 허브가 된 입장에서 알게 된 여러 저자의 이력은 다시 한 번 저자 선정이 탁월했음을 드러내고 있다. 좋은 글은 다양한 면을 보여주어야 하는데, 이는 다양한 저자 배경을 토대로 가능하다고 생각한다. 저자 중에는 미술, 영화, 음악, 요리, 화훼, 댄스 등에 탁월함을 지닌 분도 있고, 교직을 포함해서 몇 번의 진로전환 과정을 통해 생애개발에 대해 일가견을 가진 분도 있다. 우리나라의 진로교육을 총괄적으로 기획하고 운영하기 위해 잠시 동안 정부 부처로 옮겨 가서 큰일을 수행하느라 애쓴 분, 상담기관과 경력개발센터 등에서 오랜 기간 근무하면서 현장의 목소리에 귀 기울였던 분, 다문화를 배경으로 한 학자도 포함되어 있다. 이러한 풍성한 배경 덕분에 이 책의 격이 높아졌다.

이 책의 전체 틀을 잡고 발간하기까지 약 8개월 동안 우리나라의 시국도 다사다난했지만, 대표 집필자의 삶에도 많은 시련이 있었다. 변화무쌍한 삶을 경험하는 과정에서 많은 깨달음을 얻었던 점은 덤이었다. 그 깨달음을 한마디로 표현하면 '아름다움'이라고 할 수 있다. 사람이 팔을 벌려 안을 수 있는 크기가 아름이다. 개인이 노력해서 각자의 최대치만큼 성장할 때 아름답다고 할 수 있다. 진로교육의 지향점도 학생 개개인이 아름다울 수 있도록 돕는 데 두어야 한다. '생애(生涯)'라는 말에 사용된 '가장자리 애(涯)'는 가능한 범위까지 넓혀 간다는 뜻을 담고 있다. 살면서 점차 자신의 가능치를 넓혀 갈 수 있도록 애쓰는 데 이 책이 일조할 수 있기를 바라며, 저자들도 각자의 아름다움을 위해 노력하겠다는 약속을 드린다.

이 책이 나오기까지 많은 분이 수고해 주었다. 가장 크게 수고한 분은 저자들이겠지만, 각 저자들의 주변에서 알게 모르게 집필을 도와준 분들이 있었으리라고 생각한다. 일일이 이름을 밝힐 수는 없지만, 그분들 모두에게 깊은 감사를 드린다. 또한 출판과 관련해서 적극적으로 지원해 주신 사회평론아카데미의 김천희 대표님과, 이 책의 시작 단계부터 꼼꼼하게 챙겨 주시고 세밀하게 확인해 주신 장원정 편집자님 이하 관련 출판부서 여러분의 도움과 수고에 대해서도 머리 숙여 감사의 인사를 전하고 싶다.

2017년 2월
집필자 대표 손은령

1부

진로진학
상담교사직의
이해

1장

진로진학상담교사론

문승태

진로교육은 학생이 자신의 진로에 관한 올바른 이해와 인식, 일에 관한 긍정적 태도를 형성할 수 있도록 도와줌으로써 향후 자신에게 가장 적합한 진로를 선택하고 행복한 삶을 영위할 수 있도록 하는 교육 활동의 첫 단계로, 그 의미가 매우 중요(이지연·정숙영, 2005; 이건남 외, 2013: 340)하게 인식되고 있다. 이는 개인뿐 아니라 국가 차원에서도 중요한 의미를 갖는다(O'Brien et al., 1999; Watts, 2005).

우리나라의 경우도 진로교육에 대한 관심과 필요성이 크게 대두되고 있다. 특히 학령기의 청소년을 대상으로 한 진로교육의 중요성이 최근에 강조되면서(박용호, 2011: 118) 최근 진로교육법이 제정·시행되었다.

입학사정관제의 도입을 비롯한 입시제도의 다양화와 2009년 중등교육과정의 변화를 기점으로 중등교육에서의 진로교육도 변화가 시작되었고, 이후 진로·직업 교과의 설치와 자유학기제의 시행 등 국가 차원에서 본격적인 진로교육이 선포되기에 이르렀다. 이러한 변화의 핵심에는 진로진학상담교사의 양성과 설치라는 키워드가 자리잡고 있다(홍지영·유정이·김진희, 2014: 128). 따라서 진로진학상담교사의 양적·질적 양성교육은 물론 그 역할과 책무도 중요해지고 있다.

진로진학상담교사 제도는 빠르게 변화하는 현대 사회의 흐름 속에서 학교교육 현장과 직업세계의 격차를 줄이고 공교육 안에서 올바른 진로교육을 실시하여 학생 개개인이 흥미, 적성, 소질 등의 탐색과 개발을 통해 바람직한 사회 구성원으로 성장할 수 있도록 돕는 데 그 목적(박영주, 2014: 5; 김미경, 2016: 11)이 있다. 이는 급변하는 미래사회에 적응하는 것을 도울 새로운 대안적 교육제도라 하겠다.

이 장에서는 진로진학상담교사에 대해 크게 두 부분으로 나누어 다루고자 한다. 첫째, 21세기를 토대로 예측해 보는 미래 사회의 특징과 교육의 중추인 교사의 역할, 특히 진로진학상담교사가 과거의 전통적인 사도(仕途)론에서 벗어나 어떤 방향으로 나아가야 할지를 서술한다. 둘째, 현대 경력 환경의 변화가 가져온 정책의 산물인 진로진학상담교사에 대한 논의를 개론적 수준에서 서술한다.

1) 미래 사회의 특징

교육의 위기는 사회 환경의 변화 속에서 수십 년 동안 지속적으로 제기되어 왔다. 학교교육이 본질적 목적에 따라 움직이기보다는 사회적 지위 획득을 위한 수단으로 전락했다는 많은 교육학자들의 비판에도 불구하고, 우리 사회에서는 사회적 선발의 주요 기제로서 학교교육의 기능이 오랫동안 강하게 유지되어 왔다.

그러나 이제까지 학교교육이 수행해 왔던 이러한 역할이 점점 퇴색해 가고 있다. 사회 불평등 구조의 심화로 일자리가 감소하면서 학교교육의 사회적 지위 이동 효과가 감소되고 있기 때문이다. '더 이상 개천에서 용이 나지 않는다'는 문제의식이 팽배해지고 있다(김정원 외, 2012: 92-93).

세계경제포럼(WEF) 회장인 클라우스 슈밥은 "이제 우리는 삶의 방식을 근본적으로 바꿀 기술혁명에 직면했으며, 변화의 규모와 범위, 복잡성은 이제까지 경험한 것과는 전혀 다를 것"이라고 예언하고 있듯이 지금 세계는 사회 전반에 걸쳐 큰 변화가 일어나고 있다.

인공지능과 머신러닝(machine learning), 로봇, 3D 프린팅, 바이오 ED 등 신기술이 주도하는 제4차 산업혁명이 시작되면서, 신규로 창출되는 일자리가 훨씬 더 많아지고 있으나, 역사상 처음으로 '없어지는 일자리'가 더 많을 것으로 보고 있다. 5년 뒤에는 700만개의 일자리가 사라지고 200만개의 일자리가 탄생할 것으로 예측되고 있다(WEF, 2016.1). 산업혁명의 변화를 연도별로 살펴보면 표 1-1과 같다.

표 1-1 산업혁명의 연도별 변화

구분 연도	1차 산업혁명 1784년	2차 산업혁명 1890년	3차 산업혁명 1969년	4차 산업혁명 2016년
내용	증기기관 발명 기계적인 장치 제품 생산	전기기관 발명 대량생산 가능 노동력 장악	정보통신기술 발달 생산라인 자동화 사람은 생산라인의 점검 및 컨트롤	사물인터넷(IoT) 발달 다품종 다량생산 복잡한 조립 및 가공 센서와 3D 프린팅 기술 발달 빠른 생산 가능

출처: **일자리의 미래**, WEF(2016. 1)

초융합화, 초지능화로 특징지어지는 제4차 산업혁명은 이전의 산업혁명과는 다르게 전개되고 있다. 초등학생의 60%는 현재 존재하지 않는 직업을 가질 것이며, 신규직업이 요구하는 전문성은 이전과 크게 달라질 것이다. 앞으로의 시대는 생명과학기술사회, 다원화 사회, 환경친화적 사회라는 다양한 양상과 특징을 지닌다. 이러한 가운데 우리는 더 세부적인 측면과 연관된 복잡한 특성의 문제들에 직면하게 되었다. 이는 단편적인 지식이나 기능만으로는 복합적인 문제를 해결할 수 없다는 것을 의미한다. 이제 사회는 한 우물만 파는 인재가 아니라 지식, 기술, 학문 등 여러 분야의 지식을 갖추고 활용할 수 있는 능력을 보유한 창의융합형 인재를 요구한다.

변화하는 세계에 발맞추어 교육이 변화해야 한다면, 무엇보다도 사회 변화를 주도해 갈 수 있는 교사의 중요성이 강조되어야 한다. 이에 따라 교사는 교육 변화의 주체가 되어야 한다(유미림·인재천, 2015: 15). 또한 미래 사회의 학교는 학습의 본질적 목적을 분명히 하고 이를 토대로 학생을 이끌어야 하며, 그것을 위한 철학적 기반을 공고히 하는 가운데 학생의 성장과 연결된 사회네트워크에서 중심축으로서의 역할을 수행해야 한다.

2) 미래 사회의 교사

이제까지의 학교교육을 이끌어 온 패러다임은 '인류가 축적한 지적 산물인 학문을 후속세대에 전수해야 한다'는 학문중심주의에 기초했다. 그러나 이제는 기존의 사고를 뛰어넘는 생산적이고 창조적인 사고를 키우고 지식의 생산성을 높이는 교육이 요구되고 있다. 획일적이고 단순한 지식 위주의 교육에서 벗어나서 사회 현상을 이해하고 대처할 수 있는 인간을 길러내야 하기 때문이다.

미래 사회의 교사는 무한경쟁의 시대에 대응할 수 있는 전문적 능력을 갖추어야 한다. 그리고 학생들이 풍부하고 다양한 지식을 접하고 그것을 바탕으로 스스로 과제를 해결해 나갈 수 있도록 기존의 문제해결 방식을 개선하거나 새로운 지식을 창출해 낼 수 있는 창의적인 능력을 길러 주어야 한다(유미림·인재천, 2015: 56).

미래 사회는 급변하고 모호하며 불확실성은 점점 더 커질 것이다. 이러한 사회에 적응하기 위해서는 이에 맞는 진로탐색역량이 학생에게 요구된다. 또한 교사들의 '학습하는 방법에 대한 학습', '융합형 교육' 지향이라는 차원에서 학자들이 접근하고 있다.

먼저 학습하는 방법에 대한 학습은 해당 분야의 전문지식뿐만 아니라 학습을 통해 새로운 내용을 배우는 것을 말한다. 교사는 학생들이 아직 존재하지 않는 직업에 대비하고, 아직 발명되지 않은 기술을 사용하며, 이전에 제기된 적이 없는 사회 문제를 해결할 수 있도록 준비시킬 필요가 있다. 교육 내용의 전달을 넘어, 창의력, 비판적 사고력, 문제해결력, 의사결정 능력, 의사소통 능력, 협력 및 협업 역량, 신기술의 인식·탐색 역량, 함께 생활하고 일할 수 있는 인성을 키워야 한다.

다음으로, 사회가 변화함에 따라 발생하는 복잡하고 다양한 문제를 해결하고 새로운 가치를 창출하기 위해서는 기존의 분과적 학문에 기초한 지식으로는 한계가 있다는 데 많은 사람들이 동의하고 있다. 이 때문에 학문 간 융합적 사고의 필요성이 대두되었고, 융합형 교육이 창의융합형 인재 양성을 위한 중요한 교육적 접근 방법으로 강조되고 있다(정미경 외, 2014: 3; 2015: 15).

"교육의 질이 교사의 질에 달려 있다"는 말을 굳이 인용하지 않더라도, 교사가 융합교육과정에 대해 충분히 이해하지 못하고 실행에 필요한 지식이나 기술을 갖추지 못한다면 융합교육의 목적을 달성하기는 어렵다. 융합교육을 성공시키기 위해서는 교사의 융합교육에 대한 관심과 적용 의지, 융합교육 실천 역량이 중요하다. 즉, 교사가 융합교육에 관심을 가지고 자신의 수업에 적용하려는 의지를 보여야 융합교육을 시작할 수 있다. 또한 학습공동체를 통한 교사 간 협력문화 조성, 조직문화 조성을 위한 관리자의 지원 등이 요구된다. 전문성 신장을 위한 교사 개인의 노력에는 일정 부분 한계가 있을 수밖에 없다. 이러한 이유로 교사 간 협력이 필요하다. 동료 교사와의 협력을 통해 자신이 미처 깨닫지 못했던 부분을 발견할 수 있을 뿐만 아니라 좀 더 객관적인 시각에서 문제점을 파악할 수 있기 때문이다(차경수·모경환, 2008; 정미경 외, 2015: 27-28).

특히 2015년 개정교육과정에서는 단순히 미래 사회의 변화를 이해하는 데서 나아가 학생들이 직접 탐색하고 설계하도록 하면서 불확실한 미래에 대한 학생들의 적응력을 길러 주어야 한다고 강조한다. 즉, 자기주도적으로 문제를 해결하는 능력, 변화를 두려워하지 않는 능력, 나아가 '개방', '공유', '플랫폼 정신'을 갖추도록 해야 한다는 것이다.

3) 교사에 대한 사회적 기대와 역할

현대 사회에는 국가의 미래를 결정짓는 여러 분야가 있으며 그 중 핵심은 교육이다. 교육의 제반 구비조건들이 아무리 잘 갖추어져 있다고 하더라도, 교육 현장에서 학생들과 함께 생활하면서 풍부한 환경을 활용하여 직접 교육을 담당하는 주체인 교사의 역할이 매우 중요하다. 배가 수면 이상으로 뜰 수 없듯이, 교육의 수준은 교사의 수준을 넘을 수 없다. 교사를 교육의 주체, 관건, 핵심이라고 하는 이유는 바로 여기에 있다(김기태·조평호, 2003: 25, 유미림·인재천, 2015: 13).

의사는 공동체의 건강을 지킨다는 점에서 '사회적 선'의 생산자로 볼 수 있다. 이와 유사하게 교사도 인격, 지성, 기능 등과 같은 '사회적 선'의 생산자라는 관점에서 전문성을 갖는다(Dewey, 1935a: 158-161). 교사의 주요 활동 대상인 학생들 자체가 중요한 사회적 자산이라는 점에서, 사회에 대한 교사의 책임과 역할은 더욱 중요하다. 이러한 의미에서 교사가 하는 일은 공동체사회에서 좀 더 높은 수준의 지성을 생산하는 것이며, 공공성을 갖는 학교 체제의 목적도 그러한 지성을 소유한 구성원을 가능한 한 많이 생산하는 것이다(박균섭·김병희, 2003: 8).

추측컨대 세계적으로 한국만큼 교육을 중요하게 생각하는 나라도 많지 않고, 한국만큼 전 국민이 교육에 관해서 일가견을 지닌 교육 전문가인 나라도 많지 않을 것이다(김아영, 2012: 78). 그만큼 한국에서는 교사에 대한 사회적 기대도 클 수밖에 없다.

앞서 언급했듯이 모든 교육적 활동이 교사를 통해 이루어진다. 교육을 효과적으로 수행하기 위해 교사들은 수많은 역할을 담당해야 하며, 주요 역할은 다음과 같이 크게 3가지로 구분할 수 있다.

첫째, 교사의 가장 중요한 역할은 학생들을 가르치는 것이다. 교사가 가르치는 역할을 잘하려면, 우선 인간교육을 실시해야 한다. 인간교육의 출발은 학생들의 잠재력을 기르는 데 있다. 교사는 학생들의 자아를 개발하고 성장시키며 실현 및 확대시키는 역할을 해야 한다. 학습자를 이해하고 그들의 성장과 발달을 도와야 한다. 그러기 위해서는 학생들이 실현 가능한 목표를 세우도록 도와주고, 학생들의 능력과 욕구 및 흥미에 맞는 가르침을 행해야 한다. 나아가 교사는 학생들의 문화적 다양성을 이해하고, 학생들 개개인에 대한 개성을 인정하며, 차별이나 편견에서 해방되어야 한다.

둘째, 교사 자신의 능력을 신장시키는 것이다. 교사가 가르치는 역할을 제대로 하기 위해서는 무엇보다 교사 자신이 인문학적 소양과 학문적으로 해박한 지식과 기술을 갖추어야 한다. 다른 사람을 가르치는 것은 전문성이 기초되어야 하기 때문이다. 따라서 교사는 새로운 지식을 갖추고 교수학습법을 개발하는 데 지속적으로 노력해야 하며, 전문적으로 끊임없이 성장해야 한다.

셋째, 교사는 학생들의 사회화 과정을 돕는 역할을 한다. 미성숙한 학생들을 사회의 한 구성원으로서 성숙한 인간이 되도록 해야 한다. 교사는 학생들이 사회의 생활방식에 참여하도록 준비시키는 기능을 발휘해야 한다. 이러한 사회화 과정에서 교사의 역할을 수행하는 데는 지도자로서의 자질과 역할이 요구된다. 학생들의 바람직한 성장 발달을 저해하는 환경을 개선하고, 부모의 그릇된 교육관을 바로잡으며, 사회 일반의 비교육적 행위와 사회 환경으로부터 학생들을 보호하고, 그들이 건실하게 성장할 수 있도록 지도자적인 역량을 발휘해야 한다(류동훈, 2004: 70-73). 사회화 과정은 교사의 힘만으로는 이루어질 수 없다. 이는 가족, 친구, 여론매체, 교사들이 합심하여 수행해야 할 모든 인간의 공동적 임무이다.

1) 개념

진로진학상담교사는 단위학교의 진로진학 업무를 총괄하며, 학생과 학부모를 대상으로 진로진학에 대한 상담을 전담하는 교사이다. 일반적으로 진학, 직업, 진로문제로 고민하는 학생들의 고민을 들어주고 학생 스스로 잘 해결할 수 있도록 도와주는 역할을 담당한다. 이는 진로진학상담교사의 주요 특성인 '교사이면서 상담자인 학교상담자의 특성'과 일맥상통한다. 즉, 학교라는 조직 안에서 활동하며, 상담은 물론 교육 활동의 중요한 부분을 담당하는 학교상담자이다(유정이 외, 2015: 5). 구체적인 업무로는 진로교육프로그램의 기획과 운영, '진로와 직업' 교과수업 진행, 진로진학 관련 학생상담및 지도 등이 있다. 또한 창의적 체험활동 중 진로활동 운영계획을 수립하고, 중학교의자기주도학습전형, 고등학교의 학생부종합전형 준비를 지원한다.

2) 진로진학상담교사의 양성

중·고등학교에서 진로진학 관련 교육과 상담을 담당하는 교사가 진로진학상담교사만은 아니다. 하지만 국가 수준의 교육과정에서 진로교육이 강조되고 입학사정관제와 같은 입시제도가 변화함에 따라, 개별 학교에서 진로교육을 전담할 수 있는 전담 인력으로 진로진학상담교사가 양성되었다(고재성, 2010; 유정이 외, 2015: 2).

2011년 3월 2일 교원자격검정령시행규칙 개정을 통해 중등학교 교원자격 표시 과목에 '진로진학상담'이 신설되었다. 이로써 일선 학교에서 진로교육을 담당할 새로운자격이 만들어졌다(고재성, 2011: 198).

진로진학상담교사는 중등 1급 정교사 자격증을 소지하고 진로교사 자격 취득 후

7년 이상 재직 가능한 자를 대상으로 각 시·도 교육감이 적격자를 선발한다. 570시간 (38학점)의 부전공 자격연수를 실시하여 자격 취득 후 '진로진학상담' 교과교사로 전환 발령을 받아(교육부, 2013; 김미경, 2016: 10) 일선 중등학교에 배치되어 해당 학교의 진로진학 지도를 총괄한다. 진로진학상담교사는 지금까지 학교교육 현장에서 진로교과 운영의 구체적인 방안이 없이 중요성만 강조되어 오던 과거의 인식에서 벗어나, 적극적이고 체계적인 진로교육이 이루어질 수 있는 바탕과 계기를 마련하여 성공적인 진로교육 정책을 구현함은 물론 공교육 정상화를 조력하는 핵심적 교사라고 할 수 있다(교육과학기술부, 2011a; 박영주, 2014: 7).

2017년부터는 교육대학원 '진로진학상담' 부전공 재교육과정을 개설·운영함으로써, 기존의 단선형 진로진학상담교사 양성과정을 복선형으로 개선했다. 이렇듯 국가 차원에서 전문성을 갖춘 진로진학상담교사의 양성과 자리매김에 심혈을 기울이고 있다.

3) 진로진학상담교사의 직무

교육부에서 권고하고 있는 진로진학상담교사의 직무는 모든 학교에 적용되는 11가지 공통직무와 학교급과 유형에 따른 특수직무(일반계고 3개, 특성화고 3개, 중학교 4개)로 구분된다. 그러나 실제로 진로진학상담교사들이 수행하고 있는 직무를 연구한 결과에 따르면(김정희·이영대, 2010), 진로진학상담교사는 무려 162개의 다양한 업무를 수행하는 것으로 드러났다(정윤경 외, 2012). 진로진학상담교사들은 자신의 업무에 대해 뚜렷하게 구분하지 못한 채 서로 다른 매우 다양한 업무를 수행하고 있다. 이 때문에 진로진학상담교사로서의 정체감을 획득하기 어려우며, 다른 교사들도 진로진학상담교사의 역할을 구분하여 인식하는 데 어려움을 겪을 수 있다(유정이 외, 2015: 3).

진로진학상담교사가 겪는 직무 수행의 어려움은 다른 교사나 상담자가 겪는 어려움과는 그 특징을 달리한다. 진로진학상담교사의 경우, 교사 발달과정에서 볼 때 이미 성숙기에 접어든 교사들이 대부분이지만, 새로운 전공과 업무를 선택한 상황에서 도전과 좌절, 어려움을 겪을 수 있기 때문이다(유정이 외, 2015: 6).

현재 진로전담교사의 직무매뉴얼은 교육부가 제시한 다음의 표 1-2와 같은 가이드라인을 참고하여 시·도 교육감이 정한다. 첫째, 진로전담교사는 담임교사, 타 부서 부장교사 및 교사들과 연계·협력하여 진로진학 및 선취업·후진학 진로설계 지원 업무와 진로교육 활동을 수행한다. 둘째, 진로전담교사는 담임교사의 진로상담 결과와 연계하여 심화 진로상담을 실시한다. 셋째, 담임교사 및 교과교사는 교과수업, 창의적 체험활동, 방과 후 시간 등을 활용하여 진로상담이 원활히 이루어질 수 있도록 협력해야 한다(교육부, 2016: 4).

표 1-2 중등학교 진로전담교사의 직무

1. 진로진학상담부장 등으로서 학교 진로교육 총괄
2. 학교 진로교육과정 운영계획 수립 및 프로그램 운영
   – 진로교육 집중학년·학기제 및 진로체험 교육과정 편성·운영 지원
3. '진로와 직업' 과목 수업, 창의적 체험활동 중 '진로활동' 지도(주당 10시간 이내)
4. 진로·진학 관련 학생 진로상담(주당 평균 8시간 이상)
5. 창의적 체험활동 중 진로활동 운영계획 수립 및 운영
6. 학교급에 따른 개인 맞춤형 진로지도 및 진학지도
   – 학교생활기록부 초·중·고 진로 관련 정보연계 기반 개인별 맞춤형 진로지도
7. 선취업·후진학 학생의 진로설계 지원
8. 진로 및 학습계획서 작성 지원
9. 진로포트폴리오 지도
10. 커리어넷 등의 진로교육 관련 심리검사의 활용 및 컨설팅
11. 교내외 진로탐색 활동 기획·운영
12. 교내 교원 대상 진로교육 역량 강화 연수 총괄
13. 학부모 대상 진로교육 연수 및 컨설팅
14. 진로교육 관련 교육기부 등 지역사회 및 유관기관과의 네트워크 관리
15. 기타 학교장이 정한 진로교육 관련 업무

출처 : **중등학교 진로전담교사 배치 및 운영지침 개정(안)**, p5, 교육부(2016)

진로진학상담교사가 배치되는 학교에서는 진로진학 관련 부서 설치, 학교 급별·계열별 특성에 따라 학교장(또는 교육감)이 그 명칭을 다르게 지정할 수 있다. 진로진학상담교사는 학교의 진로교육을 총괄하고 기획하기 위하여 진로 관련 부장보직을 담당하는 것을 전제로 하여 연수과정을 이수하고 자격을 취득하기 때문에, 진로진학상담부장을 진로진학상담교사로 임명하는 것이 원칙이다(안선회, 2015: 25). 2016년 4월 기준의

중등학교 진로진학상담교사 배치 현황은 표 1-3과 같다.

표 1-3 중등학교 진로진학상담교사 배치 현황(2016.04.01 기준)

구분	진로진학상담교사 배치 학교												전체학교수(b)	배치율(a/b)
	중학교			고등학교						합계(a)				
				일반고 (자율, 특목고 포함)			특성화고 (마이스터고 포함)							
	국공립	사립	소계	국공립	사립	소계	국공립	사립	소계	국공립	사립	소계		
배치인원	2,243	557	2,800	1,081	690	1,771	309	215	524	3,633	1,462	5,095	–	–
순회교사	158	15	173	53	3	56	18	4	22	229	22	251	–	–
배치학교	2,383	565	2,948	1,054	680	1,734	300	211	511	3,737	1,456	5,193	5,562	93.37

출처 : 진로교육 현황조사, 교육부(2016)

4) 진로교육법과 진로전담교사

오늘날 한국 사회에서는 학력과 일자리 간 미스매치(mismatch), 고학력 청년층의 구직난, 중소기업 등 산업현장의 인력난으로 노동시장의 구조적 문제가 심화되고 있다. 과잉교육 및 고학력자의 하향 취업 증가로 대학 졸업 인력의 초과공급이 발생하고 있다. 고용노동부에서 발표한 '2011-2020 중장기 인력수급 전망과 정책'에 따르면, 고졸 인력은 32만 명이 부족한 반면, 전문대졸 이상의 인력은 50만 명이 초과 공급될 것으로 예측하고 있다. 물론 이는 일과 직업에 대한 다양한 가치관 및 정보 부족으로 인해 개인의 소질이나 적성에 대해 고려하지 않고 일부 해당 직종을 과잉 선호하는 현상 때문에 나타난 우리 사회의 한 단면이다.

이러한 상황에서 지난 2015년 6월 22일에 국회에서 진로교육법이 통과되었다. 국민에게 희망을 심어 주고 시대의 흐름을 반영하며 미래교육의 청사진을 만들기 위해 '개인 맞춤형 진로설계 지원'을 핵심 국정과제로 설정하고, 학생들이 자신의 '꿈'과 '끼'를 살려 소질과 적성에 맞추어 진로를 설계할 수 있도록 하는 데 그 취지가 있다.

진로교육법은 학생에게 다양한 진로교육 기회를 제공함으로써 변화하는 직업세계에 능동적으로 대처하고 학생의 소질과 적성을 최대한 실현하여 국민의 행복한 삶과 경제·사회의 발전에 기여함을 목적으로 한다.

진로교육법이 제정된 과정을 살펴보면, 김세연 의원이 법안발의(2013. 1. 10) 후 교 문위 법안소위를 통과했으며(2015. 4. 28), 교문위 전체회의를 거쳐(2015. 5. 1) 법사위 전체회의(2015. 5. 6), 국회 본회의를 통과했고(2015. 5. 29), 이후 국무회의를 거쳐(2015. 6. 16) 제정·공포되었으며(2015. 6. 22), 시행(2015. 12. 23)되기에 이르렀다.

진로교육법에는 시·도 교육감이 학생 및 학부모의 의견과 학교의 실정 등을 고려 하여 진로교육 집중학년·학기제를 자유학기와 연계·통합하여 운영할 수 있도록 명시 했다. 또한 학부모들의 관심사항인 대학의 진로교육을 위하여 필요시 관계기관 및 단 체에 대학생 현장실습 및 진로상담 제공 등의 협조를 요청할 수 있도록 했다.

진로교육법의 진로전담교사에 대한 내용을 살펴보면, 진로교육법 제9조 및 같은 법 시행령 제4조에서 중등학교 진로전담교사 배치 등에 관한 기본적인 사항을 정하고 있다.

「진로교육법」 제9조(진로전담교사)

① 교육부장관과 교육감은 초·중등학교에 학생의 진로교육을 전담하는 교사(이하 "진로전담교사"라 한다)를 둔다.

「진로교육법」 시행령 제4조(진로전담교사)

① 중학교 및 고등학교의 진로전담교사는 교육부령으로 정하는 과목이 「교원자격검 정령」 제4조에 따라 담당과목으로 표시(부전공과목으로 표시된 경우를 포함한다) 된 교원자격증을 보유한 교사로 배치하여야 한다.

② 중학교와 고등학교를 제외한 초·중등학교의 진로전담교사는 「초·중등교육법」제 19조제3항에 따라 보직교사를 두는 방식으로 배치할 수 있다.

진로교육법 및 같은 법 시행령에서 정의하는 진로전담교사란 학생의 진로교육을

전담하는 교사로, 교원자격검정령시행규칙 별표 1에 따른 표시과목 중 중등학교 진로진학상담 과목으로 표시(부전공으로 표시된 경우 포함)된 교원자격증을 소지한 자를 말한다(교육부, 2016: 1).

2016년 4월 기준으로 진로전담교사인 진로진학상담교사가 전체 중등학교의 93.4%(중등학교 전체 5,562개교 중 5,193개교에 배치, 순회교사 251명을 포함하여 전체 5,095명) 정도 배치되어 있다. 2011년에 고등학교부터 진로진학상담교사를 배치한 이래로 양적으로는 괄목할 만한 성장을 보여주고 있다. 그러나 이와 동시에 실제 운영상의 한계점도 나타나고 있다. 이를테면 '학교관리자, 담임교사, 교과교사 등 다른 교원의 진로교육 인식 저조', '학교관리자의 진로교육 마인드 부재시 진로교육 실행 저조', '일부 진로진학상담교사의 업무 실행 부족', '수업 이외의 업무가 많은 진로교사의 직무 특수성을 반영하지 못하는 교원평가 등 때문에 진로진학교사들의 사기 저하' 등이다. 이러한 문제를 해결하기 위해서는 앞으로 진로교육에 대한 학교 및 사회의 인식 확대와 인프라 구축, 진로진학상담교사의 질 제고를 위한 심화 및 전문화과정 연수가 확대되어야 할 것이다.

사례 1 일반교사와의 협조, 이래서 성공했다

☞ 진로진학상담교사의 역할에 대한 일반교사들의 인식이 부족하다는 사실을 인정해라!

"관리자나 동료 교사들이 진로교육에 대해 솔직히 잘 모르기 때문에 진로교육 측면에서 저희들을 진로교사로 봐야 하는데 그것보다는 다른 측면으로 보는 경향도 있더라고요."(홍지영 외, 2014: 136)[1]

"저는 창체(창의적 체험활동) 진로활동을 담당하고 있는데, 창체 전체 72시간의 네

---

1 홍지영 외(2014)는 중학교에 재직 중인 진로진학상담교사를 두 그룹으로 나누어 포커스 그룹 인터뷰 방법을 활용했다. 이하 홍지영 외(2014)는 **진로진학상담교사의 인식, 경험, 대안과 요구사항에 대한 질적 연구**에 수록된 인터뷰 내용을 인용한 것이다.

영역 중에 진로시간은 몇 시간 안 되더라고요. 그리고 여기가 취업상담실이잖아요? 그런데 취업과 관련된 상담은 취업지원부에 있는 선생님들이 하고, 저는 지금 전문 상담사와 같은 방(부서)에 있으면서 전문상담선생님이 하는 업무를 총괄하고 있어요."(김미경, 2016: 53.)[2]

☞ 제도가 안착되기 위한 시행착오라고 인정하고, 진로진학상담교사로서 고유한 업무를 수행하고 정체성 확보를 위해 노력해라!

"저는 남들이 하지 않는 예약시스템을 도입해서 홈페이지로 예약을 받거든요. 홈페이지 예약시스템에서도 시각적으로 활동하는 게 보이고……. 아이들이 거기에 대한 감동을 가감 없이 표출해요. 그러면 지나가던 관리자 선생님들이 듣고……."(유정이 외, 2015: 12)

☞ 동료 교사의 수업시간과 진로 관련 콘텐츠를 콜라보해 보도록 해라!

"진로프로그램을 진행할 때 담임이나 교과교사들을 보조교사로 지원받고 있어요. 질서유지나 기타 업무들을 진행할 때 잘 협조해 주고 있습니다."(정윤경 외, 2012: 217)[3]

"미술교과시간에 포토콜라주 기법으로 자신이 원하는 대학 디자인하기, 수능 대박 기원 등 만들기, 진로포트폴리오 관리 등 교과 속 진로교육이 이루어져 많은 도움을 받고 있어요. 이 밖에도 영어교과 시간에 유명인의 연설문을 듣고 역할 모델 정하기나 사회교과시간과 관련해서는 직업인 동영상 보기 등이 이루어져 진로교육이 확산되고 있음을 확인할 수 있어요."(정윤경 외, 2012: 217)

---

2   김미경 외(2016)는 강원도 소재의 고등학교 진로진학상담교사와 장학사를 심층면접했다. 이하 김미경 외(2016)는 **강원지역 고등학교 진로진학상담교사의 역할 및 직무 수행에 관한 질적 연구**에 수록된 인터뷰 내용을 인용한 것이다.

3   정윤경 외(2012)는 일선학교의 진로진학상담교사를 대상으로 활동이 우수한 24개교와 활발하지 못한 22개교를 선정하여 면담조사를 실시했다. 이하 정윤경 외(2012)는 **초·중등단계 진로진학상담교사의 역할과 진로교육 과제**의 인터뷰 내용을 인용한 것이다.

사례 2 일반교사와의 갈등, 어떻게 해결할까

☞ 일반교사와의 갈등 : 무관심과 시기, 질투가 대부분!

"올해 가장 어려웠던 부분이 동료 교사들의 마음을 끌어내는 것이었어요. 어디 어떻게 하나 보자 하는 식으로 반목하는 연로교사들, 기존 방식을 고수하는 주요 핵심 부장님들, 새로운 일거리를 만든다고 부담스러워하는 담임들. 이들의 의식 변화가 가장 시급해요. 이들의 협조를 저 개인의 사교성으로 해결하기는 힘들어요. 진로에 대한 전체적인 안목이 열리도록 모든 교사들의 연수에 진로 관련 내용을 포함했으면 해요."(정윤경 외, 2012: 220)

"몸은 편하지만 마음은 너무 불편해요. 학교 진로교육을 총괄하는 입장에서 기존 운영 방법을 탈피하여 실제적인 진로활동을 위한 기획을 시도하려고 하면 번번이 돌아오는 것은 귀차니즘에 빠진 전형적인 복지부동 인간들의 불평과 비난뿐이에요. 수업이 적다고 쓸데없는 일을 만들어 피곤하게 한다는 거지요. 저는 수업이 10시간 이내라서 학교에서 제 생활은 일거수일투족 관심의 대상이에요. 실제 관심이라기보다는 부러움 또는 질시의 대상이지요. 요즈음은 구성원의 협조를 구하지 않고 저 혼자 이런저런 진로교육을 하고 있어요. 참 안타까운 현실이에요."(정윤경 외, 2012: 220)

☞ 진로에 대한 적극적 홍보와 긍정적인 이야기를 많이 해라!

"직원회의와 관리자와의 면담 등을 통해 진로교육의 중요성과 방법에 대하여 연수를 했어요. 진로교육을 실시한 결과로, '나는 안 돼'라는 생각이 '내가 좋아하는 것이 무엇일까?', '나는 어떤 일을 할까?'라는 생각으로 바뀌어 학생들의 얼굴이 밝아졌어요. 그리고 희망이 싹트기 시작했지요. 자신을 올바로 파악해 가고 새롭게 계획하여 실천하고 있기 때문이에요."(정윤경 외, 2012: 216)

"학부모 총회, 직원연수 때 진로교사가 이런 일을 한다고 알리고 3월과 4월에 알림을 했어요. 그리고 상담 계획서도 올리고요. 다른 선생님 수업 중에 학생들이 상담을 원하는 경우가 있어요. 상담 계획을 세워서 선생님들한테 알림을 많이 했어요."(홍지영 외, 2014: 138)

3 진로진학상담교사의 역할

1) 진로진학상담교사에 대한 기대와 역할

2009 교육과정의 개정에 따라 진로 관련과목 개설 및 교과교실제 등을 도입하면서 중등교육에서 진로교육을 좀 더 강조하게 되었고, 학교 급별로 체계적인 진로교육을 지원할 수 있는 전문 인력의 필요성이 대두되었다. 그러나 학교에서는 이를 담당할 전문성 있는 '진로진학상담' 담당교사가 절대적으로 부족한 실정이었다. 이로 인해 '진로와 직업' 과목을 수업시수가 부족한 교사가 운영하는 경향이 나타나 교과과정이 부실하게 운영되는 문제가 발생했다(고재성, 2011). 특히 중학교 및 고등학교 1학년 단계에서의 진로교육은 사실상 유명무실했고, 담임교사가 진로진학교육을 실시했으나 종합적인 상담 기능을 수행하기에는 한계가 있었다.

또한 최근 입시의 다양화 및 전문화로 전문성을 지닌 '진로진학상담교사'에 대한 학교·학부모의 배치 요구는 확대되어 가는 추세였다. 그리고 입학사정관제 및 2009 개정교육과정의 안정적 정착이 어려울 경우 입학사정관제 대비를 위한 사교육비 등 사회적 비용이 증가할 것으로 예상되었기 때문에, 진로교육과 관련된 전문 능력을 갖춘 교사의 지속적인 배치가 절실히 요구되었다(교육과학기술부, 2010).

교육과학기술부는 이러한 학교 현장의 요구 및 정책적 필요에 따라 '진로와 직업' 교과를 담당하면서 입학사정관제 전형 준비 지원 등 학교의 진로진학지도를 총괄할 수 있는 보직교사의 필요성을 인지하여 배치 계획을 발표했다(김나라 외, 2011: 11-12).

진로진학상담교사는 공교육 제도 안에서 '진로와 직업' 교과수업 진행, 진로활동 관리 및 상담, 자기주도학습전형 지원 등 학생의 진학 준비와 커리어 코칭이 가능할 수 있도록 지원하는 역할을 한다(박영주, 2014: 12). 이는 진로진학상담교사에 대한 사회적 기대이기도 하다.

일반적으로 진로교육에서 교사가 해야 할 역할은 학생의 진로를 결정해 주는 진로 결정자가 아닌 진로안내자, 진로조언자, 진로촉진자이다(교육과학기술부, 2010). 우리나라 진로진학상담교사 또한 단순한 진로결정자가 아닌 학생들의 진로개발을 도와줄 수 있는 역할을 해 주기를 기대하고 있다(오정숙, 2014: 44).

진로진학상담교사는 중등학교에서 학생 진로개발 촉진자, 지역사회자원 연계자, 학생 진로문제 중재자, 입시전형준비 지원자 등의 4가지 역할을 하도록 되어 있다. 그리고 이 역할들을 수행하면서 일정 경력 이후에는 보직자로서 학교 진로교육 총괄·관리자로서의 역할을 수행할 수 있도록 하고 있다(이종범 외, 2010). 진로진학상담교사가 되기 전에 진학부장 등 보직을 맡은 경력이 있거나 전문성이 있는 교사들은 진로진학 상담교사 발령과 동시에 보직을 맡아 학교 진로교육 총괄·관리자로서의 역할을 수행하고 있다. 따라서 현재 진로진학상담교사의 역할은 학생 진로개발 촉진자, 지역사회자원 연계자, 학생 진로문제 중재자, 입시전형준비 지원, 학교 진로교육 총괄·관리자 등 5가지라고 말할 수 있다(정윤경 외, 2011: 16).

진로진학상담교사가 중점적으로 수행해야 할 역할은 배치 이후 경력이 쌓여 감에 따라 점차 변화하게 된다. 일선 학교에 배치된 초기에는 학생 진로개발 촉진자와 입시 전형준비 지원자로서의 역할을 주로 수행하고, 일정한 경력을 쌓은 후에는 지역사회자원 연계자와 학생 진로문제 중재자로서의 역할을 주로 수행하며, 보직교사로 배치된 다음에는 학교 진로교육 업무를 실질적으로 총괄할 수 있는 역할을 수행한다(정윤경 외, 2012: 39).

또한 다음의 네 가지 영역과 관계된 이해관계자들과 상호 연계적 활동을 해야 한다 (교육과학기술부, 2011b).

첫째, 진로진학상담교사는 담임교사에게서 받은 학생의 진로지도 자료를 바탕으로

진로지도방법을 컨설팅하는 역할을 담당한다.

둘째, 진로진학상담교사는 진학지도담당교사에게서 받은 학생 진학지도상담 자료에 근거하여 입학사정관제 전형을 준비하는 학생을 지원한다.

셋째, 진로진학상담교사는 전문상담교사에게서 받은 학생의 학업 및 진로상담 자료를 토대로 진로상담기법을 컨설팅한다.

넷째, 진로진학상담교사는 기업 및 산업체 등 지역사회의 다양한 유관기관의 지원으로부터 창의적 체험활동 등을 위한 진로탐색이 가능할 수 있도록 네트워크를 형성하고 관리한다.

이와 같이 학생의 진로를 탐색하고 설계하는 데 조력하는 진로진학상담교사는 매우 광범위한 역할을 담당한다. 그리고 다양한 이해관계자들과의 협력적 관계를 통해 학교 현장에서 원활하고 체계적인 진로교육과 진학상담이 이루어질 수 있도록 해야 한다(박영주, 2014: 12).

2) 진로진학상담교사가 할 수 있는 일

진로진학상담교사가 배치되기 이전에는 진로상담부장과 부원으로 소속된 교사가 학교 진로교육 업무를 담당했다. 진로교육 관련 연수를 체계적으로 받지 않은 교사들이 대부분 담당했기 때문에 전문성이 부족했고, 단위학교 전체 진로교육에 대한 통합적인 관리가 부족하여 체계적이지 못했다. 그러다 진로진학상담교사가 배치됨으로써 전문성을 지닌 교사가 학교 내 진로교육을 총괄하고 담임교사 및 타 교과교사, 지역사회와 연계하여 질 높은 진로교육 업무를 수행할 수 있게 되었다.

진로진학상담교사는 진학지도 담당교사, 담임교사, 전문상담교사, 산업체 등 유관기관 등과 협조체계를 구축함으로써 공교육 내에서 진학 준비와 커리어 코칭이 가능하도록 지원한다. 이에 따라 일반교사는 담당교과 수업에 더 집중할 수 있게 되었고, 학생과 학부모의 사교육 의존을 낮출 수 있는 환경을 조성할 수 있게 되었다(김나라 외, 2012: 187-188).

또한 진로진학상담교사는 대학 진학에 관심이 없는 학생들이나 학교생활을 무료하게 여기는 학생들에게 관심을 기울이면서, 그 학생들에게 다양한 직업 세계를 알려 주고 직업에 대한 올바른 가치관을 심어 주기 위해 다양한 프로그램을 운영할 수 있다. 예를 들어 인문계 고등학교라고 하더라도 모든 학생들이 대학 진학을 최우선 목표로 삼지는 않는다. 그럴 경우 대학 진학에 관심이 없거나 등교에 관심이 없는 학생들을 대상으로 진로교육을 하기 위해 바리스타 및 제과·제빵사 과정을 제공함으로써, 공부나 학교에 관심이 없던 학생들이 앞으로 뭘 해야 할지 목표나 꿈을 찾도록 할 수 있다. 이를 통해 학교에서 하는 모든 일들이 진로와 연관되어 있다는 긍정적인 마인드를 심어 주고, 다양한 직업과 직군을 포함한 사회에 대해 좀 더 다양한 정보들을 섭렵하도록 할 수 있다. 즉, 학교와 사회의 연결고리 역할을 해 주는 것이다.

진로진학상담교사의 업무는 표 1-4와 같다.

표 1-4 진로진학상담교사의 업무

업무 구분	주요 내용
개인상담 및 심리검사	학생들의 자기이해 자신감, 가정 형편, 심리적 안정과 관련된 주제 부모와의 갈등과 의견 차이 등
수업	진로교육에 대한 이해 적극적인 태도 및 동기 부여
체험활동	진로체험, 진로박람회, 진로캠프 진로동아리 및 다양한 직업군의 외부 강사
홍보 및 네트워크	주변의 업무 협조 사업 홍보 및 계획서 작성

출처 : 홍지영 외(2014), 136p

3) 진로진학상담교사가 할 수 없는 일

진로진학상담교사를 학교에 배치하는 가장 중요한 목적은 학교의 진로교육을 활성화하기 위해서이다. 오랜 시간 동안 체계화 되어 온 학교 시스템으로 새로 진입하는 진로진학상담교사가 단위학교 진로교육 활성화를 위한 주체로서의 역할을 수행하기 위해서는 학교 내의 다른 구성원과 적극적으로 협력할 수밖에 없다(교육과학기술부 외, 2012: 12).

이러한 차원에서 담임교사는 진로진학상담교사와 학생진로지도 자료를 공유하고, 진로진학상담교사로부터 학생진로지도방법에 대한 컨설팅을 받는다. 진학지도 담당교사 역시 학생진학지도 상담 자료를 공유하고, 진로진학상담교사로부터 입학사정관제 전형을 준비하는 학생과 관련된 업무를 지원받는다. 전문상담교사는 진로진학상담교사와 함께 학생 학업 및 진로상담 자료를 공유하고, 진로진학상담교사에게서 학생진로 상담기법에 대한 컨설팅을 받는다(교육과학기술부 외, 2012: 14). 요컨대 기존의 학교에 진로진학상담교사가 배치되면서 각 주체의 역할들이 진로진학상담교사를 중심으로 재정의된다고 볼 수 있다.

4) 진로진학상담교사가 하고 싶은 일

진로진학상담교사는 학생들이 자기이해 활동을 통해 자신의 소질과 적성을 파악하고 급변하는 사회에서 다채로운 직업 세계를 이해하고 다가올 미래의 진로를 개척하기 위해 준비할 수 있도록 도와주는 것이 자신의 역할이라고 인식한다. 다시 말해, 학생들이 미래의 진로 개척을 위해 학교에서 현재를 준비할 수 있도록 학교 밖 사회에 대한 다양한 정보를 제공하고 안내하는 전문가의 역할, 즉 학교 안에 있는 학교 밖 사회의 전문가가 되고 싶어 한다(김미경, 2016: 36).

진로진학상담교사는 학교 안에 존재하지만 학생들이 학교를 졸업하고 사회에 진출했을 때를 대비하고, 미래를 차질 없이 준비하도록, 학교 밖의 다양한 정보를 전달하고 제공해 주는 중간자적 위치에 있어야 한다. 그러므로 취업이나 진학과 관련해서 다른 교과 선생님들이 미처 알려 주지 못한 사회에 대한 훨씬 더 광범위한 정보를 가지고 있어야 한다(김미경, 2016: 37).

사례 3 진로진학상담교사, 이래서 보람을 느낀다

☞ 학생들이 진로문제로 찾아갈 곳이 생겼음을 느낄 때!

"진로에 대해 고민하던 학생들이 찾아갈 곳이 생겼어요. 진로와 직업 교과를 통해 진로인식 및 진로 성숙도가 증가되었고, 학교 내에 떠돌던 진로 관련 공문 및 서적 등의 주인이 생겼어요. 질 높은 체험학습이 이루어지고 있고, 에듀팟을 관리할 수 있는 시간이 확보되었죠. 가끔은 일반교사의 진로 및 상담도 이루어지고 있지요. 수업시수 때문에 불만을 품고 있던 일반교사들도 점점 진로진학상담교사의 필요성과 존재에 만족하고 있다고 표현했어요."(정윤경 외, 2012: 211-212)

☞ 진로전문가로서 담임이 해 줄 수 없는 세상 이야기를 할 수 있을 때!

"졸업생들과 만나고 3학년 담임을 하면서, 실제로 고등학교 졸업 후에 자신의 진로를 새롭게 개척하는 경우를 많이 봤어요. 그래서 학생들이 점수표에 따라 대학의 학과를 선택하는 것이 바람직하지 않다는 생각을 많이 했고, 가능성을 펼치지도 못하고 포기하는 아이들에게 세상의 드넓음과 수많은 가능성을 이야기해 주고 싶었어요. 적어도 '공부는 왜 해야 해요?'라는 질문에 '지금 전국의 고3이 얼마나 열심히 공부하고 있는데 무슨 쓸데없는 소리야'라는 대답을 하는 교사가 되고 싶지는 않았어요. 그리고 그냥 담임으로서 하는 말이 아니라 전문성을 지닌 교사로서 아이들의 앞길을 열어 주고 싶었어요."(정윤경 외, 2012: 212)

☞ 학생들이 상담을 통해 변화할 때!

"진로교사로서 가장 의미 있는 일은 아이들과의 면대면 상담이지 않나 싶어요. 그것이 아이를 변화시킬 수 있는 가장 효과적인 방법이고요."(홍지영 외, 2014: 136)

사례 4 진로진학상담교사로 계속 남아야 할까?

☞ 관리자나 타 교과교사가 진로교육에 대해 제대로 이해하지 못할 때!

"본교 교장선생님은 진로교육이나 진로상담에 대한 중요성을 전혀 깨닫지 못하고 있어요. 학생의 진로는 학습량에 비례하고 성적이 좋으면 진로는 자연스럽게 결정된다고 생각하지요. 본교에서는 수업시간 중에 진로상담을 허용하지 않아요."(정윤경 외, 2012: 218)

"올해가 임기 마지막 해인 교장선생님은 진로진학상담교사가 곧 없어질 거라고 생각하고, 교감선생님은 성가시다는 생각을 하고 있다고 들었어요. 학교에 시설을 마련해 주는 것은 좋지만 사립학교 특성상 관리자 중심으로 이루어지는 여러 가지를 일개 교사가 나서서 결정하고 선정하는 것을 불편해 하고, 그러한 변화로 인해 발생하는 다른 교사의 불평에 대해 성가시게 생각해요."(정윤경 외, 2012: 218)

☞ 진로와 관련 없는 잡무를 대신해야 할 때!

"진로진학상담교사에 대해 이해하지 못해서 업무 하나 덜어 줄 사람으로 여기고 관련 없는 업무를 떠넘겨요. 매뉴얼에 맞는 업무 배정이 필요해요."(정윤경 외, 2012: 218)

☞ 진로교육의 방향성에 혼란을 겪을 때!

"인문계 고등학교 교사로서 학생들에게 좀 더 정확하고 다양한 진학 정보를 제공하고 교과가 아닌 업무로서의 전문성을 획득하고자 지원을 했어요. 하지만 방향성이 없는 업무(진로+진학+상담+창의적 체험활동+에듀팟 등)의 조합 때문에 매우 불만스러워요."(정윤경 외, 2012: 218)

생각해 볼 문제

1. 급변하는 미래 사회에 요구되는 진로진학상담교사의 진로역량은 무엇이라고 생각하는가? 그 이유에 대해 논의해 보자.

2. 진로진학상담교사로서 일반교사와의 협력적 관계 형성을 위한 전략에 대해 논의해 보자.

3. 진로 미성숙으로 자신감이 낮은 부적응 학생들에게 필요한 진로상담 전략에 대해 논의해 보자.

4. 진로교육을 위한 진로정보 수집 경로 및 정보 활용을 위한 전략에 대해 논의해 보자.

참고문헌

고재성(2010). 2010 중학교 교감 진로교육 연수 교재. 경기진로정보센터.

고재성(2011). 진로진학상담교사 현황 및 연수실태 분석. 진로교육연구, 24(2): 197-217. 한국진로교육학회.

교육과학기술부(2010). 진로진학상담(중등)교사 충원 및 활용 기본계획(안).

교육과학기술부(2011a). 2011년부터 "진로진학상담"교사 자격 신설. 2011년 1월 14일 조간보도자료.

교육과학기술부(2011b). 현장중심의 진로교육 활성화 방안.

교육과학기술부·한국직업능력개발원(2012). 진로진학상담교사 활동 매뉴얼 일반고.

교육부(2013). 진로진학상담교사 배치 및 운영 지침(2013-1호).

교육부(2016). 중등학교 진로전담교사 배치 및 운영지침 개정(안).

김기태, 조평호(2003). 미래지향적 교사론. 교육과학사.

김나라, 김승보, 방재현(2011). 진로진학상담교사에 대한 성과평가. 교육과학기술부·한국직업능력개발원.

김나라, 방재현, 정진철(2012). 진로진학상담교사가 인식한 학교 진로교육 실태와 요구. 진로교육연구, 25(2): 183-201. 한국진로교육학회.

김미경(2016). 강원지역 고등학교 진로진학상담교사의 역할 및 직무 수행에 관한 질적 연구. 한국교원대학교 대학원 석사학위논문.

김아영(2012). 교사 전문성 핵심요인으로서의 교사 효능감. 교육심리연구, 26(1): 63-84.

김정원, 김기수, 정미경, 홍인기, 이정윤, 이미영(2012). 미래형 교사교육체제 구안 연구. 한국교육개발원, 연구보고 RR 2012-03.

김정희, 이영대(2010). 입학사정관제 도입에 따른 진로교육지원체제 요구분석. 직업교육연구, 29(4):

185-214. 한국직업교육학회.

류동훈(2004). 교사론. 창지사.

박균섭, 김병희(2003). 듀이의 교사론: 교직의 전문성을 중심으로. 교육철학, 23: 65-87. 한국교육철학회.

박영주(2014). 진로진학상담교사제도에 관한 교사 인식 연구-도입, 선발, 양성, 배치 후 활동을 중심으로-. 경희
대학교 교육대학원 석사학위논문.

박용호(2011). 진로진학상담교사의 역량-교육적 요구분석을 중심으로-. 진로교육연구, 24(1): 117-136.
한국진로교육학회.

안선희(2015). 진로진학상담교사 양성제도 개선방안 연구. 수탁사업, 2015-05-4. 교육부·한국직업능
력개발원.

어운경, 정철영, 남미숙, 송일민, 이요행, 김은영(2008). 초등·중등 진로지도프로그램(CDP-E/CDP-M) 개
정연구. 한국고용정보원.

오정숙(2014). 진로진학상담교사의 역할과 직무에 대한 인식. 진로교육연구, 27(2): 41-64. 한국진로교
육학회.

유미림, 인재천(2015). 영유아교사의 직무이해를 위한 교직 실무. 동문사.

유정이, 홍지영, 김진희(2015). 고등학교 진로진학상담교사가 지각한 역할수행의 어려움. 학습자중심교
과교육연구, 15(2): 1-30.

이건남, 이종남, 정진철, 고재성(2013). 진로진학상담교사의 배치에 대한 초등학교 교사의 인식. 실과교
육연구, 19(4): 339-354. 한국실과교육연구학회.

이지영, 정숙영(2005). 진로정보센터 운영(2004)-초등학생 진로탐색 프로그램 개발-. 한국직업능력개발원.

이종범, 최동선, 고재성, 이혜숙(2010). 진로·진학상담교사 양성을 위한 표준교육과정 개발 연구. 교육과학
기술부.

정미경, 이재덕, 박균열, 박만구, 고호경, 안현아, 신가람(2014). 초·중등학교 융합형 교육프로그램 개
발 연구. 연구보고 RR. 2014-34. 한국교육개발원.

정미경(2015). 융합형 교육을 위한 교사양성교육 실태에 대한 토론. 제71차 KEDI 교육정책포럼: 융합형
교육을 위한 교사교육 개선방안 탐색 제1차 포럼, 94-100.

정윤경, 김나라, 서유정, 조희경(2012). 초·중등단계 진로진학상담교사의 역할과 진로교육과제. 기본연
구 2012-25. 한국직업능력개발원.

차경수, 모경환(2008). 사회과교육. 동문사.

최동선, 김나라(2005). 대학 재학생 희망직업조사. 한국직업능력개발원.

홍지영, 유정이, 김진희(2014). 진로진학상담교사의 인식, 경험, 대안과 요구사항에 대한 질적 연구. 진
로교육연구, 27(1): 127-149. 한국진로교육학회.

Dewey, J.(1935a). *The Teacher and the Public*. LW, 11: 158-161.

O'Brien, K. M., Dukstein, R. D., Jackson, S. L., Tomlinson, M. J., Kamatuka, N. A.(1999).
Broadening career horizons for students in at-risk environments. *Career Development
Quarterly, 47*(3): 215-229.

Watts, A. G.(2005). Career guidance policy: An international review. *Career Development
Quarterly, 54*(1): 66-76.

WEF(2016). *The future of jobs*.

2장

진로진학상담교사의 자질과 역량

임경희

진로진학상담교사의 자질과 역량[1]은 학교진로교육의 질적 수준을 담보하는 중요한 요인이다. 또한 학생이 성취해야 할 진로역량을 기르는 데 중요한 요소일 뿐만 아니라 진로진학상담교사의 직무성과를 예견하는 요소라고 할 수 있다. 따라서 진로진학상담교사는 학생들이 진로역량을 개발할 수 있도록 조력하는 전문가로서의 자질과 역량을 갖추어야 한다.

진로진학상담교사의 자질과 역량은 이들의 역할 및 직무와 밀접한 관련이 있다. 현재 진로진학상담교사는 진로를 전문교과로 하는 교과교사로서의 역할과 학교상담자로서의 역할을 함께 수행하도록 요구받고 있다. 따라서 진로진학상담교사에게는 학교상담자로서의 자질, 진로상담전문가로서의 자질과 더불어 교사로서의 자질이 함께 요구된다. 또한 진로개발전문가에게 요구되는 역량은 학생이나 성인이 성취해야 할 진로발달표준(career development standard) 또는 진로역량(career competency)과 밀접하게 관련되어 있다. 따라서 진로진학상담교사에게 요구되는 역량은 학교진로교육을 통해 학생들이 도달해야 할 진로역량이 무엇인지와 밀접한 관련이 있다. 이는 학교진로교육이 지향하는 목표와 성취 기준을 통해 확인할 수 있다.

최근의 진로상담은 내담자의 전반적인 인생 역할들 간의 균형과 조화를 고려하여 전반적인 진로계획을 세울 수 있도록 돕는 통합적 접근을 필요로 한다. 또한 상담에 기반한 진로상담의 제공이 강조되면서, 진로상담자들은 상담과 관련한 능력을 갖출 것을 요구받고 있다.

이 장에서는 다음 내용을 중심으로 진로진학상담교사에게 요구되는 자질과 역량에 대해 살펴보고자 한다. 첫째, 학교상담자의 자질을 인성적 자질과 전문적 자질로 나누어 살펴본다. 둘째, 국내외에서 제시하고 있는 진로발달지침과 진로상담 역량 등을 통해 진로상담전문가의 자질을 살펴본다. 셋째, 학교진로교육을 통해 학생들에게 기대되는 진로역량을 우리나라 학교진로교육의 목표와 성취 기준을 통해 확인하고, 진로진학상담교사에게 요구되는 직무를 고려하여 진로진학상담교사가 갖추어야 할 역량을 제시한다.

1　'자질(資質)'과 '역량(力量)'은 개념상 중첩되는 측면이 많다. '자질'은 첫째, 타고난 성품이나 소질, 둘째, 어떤 분야의 일에 대한 능력이나 실력의 정도, 셋째, 타고난 체질로 정의된다. '역량'은 어떤 일을 해낼 수 있는 힘으로 정의된다(표준국어대사전). 이에 따르면, 역량은 자질의 두 번째 정의인 어떤 분야의 일에 대한 능력이나 실력의 정도에 가깝다. 최근의 많은 연구에서는 역량을 지식(knowledge), 태도(attitude), 기술(skill)로 구분하여 설명하고 있다. '역량'이라는 용어는 우수한 성과를 내고 있는 수행자를 대상으로 종래의 과업(task) 중심이 아닌 사람 중심으로 그들이 현재 가지고 있는 지식, 태

학교상담자의 자질은 인성적 자질과 전문적 자질로 나누어 볼 수 있다. 인성적 자질은 일반상담자와 학교상담자가 갖추어야 할 공통적 자질이다. 학교상담자는 일반상담자가 갖추어야 할 자질 이외에도 학생들의 발달 단계에 관한 이론적 지식과 그에 따른 학생에 대한 이해, 발달 단계에 따른 접근 방법, 면접기법 등에 관한 전문적 자질을 추가로 갖추어야 한다(조붕환·임경희, 2007).

1) 인성적 자질

상담은 내담자와 상담자 간의 상담관계를 핵심으로 하는 과정이다. 그러므로 상담관계를 형성하고 발달시키는 것이 상담 효과를 높이는 데 가장 중요한 변인이다. 상담자의 인성적 자질은 내담자와 진정한 인간관계를 형성하고 내담자에게 영향을 미칠 수 있는 인성적 특성을 의미한다.

(1) 일치성[congruence, 또는 진실성(genuineness)]

일치성은 상담자가 상담 시간에 순수하고 진실해야 한다는 것을 의미한다. 상담자는 겉치레 없이 내적 경험과 외적 표현을 일치시켜야 하고, 내담자와의 관계에서 느끼는 감정과 태도를 개방적으로 표현할 수 있어야 한다. 진실성은 상담자가 내담자와의 관계에서 상담자의 역할을 하기보다는 한 인간으로서 내담자를 만난다는 의미이다.

도, 기술, 습관을 분석한 것을 지칭한다(이지연, 2002). 예를 들어 국가직무능력표준(National Competency Standards, NCS)의 직무능력은 역량을 일컬으며, 지식, 태도, 기술의 영역으로 나누어 제시되고 있다. 자질에는 타고난 성품이나 소질의 측면이 반영된 반면, 역량은 직무 관련성이나 개발 가능성이 좀 더 강조된다.

(2) 무조건적 존중과 수용(unconditional positive regard)

무조건적 존중과 수용은 '개인의 행동이나 감정, 사고방식들이 그에게는 가장 적절한 방식임을 받아들이려는 상담자의 노력'이라고 할 수 있다. 이는 '나는 당신이 ~할 때만 당신을 받아들이겠다'가 아니라 '나는 있는 그대로의 당신을 받아들이겠다'는 태도이다. 상담자는 내담자에게 따뜻하고 수용적이어야 하며, 이러한 자세를 말뿐만 아니라 억양과 표정 같은 비언어적 단서를 통해 전달해야 한다.

(3) 공감적 이해(empathic understanding)

공감적 이해란 내담자의 입장에서 그들의 내면세계를 이해하는 것이다. 내담자와 같은 경험을 하지는 않았지만 내담자와 거의 같은 내용과 수준에서 그들의 감정을 이해하는 것이다. 상담자는 내담자가 겪고 있는 의사결정 문제, 불안, 좌절, 환경적 압력 등에 관하여 '내가 그와 같은 상황에 놓여 있다면' 어떨 것인지 느껴 보고 이해하려고 노력해야 한다. 또한 내담자의 감정을 깊고 정확하게 경험하고 수용할 뿐만 아니라 이를 내담자에게 정확하게 전달해 주어야 한다.

2) 전문적 자질

상담자의 전문적 자질은 내담자를 이해하고 상담을 효과적으로 진행시키는 데 필요한 지식과 기술을 말한다. 상담은 전문적인 지식과 기술을 필요로 하는 조력의 과정이므로, 상담자에게는 상담을 수행하는 데 필요한 전문적 소양과 인간 이해에 대한 기본적인 기술이 요구된다. 상담자는 내담자의 문제에 대한 객관적이고 전문적인 이해를 전달하는 능력을 갖추어야 하며, 내담자의 문제를 예측하고 설명하는 능력 또한 갖추어야 한다. 상담자에게 필수적으로 요청되는 전문적 자질은 다음과 같다.

(1) 성격 및 인간발달 이론
성격이론, 인간발달이론, 이상성격의 특징, 성격과 사회적·문화적 요인과의 관계 등에 관한 지식이 요구된다.

(2) 사회 환경에 대한 지식

직업세계에 대한 이해, 사회복지기관의 활동에 관한 지식과 정보, 청소년이 경험하는 사회 환경에 관한 이해를 포함한다.

(3) 개인의 평가

상담자는 내담자에 대해 객관적으로 이해해야 한다. 이를 위해 개인의 여러 가지 심리적 특성을 객관적으로 측정하고 평가할 수 있는 능력을 갖추어야 한다.

(4) 상담의 이론과 실제

상담의 이론과 실제에 대한 충분한 지식을 지녀야 한다. 상담의 원리, 상담의 과정과 절차, 상담 사례 연구, 면접기법 등을 이해하고 습득해야 한다.

(5) 상담 실습

상담자는 실제적으로 상담을 진행할 수 있는 능력을 갖추어야 한다. 이를 위해 상담 실습을 할 필요가 있다.

(6) 연구 방법과 통계적 기술

상담의 원리와 기술에 관해 계속 연구하는 경우, 연구 방법에 대한 지식과 과학적인 연구를 할 수 있는 통계적 기술이 요구된다.

(7) 전문적 윤리

상담자에게는 내담자에 대한 일정한 책임이 있고 지켜야 할 윤리강령이 있다. 상담에 수반되는 전문적 윤리가 무엇인지를 이해하고 실천할 필요가 있다.

(8) 기타 영역

상담자는 기본적으로 상담이 적용되는 분야에 대해 이해해야 한다. 학교상담자에 게는 학교교육에 대한 기본적인 지식이 필요하고, 진로상담자에게는 진로와 직업에 대 한 이해가 요구된다.

미국학교상담자협회(American School Counselor Association, ASCA)는 학교상담교 사의 자질을 크게 지적 자질, 기술적 자질, 전문가적 자질, 개인적 자질로 구분하고 있 다. 구체적인 내용은 표 2-1과 같다(Wittmer, 2000).

표 2-1 ASCA 학교상담교사의 자질

영역	내용
지적자질	인간발달 이론과 개념, 개인상담 이론, 자문 이론과 기술, 가족상담 이론과 기술, 집단상담 이론과 기술, 진로결정 이론과 기술, 개인발달과 행동에 문화가 미치는 영향, 학습 이론, 동기 이론, 평가 이론과 과정, 상담 관련 윤리적 · 법적 논쟁, 프로그램 개발 모델
기술적 자질	학생들의 요구 진단하기, 집단상담, 진로상담, 다문화적 상담, 적절한 의뢰 체계 확립과 의뢰하기, 학생들의 성취 · 흥미 · 적성 · 성격검사 등을 관리하고 해석하기, 프로그램 · 교육검사 · 직업발달 · 약물남용 · 학대에 초점을 두기, 학생과 교직원들을 위한 지지적 풍토 구축하기, 학교정책과 교육과정 속에 인종이나 성에 대한 편견을 제거하거나 감소시키기, 교직원 · 지역사회 · 부모에게 학교상담교사의 실제 활동과 기능 설명하기, 교직원을 위한 서비스에 대한 계획과 실천, 내담자와 관련된 정보와 요인을 평가하기, 개인상담, 교직원 · 학생 · 부모 자문하기, 윤리적 결정하기
전문가적 자질	자신의 장점과 보완해야 할 영역 등을 알아보기 위한 자기평가, 평생교육 속에서 개인적으로나 전문적으로 성장하기 위한 계획을 개발하기, 주와 국가의 법률을 지키고 변호하기, 학생 · 교직원 · 학교공동체 · 학부모 · 동료들과의 상호작용과 실제 훈련을 지도하기 위한 전문가적 윤리강령을 채택하기
개인적 자질	타인의 복지에 대해 무조건적인 관심 보이기, 타인의 관점에서 이해하기, 인간 개인이 자신의 문제에 대해 해결력이 있음을 믿기, 학습에 대한 개방, 위험을 감수할 의지, 자기가치에 대한 신념, 실수를 두려워하지 않고 실수에서 배우기, 인간으로서의 성장에 대한 가치, 친절하고 따뜻함, 예리한 유머감각

출처 : 이종헌(2005), **학교상담교사의 직무 및 역할 분석**, 한국교원대학교 박사학위논문

2 진로상담전문가의 자질

　　오늘날의 진로상담은 내담자가 직업을 선택할 수 있도록 도와주는 것뿐만 아니라 더 나아가 직업을 포함한 전반적인 인생의 진로계획을 세울 수 있도록 도와주는 방향으로 진행되고 있다. 진로상담자의 역할은 내담자에게 직업을 찾아 주는 데서 더 넓은 범위로 확장되고 있다. 내담자가 최적의 진로를 찾도록 도와주는 것이 진로상담자의 매우 중요한 역할이기는 하다. 하지만 진로상담은 단순히 진로에 대해서만 상담하는 것이 아니라 진로문제를 포함한 전 인격으로서의 내담자를 통합적으로 상담하는 것이다.

　　진로상담자는 진로상담기술뿐만 아니라 상담에 대해 좀 더 다양하고 폭넓은 배경지식과 상담전략 및 개입기술 등을 알고 이를 실제 상담에서 활용할 수 있어야 한다. 또한 진로상담자는 상담자에게 요구되는 전문적 능력과 인성적 자질을 갖추어야 하며, 상담자의 윤리강령과 직업윤리를 준수해야 한다. 좋은 진로상담자는 먼저 좋은 상담자여야 한다(이재창 외, 2014).

　　미국진로발달협회(NCDA, 2004)의 진로발달지침(National Career Development Guidelines, NCDG)은 진로개발 프로그램이 좀 더 효과적이며 체계적으로 운영될 수 있도록 국가 수준에서 지침을 제시할 목적으로 개발되었다. NCDG는 청소년과 성인의 진로개발에 필요한 지식 및 기술 관련 기준을 제공한다. 현재 미국 각 주의 학교, 고용안정센터, 기업 등은 NCDG의 역량지침을 기초로 종합적 진로개발프로그램을 개발하고 보급하며 운영하고 있으며, 학생, 구직자, 직업 전환자, 조기 은퇴자 등의 총체적 진로개발 역량을 함양하고 지원하는 개입프로그램의 주요 내용 요소로 활용되고 있다(이지연, 2010). NCDG에서 제시하는 개인이 성취해야 할 진로발달 영역과 영역별 목표는 표 2-2와 같다.

표 2-2 진로발달지침(NCDG)

1. 개인사회적 발달 영역(Personal Social Development Domain)
   목표 1 : 자기이해를 통한 긍정적 자아개념을 형성하고 유지하기
   목표 2 : 다양성을 존중하는 긍정적인 대인관계 기술을 발달시키기
   목표 3 : 성장과 변화를 자신의 진로발달과 통합하기
   목표 4 : 개인, 여가인, 지역사회인, 학습자, 가족구성원, 직업인으로서의 역할 간 균형 맞추기

2. 교육적 성취와 평생학습 영역(Educational Achievement and Lifelong Learning Domain)
   목표 1 : 개인적 진로목표 달성에 요구되는 교육적 성취와 수행 수준 갖추기
   목표 2 : 다양하게 변화하는 경제상황에서 효과적으로 기능할 수 있도록 능력 향상을 위해 평생학습에 참여하기

3. 진로관리 영역(Career Management Domain)
   목표 1 : 자신의 진로목표에 맞는 진로계획을 세우고 관리하기
   목표 2 : 의사결정 과정을 활용하기
   목표 3 : 진로계획과 관리를 위해 정확하고 편견 없는 최신 정보 활용하기
   목표 4 : 취업, 창업, 고용 유지 및 승진을 위한 학업적, 직업적, 일반적 고용 능력을 갖추기
   목표 5 : 변화하는 고용 동향과 사회적 요구, 경제적 조건을 자신의 진로계획에 통합하기

출처: National Career Development Guidelines Revision(2004), http://www.ncda.org

미국진로발달협회(NCDA, 2003)가 제시한 진로상담 역량은 표 2-3과 같다. NCDA(2003)는 전문적인 진로상담자(석사학위 또는 그 이상의 학력을 소지) 또는 진로발달에 종사하고 있는 사람들이 일반상담자들이 지니고 있지 않은 진로상담의 특수성에 요구되는 지식과 기술을 보여줄 수 있어야 한다고 명시하고 있다.

표 2-3 진로상담 역량(Career Counseling Competencies)

1. 진로발달 이론에 대한 지식(Career Development Theory)
2. 개인 및 집단 상담 능력(Individual and Group Counseling Skills)
3. 개인 및 집단 사정 기술(Individual/Group Assessment)
4. 정보 및 자원(Information/Resources)
5. 프로그램 개발과 관리, 실행을 위한 지식과 기술
   (Program Promotion, Management, and Implementation)
6. 코칭, 자문, 수행 능력 향상을 위한 지식과 기술
   (Coaching, Consultation, and Performance Improvement)
7. 다양한 집단의 사람들을 위한 지식과 기술(Diverse Populations)
8. 수퍼비전(Supervision)
9. 윤리 및 법적 문제에 대한 지식(Ethical/Legal Issues)
10. 연구 및 평가에 필요한 지식과 기술(Research/Evaluation)
11. 과학기술 활용을 위한 지식과 기술(Technology)

출처: Revised by NCDA Board of Directors, July(2003), http://www.ncda.org

상담교육관련프로그램인증위원회(Council for Accreditation of Counseling and Related Educational Programs, CACREP, 2009)는 진로개발과 관련된 표준으로 다음의 7가지를 제시했다.

표 2-4 진로개발 관련 표준(2009 CACREP Standards Related to Career Development)

1. 진로발달 이론과 의사결정 모델
2. 진로, 여가, 교육, 직업, 노동시장에 관한 정보와 자원, 시각 및 인쇄매체, 진로정보 시스템
3. 진로발달 프로그램의 계획, 조직, 실행, 관리, 평가
4. 진로발달에 있어서 다문화적 이슈를 포함하고 있는 일, 가족, 기타 생애역할과 요소들 간의 상호관계
5. 진로 및 교육 계획, 정치(placement), 추수활동 및 평가
6. 진로계획 및 의사결정과 관련된 사정도구와 기술
7. 특수한 집단에 적용할 수 있는 진로상담 과정, 기법, 자원

출처: The 2009 CACREP Standards retrieved June 9(2008), Retrieved from: http://www.cacrep.org/2009Standards.html

캐나다에서는 진로개발담당자(career development practitioners)가 갖추어야 할 역량의 기준과 지침(Standards and Guidelines, S & Gs)을 핵심 역량과 전문영역으로 구분하여 제시했다. 핵심 역량은 '모든 진로개발 담당자들이 작업환경에 상관없이 지니고 있어야 할 일반적인 능력과 지식 및 태도'로 정의되며 ① 전문가적 행동 ② 대인관계 역량 ③ 진로발달 지식 ④ 요구 분석과 위탁으로 구성된다. 전문영역은 고객이 요구하는 특정 진로개발 서비스를 제공하기 위해 필요한 구체화된 역량으로 ① 평가 또는 사정 ② 개인과 집단 학습 촉진 ③ 진로상담 ④ 정보와 자원관리 ⑤ 직업발달 ⑥ 지역사회 역량 개발을 포함한다. 진로개발담당자가 갖추어야 할 지식, 기술, 태도는 표 2-5에 제시되어 있다(이지연, 2010).

표 2-5 진로개발담당자가 갖추어야 할 지식, 기술, 태도

구분	요소
지식	• 진로발달모형과 이론 • 변화 과정, 전환단계, 진로주기 • 진로의사결정과 진로계획 과정의 핵심 요소 • 진로발달과 지역사회 서비스를 위한 조직과 자원의 연계

기술	• 내담자와의 상호작용 및 진행상황의 보고 • 다양성에 적응 • 진로정보의 수집, 분석, 활용 • 말하기와 쓰기를 통한 정보의 분명한 전달
태도	• 통찰력(insightful) • 정직(honest) • 열린 마음(open-minded) • 결과 중심 사고(result-oriented)

출처: *Canadian Standards and Guidelines for Career Development Practitioners*(2004), National Steering Committee for Career Development Guidelines and Standards, 이지연(2010), 재인용

우리나라의 경우, 유현실과 김창대(2011)는 진로상담전문가의 역량 모형을 표 2-6과 같이 3개의 역량군과 13개의 능력 요소로 나누어 제시했다.

표 2-6 진로상담전문가의 역량군과 능력 요소

영역	하위 영역
이론 기반 역량군	진로상담자가 전문가로서 상담을 적절히 수행하는 데 필요한 핵심적인 이론 기반 1) 진로 이론에 대한 이해: 진로발달, 직업행동, 의사결정 등 진로와 관련한 주요 개념에 대한 이론적 지식 2) 변화의 원리에 대한 이해: 개인상담과 집단상담, 교육프로그램 등에 관한 주요 개념과 인간 변화의 원리에 관한 이론적 지식 3) 개인차 및 다양성에 대한 지식: 성격, 동기, 가치, 성, 능력, 인종 등 개인차와 다양한 집단의 특성에 대한 이론적 지식
직무수행 역량군	진로상담자로서 구체적인 직무 관련 과제를 효과적으로 수행할 수 있는 능력 4) 진로상담 수행 역량: 개인상담 및 집단상담을 수행하는 과정에서 요구되는 능력 5) 진로검사 수행 역량: 흥미, 가치, 성격, 능력, 적성 등 내담자의 진로와 관련된 심리검사를 실시 · 해석하고 그 내용을 효과적으로 전달할 수 있는 능력 6) 진로정보 역량: 진로 및 직업정보, 지역사회정보 등의 자료를 탐색 · 관리 · 활용할 수 있는 능력 7) 진로프로그램 역량: 진로와 관련한 프로그램을 개발하고 실시하며 관리하는 과정에서 요구되는 능력 8) 자문 및 연계 역량: 전문지식을 활용하여 부모, 교사, 유관기관 관계자 등을 자문하고 지속적이며 효과적으로 연계할 수 있는 능력 9) 연구 및 저술 역량: 진로상담 및 진로개발과 관련된 연구와 전문적 글쓰기를 올바르고 효과적으로 수행할 수 있는 능력 10) 조직관리 역량: 진로상담전문가가 진로상담 운영 조직의 책임자로서 조직을 효율적으로 운영하고 직원들을 효과적으로 관리할 수 있는 능력

태도 · 개인 자질 역량군	진로상담자로서 전문적인 과업들을 효과적이고 올바르게 수행하는 데 필요한 인성, 윤리 및 가치, 성찰 등의 능력 11) 개인 인성 역량: 진로상담자로서 전문적인 과업을 효과적으로 수행하는 데 필요한 성격적 특성 12) 전문가 윤리와 사회적 책임감: 진로상담과 관련한 직무 상황에서 전문가적 윤리와 가치에 기반을 둔 　　건전하고 책임 있는 판단과 행동을 수행할 수 있는 능력 13) 성찰 및 자기계발 역량: 진로상담전문가로서 자신의 업무 수행과 관련된 요인들에 대하여 지속적으 　　로 반성하고 이를 이후의 전문적 수행에 반영하며 전문가로서의 자기계발에 헌신할 수 있는 능력

3　진로진학상담교사의 역량

여기에서는 먼저 학교진로교육을 통해 학생들에게 기대되는 진로역량을 우리나라 학교진로교육의 목표와 성취 기준을 통해 확인하고, 진로진학상담교사에게 요구되는 직무를 고려하여 진로진학상담교사가 갖추어야 할 역량을 제시한다.

1) 학교진로교육의 목표와 성취 기준

진로진학상담교사는 학생들이 진로역량을 개발할 수 있도록 조력하는 전문적인 역량을 갖추어야 한다. 학생들이 성취해야 할 진로역량은 초·중등학교의 진로교육 목표와 성취 기준을 통해 확인할 수 있다. 교육과학기술부(2012)에서는 국가 차원에서 달성하고자 하는 학교진로교육의 목표를 제시하기 위하여 '학교진로교육의 목표와 성취 기준'을 발표했다. 학교급별 진로교육의 기본 방향과 학교진로교육이 추구해야 할 영역을 4가지 대영역과 8가지 중영역으로 나누고, 구체적인 성취 지표를 초등학교 35개, 중학교 42개, 일반고 41개, 특성화고 45개로 구분하여 제시했다. 2015 학교진로교육의 목표와 성취 기준(교육부, 2016)과 초·중·고등학교 급별에 따른 진로교육의 각 영역별 세부 목표는 표 2-7, 표 2-8과 같다.

표 2-7 2015 학교진로교육의 목표와 성취 기준의 대영역과 중영역

대영역	중영역
I. 자아이해와 사회적 역량 개발	1. 자아이해 및 긍정적 자아개념 형성
	2. 대인관계 및 의사소통 역량 개발
II. 일과 직업세계의 이해	1. 변화하는 직업세계 이해
	2. 건강한 직업의식 형성
III. 진로탐색	1. 교육 기회의 탐색
	2. 직업정보의 탐색
IV. 진로디자인과 준비	1. 진로의사결정 능력 개발
	2. 진로계획과 준비

표 2-8 각급 학교별 진로교육 세부 목표

대영역	초등학교 세부 목표	중학교 세부 목표	고등학교 세부 목표	
			일반고등학교	특성화고등학교
I. 자아이해와 사회적 역량 개발	진로개발 역량의 기초가 되는 긍정적인 자아개념과 대인관계 및 의사소통의 기초를 기른다.	긍정적 자아개념을 강화하고 자신의 특성에 대한 이해의 폭을 넓히며 대인관계와 의사소통 역량을 발전시킨다.	진로개발 역량의 기초가 되는 긍정적인 자아개념 및 의사소통 역량을 발전시키며 자신의 꿈과 비전을 자신의 진로와 연결시키기 위해 노력한다.	자신에 대한 종합적인 이해를 하도록 하며, 긍정적인 자아개념과 대인관계 및 의사소통 역량을 발전시킨다. 자신의 꿈과 비전을 자신의 진로와 연결시키기 위해 노력한다.
II. 일과 직업 세계의 이해	일과 직업의 기능과 중요성을 알고 최선을 다하는 생활태도와 건강한 직업의식을 형성한다.	직업세계의 다양함과 역동적인 변화의 모습을 이해하고, 자기주도적으로 직업세계를 탐색할 수 있는 역량을 기른다.	일과 직업세계의 변화와 다양성에 대한 인식을 강화하고 건강한 직업의식과 태도를 갖춘다.	일과 직업세계의 변화와 다양성에 대한 인식을 강화하고 건강한 직업의식과 태도를 갖춘다.
III. 진로탐색	자신의 진로를 위해 학습의 중요성을 이해하고, 다양한 방법으로 주위의 직업을 탐색하고 수집하는 능력을 기른다.	중학교 이후의 교육 경로, 직업인 역할 모델을 비롯한 관심 분야의 진로와 직업에 관한 다양한 탐색과 분석을 바탕으로 자신에게 적합한 진로와 직업을 탐색하는 역량을 기른다.	희망직업에 대한 구체적인 정보탐색과 아울러 고등교육기회 탐색 능력을 배양한다.	고등학교 졸업 후의 진로에 대한 다양한 정보를 탐색하는 역량을 기른다.

| IV.
진로디자인과 준비 | 자신의 진로를 다양하고 창의적으로 설계할 수 있도록 기초적인 의사결정과 계획수립 역량을 기른다. | 자신과 진로, 직업 및 교육 세계에 대한 탐색을 바탕으로, 중학교 졸업 이후의 진로를 다양하고 창의적으로 설계하고 이를 실천하기 위한 역량을 기른다. | 고등학교 이후의 진로를 다각적으로 디자인하고 가장 합리적인 방안을 선택하며 이를 실현하기 위한 체계적인 계획을 수립하고 준비한다. | 고등학교 이후의 진로에 대하여 합리적인 의사결정을 내리고, 체계적인 계획을 수립하고 준비한다. |

출처: 진미석·이현경·서유정·허정희·남미숙·황윤록·이혜숙·최은숙(2012), **학교진로교육 목표와 성취 기준**, 서울: 교육과학기술부

　　이영대, 이지연, 윤형한(2005)은 미국의 NCDG, 캐나다의 Blueprint(Blueprint for Life/Work Design), 영국의 NF(National Framework)에서 연구된 사례와 정철영(2005), 최동선(2006)의 단계별, 영역별 진로교육의 내용 영역을 정리하여 비교 분석했다. 이 자료에는 진로교사가 담당해야 할 교육의 핵심 내용이 담겨 있으며, 이들이 갖추어야 할 주요 역량의 내용이 포함되어 있다(이지연, 2010).

　　표 2-9의 내용을 살펴보면, 모든 항목에 공통적으로 포함된 내용 요소는 자기이해·긍정적 자아개념 형성, 일·사회·경제관계의 이해, 진로정보의 활용, 일과 평생학습의 연계, 진로의사결정과 진로계획이다. 이를 통해, 학교진로지도를 할 때 학생의 진로의사결정에 직접적으로 조력해야 할 뿐만 아니라 학생 스스로 만족스런 직업 선택과 관리를 할 수 있도록 기초적인 진로발달역량을 길러 주어야 함을 강조하고 있다는 사실을 알 수 있다. 이는 진로진학상담교사에게 요구되는 역량 추출과 관련하여 중요한 시사점을 제공한다.

표 2-9 외국과 우리나라의 진로교육 목표 및 내용 체계 비교

영역		내용 요소	한국직업능력개발원 (최동선, 2006)	한국고용정보원 (정철영, 2005)	미국 (NCDG, 1997)	캐나다 (Blue print)	영국 (NF)
자기이해		자기이해 · 긍정적 자아개념 형성	O	O	O	O	O
		타인과의 상호작용	O	O	O	O	-
		성장과 변화의 이해	-	-	O	O	-
		삶 역할의 이해	-	-	O	O	-
		성 역할 및 고정관념	-	-	O	O	O
직업세계의 이해 및 탐색	직업세계 이해	긍정적인 직업 가치 및 태도	O	O	△	-	-
		직업의 탐색, 획득, 유지, 전환	O	-	△	O	△
		일, 사회, 경제관계의 이해	O	O	O	O	O
	진로정보	진로정보의 활용	O	O	O	O	O
진로계획 및 관리	교육 체계 이해	학업 성취의 활용	O	△	O	-	O
		일과 평생학습의 연계	O	O	O	O	△
	진로의사 결정 및 진로계획	진로목표의 설정	△	-	-	-	O
		진로의사결정	O	O	O	O	O
		진로계획	O	O	O	O	O
		진로계획의 실천 및 관리	O	O	-	-	O

○ : 포함, △ : 일부 포함, - : 비포함

출처: 이영대 · 이지연 · 윤형한(2005), **중등교사 사이버연수시스템 개발 구축을 위한 수준별 프로그램 개발**, 최동선(2006), **생애단계별 진로교육의 목표와 내용**의 연구 결과를 토대로 이지연(2010)이 재정리했다.

2) 진로교육담당자의 교육 및 훈련 과정

진로교육담당자에게 요구되는 자질과 역량은 이들의 교육 및 훈련 과정에 반영된다. 여기에서는 국내외 진로교육담당자의 교육 및 훈련 과정에 포함되어 있는 진로진학상담교사에게 요구되는 자질과 역량에 대해 살펴보고자 한다.

미국의 진로개발업무담당자 교육 및 훈련 과정인 GCDF(Global Career Development Facilitator) 프로그램은 각 지역기관과 단체, 공립학교, 대학교의 진로개발지원센터의 취업지원업무담당자의 업무 능력 향상을 위해서 고안되었다. 이 프로그램은 미국뿐만 아니라 전 세계에서 진로개발업무담당자 교육을 위한 프로그램으로 인증받아 활용되고 있다. 이 프로그램의 각 영역은 전문성 향상을 위한 교육 목표와 관련 활동으로 구성되어 있다. 영역과 시간 구성은 표 2-10과 같다(이지연, 2010).

표 2-10 GCDF 교육과정의 영역별 수업 및 실습시간

영역	수업	실습
도입	4-6	없음
영역 1 : 협력관계의 계발	15-20	4-6
영역 2 : 다양한 사람들과의 협력기술 사용	10-14	4-5
영역 3 : 경력계발 담당자의 윤리	10-15	3-5
영역 4 : 경력계발의 이론과 적용	5-8	없음
영역 5 : 경력설계에서 평가의 역할	6-10	3-5
영역 6 : 경력설계에서 정보의 역할	6-9	6-9
영역 7 : 컴퓨터와 경력설계	4-6	6-8
영역 8 : 구직과 취업 요령	6-10	6-10
영역 9 : 그룹 작업	6-10	4-6
영역 10 : 경력설계 서비스의 계획과 수행 방법	8-12	4-6
총	80-120	40-60

출처: JoAnn Harris-Bowlsbey, Barbara H. Suddarth, David M. Reile(2005), *Facilitating Career Development Instructor Manual*(second edition), National Career Development Association, 이지연(2010) 재인용

아일랜드 중등학교의 진로교육은 진로지도교사(guidance counselor)가 전담하고 있다. 중등학교의 진로지도교사가 되기 위해서는 교원자격을 취득하고 교사로 근무하다가 공인된 지도상담자격(qualification in guidance counselling)을 취득해야 한다. 양성과정의 교육 내용은 다음과 같다(이종범, 2010).

- 심리검사(psychometric testing)

- 상담 이론과 실습(counselling: theory and practice)

- 지도 이론과 실습(guidance: theory and practice)

- 인력개발(human development)

- 진로발달(career development)

- 직업적 이슈들(professional issues): 지도 서비스, 윤리, 기록 유지 등 관리하기

- 연구 방법 및 통계(research methods and statistics)

- 정치·취업알선(placement)

국내의 경우에 사용되는 진로진학상담교사 표준교육과정(교육부, 2013)은 표 2-11
과 같다.

표 2-11 진로진학상담교사 표준교육과정

구분	(과목수)	과목명	이수	
			학점	시간
교과내용영역	기본이수과목(7)	진로진학교육개론	3	45
		청소년 진로진학 특성 진단 및 활용	3	45
		진로진학 지도 프로그램 활용 및 운영	3	45
		진로진학 체험과 지역사회	3	45
		직업세계와 직업정보 탐색	3	45
		교육세계와 진학정보 탐색	3	45
		진학지도기법의 이론과 실제	3	45
		소계		21학점
	선택과목(8)	진로진학교육 기획 및 운영	3	45
		직업윤리	2	30
		진로진학포트폴리오 지도법	2	30
		진로진학 체험활동 기획 및 운영	2	30
		입시정보관리 및 활용	2	30

	창의 · 인성 진단 및 평가	2	30
	학부모 진로진학상담	2	30
	특수집단의 진로진학지도	2	30
	소계		9학점
교직과목(4)	진로진학상담교사 역량개발	3	45
	진로진학교육 교재 연구	2	30
	진로진학교육 교수학습 방법	2	30
	진로진학교육 평가 방법	2	30
	소계		9학점
학교현장 실습 영역(1)	진로진학교육 현장실습		4학점
	총 이수 학점		39학점

출처 : 교육부(2013), **진로진학상담교사 배치 및 운영지침(안)**, 서울: 교육부

3) 진로진학상담교사의 역량

어떤 직종의 직업인에게 요구되는 자질과 역량은 그 직종에서 수행해야 하는 역할과 직무의 성격 및 내용과 밀접한 관계가 있다. 즉 진로진학상담교사에게 요구되는 자질과 역량이 무엇인지는 진로진학상담교사가 수행해야 할 역할과 직무가 무엇인지와 직접적으로 관련된다고 할 수 있다.

교육부(2013)에서 제시한 진로진학상담교사의 직무는 ① 진로교육프로그램 기획·운영 ② '진로와 직업' 과목 수업 ③ 진로진학 관련 학생상담 및 지도 ④ 창의적 체험활동 중 진로활동 운영 계획 수립 ⑤ 자기주도학습전형(중학교), 학생부종합전형(고등학교), 선취업 후진학 및 취업 지원, 산업체와의 네트워크 구축(특성화고) ⑥ 커리어넷 등의 진로직업 관련 심리검사의 활용 및 컨설팅 ⑦ 교원 및 학부모 대상 진로교육 연수 및 컨설팅 ⑧ 지역사회 및 유관기관과의 네트워크 관리 등이다.

이종범 외(2010)는 진로진학상담교사에게 학생진로개발 촉진자(facilitator), 지역

사회자원 연계자(coordinator), 학생진로문제 중재자(mediator), 입시전형준비 지원자(supporter)로서의 역할을 부여했다. 또한 교과교사로서 '진로와 직업' 교과지도를 수행하고, 비교과활동을 수행할 때 담임교사에게서 제공받은 학생 진로지도 자료를 통해 담임교사에게 학생진로지도 방법을 컨설팅하며, 전문상담교사에게서 제공받은 학생 학업 및 진로상담 자료를 통해 학생 진로상담기법을 컨설팅하고, 진로상담교사에게서 제공받은 학생 진로지도상담 자료를 통해 입학사정관전형 준비 학생을 지원하며, 사업체 등 유관기관과의 네트워크를 형성·관리하여 창의적 체험활동, 특히 진로활동에 관한 사항을 지원받는 역할을 수행하도록 하고 있다.

미국학교상담자협회(ASCA)에서 학교상담교사의 역할을 상담(counseling), 자문(consultation), 연계(coordination)로 제시한 것과 비교해 보면, 역할의 성격상 많은 부분이 유사하나 상담과 지도의 내용 측면에서는 다소 차이가 있다고 할 수 있다. 즉 진로진학상담교사에게는 교과지도와 입시전형 같은 진로와 진학에 관련된 심층적인 전문 지식이 요구된다고 할 수 있다. 진로진학상담교사와 상담교사는 교육과 상담 및 지원 업무를 수행한다는 면에서는 큰 차이가 없다. 그러나 진로진학상담교사는 진로전문가로서의 전문지식과 기술을 바탕으로 교육과 상담 및 지원 업무를 수행하는 반면, 상담교사는 대체로 학교적응과 관련된 심리상담을 제공한다는 면에서 차이가 있다. 이를 고려하면, 진로진학상담교사와 상담교사에게 요구되는 자질과 역량은 범주에 있어서는 대동소이하나 구체적인 내용에 있어서는 차이가 있음을 알 수 있다. 반면 다른 교과교사의 경우, 개인 및 집단 상담, 심리검사의 실시 및 해석, 지역사회와의 연계, 프로그램의 기획과 지원 등 지원자(supporter)와 연계자(coordinator)의 역할 수행이 요구되지 않는다는 측면에서 진로진학상담교사와 크게 차이가 있다. 즉 진로진학상담교사와 교과교사, 상담교사에게 공통적으로 요구되는 자질이 있지만 진로진학상담교사에게만 특별히 요구되는 직무 역량이 있음을 알 수 있다.

김봉환(2002)은 한국의 교육 현실을 고려하여 교사의 진로지도 능력의 핵심 내용을 ① 학생 이해 능력 ② 진로심리검사의 실시 및 해석 능력 ③ 개인 진로상담 능력 ④ 집단 진로지도 능력 ⑤ 진로정보의 수집과 제공 능력 등으로 제시했다. 정윤경(2010)은 교과교사에게 교과에 관한 지식과 기술이 요구되듯이 진로교육교사에게는 학교진로교육 관련 직무와 관련된 전문적인 지식과 기술이 요구되며, 학생을 지도하고 지원하는 역할을 잘 수행하기 위한 교수방법적 능력과 학생, 학부모, 다른 교사 및 지역사회 인적자원과의 상호작용을 원활히 하기 위한 사회심리적인 능력이 요구된다고 했다.

류영철(2014)은 진로진학상담교사의 역량 모형 개발연구에서 역량 범주를 이론지식, 직무수행, 태도자질의 3개 영역으로 나누었다. 이론지식 역량군에는 상담 역량, 검사 역량, 프로그램 기획 역량이 포함되며, 직무수행 역량군에는 지도 역량, 프로그램 운영 역량, 행정업무처리 역량, 네트워크 역량, 강의 역량, 정보처리 역량이 포함된다. 태도자질 역량군에는 개인관리 역량, 평생학습 역량, 커뮤니케이션 역량 요소를 포함하여 12가지 역량 요소가 포함된다. 장현진, 이종범(2015)의 연구에서는 진로진학상담교사의 직무 역량으로 ① 진로 관련 이론 이해 ② 진로심리검사 ③ 진로진학상담 및 의사소통 ④ 프로그램 개발 및 운영 ⑤ 교수-학습 ⑥ 평가 ⑦ 윤리성 ⑧ 다양성 ⑨ 전문성 ⑩ 노동시장의 이해 ⑪ 진로진학정보 분석과 활용 및 관리 ⑫ 유관기관 협력 ⑬ 테크놀로지 이해 및 활용 ⑭ 진로진학 연구 ⑮ 진로 관련 교육과정 분석 및 지도의 15가지를 제시했다.

이상에서 살펴본 국내외 진로상담자의 역량과 교육과정, 학교진로교육의 목표와 성취 기준, 진로진학상담교사의 역할과 직무 및 역량에 관한 선행연구들을 토대로 진로진학상담교사가 갖추어야 할 역량을 지식, 기술, 태도의 영역으로 구분하여 제시하면 표 2-12와 같다.

표 2-12 진로진학상담교사의 역량

영역	하위 영역
지식	진로진학상담교사로서 필요한 이론적 지식 1) 진로발달 이론, 상담 이론, 진로의사결정 및 계획, 진로교육과정 및 교수학습 2) 진학, 진로, 직업정보와 자원 3) 개인차와 다양성에 대한 지식 4) 윤리적, 법적 지식 5) 연구와 평가에 필요한 지식 6) 과학기술 활용을 위한 지식

기술	진로진학상담교사로서 구체적인 직무를 수행할 수 있는 능력
	1) 수업 능력
	2) 학생지도
	2) 개인 및 집단 진로상담
	3) 개인 및 집단 진로사정(assessment)
	4) 프로그램 기획, 실행, 관리, 평가
	5) 코칭, 자문 및 지역사회 연계
	6) 의사소통 능력 및 대인관계 능력
	7) 학교 실무 행정
태도	진로진학상담교사로서의 인성과 윤리
	1) 자기이해 및 성찰
	2) 개방성
	3) 전문가 윤리와 책무성
	4) 다양성과 변화의 수용
	5) 평생학습과 자기계발

진로진학상담교사의 역량과 관련한 세부적인 직무 역량은 우리나라의 NCS(국가직무능력표준) 사이트에서 능력단위 '진로상담' 또는 '직업상담' 등을 검색해서 참고할 수 있다. 이 가운데 '진로상담'의 능력단위 요소는 '진로상담 구조화하기'와 '진로상담하기'로 구성되어 있으며, 각 능력 요소에 대한 수행준거가 지식, 기술, 태도 영역으로 나누어 제시되어 있다. 표 2-13과 표 2-14에서는 능력단위 '진로상담'에서 요구되는 직업 기초 능력과 직무 능력을 제시했다.

표 2-13 NCS 능력단위 '진로상담'의 직업 기초 능력

순 번	직업 기초 능력	
	주요 영역	하위 영역
1	의사소통 능력	문서이행 능력, 문서작성 능력, 경청 능력, 의사표현 능력
2	자원관리 능력	인적자원관리 능력, 예산자원관리 능력, 물적자원관리 능력
3	문제해결 능력	사고력, 문제처리 능력
4	기술 능력	기술이해 능력, 기술선택 능력, 기술적용 능력
5	정보 능력	컴퓨터 활용 능력

표 2-14 NCS 능력단위 요소 '진로상담하기'의 직무 능력

영역	수행 준거
지식	청소년 진로상담의 원리
	청소년의 심리적 특성
	청소년 관련 지역자원 현황
	청소년의 학업성취도 평가
	자립 및 학업 프로그램 내용
	청소년 진로상담의 과정과 절차
기술	내담자의 언어 표현과 행동 단서의 반영기술
	내담자의 언어적 메시지의 요약기술
	내담자의 기분, 감정, 상황, 동기 및 관심사를 이해할 수 있는 공감 능력
	내담자의 내면적 감정의 반영기술
	언어적, 비언어적 메시지의 적극적인 경청기술
	지역자원 활용 능력
	청소년의 학업성취도 평가 능력
	청소년에 대한 심리평가 능력
	청소년의 진로발달단계 평가 능력
	청소년의 진로관련 강점과 약점 파악 능력
태도	청소년에 대한 존중과 배려
	청소년을 이해하려는 태도
	청소년에 대해 판단하지 않는 태도

출처 : 국가직무능력표준, http://ncs.go.kr(07.사회복지ㆍ종교 〉 02.상담 〉 02.청소년지도 〉 02.청소년상담복지 〉 24.진로상담)

진로교육의 질적 수준을 향상시키기 위해서는 전문적 역량을 갖춘 진로진학상담교사에 의해 학교진로교육과 상담활동이 이루어져야 한다. 따라서 진로진학상담교사가 어떤 자질과 역량을 갖추어야 하며 이를 어떻게 교육하고 훈련하며 평가할 것인지는 매우 중요한 논제이다. 향후 진로진학상담교사의 핵심역량이 무엇이어야 하는지는 급변하는 직업세계와 사회의 요구에 따라 지속적으로 확대 또는 수정될 수 있을 것이다.

생각해 볼 문제

1. 오늘날 진로상담은 내담자가 직업을 선택할 수 있도록 도와주는 것뿐만 아니라 더 나아가 직업을 포함한 전반적인 인생의 진로계획을 세울 수 있도록 돕는 통합적 접근을 필요로 한다. 또한 상담에 기반한 진로상담이 강조되면서 진로상담자들이 상담과 관련한 능력을 갖출 것도 요구되고 있다. 이러한 요구에 부응하기 위해 진로진학상담교사가 어떤 자질을 좀 더 훈련하고 향상시킬 필요가 있는지 논의해 보자.

2. 최근의 진로지도 서비스에서는 진로의사결정뿐만 아니라 개인의 진로역량 개발을 강조하고 있으며, 심리검사 건수, 상담 건수, 진학 성과 등의 계량화된 성과 평가에 치우치기보다 내담자의 만족도나 적응 같은 질적 성과에도 관심을 기울여야 한다는 관점이 힘을 얻고 있다. 진로지도 서비스의 질적 기준을 만족시키기 위해 진로진학상담교사에게 요구되는 역량은 무엇인지 논의해 보자.

참고문헌

교육부(2013). 진로진학상담교사 배치 및 운영지침(안). 서울: 교육부.

교육부(2016). 2015 학교 진로교육 목표와 성취 기준. 서울: 교육부.

김봉환(2002). 교사 진로지도 능력 개발의 문제점과 개선방안. 상담과 지도, 37, 119-134.

류영철(2014). 진로진학상담교사의 역량모형 개발. 한국교육, 41(4), 25-51.

안선회 외(2015). 진로진학상담교사 양성제도 개선방안 연구. 서울: 교육부. 한국직업능력개발원.

유현실, 김창대(2011). 진로상담전문가의 역량모형 개발을 위한 탐색적 연구. 아시아교육연구, 12(2), 241-268.

이영대, 이지연, 윤형한(2005). 중등교사사이버연수시스템개발 구축을 위한 수준별 프로그램 개발. 서울: 한국직업능력개발원.

이재창, 조붕환, 최인화, 임경희, 박미진, 김진희, 정민선, 최정인, 김수리(2014). 진로상담의 이론과 실제. 서울: 아카데미프레스.

이종범, 최동선, 고재성, 이혜숙(2010). 진로진학상담교사 양성을 위한 표준교육과정 개발 연구. 서울: 교육과학기술부.

이종헌(2005). 학교상담교사의 직무 및 역할 분석. 한국교원대학교 박사학위논문.

이지연(2002). OECD진로정보지도 및 상담서비스정책 협력사업(II). 서울 : 한국직업능력개발원.

이지연(2010). 국내외 진로교사의 요구 역량, 진로진학상담교사 역량개발. 서울: 교육과학기술부.

장현진, 이종범(2015). 진로진학상담교사 양성 표준교육과정 개정 연구. 서울: 한국직업능력개발원.

정윤경(2010). 진로교육에서의 교사의 역할과 자질, 진로진학상담교사 역량개발. 서울: 교육과학기술부.

정철영(2005). 진로프로그램의 개발동향 및 활용실제, 중등교원직무연수. 서울: 한국직업능력개발원.

조붕환, 임경희(2007). 생활지도와 학교상담. 서울: 아카데미프레스.

진미석, 이현경, 서유정, 허정희, 남미숙, 황윤록, 이혜숙, 최은숙(2012). 학교 진로교육 목표와 성취기준. 서울: 교육과학기술부.

최동선(2006). 생애단계별 진로교육의 목표와 내용, 진로지도와 노동시장 이행. 서울: 한국직업능력개발원.

National Career Development Association(2003). *The professional practice of career counseling and consultation: A resource document*. Tulsa, OK: Author.

Niles, S. G. & Harris-Bowlsbey, J.(2013). *Career development interventions in the 21st century* (4th ed). NJ: Pearson Education, Inc.

Wittmer, J.(2000). *Managing your school counseling program: K-12 Developmental strategies*(2nd ed.). Minneapolis, MN: Educational Media Corporation.

국가직무능력표준. http://ncs.go.kr

국립국어원 표준국어대사전. http://stdweb2.korean.go.kr

http://www.cacrep.org

http://www.ncda.org

3장

진로진학상담교사의 역할

김희수

일반적으로 진로교육에서 교사가 해야 할 역할은 학생의 진로를 결정해 주는 진로결정자로서의 역할이 아닌 진로안내자, 진로조언자, 진로촉진자이다(교육과학기술부, 2010). 우리나라 진로진학상담교사의 역할 또한 단순한 진로결정자가 아닌 학생들의 진로개발을 도와 줄 수 있는 역할을 기대하고 있다.

2015년에 진로교육법이 제정됨에 따라 진로교육은 새로운 국면을 맞이하고 있다. 진로교육법은 우리나라 진로교육 시스템의 선진화를 통해 학생들이 자신의 진로와 미래의 직업세계를 스스로 탐색하고 준비하는 역량을 강화하기 위해 제정되었다고 볼 수 있다. 이를 실현하기 위해서는 진로교육을 체계적으로 지원하고 진로교육 전문 인력을 확보해서 그들이 자신의 기능을 원활히 발휘할 수 있도록 해야 한다.

이 장에서는 진로진학상담교사의 역할을 파악하고자 한다. 이를 위해 진로진학상담교사로서의 역할, 개인상담자로서의 역할, 집단상담자로서의 역할을 나누어 살펴보았다. 먼저 진로진학상담교사로서의 역할은 진로진학상담교사, 진로교육 기획자, 진로교육 운영자, '진로와 직업' 교과교사로서의 역할이 있고, 개인상담자로서의 역할은 학생진로 상담자, 학부모 상담자, 교사교육자로서의 역할이 있다. 마지막으로 집단상담자로서의 역할은 프로그램 구성자, 프로그램 개발자, 프로그램 진행자로서의 역할이 있다.

1 진로진학상담교사로서의 역할

1) 진로진학상담교사로서의 역할

이 장에서는 진로교육 선진국들의 역할 모델을 살펴본 후, 우리나라 진로진학상담교사에게 요구되는 역할에 대해 알아보고자 한다. 먼저 아일랜드의 경우, 모든 학교는 학교지도 프로그램(school guidance programme)을 수립하고 실행하고 있다. 학교지도 프로그램은 학생들의 요구를 고려하되 개인 및 사회 영역, 교육 영역, 진로지도 영역 등 3가지 영역의 지도가 조화롭게 이루어질 수 있도록 교육 계획을 수립하고자 한다(이지연·정윤경·이종범, 2010). 이에 따라 아일랜드의 진로지도교사(guidance counselor)는 학교지도 계획의 수립과 실행에 핵심적 역할을 담당한다. 학교지도 프로그램에서 규정하고 있는 진로지도교사의 역할은 상담, 지원, 사정, 정보 제공, 학급 단위의 진로지도 활동, 일터 학습의 계획 및 준비, 위탁 및 관련 기관과의 연계, 전문성 개발이다(오정숙, 2014).

미국의 학교상담자(school counselor)는 일반적으로 상담, 컨설팅, 연계의 3가지 역할을 수행한다. 학교상담 프로그램을 통해 학생의 학업발달, 진로발달, 인성 및 사회성 발달을 촉진하는 데 중점을 두고 있다(오정숙 외, 2011). 또한 심리검사 실시 및 해석, 직업세계의 이해, 의사결정기술 증진, 진로계획 개선 지원, 구직 전략과 기술 전수, 대인관계기술 습득, 일과 생애 역할의 통합적 이해, 심리적 지지 제공 등의 역할을 수행하고 있다(윤형한, 2009).

핀란드의 경우, 1970년대 농업 중심 사회에서 산업사회로 전환되는 과정에서 학생들이 변화에 적응할 수 있도록 지도할 필요성이 제기되었다. 특히 농촌 지역 출신 학생들에게 산업 전반에 걸친 새로운 직업과 진로에 대한 정보를 제공하는 변화 촉진자(change agent)로서의 역할이 요구되면서, 학교상담교사가 진로지도 서비스를 계획·실시·평가하는 역할을 담당하고 있다(김은경, 2014).

이 밖에도 캐나다에서는 진로개발 실천가에게 과업 성취자, 사고와 문제 해결자로서의 역할을 기대하고 있다. 유럽 직업교육훈련개발센터의 유럽 직업상담자(European vocational counselor)에게는 다양한 계층의 진로 선택, 교육과 훈련 지원, 노동시장 정보 제공, 직업 전망과 희망 직업에 대한 조언 및 지원을 하는 역할을 요구하고 있다(윤형한, 2009).

또한 호주의 중등학교에 배치되는 진로상담교사의 주요 역할 및 직무는 학생들이 경력계획을 계발하고 직업 선택을 할 수 있도록 진로지도 및 상담을 해주는 것이다(김은경, 2014).

우리나라의 경우, 직업상담자의 역할에 대한 논의가 진로진학상담교사의 역할에 대한 논의로 이어진다. 김병숙(1999)은 직업상담자에게 요구되는 7가지 역할을 제시한 바 있다. 구체적으로 살펴보면, 첫째, 내담자 정보, 직업세계 정보, 미래사회 정보를 통합해 직업 선택에 도움을 주는 상담활동을 담당하는 상담자 역할. 둘째, 직업 문제를 갖고 있는 내담자의 문제 인식을 돕고 문제의 진단 및 처치를 할 수 있는 처치자 역할. 셋째, 직업정보를 가지고 조언하는 조언자 역할. 넷째, 내담자가 스스로 직업 문제를 해결하도록 돕고 직업지도 프로그램을 적용하는 지원자 역할. 다섯째, 내담자의 성격, 흥미, 노력 등을 측정할 수 있는 검사를 실시한 후 결과를 분석 및 해석하여 내담자가 잘 이해하도록 도와주는 해석자 역할. 여섯째, 직업정보를 수집, 분석, 가공, 관리, 피드백을 하는 과정을 수행하고 내담자에게 적합한 정보를 제공하는 직업정보 제공자 역할. 일곱째, 상담과정에서 발생하는 여러 업무를 관리하고 통제하는 관리자 역할이다.

한편 김봉환(2003)은 행복한 직업생활에 도움을 줄 수 있는 상담자의 역할을 제시했다. 즉 기초 직업 능력에 대한 교육, 직업 선택을 위한 조력, 적재적소 배치를 위한 조력, 실직자를 위한 조력, 여가생활을 위한 조력의 역할이 포함된다.

이후 교육과학기술부(2010a)는 학생의 자기주도적인 진로개발 능력을 신장시키기 위해 진로교육과 관련된 교과활동과 전문적인 수준의 학생 진로진학지도 관련 활동을 수행하는 교사로 진로진학상담교사를 정의했다. 이종범 외(2010)는 진로진학상담교사의 역할을 학생진로개발 촉진자, 지역사회자원 연계자, 학생진로문제 중재자, 입시전형 준비 지원자, 진로교육자로서 일정 경력을 지닌 후에 보직교사로서 학교진로교육을 총

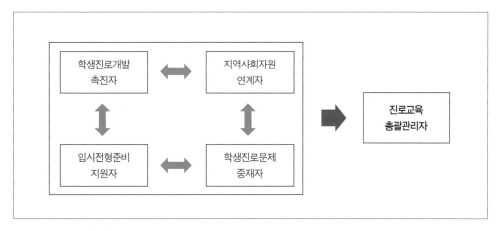

그림 3-1 진로진학상담교사의 역할

출처: 이종범 외(2010)

괄 관리하는 관리자 역할로 제안했다. 이를 그림으로 나타내면 그림 3-1과 같다.

진로진학상담교사의 역할이 현장에서 어떻게 나타나는지에 대한 실증적 연구는 아직 미흡하지만, 진로진학상담교사의 역할에 대해 학생들이 어느 정도 만족하는지에 대한 연구 결과는 찾아볼 수 있다. 김나라·방재현·정진철(2012b)은 진로진학상담교사에 대한 학생과 학부모의 인식 연구를 통해 진로진학상담교사의 역할 및 활동에 대한 학생들의 만족도를 분석했다. 이에 따르면 만족도는 3.68로, 대체로 긍정적 인식을 하고 있다고 보았다.

여기서는 진로진학상담교사의 역할을 진로교육 기획자, 진로교육 운영자, '진로와 직업'교과교사로서의 역할로 나누어 각각 살펴보고자 한다.

2) 진로교육 기획자로서의 역할

진로교육 기획자로서의 역할에 대해 살펴볼 때, 청소년의 진로의식 발달에 영향을 미치는 요인에 대해 이해할 필요가 있다. 청소년의 진로의식 발달에 영향을 미치는 요인은 크게 4가지로 나누어 볼 수 있다. 첫째, 개인적 특성으로는 사춘기의 경험, 인지발달. 둘째, 사회적 측면으로는 경제 및 취업 조건, 차별과 편견, 학교환경. 셋째, 지역사회의 환경으로는 지역사회의 문화, 지역사회 지원제도의 이용 정도, 청소년활동 지원기관 이용 정도. 넷째, 가정의 지원으로는 부모와 자녀관계, 가족의 구조이다(교육과학기술부, 2010b).

여기서는 진로교육 기획자의 역할을 학교 및 지역사회의 자원 분석, 진로교육 계획 수립으로 크게 두 가지로 제시하고자 한다.

(1) 학교 및 지역사회의 인적·물적 자원 분석

① 진로교육을 위한 학교의 인적·물적 자원 분석

2009년 개정교육과정을 통해 진로교육의 근거가 생기고 입학사정관제 도입 등 진로교육의 내실화가 강화되면서, 성적 외의 전형자료들을 다양하게 활용하도록 함으로써 진로교육의 중요성이 부각되고 있다. 중·고등학생의 진로탐색 기회 제공과 확대 및 촉진을 위한 진로체험 프로그램의 수요도 급증하고 있다. 따라서 학교의 인적·물적 자원을 분석하는 기초작업이 필요하다.

② 학교진로교육 담당교사 및 지원 인력

전문상담교사는 2010년 기준으로 볼 때(교육과학기술부, 2010), 중등학교에 65.2%, 지역교육청에 34.8%가 배치되어 있다. 중등학교의 경우 중학교에 34.7%, 일반고에 22.4%, 특성화고에 42.9%가 배치되어 있다.

현재 우리나라의 초등학교와 중등학교에는 진로교육을 전담할 인력이 규정되어 있지 않다. 비록 최근에 학내 폭력 등의 생활지도 관련 요구가 증가함에 따라 전문상담 순회교사와 전문상담교사의 배치를 확대했으나, 이들을 진로지도 담당 인력으로 규정하는 데 주저하는 견해가 적지 않다. 전문 인력 확보가 필요하다고 하겠다.

③ 진로교육을 위한 지역사회의 인적·물적 자원 분석

진로교육의 지역사회 연계 체계의 환경 및 실태에 따라, 학교에서 진로교육을 하기 위해 지역사회와 유대 관계를 맺고 적극적으로 학교교육 현장에 접목시키려고 노력할 필요가 있다.

진로교육의 연계 체계로는 교육과학기술부와 중앙 단위의 진로교육 지원 체계, 시·도 단위 진로교육 지원 체계, 고용노동부 중심의 직업지도 조직 체계, 청소년위원회 중심의 진로상담 조직 체계가 있다. 이러한 지역사회 자원의 분석이 필요하다.

(2) 진로교육 계획 수립

학생, 학부모, 교사 등의 학교 환경과 지역사회를 연계한 학교 단위 진로교육 계획을 수립해 볼 수 있다. 표 3-1처럼 양식에 맞추어 연간, 3년 단위의 중·장기 계획을 수립하는 것이 필요하다.

표 3-1 학교 단위 진로교육 계획 양식

연계 대상	진로교육 프로그램명	실시 일자	담당자
학생			
학부모			
교사			
지역사회			

3) 진로교육 운영자로서의 역할

진로교육 운영자로서의 역할은 학교급별, 학년별, 개인별, 학교단위로 구성된다.

(1) 학교급별 진로교육 로드맵 작성

① 목적

교육 공동체가 진로교육의 중요성에 대해 인식하고 있음에도, 학교 현장에서의 진로교육은 잘 이루어지지 않고 있다. 이러한 상황을 극복하고 질 높은 진로교육을 하기 위해서는 한 가지 모델로 학생들의 입학에서 졸업 후까지를 연계해 학교 단위의 진로교육 체계를 실행할 수 있는 시스템 구축이 필요하다.

② 방침

학교급별 진로교육 로드맵은 자기주도적 진로개척 능력을 신장시키는 방향으로 작성한다. 입학이 확정된 후부터 재학, 졸업 후까지 연계한 모델을 제공하며, 교사의 진로관련 업무를 최소화하기 위해 '진로탐색 동아리(학급별 2개)'를 운영한다.

③ 세부 추진계획

진로진학교사는 해당 로드맵과 관련해 체험할 수 있는 요소를 체계적으로 제시하고 공유해야 한다. 로드맵에는 시기, 활동 주제, 활동 내용, 담당자를 제시해야 한다. 학교 실정에 맞는 로드맵을 매년 제시하여 지속성을 유지할 수 있도록 한다. 추진된 결과는 학교 단위, 학급 단위, 학생 개인별 포트폴리오로 관리해서 지속성을 유지한다. 추진된 과정과 결과를 학기별, 학년별로 평가해 차기년도에 반영한다.

④ 추진상의 유의점

각 학교의 지역성, 환경적 실정을 반영한 차별화된 프로그램의 운영과 각 교육 주체들이 수행해야 할 역할 모델을 제시한다. 프로그램 질의 유지를 위해 지속적으로 관리하고, 학교 실정과 시대 흐름에 맞게 평가·수정·보완하며, 지속성을 유지하도록 한다. 로드맵의 내용은 학생, 학부모, 교사가 공유한다. 학교 홈페이지를 적극 활용하며, 활동 결과는 창의적 체험활동 종합시스템(www.edupot.go.kr)과 개인별 프로파일에 관리한다.

⑤ 추수지도

새로운 모델을 개발하기 위한 분임토의와 결과 발표를 통해 우수 사례를 발굴한다.

(2) 학년별 진로교육 로드맵 작성

① 목적

학년별 진로교육 로드맵은 1년 동안 수행하는 진로교육의 틀을 의미한다. 3년 동안의 진로교육의 체계를 만들어 학년 간 중복을 피하고, 1년 동안의 구체적인 실행 방법을 제시한다.

② 방침

1년 동안 자기주도적 진로개척 능력을 신장시키는 환경을 조성하며, 학교교육과정과 연계하여 자신의 진로를 고민할 수 있도록 적절한 주제의 질문을 제시한다. 개인별 진로 프로파일을 누적해서 관리해 평생 동안 자기관리 습관을 기르도록 한다. 이를 대학 입학사정관제나 취업 등의 자료로 활용한다.

③ 세부 추진계획

학년별로 차별화된 주제를 단계적으로 제시한다. 1학년은 자기이해 및 과정 선택, 2학년은 직업세계의 이해 및 교육세계의 이해, 3학년은 대학세계의 이해 및 진로의사 결정과 관련된 주제를 중심으로 한다. 시간을 적절히 활용하고, 시기에 맞는 학생들의 심리상태를 분석하고 활용한다. 동기를 유발하는 보상을 제공하고, 학년별 '진로탐색 동아리(학급별 2개)'를 조직하여 학년 단위 진로교육을 지원하며, 작성된 자료를 체계적으로 관리하고, 개인별 프로파일을 학생상담, 학교생활기록부 작성, 자기소개서 작성, 학업계획서 작성, 인생 설계 자료로 활용한다.

④ 추진상의 유의점

학교 및 학년 단위 진로교육 로드맵의 목표를 공유하고 각 학년의 특성을 반영해 차별화된 프로그램을 운영해야 한다. 운영 주체가 수행해야 할 역할 모델을 제시하고, 프로그램의 질을 관리하기 위해 학년별 책임자를 둔다. 학년과 담당자가 바뀌더라도 지속성을 유지할 수 있는 시스템을 구축하고, 자기주도적으로 참여할 수 있도록 온라인·오프라인 공간을 적극 활용한다. 활동 결과는 창의적 체험활동 종합시스템(www.edu-pot.go.kr)과 개인별 프로파일에 관리한다.

⑤ 추수지도

새로운 모델을 개발하기 위한 분임토의와 결과 발표를 통해 우수 사례를 발굴한다.

(3) 개인별 진로교육 로드맵 작성

개인별 진로교육을 위한 항목을 정해 개인 포트폴리오를 작성할 수 있도록 지원한다.

① 자신 알기: 심리검사 분석하기

② 직업탐색: 직무 내용, 자격조건 탐색하기

③ 체험활동: 흥미를 갖게 된 계기, 즐거움과 보람을 느꼈던 체험 소감 작성하기

④ 진로상담: 온라인과 면대면 형태의 상담 이용하기

⑤ 진학계획: 고등학교, 대학교를 각각 계획하기

⑥ 존경하는 사람: 역할 모델 갖기

⑦ 진로조언: 부모, 멘토 선생님, 친구들에게 조언 구하기

⑧ 소감 및 각오: 각오 다지기

⑨ 로드맵 작성 후기: 느낀 점을 작성하고 발표하기

(4) 학교 단위 진로교육 프로그램의 운영

진로주간, 진로의 날. 진로탐색의 날, 진로탐색 동아리, 직업체험의 날[직업세계 체험 주간, 1교(校) 1사(社) 직업체험의 날, 기업의 CEO 특강 및 현직자의 직업 설명회]을 운영한다.

4) '진로와 직업' 교과교사로서의 역할[1]

'진로와 직업'교과교사는 교과의 이해, 교과서의 분석, 교과의 평가의 과제를 가지고 있다.

(1) 교과의 이해

① 중학교 '진로와 직업' 교과의 이해

자신과 직업 및 교육 세계에 대한 폭넓은 탐색과 체험을 통해 긍정적인 자아개념과 진로·직업에 대한 적극적인 태도를 형성하고, 자신의 진로를 합리적으로 설계하고 주도적으로 개척할 수 있는 역량을 갖추도록 한다. 4개의 대영역과 14개의 중영역으로 구성되어 있다.

② 고등학교 '진로와 직업' 교과의 이해

자신에게 적합한 진로와 직업을 탐색하고 합리적으로 결정하며 이를 체계적으로 계획하고 실천하는 능력을 갖추도록 한다. 자아를 실현하고 사회 발전에 기여할 수 있는 건실하고 교양 있는 직업인으로서의 능력을 함양해 행복한 삶을 영위할 수 있도록 한다. 4개의 대영역과 17개의 중영역으로 구성되어 있다.

(2) 교과서의 분석

① 중학교 '진로와 직업' 교과서

중학교 '진로와 직업' 교과서는 중앙교육진흥연구소·한국고용정보원에서 발간되었다. 학생들이 능동적이고 자기주도적으로 탐색하면서 즐겁게 활동할 수 있도록 하며, 실용적인 면을 강조해서 정보탐색 자료형 도서로도 활용할 수 있다. 체험활동 및 실천 활동 중심으로 구성되어 있으며, 교과서의 내용과 체제를 최대한 혁신하는 편찬 방향

---

1   교육과학기술부, 2010b

으로 작성되었다.

내용 구성 면에서 '목표 → 내용' 등이 서로 유기적인 관계를 맺도록 하며, 학생 스스로 탐색하도록 해서 합리적인 진로계획을 세울 수 있도록 한다. 교육활동과 연계하며, 교육과정 범위 안에서 다양하고 융통성 있게 운영할 수 있도록 한다.

② 고등학교 '진로와 직업' 교과서

고등학교 '진로와 직업' 교과서는 경기도교육정보연구원, 한국고용정보연구원에서 발간되었다. 진로 관련 검사와 체험활동을 통해 실제로 탐색해 보고 평가할 수 있도록 추가 구성되었다.

(3) 교과의 평가

① 목적

'진로와 직업'과목은 기본적으로 실천 중심, 활동 중심 내용으로 구성하는 것을 기본 방향으로 한다. 평가의 목적은 학생 개인이 자신의 진로에 대해 관심을 갖고 진로계획을 수립하고 실천할 수 있는 능력과 태도를 향상시키는 데 있다.

② 평가 내용

기본 평가 항목은 각 단원마다 학생들이 도달해야 할 학습목표, 최소한의 기본 지식이나 주요 개념, 준비사항, 활동 수행 수준 등으로 한다. 워크북의 경우에는 학생들이 각 학습목표에 따라 직접 작성해 보거나 체험해 볼 수 있는 다양한 활동 중심으로 평가 항목을 구성한다.

③ 평가할 때의 유의점

평가의 시기와 방법 등을 사전에 계획해 실시하고 과목의 목표가 반영되도록 한다. 학습활동의 과정에 대한 평가를 실시해 반영하고 과정 평가의 중요성을 인식하도록 한다. 학생 스스로의 진로계획 실행 정도를 평가하는 데 중점을 둔다. 지필 검사 위주에서 탈피하고, 일방적인 평가보다는 자기평가 및 집단평가를 많이 실시한다.

④ 평가의 방법의 종류

서술 및 관찰법, 토론법, 자기 평가 및 동료 평가, 연구 보고서법, 포트폴리오법이 있다.

⑤ 평가 모형

보고서 형식, 문제풀이 형식, 의사소통 능력 형식, 토론 형식, 이해 관련 내용과 활동, 태도 관련 활동, 과제 관련 활동이 있다.

2 개인상담자로서의 역할

1) 학생 진로상담자로서의 역할

(1) 학생 진로상담의 개념

진로지도를 하기 위한 수단의 하나인 진로상담(career counseling)은 개인의 진로발달을 촉진하거나 진로계획, 진로·직업의 선택과 결정, 실천, 직업 적응, 진로변경 등의 과정을 돕기 위한 활동을 말한다(김봉환, 2014). 여기에서 진로는 한 개인이 생애 동안 일과 관련해서 경험하고 거쳐 가는 모든 체험을 의미한다(김계현, 1995). 진로는 일을 통해 무엇인가를 축적해 놓은 직업적 경력을 의미하는데, 이에는 과거적인 의미가 들어 있다. 하지만 과거뿐 아니라 앞으로 생애의 모든 단계에서 쌓아 가야 할 행로라는 미래지향적인 의미도 포함시킬 수 있다(진미석, 1999).

(2) 학생 진로상담의 특징

일반적으로 진로상담과 심리상담이 확연하게 구분된다고 오해하는 경우가 있으나, 실제 상담 장면에서는 진로상담과 심리상담을 엄밀하게 구분하는 것이 쉽지 않다. 물론 진로상담은 전통적으로 파슨스(Parsons) 모델을 기초로 하고 있기 때문에, 내담자의 특성 이해 → 직업세계의 분석 → 이 둘 간의 합리적인 매칭 여부의 파악이라는 3단계를 적용한다는 점에서 큰 차이가 있는 것은 사실이다(김봉환, 2014).

진로상담을 할 때에는 심리상담을 할 때에 비해 내담자가 놓인 사회·경제적 환경의 영향력을 더 많이 고려해야 한다. 하지만 실제 상담을 진행해 보면 내담자가 단순히 진로문제만을 가지고 있는 경우는 드물다. 오히려 내담자의 심리적인 특성과 진로문제가 얽혀 있는 경우가 많으며, 상담 당시에 진로문제가 부각되기 때문에 진로문제를 호소하면서 상담을 시작하는 경우가 많다(김봉환, 2014).

이러한 경우 1차적인 진로문제를 어느 정도 해결한 다음에 심리적인 문제를 호소하기 때문에 진로상담이 심리상담으로 전환되기도 한다. 반대로 초기에는 심리적인 문제를 호소하면서 상담을 시작하지만, 상담을 통해 심리적인 갈등이나 어려움이 어느 정도 극복된 다음에는 현실적인 문제라고 할 수 있는 진로문제를 다시 다루게 될 수도 있다.

(3) 학생 진로상담의 과정

진로상담의 과정은 일반적으로 관계 수립 및 문제의 평가 → 목표 설정 → 문제해결을 위한 개입 → 종결과 추수지도라고 할 수 있다. 먼저 관계 수립 및 문제의 평가의 단계에서는 진로진학 상담교사와 학생 간의 촉진적 관계의 형성이 필수적이다. 학생에 대한 무조건적 수용, 공감적 반영, 진실성을 통하여 허용적 분위기에서 상담이 이루어질 수 있도록 분위기를 조성해야 한다(지용근 외, 2009). 학생의 진단에 대해서는 다음 절에서 따로 설명한다.

둘째, 목표 설정 단계에서는 학생의 진단체계에 따라 목표를 적절하게 설정해야 한다. 진로상담에서는 무엇보다 진로 결정자가 자신의 진로선택에 대한 확신을 갖는 것이 중요하다. 진로 미결정자의 경우, 자신에 대한 정보와 직업에 대한 정보 제공을 통하여 진로를 선택하고 결정하도록 돕는 것이 필요하다. 우유부단형 진로 미결정자의 경우, 심리적 부적응에서 비롯한 진로 미결정의 문제를 해결하기 위해 심리적 문제를 해결하고 자신 및 직업에 대한 정보를 제공하여 진로결정을 하도록 돕는 것이 중요하다

(지용근 외, 2009).

셋째, 문제해결을 위한 개입 단계에서는 학생의 특성에 따라 진로문제에 개입하는 방법이 달라야 효과적인 진로상담이 이루어진다.

넷째, 종결과 추수지도 단계에서 진로진학상담교사는 학생과 합의한 목표를 달성했는지를 파악하고 미래에 생길 문제를 예측하고 대비하도록 돕는다.

(4) 진로상담의 학생 진단체계

진로진학상담교사는 진로문제에 관한 다양한 진단체계를 가지고 상담에 임해야 상담의 방향과 목표 설정에 도움을 받을 수 있다. 지금까지 제안된 진단체계에는 여러 가지가 있지만, 대표적인 것을 살펴보면 다음과 같다.

① 윌리엄슨의 기술적(記述的) 분류(Williamson, 1939)

㉠ 진로 무선택 : 내담자가 진로를 결정한 바가 없거나, 선호하는 진로가 몇 가지 있기는 하지만 어느 것을 선택해야 할지 모르는 경우이다.

㉡ 불확실한 선택 : 선택한 진로가 있으나 자신감이 없으며, 타인에게 자기가 그 직업에서 성공할 것이라는 위안을 받으려고 한다.

㉢ 흥미와 적성에 모순이 되는 선택 : 흥미를 느끼는 직업이 있으나 그 직업을 가질 능력이 부족하다. 적성에 맞는 직업에는 흥미가 적고, 흥미가 있는 직업에는 적성이 맞지 않는다.

㉣ 현명하지 못한 선택 : 저능력, 저동기인 사람이 고능력, 고동기를 요하는 직업을 원하는 경우이다. 특별한 재능을 필요로 하는 직업을 가지려고 하지만 그러한 특수재능이 부족하다. 흥미가 별로 없는 분야를 택하거나 자리가 많지 않은 직업을 원한다. 자신의 능력보다 훨씬 낮은 능력을 필요로 하는 직업을 택한다.

② 보딘(Bordin)의 정신역동적 분류(Bordin, 1946)

㉠ 의존성 : 자신의 진로문제를 해결하고 책임지는 것을 어렵다고 느낀다. 내담자는 의존적인 갈등 때문에 문제해결이나 의사결정을 위해 적극적으로 노력하지

못한다.

ⓛ 정보의 부족 : 적합한 정보에 접할 기회가 없기 때문에 현명한 선택을 하지 못하는 경우이다. 체험 폭의 제한, 체험의 부적절성, 필요한 기술을 습득할 기회의 부족 등도 여기에 포함된다.

ⓒ 내적 갈등 : 내부의 심리적 요소들 간의 갈등이나 자아개념과 환경의 차이가 심하다.

ⓔ 선택에 대한 불안 : 여러 가지 대안 가운데 선택을 하지 못하고 불안해 한다. 특히 자신이 하고 싶어 하는 일과 의미 있는 타인이 기대하는 일이 다를 경우 불안과 갈등을 심하게 느낀다.

ⓜ 확신의 부족 : 선택은 했으나 확신을 갖지 못하고 타인에게 확신을 구한다.

2) 학부모 상담자로서의 역할

(1) 학부모상담의 개념

학부모가 학생의 성격 발달이나 증상 형성에 미치는 영향은 매우 크다. 학부모는 학생의 심리적인 문제 발생에 소인적인 취약성을 제공하거나 문제를 촉발시키거나 유지시키는 역할을 한다. 한편으로 학부모는 학생이 스트레스 사건을 경험하거나 어려운 상황에 처했을 때 보호 요인을 제공하기도 한다. 또한 학생의 심리적인 문제를 해결하는 데 도움이 되는 심리사회적 환경을 조성하는 데 주된 역할을 담당하기 때문에, 학부모의 노력과 변화가 상담 효과에 지대한 영향을 미친다.

최명선(2005)은 자녀상담 성과에 대한 연구에서, 아동을 상담할 때 부모상담을 병행하는 것은 자녀상담 성과에 중요한 영향을 미친다고 주장했다. 기채영(2006)은 부모상담을 통한 상담 성과를 구체적으로 살펴보았다. 상담교사의 전문적 조언과 정보를 통해 부모가 아동을 이해하고 수용하게 됨으로써 양육 스트레스가 감소되고, 상담자의 부모 교육을 통해 부모가 부모 역할에 대한 교화적인 방법을 습득하고 수행함으로써 아동의 문제 행동이 감소되어 관계 개선에 영향을 미친 것으로 나타났다. 상담자에게서 상담기법을 훈련받아 가정에서 활용함으로써 상담 조력적 효과가 촉진되었고, 상담자와의 상담을 통해 부모 자신이 겪는 심리적 어려움에 대해 공감과 지지를 받고 심리적인 안정감을 얻게 되었으며, 이것이 아동을 대하는 태도 변화에 긍정적인 영향을 미쳤음을 밝혀냈다.

(2) 학부모상담의 원리

교육과학기술부(2011)에서는 학부모상담의 기본 원리를 제시했다. 첫째, 행동상의 문제를 근절하기 위해서는 학부모가 권위적 입장에 있는 위계를 수립해야 한다. 이러한 위계를 수립하는 방법은 특정의 지시적인 과제를 사용한 전략적 접근을 활용하는 것이다. 학생이 가출한 경우, 진로진학상담교사는 학생을 처벌하기보다는 그러한 행동을 포기하게 하는 창의적인 귀결을 학부모가 설계해 보도록 돕는다. 예를 들어 상담교사는 학부모가 자녀의 행방에 관한 정보를 얻도록 자녀의 사진으로 만든 포스터를 학교에 붙이는 방법을 제안할 수 있다. 많은 학생들은 학교 전체에 자신의 사진이 붙는 당황스러운 경험을 하기보다는 가출이라는 극단적인 행동을 포기할 것이다. 일단 가출의 위협이 제거되면 규칙을 따를 확률이 극적으로 증가할 것이다.

둘째, 미궁에 빠진 가족의 역전과 반전을 도모하는 안내도와 일련의 기법을 진로진학상담교사가 제공해야 한다. 구조적 이론에서는 학부모에게 권위적 위치를 회복시킬 필요성을 상담자에게 제시하기 위해 '위계'와 '경계' 같은 개념을 제공한다. 전략적 방법에서는 특수 기법과 지시(규칙과 귀결, 걸림돌 제거하기, 역설 등)를 통해 이러한 구조적 변화가 가능해지는 방법을 상담자에게 제시한다. 그러므로 두 가지 접근을 조합해 사용하면 가족 위계를 재구조화하고 사춘기 자녀의 행동 문제를 근절할 수 있다.

셋째, 학생상담과 병행하는 학부모상담에서는 상담자가 단순히 일방적으로 교육하고 훈계하거나 정보를 제공하지 않는다. 학생상담과 마찬가지로 학부모상담 역시 상담적으로 접근해야 상담자가 기대하는 변화를 가져올 수 있다. 따라서 학생상담에 대한 학부모의 욕구와 감정, 기대 등에 대해 공감적으로 이해하고 존중하는 데서부터 시작해야 한다. 또한 아동 및 청소년의 문제로 인해 학부모 역시 심리적으로 지치고 스트레스를 받고 있는 상태임을 감안해 진로진학상담교사가 지지적인 태도를 보여주는 것도 중요하다.

넷째, 진로진학상담교사는 학생상담에서 아동 및 청소년의 고유한 특성에 민감하게 반응해야 하는 것과 마찬가지로, 학부모상담에서 부모의 특성에 맞게 개별적인 부모 교육을 실시해야 한다. 부모의 연령, 교육 수준, 인지 능력 및 상황 이해 능력, 심리적인 건강 상태, 자녀 문제에 대한 인식 정도 등 다양한 측면을 고려해야 한다. 예를 들어 학부모가 우울한 경우, 진로진학상담교사가 하는 말 중 부정적인 내용만을 받아들여 학생상담에 대해 비관적인 견해를 갖고 상담에 협조하지 않을 수 있다. 따라서 진로진학상담교사는 부모의 우울 상태가 상황 이해력에 어떤 영향을 미치고 있는지를 확인하면서 면담해야 한다. 만약 학부모가 왜곡되게 받아들인다면 교정해 주어서 오해가 없도록 신경 써야 한다.

(3) 학부모상담의 유의사항

학부모상담은 자녀의 진로성숙에 대한 부모 영향의 중요성을 기반으로 한다. 학부모가 학생의 진로성숙을 촉진하는 존재가 되고 부정적 영향을 최소화하기 위해 실시되므로 다음 사항에 유의해야 한다.

첫째, 학생의 발달 단계에 따른 차별화된 상담을 해야 한다. 각 학교급별로 차별화된 학부모 진로상담이 필요하다.

둘째, 상담에 참여하는 학부모 개개인의 욕구를 만족시키는 맞춤형 상담이 필요하다. 상담의 효과는 내담자의 욕구를 충족시키는 데서 나타나므로, 각 학부모에게 맞는 접근이 필요하다.

셋째, 학부모들끼리 서로 의견을 나누고 토론하는 집단상담 프로그램을 병행하는 것도 효과적이다. 개별적 상담보다 학부모들이 서로 도움을 주고받을 수 있는 집단상담 형태로 구성하면, 학부모들의 성장을 촉진시킬 수 있다.

넷째, 학부모들의 참여를 적극적으로 이끌기 위해 흥미를 유발해야 하고, 유익한 정보를 실제로 제공해야 한다. 학부모들이 자녀를 위한 학교진로상담이 편안하고 유익하다고 여길수록 학부모상담의 효과는 극대화될 수 있다(교육과학기술부, 2011).

3) 교사 대상 진로교육자로서의 역할

진로교육은 행복한 삶의 준비를 돕는 과정이라고 할 수 있다. 따라서 진로인식 단계인 초등학교에서는 특히 교사의 역할이 매우 중요하다고 할 수 있다. 박행모(2013)는 진로교육에 대한 관심과 이해의 정도는 남녀 교사 모두에게서 매우 높고, 진로교육에 대한 '이해의 폭을 확대'하고 싶어 한다고 했다. 그리고 초등학교에서 진로교육을 누가 담당할 것인지에 대한 반응에서는 남녀 교사 모두 '담임교사', '진로교육 연수를 받은 교사'가 담당해야 한다고 했다.

그러나 교육이 제대로 행해지지 않아 진로교육에 대한 교사들의 인식과 전문성이 부족하고, 진로교육 전담교사 배치가 이루어지지 않았으며, 진로교육 업무도 거의 분담되지 않고 있다(서우석, 2001). 그리고 진로교육을 담당할, 전문성을 갖춘 교사가 요구된다고 선행연구(송창용 외, 2013)에서 제시했다. 맹영임 외(2008)에 따르면, 초등학교의 경우 담임교사가 거의 전적으로 진로교육을 담당하고 진로교육을 전담하는 전문상담교사도 매우 부족한 상황이라고 했다. 2013년 진로교육지표 연구에 따르면, 진로진학상담교사가 필요하다고 생각하는지 여부에 대해 초등학교 교사들은 59.2%가 필요하다고 응답했다(송창용 외, 2013).

이러한 연구를 통해 중등교육 단계의 과목 중심 진로교사 체제보다는 초등학교 담임교사 중심의 진로교육 연수 체제를 계획할 필요가 있음을 알 수 있다. 특히 초등학교 진로교육은 담임교사를 중심으로 학생들의 비전(꿈) 설정을 돕는 자기이해 영역과 직업체험 영역에 중점을 두는 교원 연수를 통해서 이루어져야 한다(박행모, 2013).

이건남(2014)은 교사들의 진로교육에 대한 필요성을 다음과 같이 제시했다. 첫째, 초등학교 교사들은 진로교육의 강화가 필요하다고 높은 수준으로 요구하고 있다. 둘째, 향후 초등학교의 진로교육에 대한 교사의 기대는 높지 않았다. 특히 연령, 교직경력 등이 상대적으로 적은 집단에서 이러한 현상이 높게 나타났다. 이렇게 인식하는 가장 큰 이유로 '관련 자료 및 시설 미비'를 가장 높게 인식했다. 셋째, 초등학교 교사가 원하는 진로교육 운영 형태는 담임교사가 관련 연수 이수 후 운영하는 방법이며, 진로교육 활성화를 위해 '체계적인 진로교육 연수 실시'를 요구하고 있다. 넷째, 초등학교 교사들은 원활하게 진로교육을 실시하기 위해 '진로교육을 위한 시간 확보'를 요구하고 있다. 따라서 진로교육을 위한 최소한의 시수를 보장할 수 있는 정책이 추진되어야 한다. 다섯째, 초등학교 교사가 인식하는 진로교육 영역별 교육 요구도 순위 결과, 자아이해와 사회적 역량 개발 영역에 속한 내용이 높게 나타났다. 따라서 연수를 할 때 이 점을 고려하여 진로교육 영역별로 특화된 연수 프로그램을 개발하고 보급할 필요가 있다.

3 집단상담자로서의 역할

집단상담은 소규모 집단을 구성하여 운영할 수도 있고, 동시에 좀 더 많은 학생들이 참여할 수 있도록 잘 구조화된 프로그램을 활용할 수도 있다. 학교에서는 특히 진로 집단상담이 매우 효율적이다. 진로상담은 발달 지향적인 성격이 강하기 때문에, 적합한 프로그램을 개발한다면 한 학급을 단위로 한 지도도 가능하다.

집단상담은 생활과정의 문제를 해결하고 좀 더 바람직한 성격을 발달시키기 위해, 전문적으로 훈련된 상담자의 지도와 동료들과의 역동적인 상호 교류를 통해서 각자의 감정, 태도, 생각 및 행동양식 등을 탐색·이해하고 좀 더 성숙한 수준으로 향상시키는 과정이다(윤관현·이장호·최송미, 2006). 즉 집단 구성원 간의 역동적인 관계를 통해서 개인이 문제해결을 하고 변화할 수 있도록 하는 상담 방법이다.

따라서 집단상담을 할 때는 다음과 같은 조건이 충족되어야 한다. 첫째, 적은 수의 비교적 정상인들이 한두 사람의 전문가의 지도 아래 집단 또는 상호 관계성의 역학을 토대로 활동한다. 둘째, 집단 구성원이 신뢰롭고 수용적인 분위기 속에서 개인의 태도와 행동의 변화, 개인의 성장 발달 및 대인관계 능력을 촉진시키려는 의도를 가지고 모인다. 셋째, 집단상담은 하나의 역동적 대인관계의 과정이다.

여기서는 진로진학상담교사가 진로진학상담을 수행할 때의 역할을 프로그램 구성자, 프로그램 개발자, 프로그램 진행자로 나누어 살펴보고자 한다.

1) 진로집단상담 프로그램의 구성자로서의 역할

진로집단상담 프로그램을 효과적으로 구성하기 위해서는 일반적인 진로지도 프로그램을 구성할 때의 유의사항을 살펴볼 필요가 있다. 진로지도는 기본적으로 다음과 같은 특성을 지니고 있어야 좀 더 효과적이고 이용하기 편리하다(이정근, 1998).

첫째, 이용하고자 하는 목적에 부합하고 경제적이어야 한다. 아무리 좋은 프로그램이라고 해도 교사의 의도나 학생의 필요에 부합하지 않으면 사용할 수 없다. 프로그램을 사용하는 데 비용이 많이 들어도 제약이 따른다.

둘째, 실시하기가 쉽고 효과가 뚜렷해야 한다. 프로그램의 내용이 복잡하고 너무 전문적이어서 일반교사가 사용할 수 없다면 좋은 프로그램이라고 할 수 없다.

셋째, 프로그램의 내용을 정할 때 이론에 바탕을 두고 가용 자원을 최대한 활용해야 한다. 학문적 기초가 없는 프로그램은 그 효과가 의심스럽고 부작용이 따를 수 있다. 또한 주변에서 획득 가능한 자원을 모두 이용할 수 있어야 경제적이다.

넷째, 프로그램의 효과를 평가할 수 있어야 한다. 프로그램이 학생들의 필요와 요구에 적합한지, 중복되는 내용은 없는지, 실시하기가 쉬운지, 재정상의 문제는 없는지 등을 평가할 수 있도록 구성요소 속에 평가요소가 포함되어 있어야 한다. 프로그램의 실시과정 및 실시 후에 그 효과를 평가할 수 있어야 한다.

2) 진로집단상담 프로그램의 개발자로서의 역할

효과적인 진로집단상담 프로그램을 개발하기 위해서는 체계적인 계획과 합리적인 절차가 필요하다.

첫째, 프로그램 개발의 목표와 대상을 명확히 한다. 어떤 대상에게 어떤 능력을 함양시키려고 하는지 프로그램을 사용할 학생의 특성과 필요를 분명하게 파악하고 이를 기초 자료로 삼아 목표를 설정해야 한다.

둘째, 연구 문헌이나 관련 자료를 검토한다. 이미 개발된 기존의 프로그램을 검토하고 철저히 분석하며 긍정적 요소들을 참고해서 새로 개발할 프로그램의 효과성을 높일 수 있도록 한다.

셋째, 효율적인 진로집단상담의 방법을 조사하고 적합한 진로지도 내용을 선정한다. 특히 선정된 방법이나 내용을 여러 상황에 맞도록 수정하거나 보완한다. 진로집단상담 프로그램에는 자기이해나 자기탐색, 일의 세계 이해, 의사결정기술, 일의 의미 이해, 구직행동 연습 등과 같은 내용이 선정된다. 또한 프로그램을 실시하는 데 필요한 지원체제를 구축한다.

넷째, 프로그램이 개발되었다면, 얼마나 성과가 있는지 또는 필요나 욕구를 충족시키고 있는지 평가해야 한다. 평가 자료를 통해 좀 더 수정하고 보완하여 좋은 프로그램을 만들 필요가 있다.

3) 진로집단상담의 진행자로서의 역할

(1) 진로집단상담의 유형

이론적 접근에 따르면, 진로집단상담에는 정신분석적 집단상담, 교류 분석적 집단상담, 인간중심적 집단상담, 인지행동적 집단상담, 형태 치료적 집단상담, 현실 치료적 집단상담이 있다.

또한 집단상담 내용의 조직성 정도에 따라 비구조화, 반구조화, 구조화 집단상담, 집단상담의 실시 기간에 따라 집중-연속 집단과 분산-정기 집단, 집단의 개방 여부에 따라 개방 집단과 폐쇄 집단으로 나눈다. 문제 및 구성의 동질성 여부에 따라서 공통문제중심 모형 집단 대 사례중심 모형 집단, 동질 집단 대 이질 집단으로 구분한다.

(2) 진로집단상담의 과정

집단상담은 일정한 과정이나 단계를 통해 구성원의 행동이나 태도에 변화를 일으킨다. 윤관현·이장호·최송미(2006)는 집단상담의 과정을 참여 단계, 과도적 단계, 작업 단계, 종결 단계로 나누었다. 이형득(1998)은 도입 단계, 준비 단계, 작업 단계, 종결 단계로 구분했는데, 이에 대한 구체적인 설명은 다음과 같다.

도입 단계에서는 충분한 오리엔테이션이 이루어져야 한다. 이론적 강의를 통해 나는 '어떤 사람인가'에 대한 자기이해를 돕는다. 즉 집단역동을 통해 현재 삶의 문제와 행동패턴, 그 결과 등에 대해 정확히 깨닫도록 한다. 그리고 자기수용을 하고 적절한 자기개방을 하도록 돕는다. 또한 참여자를 소개하고 예상되는 불안을 적절히 다룬다. 특히 지도자의 이해성, 온정성, 신뢰성을 통해 라포를 형성하고, 지도자의 인사말과 참여자에 대한 다양한 소개, 시범 등을 하며, 집단에 대한 불안과 두려움에서 벗어나도록 안정적인 집단 분위기를 조성해야 한다.

준비 단계에서는 안정적이고 신뢰로운 분위기로 행동의 변화를 촉진해야 한다. 따라서 지도자는 자신의 느낌이나 말과 일치되는 행동이나 솔선수범, 온정, 긍정, 수용 등의 자세를 보여야 한다. 또한 의존적인 경향을 효과적으로 처리하고, 부담감이나 불안감에 따른 지나친 자기방어나 저항, 부정적 감정의 표출과 지배적인 힘 겨루기 같은 갈등을 잘 처리해야 한다. 신뢰감의 형성을 통해 얼마나 응집성을 보이며 소속감을 갖는지 또는 강화가 되는지를 살피는 것도 중요하다.

작업 단계는 집단 장면과 집단 밖의 일상생활의 행동 변화를 위한 문제 노출, 탐색, 이해, 수용 과정을 통해 바람직하지 못한 행동패턴을 버리고 생산적인 대안행동을 학습하는 단계이다. 자기 노출과 감정의 정화, 비효과적인 행동패턴을 취급하고, 지각과 통찰을 바탕으로 대안을 탐색하며, 과제 부여와 수행 여부 등을 통해 바람직한 행동 방안을 모색해야 한다.

종결 단계는 자기 노출이 줄고 이별의 아쉬움을 갖는 단계로, 실천의지와 희망, 집단상담에 대한 긍정적인 시각을 갖고 떠나도록 하는 것이 중요하다. 보통 마지막의 1~2회기에 시행한다. 이때 효과적으로 취급해야 할 문제로, 집단 경험의 개관과 요약, 집단원의 성장 및 변화에 대한 사정, 이별 감정 및 미진 사항의 취급, 피드백 주고받기, 최종 마무리와 작별인사 등이 있다.

(3) 진로집단상담자의 역할

진로집단상담자의 주요 역할을 정리하면 다음과 같다.

① 집단 활동의 시작을 돕는다.

② 집단의 방향을 제시하고 규준의 발달을 돕는다.

③ 집단의 분위기 조성을 돕는다.

④ 행동의 모범을 보인다.

⑤ 의사소통 및 상호작용을 촉진한다.

⑥ 집단원을 보호한다.

⑦ 집단 활동의 종결을 돕는다.

생각해 볼 문제

1. 진로진학상담교사의 기획자, 운영자, 교과교사로서의 역할은 무엇인지 논의해 보자. 어느 역할이 가장 중요하다고 생각하는가?

2. 개인상담자로서의 진로진학상담교사의 역할은 무엇인지 논의해 보자. 각 역할에서 해야 할 직무는 무엇인가?

3. 집단상담자로서의 진로진학상담교사의 역할은 무엇인지 논의해 보자. 자신이 수행해야 할 집단상담 프로그램을 구성하고 유의사항을 알아보자.

참고문헌

교육과학기술부(2010a). 진로진학상담교사 역량 개발. 교육과학기술부 진로진학상담교사 자격 연수교재.

교육과학기술부(2010b). 진로 · 진학지도 기획 및 운영. 교육과학기술부 진로진학상담교사 자격 연수교재.

교육과학기술부(2011). 학부모 진로진학 상담. 교육과학기술부 진로진학상담교사 자격 연수교재.

기채영(2006). 놀이상담에서의 부모상담의 상담성과요인 및 과정에 대한 질적 연구. 놀이상담연구, 9(2).

김계현(1995). 상담심리학. 서울: 학지사.

김병숙(1999). 직업상담사 되는 길. 서울: 한국 언론자료 간행회.

김봉환(2003). 행복한 직업생활을 조력하기 위한 상담자의 역할 탐색. 상담학연구, 4(3), 381-396.

김봉환(2014). 2급 청소년 진로상담. 청소년상담사 국가자격연수 교재.

김은경(2014). 진로진학상담교사의 역량 척도 개발. 경성대학교 박사학위 논문.

맹염임, 임경희(2008) 진로교육에 대한 교사 인식 조사 연구. 한국청소년개발원 연구보고서.

박행모(2013). 초등학교 교사의 진로교육에 대한 의식 분석. 한국 실과교육 학회지, 26(4), 187-197.

서우석(2001). 인적자원 개발과 초등학교 진로교육. 진로교육연구, 13, 15-37.

송창용, 손유미, 장현진, 윤수린, 박봉남, 박주완(2013). 2013 학교진로교육지표. 교육과학기술부, 한국직업능력개발원.

안지유(2011). 진로교육에 대한 초등교사의 인식과 초등진로교육 현황 분석. 인제대학교 석사학위논문.

오정숙, 백상수, 오순애, 황의옥, 엄성원(2011). 입학사정관제 지원체제 구축을 위한 진로진학상담교사의 역할 모형 연구. 교육과학기술부.

오정숙(2014). 진로진학상담교사의 역할과 직무에 대한 인식. 진로교육연구, 27(2), 41-64.

윤관현, 이장호, 최송미(2006). 집단상담의 원리와 실제 제2판. 서울: 법문사.

윤형한(2009). 직업상담자의 전문성 발달과정과 영향요인. 홍익대학교 박사학위논문.

이건남(2014). 초등교사의 진로교육에 대한 교육 요구도 분석. 한국 실과교육 학회지, 27(2), 131-151.

이정근(1998). 진로지도의 실제. 서울: 성원사.

이종범, 최동선, 고재성, 이혜숙(2010). 진로진학상담교사 양성을 위한 표준교육과정개발 연구. 교육과학기술부.

이지연, 정윤경, 이종범(2010). 창의 인재 양성을 위한 진로교육 활성화 방안. 한국직업능력개발원.

이형득(1998). 집단상담의 실제. 서울: 중앙적성출판사.

지용근, 김옥희, 양종국, 김희수(2009). 개정증보 진로상담의 이해. 서울: 동문사.

진미석(1999). 새로운 대학입시제도에 따른 고등학교 진로지도의 방향: 고등학교 진로교육 의 문제점과 개선방안. 109-122. 서울: 서울특별시 교육과학연구원.

최명선(2005). 자녀상담에서의 부모와 상담자간 상담관계에 대한 연구. 아동학회지, 26(3).

Bordin, E.S.(1946). Diagnosis in counseling and Psychotherapy. *Educatinal and Psychological Measurement, 6*, 145-156.

Williamson, E.G.(1939). *How to counsel students*. NY: McGraw-Hill.

4장

진로진학상담교사의 교육과 훈련

손진희

진로진학상담교사제도는 2011년 3월에 교원자격검정령시행규칙 개정으로 새롭게 도입된 교과교사제도이다. 2016년에는 전국의 모든 중·고등학교에 진로진학상담교사가 배치 완료되어 학교 현장에서 실제적인 진로교육이 실시될 수 있는 토대가 마련되었다. 하지만 진로진학상담교사 자격취득 과정이 현직교사 중심의 단기 부전공 연수로 실시되어 진로상담, 진로평가, 진로프로그램 개발 등의 진로 관련 직무에 숙달되는 데 시간이 충분하지 않았다. 무엇보다 진로진학상담교사 양성과정이 시행된 지 얼마 되지 않은 상황에서 변화를 예고하고 있다.

이 장에서는 진로진학상담교사의 진로상담에 대한 전문적 발달을 조력하기 위한 교육 및 훈련 프로그램을 다룬다. 이를 위해 먼저 현재 실시되고 있는 진로진학상담교사의 양성 체계를 살펴본다. 또한 상담 분야의 다른 상담 자격증 취득 과정을 검토함으로써 진로진학상담의 전문성 신장을 위한 교육 및 훈련 방법에 시사점을 얻고자 한다. 타 상담 분야 전문직으로는 교사라는 공통점이 있는 전문상담교사 양성 모델을 살펴보고, 국내 상담 관련 학부 및 대학원의 상담자 양성 체계와 민간 학회 전문가 양성 모델을 함께 검토한다. 상담자 양성의 핵심 교육방법인 수퍼비전에 대해서도 비교적 자세히 다루어 진로진학상담 분야에서 수퍼비전의 활용 가능성을 모색한다.

진로진학상담교사 양성 프로그램의 이해

우리나라에서 담임교사의 역할은 매우 중요하다. 담임교사는 교과뿐만 아니라 일상생활을 관리하고 학생들에 대한 상담과 생활지도를 담당하기 때문이다. 그러나 담임교사가 여러 가지 역할을 맡다 보니 업무가 지나치게 과중되고, 특히 진로지도나 상담활동에 필요한 전문적인 개입에 어려움을 겪는다는 문제가 꾸준히 제기되어 왔다. 다행히 2016년도에는 전문상담교사제도와 진로진학상담교사제도가 함께 시행되어 학교에서의 상담 전담인력이 보강된 상태이다. 하지만 전문상담교사의 배치 비율이 여전히 20% 미만에 머물러 있고 진로진학상담교사제도도 시행 초기여서 학교상담 인력 활용에 관한 고민은 이전과 다른 맥락으로 지속되고 있다. 여기에서는 그동안 우리나라의 학교상담제도가 어떤 변천과정을 거쳤는지, 특히 교사 양성 프로그램에는 어떤 것이 있는지, 타 상담 전문가 양성과정 체제의 특징은 어떠한지 등을 살펴보고, 진로진학상담교사제도가 나아갈 방향에 대한 시사점을 얻고자 한다.

1) 상담교사 양성 프로그램

(1) 학교상담교사제도의 역사적 변천

1957년에 서울시 교육위원회가 40여 명의 교사들에게 상담교육을 시작했던 것이 현직교사를 대상으로 한 상담교육의 시초이다. 이후 제도가 바뀌어 1964년에는 교도교사 자격증제도가 시작되었고, 1990년 초에는 상담교육을 받은 교사에게 '진로상담교사'와 '진로주임'이라는 명칭을 사용했다. 1997년도에는 초·중등교육법이 개정되어 '전문상담교사'라는 교사 자격이 새로 만들어졌다. 1999년도에는 전문상담교사 양성 방식이 변경되었다. 초등·중등·특수학교 경력이 3년 이상인 교사가 각 대학의 교육대학원 또는 대학원에서 1년 동안 9개 과목 18학점을 이수하고 40시간의 실습을 받으면 자격증을 받게 한 것이다(김계현 외, 2009).

2004년에는 초·중등교육법 시행령에 따라 기존의 전문상담교사 자격이 1급과 2급으로 세분화되었다. 기존의 전문상담교사 양성과정 이수자에게는 1급 자격을 교육부 장관이 인정하는 대학의 상담 및 심리학과 졸업자나 교육대학원의 상담 전공자에게는 2급 자격을 부여해 현직교사 이외의 대상이 학교상담에 참여하게 되었다. 2005년부터는 1급 전문상담교사를 중심으로 상담만을 전담하는 전문상담순회교사가 지역교육청 소속으로 배치되었다. 이는 당시 학교폭력 같은 청소년 문제의 심각성을 고려한 조치로, 상담만을 전담하는 인력의 필요성이 부각된 결과였다. 2006~2007년에는 2급 교사자격증 소지자들을 대상으로 한시적으로 전문상담교사 양성 과정을 운영했고, 마침내 2007년에는 단위 학교에 전문상담교사가 배치되기에 이르렀다. 이후 정부에서는 청소년 문제 해결을 위해 모든 학교에 전문상담교사 배치 계획을 수립했지만 계획대로 실행하지는 못했다. 공무원 정원제 때문에 전문상담교사 인력이 학교에 별도로 배정되지 않은 것이 원인이었다.

2009년부터는 학교안전관리통합시스템인 Wee 프로젝트가 실시되어, 1차 안전망으로 단위 학교에 Wee 클래스, 2차 안전망으로 지역교육청에 Wee 센터, 3차 안전망으로 위탁교육센터인 Wee 스쿨이 설치되었다. 2012년에는 Wee 연구특임센터까지 만들어져 학교상담이 제도 면에서 체계적으로 지원받는 등 긍정적 변화를 이루었다.

2011년에는 학교상담제도에 또 한 번의 일대 변혁이 시작되었다. 진로교육이 국가적으로 강조되면서 진로진학상담교사제도가 시행된 것이다. 부전공 연수를 이수한 진로진학상담교사가 학교에 배치되기 시작해, 2016년 현재 전국의 모든 중·고등학교에 배치 완료되었다. 현재 학교상담 인력으로는 교사 자격을 갖춘 전문상담교사와 진로진학상담교사가 대표적이며, 교사 자격증이 없는 상담사와 학교사회복지사가 학생 조력 활동에 함께 참여하고 있다.

(2) 진로진학상담교사 양성 프로그램

① 진로진학상담교사 양성 프로그램의 개요

진로진학상담교사제도는 2011년 3월에 교원자격검정령시행규칙 개정으로 새롭게 도입된 교과교사제도이다. 2009년 개정교육과정에서 '진로와 직업' 교과목이 선택과목으로 도입되었고, 창의적 체험활동에 진로활동의 도입, 대학입시에서 입학사정관제 실시, 진로체험 프로그램 수요 급증 등 학교 내외의 변화가 진로교육의 수요를 증가시켰다(장현진·이종범, 2015). 이에 해당 업무를 전문적으로 담당할 인력의 필요성이 커졌고, 학교에서 학생들의 진로진학을 실제적으로 조력할 수 있는 전문 인력으로서 진로진학상담교사제도가 정식으로 출범된 것이다. 진로진학상담교사는 법령의 절차에 따라 교원자격검정령시행규칙 제2조 제2항의 '진로진학상담' 과목으로 자격을 취득하고, 시·도 교육감에 의하여 취득한 자격에 따라 발령을 받은 교사를 지칭한다. 진로진학상담교사는 학교 진로교육활동을 총괄하는 교사로, '진로와 직업' 교과수업, 창의적 체험활동 중 진로활동 관리, 상담, 입학사정관제전형·자기주도학습전형 지원 등의 역할을 수행한다(교육부 보도자료, 2014.11.6).

2016년도 현행 시점에서 진로진학상담교사 자격증을 취득하기 위해서는 교육공무원법 제38조 및 제40조의 규정에 의한 교육연수 계획에 따라 각 시·도 교육감이 지정하는 기관에서 실시하는 진로교사 부전공 자격연수 '진로진학상담(2급)' 과목을 이수해야 한다. 그동안 진로진학상담교사 부전공 자격연수는 '선발, 연수 및 배치' 순으로 운영되었다.

선발의 경우 2011년부터 교과지도 경험이 있는 현직 교사 중에서 지원자를 대상으로 선발과정을 거쳤다. 진로진학상담교사 신청 자격은 대부분의 시·도 교육청에서 중등 1급 정교사 자격증 소지자와 자격 취득 후 7년 이상 근무 가능한 자를 요건으로 제시했다. 진로진학상담교사 선발 기준은 정량적 평가와 정성적 평가로 구분할 수 있는데, 대부분의 교육청이 진로진학상담 관련 부장 경력, 3학년 담임 경력, 진로진학상담 관련 연수 실적 등을 정량적 평가를 위한 기준으로 삼았다. 정성적 평가 기준으로는 일부 시·도에서 업무실적 및 계획서, 직무수행능력평가, 동료교사와 학생 등의 다면평가,

심층면접을 적용했다(정윤경·김나라·서유정·조수경, 2012). 시·도에 따라서는 10년 이상의 교직 경력 등 더욱 엄격한 자격조건을 설정한 경우도 있었고, 경쟁률 또한 매우 높았던 것으로 알려져 있다. 전문상담교사에 대한 특례가 있어, 선발 당시 교과교사 중 전문상담교사 자격증을 소지한 사람을 우대하기도 했다.

연수는 2011년 1기 40학점(600시간), 2012년 2기 38학점(570시간)의 진로진학상담교사 부전공 자격연수를 통해 이루어졌다(정윤경 외, 2012). 이후 대체로 각 시·도 교육청에서 지정한 교육기관에서 570시간 동안 진로 관련 연수를 받았는데, 교육비 없이 동계와 하계 합숙연수, 집합연수, 학기 중 연수 등을 거쳐 '진로진학상담' 교사자격증을 취득했다. 초기 연수는 생생한 현장 경험을 위해 민간 전문기관이 합숙연수하는 형태로 약 3주 정도 운영했다. 교육을 담당한 기관은 한국직업능력개발원, 현대인재개발원, 대학교육협의회, 중소기업중앙회인력개발원, 청소년정책연구원, 한국교원대학교 등이었다. 이론 강의를 지양하고 소규모 토론 및 실습과 사례발표 등 참여식 수업을 하는 것으로 강의를 진행했다. 합숙연수 후에는 소속 교육청별로 6개월 정도 별도 교육을 실시하기도 했는데, 이때는 세미나와 사례연구, 현장 방문 등 다양한 프로그램을 운영했다(교육부 보도자료, 2014. 11. 6).

진로진학상담교사 자격증 취득자는 먼저 고등학교부터 배치되었고, 2012년에 들어서야 중학교에도 배치되기 시작했다. 초기에는 각 시·도 교육청에서 소요 인원을 산출했는데, 도서 벽지, 소규모 학교 등 특수한 경우에는 순회교사 형태로도 운영이 가능하도록 했다. 제도 시행 초기에는 시·도 별로 진로진학상담교사 배치 숫자에 차이가 있었는데, 2016년도에는 드디어 전국 모든 중·고등학교에 진로진학상담 교사가 배치되기에 이르렀다. 이는 2015년도 12월에 진로교육법이 시행되면서 가능했던 일이기도 하다. 초등학교에는 아직 진로진학상담교사가 배치되지 않아 부장 교사가 진로를 담당하도록 하고 있다. 초등학교에 별도로 진로전담교사가 배치되기까지는 시일이 소요될 것으로 보인다.

하지만 이러한 부전공 연수 방식은 당분간 한시적으로만 운영될 예정이다. 2017년도부터는 교육부에서 승인한 교육대학원을 통해서만 진로진학상담교사가 배출될 계획이다. 교육부는 2016년도에 앞으로 진로진학상담교사를 희망하는 중·고교 교사들에게 진로진학상담교사 자격증을 발급할 기관으로 13개(2017년 10개, 2018년 13개) 교육대학원을 선정했다. 향후 진로진학상담 전공을 개설하는 대학원은 더 늘어날 수 있다. 2017년부터 진로진학상담에 관심 있는 교사들은 진로진학상담 전공을 개설한 교육대학원에서 야간 학기, 계절 학기 등의 형태로 진로진학상담 수업을 총 30학점 이상 이수해야 한다. 진로진학상담교사 양성이 대학원 이수제로 바뀜으로써, 그동안 진로진학상담교사가 비용을 내지 않고 연수를 받고 배치되었던 데서 이제는 등록금을 내고 교육대학원에서 학점을 이수하게 되었다. 교육대학원에는 교사뿐만 아니라 일반인도 입학이 가능하며 일반인과 중등 교원 이외의 초등, 유치원, 실기, 사서, 보건, 영양, 전문상담교사는 석사전공으로만 인정된다. 2017년부터 교육대학원 졸업자가 최초로 배출될 때까지의 과도기에 부족한 진로상담교사는 당분간 기존의 방식을 통해 확충할 예정이다.

② 진로진학상담교사의 직무와 역할

진로진학상담교사의 주요 업무는 앞 장에서 살펴본 바와 같이 교육기부를 활용한 다양한 진로체험활동, 진로탐색활동을 바탕으로 하는 진로포트폴리오 작성 등을 지도하고 이를 활용하는 입학사정관제에 대비할 수 있도록 돕는 것이다. 특히 학교 특성에 따라 강조되는 직무 내용에 차이가 나타나는데 특성화고의 경우, 취업으로 진로를 선택하는 학생들을 돕기 위해 취업지원을 위한 연수과정을 운영하여 취업지원 역량을 강화하고 선취업 후진학을 전문적으로 지원하는 업무를 수행한다. 자유학기제를 실시하는 중학교 단위에서는 상담 및 진로·직업체험 같은 자유학기제의 정착 활동과 고등학교 진학을 돕는 진로교육을 강화하는 업무를 수행한다.

③ 진로진학상담교사의 표준교육과정

진로진학상담교사는 자격증을 취득하기 위해 30학점 이상을 취득해야 한다. 다음 표 4-1은 진로진학상담교사의 표준교육과정 변천에 대한 내용이다. 교육과정의 변화를 살펴보면, 기본 이수과목은 3년간 거의 변화하지 않았지만 2013년도에는 '진로교육개론'이 '진로진학교육개론'으로 바뀌었음을 알 수 있다. 반면 선택과목은 과목명이나 개설 개수가 많이 변화해 왔음이 관찰된다. 교직과목은 과목명은 비슷하지만 학점수가 일부 변경되었다. 2013년도에 진로진학교육 현장실습이 4시수 늘어나 실습이 강조되었다는 점이 눈에 띈다.

표 4-1 진로진학상담교사 표준교육과정 변천

구분	교육과학기술부(2011) 부전공 40학점 과목명	학점	교육과학기술부(2012) 부전공 38학점 과목명	학점	교육과학기술부(2013) 부전공 39학점 과목명	학점
기본 이수 과목	진로교육개론	3	진로교육개론	3	진로진학교육개론	3
	청소년 진로특성 진단 및 활용	3	청소년 진로특성 진단 및 활용	3	청소년 진로진학 특성 진단 및 활용	3
	직업세계와 직업정보 탐색	3	직업세계와 직업정보 탐색	3	직업세계와 직업정보 탐색	3
	교육세계와 진학정보 탐색	3	교육세계와 진학정보 탐색	3	교육세계와 진학정보 탐색	3
	진로진학지도 프로그램 운영 및 활용	3	진로진학지도 프로그램 운영 및 활용	3	진로진학지도 프로그램 운영 및 활용	3
	진학지도 기법의 이론과 실제	3	진학지도 기법의 이론과 실제	3	진학지도 기법의 이론과 실제	3
	진로체험과 지역사회	3	진로체험과 지역사회	3	진로체험과 지역사회	3
선택 과목	직업윤리	2	직업윤리	2	직업윤리	2
	창의 · 인성 진단 및 평가	2	–		창의 · 인성 진단 및 평가	2
	입시정보 관리 및 활용	2	–		입시정보 관리 및 활용	2
	진로진학지도 기획 및 운영	3	진로진학지도 기획 및 운영	3	진로진학지도 기획 및 운영	2
	학부모 진로진학상담	1	학부모 진로진학상담	2	학부모 진로진학상담	2
	진로 포트폴리오 지도법	1	중학교 진로 포트폴리오 지도	2	진로진학 포트폴리오 지도법	2
			특성화고 진로 포트폴리오 지도			
	진학 포트폴리오 지도법	1	일반고 진로 포트폴리오 지도	2		
	취업 지원 프로그램 운영	1	취업 지원 프로그램 운영(특성화고)	2	–	
	입학사정관제의 이해	2	입학사정관제의 이해(일반고)	2	–	
	산학협력의 이해	1	–		–	
	노동시장의 이해	1	–		–	
	적성과 진학지도 사례 연구	1	–		–	
	학생 진학상담 사례 연구	1	–		–	
	미래 직업세계 이해	1	–		–	

(계속)

구분	교육과학기술부(2011) 부전공 40학점	학점	교육과학기술부(2012) 부전공 38학점	학점	교육과학기술부(2013) 부전공 39학점	학점
	과목명		과목명		과목명	
	직업정보 활용 및 직업상담	2	-		-	
	-		자기주도학습전형의 이해 (중학교)	2		
	-		-		특수 집단의 진로진학지도	2
교직 과목	진로와 직업 교재 연구론	2	진로와 직업 교재 연구론	1	진로진학교육 교재 연구론	2
	진로와 직업 교수 · 학습론	2	진로와 직업 교수 · 학습론	1	진로진학교육 교수 · 학습론	2
	진로교육 평가론	2	진로교육 평가론	2	진로진학교육 평가론	2
	진로진학상담교사 역량 개발	2	진로진학상담교사 역량 개발	2	진로진학상담교사 역량 개발	3
학교 현장 실습					진로진학교육 현장실습	4

출처 : 장현진 · 이종범(2015)

(3) 전문상담교사 양성 프로그램

전문상담교사는 2005년부터 교육지원청 순회교사로 161명이 배치되어 활동하기 시작했다. 2007년도부터는 일선 학교에도 상담 전담인력으로 배치되었고, 2016년도 4월 기준으로 총 2,180명의 전문상담교사가 배치되어 있다. 전문상담교사 배치 규정은 학교폭력예방 및 대책에 관한 법률 제14조와 초 · 중등교육법 제19조의 2에 따른다(국회입법조사처, 2016).

전문상담교사 자격은 1급과 2급으로 구별된다. 1급은 2급 이상의 교사자격증(유아교육법에 따른 2급 이상의 교사자격증을 포함한다) 소지자로 3년 이상의 교육 경력이 있으며 교육부장관이 지정하는 교육대학원 또는 대학원에서 일정한 전문상담교사 양성과정을 마친 사람이거나 전문상담교사 2급 자격증 소지자로 3년 이상의 전문상담교사 경력을 가지고 자격연수를 받은 사람에게 부여한다. 2급은 첫째, 대학 · 산업대학의 상담 · 심리관련 학과를 졸업하고 재학 중 일정한 교직학점을 취득한 사람, 둘째, 교육대학원 또는 교육부장관이 지정하는 대학원의 상담·심리교육과에서 전문상담 교육과정을 마치고 석사학위를 받은 사람, 셋째, 2급 이상의 교사자격증(유아교육법에 따른 2급 이상의 교사자격증을 포함한다) 소지자로 교육부장관이 지정하는 교육대학원 또는 대학원에서 일정한 전문상담교사 양성과정을 마친 사람에게 부여한다.

교육부의 전문상담교사 활동 및 운영 매뉴얼에 따르면, 전문상담교사의 직무는 한국교육과정평가원의 '자격종별 전문상담교사(2급)의 교사자격 기준개발과 평가영역 상세화'(2008.6.30)의 교사자격 기준에 기초하여 크게 인성 관련 직무, 지식 관련 직무, 실천 관련 직무의 3개 대범주와 하위 12개 직무로 구성된다. 전문상담교사의 세부 직무 활동 내용은 크게 개인상담, 집단상담, 심리평가, 자문, 교육 및 연수, 상담환경 구축, 홍보, 사례관리 및 평가, 사업평가 및 수퍼비전, 지역사회 네트워크 활동으로 나눌 수 있다(이기학·이동귀·양은주·배주미, 2009).

2016년 4월 기준으로 전문상담교사와 전문상담순회교사를 합친 전문상담교사 배치 비율은 전국 평균 18.9%, 인원은 2,180명이다. 또한 초·중·고등학교의 전문상담교사 배치율은 초등학교의 경우 5.2%, 중학교는 58.7%, 고등학교가 36.0%이다(국회입법조사처, 2016). 전문상담교사 배치 비율의 시·도 간 격차는 큰 것으로 나타났다. 현장에서는 전문상담교사 증원을 계속해서 요구하고 있지만, 이는 정부에서 관리하는 공무원 정원과 관계가 있어 시·도 교육청이 자체적으로 결정할 수 없는 상황이다. 학교폭력 문제와 학교중도탈락 등의 청소년 문제가 심각한 상황에서 전문상담교사 배치는 여전히 시급한 과제로 남아 있다.

2) 상담자 양성 프로그램

(1) 학부 상담자 양성 프로그램

학부의 대표적인 상담자 양성 프로그램은 2005년부터 실시된 전문상담교사 2급 양성 과정이다. 대학·산업대학의 상담·심리 관련학과 졸업자로 재학 중 소정의 교직 학점을 취득한 자가 전문상담교사 자격증을 취득할 수 있다. 즉 학부에서 전문상담교사 2급 자격을 취득하고자 하는 자는 직무 관련 영역 50학점 이상(기본 이수과목 7과목 21학점 이상 포함), 교직이론 7과목 이상 14학점, 교직소양 4학점, 교육실습 4학점 이상을 이수해야 한다(교육과학기술부 고시 제2008-119호). 자격증을 취득한 후에는 임용시험을 치르고 합격자에 한하여 일선 학교에 임용된다. 이 밖에 상담 관련 4년제 학부 출신자들에게는 청소년상담사 3급 자격증 취득 시험에 응시할 자격이 부여된다.

(2) 대학원 상담자 양성 프로그램

우리나라의 대표적인 상담자 양성 기관은 상담 관련 대학원이다. 전문상담교사 2급 자격증 양성 과정이 학부에서 실시되기 전까지 일반상담자 양성은 대부분 대학원에서 담당했다. 상담 관련 학과가 설치된 대학원은 일반대학원, 특수대학원, 대학원대학교 등으로 구분된다. 상담 관련 전공은 심리학과나 교육학과 등의 하위 전공이나 단독 학과로 개설되는 경우가 많으며, 상담심리, 아동청소년상담, 교육상담, 가족상담 등과 같은 명칭을 갖고 있다. 하지만 국내 대학원의 상담 교육과정은 아직 표준화되어 있지 않아 대학원 과정을 이수했다고 해서 동질의 상담자 역량을 보증하지는 않는다. 일부 대학원에서는 상담센터를 수련기관으로 지정하여 학생들의 상담실습을 지원하고 있고, 일정한 시간의 상담실습을 졸업 내규로 정해 학생들이 상담 역량을 갖추도록 요구하고 있기도 하다.

표준화된 교육과정으로 대학원에서 상담 교육이 이루어지는 상담자 양성 프로그램은 전문상담교사 양성 프로그램이다. 하지만 1급의 경우 교사가 핵심 양성 대상이어서 현실적으로 상담실습 시간을 확보하기 어렵기 때문에 대학원 과정 이수만으로 상담 역량을 발휘하는 데는 한계가 있다. 대학원에서 상담과정 교육 프로그램을 이수한 사람은 청소년상담사 2급 이상 자격증을 취득하는 시험에 응시할 수 있거나 학회가 인정하는 민간 자격증을 취득할 기회를 얻을 수 있다.

(3) 상담 관련 학회 전문가 양성 프로그램

우리나라에서 상담 전문가 양성에 선구적인 노력을 해 온 단체는 대표적으로 민간 학회인 한국상담학회와 한국상담심리학회이다. 한국상담심리학회는 1964년에 심리학회 임상심리 분과학회로 출발하여 상담심리 및 심리치료학회, 상담 및 심리치료학회, 한국상담심리학회(2003년)로 명칭을 변경하면서 학회원의 전문성 향상을 위해 노력해 왔다. 한국상담학회는 2000년도에 출발한 후발 학회이지만 산하에 14개의 분과학회를 두고 크게 성장하여 사회적 영향력을 확대해 오고 있다. 이 두 학회는 상담 관련 전공자 들을 회원으로 두고 전문학술지를 발간하고 있으며, 상담 전문가 배출 제도와 회원의 전문성 향상을 위한 다양한 교육 프로그램을 운영하고 있다. 한국상담학회와 한국상담 심리학회는 모두 2개로 급수를 나누어 상담자 자격증 제도를 운영하고 있다. 한국상담 학회에서는 전문상담사 1, 2급으로, 한국상담심리학회에서는 상담심리사 1, 2급으로 상담자의 명칭을 부여하고 있으며, 급에 따라 역할을 달리 규정하고 있다.

한국상담학회와 한국상담심리학회는 자체 전문가 양성 프로그램을 통해 상담 전 문가를 배출하고 있다. 정확히 말해 양성이라기보다는 학회에서 규정한 전문가 기준에 부합하는 다양한 영역의 수련 조건을 내걸고 수련을 받은 회원을 대상으로 자격검정을 실시하여 자격증을 부여한다.

기본적으로 학회에서 자격증을 취득하려면 상담 관련 학과의 석사학위 이상의 학 력이 필요하며, 학회의 회원으로 등록해야 한다. 학회 회원 자격이나 수련 자격에 대해 서는 학회로부터 인준을 받아야 하며, 학회에서 규정한 각종 수련 내용을 이수해야 한 다. 대표적인 수련 내용은 개인상담, 집단상담, 심리검사 실시 및 해석, 수퍼비전, 학술 논문 게재 등이다. 학회에서 인정하는 자격증을 취득한 후에도 상급 자격증을 취득하 기 위해서는 지속적으로 학회원 자격을 유지하거나 자격증 갱신을 해야 한다.

(4) 대학교 상담센터 상담자 양성 프로그램

현재 우리나라에서 가장 실질적인 상담자 수련 프로그램이 운영되는 곳은 대학교 내의 상담센터이다. 대학원 교육과정이 대체로 이론 중심인 반면, 대학교 상담센터는 인턴 실습체계를 갖추어 상담실습 수련에 치중하고 있다. 인턴 수련 기간은 대체로 1년 이 많으며, 일부 대학 상담센터는 인턴 이후 레지던트 수련과정을 운영하고 있기도 하 다. 수련 내용은 상담센터마다 차이는 있지만, 대체로 개인상담, 집단상담, 개인 수퍼비 전, 집단 사례회의, 전문서적이나 저널의 독서, 접수면접, 심리검사 채점과 해석, 접수실

근무 등으로 구성되어 있다. 상담센터에서 수련을 받게 되면 학회에서 요구하는 상당량의 수련 내용을 이수할 수 있어서 대학원 졸업자들이 수련기관으로 선호하고 있다.

3) 상담 전문가 자격증

(1) 진로진학상담교사 자격증

진로진학상담교사제도는 학교의 진로·진학에 관한 상담과 지도를 전담하는 교사를 두는 제도로, 2011년 3월 교원자격검정령시행규칙 개정에 따라 새롭게 도입된 교과교사제도이다. 2016년 현행 제도에서는 현직교사로서 연수 대상으로 선발된 사람이 진로진학상담 부전공 이수를 하도록 한다. 2017년도부터는 교육부에서 인가한 교육대학원의 진로진학상담 전공과정에 입학하여 30학점 이상의 표준교육과정을 이수해야 자격증을 취득할 수 있다. 진로진학상담 전공 입학 자격자는 현직교사와 일반인이다.

(2) 전문상담교사 자격증

전문상담교사 자격증은 1급과 2급으로 구별된다. 전문상담교사 1급의 자격 기준은 초·중등교육법 제21조 제2항 제1호에 따른다. 2급 이상의 교사자격증을 소지하고 3년 이상의 교육 경력이 있는 사람이 교육부장관이 지정하는 교육대학원 또는 대학원에서 일정한 전문상담교사 양성과정을 마치면 가능하다. 자격증을 발급받기 위해서는 시·도 교육감에게 무시험검정을 신청하여 검정합격요건에 해당되는 자가 교원자격검정령시행규칙 별지 서식 제4호의 교원자격무시험검정원서와 함께 학위수여증명서, 성적증명서, 전문상담교사(1급) 양성과정 이수증명서, 중등학교 정교사(2급) '상담' 자격증 미검정 확인서, 경력증명서를 제출해야 한다.

2급의 경우, 대학·산업대학의 상담·심리학과 관련 대학에서 교직이수를 통해 전문상담교사 자격증을 취득하거나 교육대학원 또는 교육부장관이 지정하는 대학원의 상담심리 관련학과에서 전문 상담 교육과정을 마치고 석사학위를 받으면 가능하다. 관련 검정 서류는 교원자격무시험검정원서, 성적증명서, 전공 및 교직과목 학점인정서(해당자), 주민등록초본 등이다.

(3) 청소년상담사 자격증

청소년상담사란 청소년기본법 제22조 1항에 의거하여 실시되는 '청소년상담'과 관련된 국가자격증으로, 청소년상담사 자격시험에 합격하고 청소년상담사 연수기관에서 실시하는 100시간 이상의 연수과정을 마친 사람에게 여성가족부장관이 부여한다(한국청소년상담복지개발원 홈페이지). 자격시험은 한국산업인력관리공단에서, 연수 및 보수교육은 한국청소년상담복지개발원에서 주관한다.

응시자격은 기본적으로 상담 관련 학과나 상담 관련 경력자이다. 상담 관련 학과란 상담의 이론과 실제(상담원리·상담기법), 면접원리, 발달 이론, 집단상담, 심리측정 및 평가, 이상심리, 성격심리, 사회복지실천(기술)론, 상담교육, 진로상담, 가족상담, 학업상담, 비행상담, 성상담, 청소년상담 또는 이와 내용이 동일하거나 유사한 과목 중 4과목 이상을 교과과목으로 채택하고 있는 학문 분야를 의미한다. 상담 관련 학과, 경력에 대한 기관이나 내용은 별도 서류를 통해 심사를 받아야 한다.

청소년상담사 자격증 취득 절차는 필기시험, 면접시험, 합격자 발표, 자격증 연수, 자격증 발급으로 이루어진다. 2015년 현재 청소년상담사는 자격연수를 통해 약 1만여 명이 배출되어 전국 청소년상담복지센터, 학교, 복지관, 대학, 공공기관 등에서 청소년상담 업무를 수행하고 있다(한국청소년상담복지개발원 홈페이지).

(4) 직업상담사 자격증

직업상담사 자격증은 국가기술자격법에 의거해 직업상담사 자격을 취득한 자에게 발급한다. 직업상담사는 정부 고용지원센터, 시·군·구청의 취업정보센터, 대학교 취업정보실 등 직업과 관련된 기관 및 단체에서 직업정보를 제공하고 상담해 주는 일을 하는 직업상담의 전문가를 말한다. 만 20세 이상이면 누구나 응시 가능하다. 직업상담사의 주요 업무는 직업상담과 직업지도 업무의 기획평가 및 각종 진로 관련 검사의 실시 및 해석, 구인·구직과 관련한 상담, 노동시장이나 직업세계 등과 관련된 직업정보의 수집과 제공, 직업구직과 관련한 각종 행사의 기획과 실행, 상담실 내의 문서 관리와 같은 행정 업무 등이다. 고용노동부 산하 한국산업인력공단에서 자격증 발급을 주관한다. 자격증은 1급과 2급으로 구분되며, 필기시험과 실기시험에 모두 합격해야 자격증을 취득할 수 있다.

(5) 상담 관련 학회 자격증

민간학회에서 발행하는 전문가 자격증으로, 학회의 자격규정에 근거한 자격검정 절차에 따라 합격한 회원에게 부여된다.

① 한국상담학회 전문상담사 자격증

한국직업능력개발원의 민간자격 제2008-420호로 등록된 자격증으로, 각종 공공기관, 사설기관, 기업체 상담실, 군 상담기관 등에서 상담사를 채용할 때 우선 선발된다(한국상담학회 홈페이지).

전문상담사 자격을 취득하기 위해서는 다음의 절차를 거친다. 한국상담학회 가입 → 수련자격 심사 → 필기시험 → 수련 요건 심사 → 면접 심사 → 자격취득 연수 → 자격취득.

② 한국상담심리학회 상담심리사 자격증

(사)한국상담심리학회에서 인정한 자격증으로, 등급은 상담심리사 1, 2급으로 구별된다. 상담심리사는 현재 국내에서 가장 널리 인정받고 있는 상담 자격으로 상담기관에 따라서는 구인광고 응시자격에 상담심리사 자격증 소지자를 명시하기도 한다(한국상담심리학회).

자격심사 및 자격증 취득 과정은 다음과 같다. 한국상담심리학회 회원 가입 → 가입자격 심사 → 수련 → 필기시험 → 수련 내용 심사 → 면접 심사 → 자격취득.

(6) 타 상담 전문가 자격 갱신

상담자는 자신의 실무 역량을 지속적으로 점검해야 한다. 국내외 상담 관련 학회에서는 회원들의 자질을 관리하기 위해 자격 갱신 제도를 운영하고 있다. 한국상담학회와 한국상담심리학회는 회원 자격을 유지하는 데 매년 일정 시간의 학회 학술대회를 비롯한 교육 프로그램에 참여해야 하는 의무 규정을 두고 있다. 이렇게 해서 학회원이 전문가 자격을 유지하는 데 필요한 최소한의 요건을 충족시키도록 하고 있다. 특히 한국상담학회는 자격증 취득 후 5년이 경과하면 몇 시간의 재교육과 상담자 윤리 강의를 이수해야 한다. 상담자들은 재교육을 통해 자신의 실무 역량을 지속적으로 점검·보완하고 새로운 지식을 습득한다. 진로진학상담교사 역시 자격을 취득한 이후에도 지속적으로 자신의 직무와 관련해서 제대로 역할을 수행하고 있는지 점검하고 개선할 필요가 있다. 일정 기간 동안 필수적인 연수 시간을 이수하도록 하는 방안 등을 제도적으로 마련할 필요가 있다.

2 진로진학상담교사의 전문성 향상을 위한 교육과 훈련

2006년도에 배치된 진로진학상담교사는 현직 교사가 전과한 경우이다. 대부분의 진로진학상담교사의 교직 경험은 풍부하다. 하지만 진로진학상담은 전혀 새로운 분야이기 때문에 업무에 숙달되기 위해서는 많은 시간이 필요하다. 학생에 대한 면담이나 심리평가 등의 실무는 단기간의 교육으로 숙달되기 어렵다. 실제로 일선 학교현장 교사들의 교육 요구도가 가장 높은 분야는 진로심리검사, 진로진학상담 및 의사소통, 노동시장의 이해 등으로 나타나 이에 대한 직무연수 프로그램 개발이 필요한 상황이다 (장현진·이종범, 2015). 더구나 진로교육 환경이나 정책이 계속 변화하기 때문에 진로진학상담교사는 지속적으로 전문 역량을 개발해야 한다. 여기에서는 그동안 상담자를 양성하기 위한 방법으로 제시되어 온 내용을 살펴봄으로써, 진로진학상담교사의 전문성 향상을 위한 교육 및 훈련 방법에 대한 시사점을 얻고자 한다.

1) 실습교육

상담자 교육의 핵심적인 방법 중 하나는 실습이다. 상담자가 현장에서 발휘할 수 있는 진로실무 역량을 갖추는 데에는 꽤 많은 시간의 연습이 요구되기 때문이다. 진로 진학상담교사의 명칭에서 알 수 있듯이, 주요 업무 중 하나가 진로상담인 만큼 진로교사는 진로상담 역량을 갖추어야 한다. 상담자의 실습교육 모델을 참조한다면, 진로진학상담교사가 진로상담 역량을 향상시키는 데 도움이 될 수 있다.

상담 분야에서는 구체적인 상담기법이나 상담자의 역할을 배우기 위해서 역할연습을 종종 활용한다. 상담 관련 수업이나 실습시간에 상담자와 내담자로 역할을 나누거나 상담자, 내담자, 관찰자의 3인 1조 형태로 구체적인 상담기법에 대한 연습을 할 수 있다. 진로진학상담교사는 이 방법을 통해 자신이 상담 현장에서 담당해야 할 상담자의 역할을 직접 경험해 보는 동시에 미세 상담기술을 습득할 수 있으며, 내담자인 학생 입장도 되어 보면서 효과적인 상담자 개입에 대해 알게 된다.

2) 수퍼비전

수퍼비전은 수업과 실습과정 또는 상담 실제의 두 가지 교육 내용을 합하여 상담자가 실제 지식을 습득할 수 있도록 도와주는 것(김계현, 1992)으로 상담자의 교육 방법에서 핵심적인 위치를 차지한다. 상담 수퍼비전은 국내외를 막론하고 상담자 자격증 취득의 필수 요건이다. 예를 들어 한국상담학회와 한국상담심리학회에서는 전문가 자격증 취득의 필수요건으로 수퍼비전 경험의 횟수나 시간을 요구한다. 미국에서도 상담 수퍼비전은 상담교육관련프로그램인증위원회와 미국심리학회에서 각각 인증하는 상담교육 프로그램, 상담심리 프로그램 및 주립면허위원회의 필수사항이다(Ladany & Bradley, 2013).

초급 상담자는 수퍼비전을 통해 상담 이론이나 윤리 문제, 나아가 구체적인 상담기법에 대해 학습함으로써 혼자서도 역량을 발휘할 수 있는 상담자로 점차 성장한다. 수퍼비전에는 내담자 보호 기능도 있어 수련이 부족한 초급 상담자나 상담자 문제로 인해 내담자를 충분히 조력할 수 없는 상담자로부터 상담을 받는 내담자를 보호하기도 한다.

상담 수퍼비전은 진로진학상담교사에게도 그대로 적용할 수 있다. 진로상담은 상담심리 영역의 한 분야로 심리상담과 마찬가지로 진로에 대한 상담 실무 역량을 갖추어야 하는데, 그런 점에서 수퍼비전이 크게 도움이 될 수 있다. 단 수퍼비전은 진로진학상담교사가 진로상담 영역에서 학생에게 더 나은 서비스를 제공하도록 지원하는 교육방법으로, 교사의 업무 능력을 평가하는 것이 아닌 방식으로 진행할 필요가 있다.

3) 사례연구

상담자 훈련 방식으로 가장 널리 활용되는 방법 중 하나가 사례연구이다. 수퍼비전이 상담자 개인에게 더 초점을 두어 이루어지는 교육방식인 데 비해 사례연구에서는 내담자 이해에 더 초점을 둔다. 진로진학상담교사는 다양한 진로상담 사례를 놓고 학생에 대한 이해나 개입 등을 검토하고 대안을 생각해 볼 수 있는 많은 사례회의에 참여함으로써 진로상담 사례를 보는 안목을 향상시킬 수 있다.

(1) 사례발표

진로진학상담교사는 자신이 상담하는 학생 사례를 작성하여 진로진학상담교사 모임에서 발표함으로써 도움을 받을 수 있다. 우선 사례를 개념화하고 기록하는 과정 속에서 자신의 반응과 개입 전략 등을 검토한다. 사례발표 장면에서는 다른 사람들의 피드백을 통해 자신이 학생에 대해 미처 파악하지 못한 점을 발견하거나 학생 진로문제에 대한 개입의 효과 등에 대해서 점검받음으로써 차후 비슷한 상담 사례에 대한 개입방법을 갖게 된다.

(2) 사례발표 참여

사례발표 회의에 참여하여 다른 진로진학상담교사의 다양한 발표사례를 관찰함으로써 사례를 이해하고 개입하는 능력을 향상시킬 수 있다. 지역이나 권역별로 사례발표 모임을 만들어 돌아가면서 사례발표를 하거나 참관한다면 진로진학상담교사로서의 역량을 향상시키는 데 크게 도움이 될 것이다.

다음은 진로진학상담교사가 활용할 수 있는 상담사례 기록지 양식에 대한 예이다.

상담사례 기록지 양식

1. 내담자 인적사항: 내담자 사례번호, 성별, 학년, 성장지

2. 상담 신청 이유: 상담 신청서에 나타난 내담 목적 또는 상담 신청 목적

3. 가족관계: 가족구조표 및 주요 가족의 직업, 교육 수준

4. 상담 경험 유무: 경험이 있을 경우 누구에 의해 몇 회, 그 성과에 대한 소감

5. 내담자의 호소 문제

6. 면접 시의 행동관찰자료: 복장, 자세, 표정, 행동 특성

7. 심리검사의 실시와 해석: 특정검사를 왜 실시했고, 해석의 요지가 무엇이며, 그에 대한 내담자의 반응은 어떠한지에 관한 내용, 해석의 측면과 상담계획의 관련 부분 등

8. 상담 목표: 내담자가 (신청서에) 제시한 내용과 상담자가 판단한 상담 목표의 차이, 목표 달성을 위한 수행계획 등

9. 상담자가 파악한 내담자 문제

10. 상담자의 개입 전략

11. 상담자가 활용한 주요 기법: 초, 중, 종반별로 기록

12. 주요 상담 과정 요약 및 축어록

13. 사례의 처리 경과: 종결, 탈락, 의뢰, 진행 중으로 구분

14. 상담 목표의 달성 정도

15. 사례 제시 이유 등

---

4) 연수와 워크숍

진로진학상담교사는 빠르게 바뀌는 다양한 진로진학정보와 노동시장을 분석하는 등 직업세계의 변화에 시의 적절하게 대처할 필요가 있다. 그런 점에서 진로진학상담교사가 자격을 취득한 이후에 손쉽게 활용할 수 있는 재교육 방법으로, 진로 이슈를 빠르게 담아낼 수 있는 연수와 워크숍을 들 수 있다.

진로진학상담교사가 배치되기 시작한 이후로 지역별로나 전국적으로 진로진학상담교사협의회가 구성되어 자율적으로 다양한 연수와 워크숍을 실시해 왔다. 교육 내용은 진로상담 기법, 진로 심리검사 적용, 우수 프로그램 발표 같은 다양한 것들이었다. 진로진학상담교사협의회는 진로진학상담교사의 교육 요구도를 손쉽게 확인할 수 있기 때문에 교사들에게 맞춤형 연수 프로그램을 개발하기 쉽다. 협의회 차원의 교육 프로그램 이외에도 지역 교육청에서 진로진학상담교사들을 위한 심화연수나 1급 정교사 연수가 실시되기도 했다. 진로진학상담교사는 협의회 차원의 자율연수이든 교육청에서 주최하는 연수나 워크숍이든 다양한 프로그램에 참여해서 진로 실무 역량을 향상시키는 데 도움을 받을 필요가 있다. 특히 연수와 워크숍은 진로 프로그램의 개발과 적용, 진로체험처 발굴을 위한 지역사회 네트워크 개발, 효과적인 진로진학교육 방법 등을 심도 있게 토론하고 배울 수 있다는 점에서 유용하다. 이 밖에도 진로 관련 민간 학회의 연수나 학술대회 등에 참여할 수도 있다. 진로 관련 학회인 한국진로교육학회, 한국생애개발상담학회, 한국진로상담학회 등에서도 정기적으로 다양한 워크숍이나 학술대회를 개최하는 만큼, 발표자로나 토론자로 또는 단순 참가자로 적극 활용해 볼 만하다.

5) 문헌 연구

상담자 역량을 향상시키기 위해 자율적으로 활용해야 하는 방법 중 하나가 문헌 연구이다. 진로 관련 전문서적이나 저널을 비롯해서 진로상담 사례집이나 프로그램 모음집 같은 출판된 다양한 문헌들에 대한 독서를 통해 상담에 대한 지식을 습득할 수 있기 때문이다. 자신의 진로진학상담 사례를 떠올려 보고 각 사례에 적용해 볼 수 있는 이론이나 기법 등을 서적에서 찾아보면, 향후 비슷한 사례에도 그대로 적용해 볼 수 있고 배운 내용을 기억하기도 쉽다. 진로상담 관련 학위논문은 진로에 대한 다양한 전문적인 내용을 담고 있다. 특히 진로 프로그램의 성과를 검증한 내용이 많으므로, 학술연구정보서비스(RISS), 한국학술정보(KISS), 국회전자도서관 등에서 탐색하여 활용할 수 있다.

3 진로진학상담 수퍼비전의 이해와 적용

진로진학상담교사의 역량을 향상시키기 위한 교육과정은 크게 교과이수를 통한 이론 습득과 진로진학상담 실제에 대한 실습으로 구분된다. 수업에서 배운 진로이론 지식을 내담자에게 적용하는 실무 역량을 갖추기 위해서는 많은 시간의 실습이 요구된다.

심리상담 영역에서는 상담의 전문성을 쌓기 위해서 개인상담, 집단상담, 심리검사 실습뿐만 아니라 실습 내용에 대한 수퍼비전을 통해 상담자의 역량을 관리한다. 하지만 진로진학상담 분야는 출발이 늦었다는 점, 이 분야가 아직은 현직교사 중심이라는 점 때문에 수퍼비전이나 사례협의회 같은 상담자의 역량을 지원하는 교육 프로그램 활동이 미진한 상황이다. 수퍼비전의 필요성에 대한 인식 자체가 부족한 점과 진로진학 상담교사에게 수퍼비전을 제공할 학교진로상담 분야의 전문가가 부족한 점도 원인으로 보인다.

외국에서도 진로상담 수퍼비전 논의는 활발하지 않은 편이다. 진로상담 수퍼비전 이론은 아직 입증되거나 발표되지 않았으며, 진로상담 수퍼비전만의 고유한 요소들이 설명된 연구도 없다(Ladany & Bradley, 2013). 여기에서는 진로상담 수퍼비전에 대한 제한된 논의를 감안하여 그동안 심리상담 분야에서 이루어진 수퍼비전에 대한 관점을 토대로 진로진학상담 수퍼비전의 활성화 가능성을 논의한다. 특히 래대니와 브레들리(Ladany & Bradley, 2013)가 제시한 '효과적인 진로상담 수퍼비전 요소'에 대한 논의를 진로진학상담 수퍼비전에 적용해 보고 진로진학상담 수퍼비전의 가능성을 모색해 보고자 한다.

1) 수퍼비전의 이해

(1) 수퍼비전 모델

수퍼비전 모델은 상담 이론 중심 모델, 발달적 모델, 통합적 모델 등 다양하다. 상담 이론 중심 모델은 심리상담 이론의 개념이나 방법을 수퍼비전에 적용한 것으로, 대표적으로 정신역동 수퍼비전 모델, 인간중심 수퍼비전 모델, 인지행동 수퍼비전 모델 등이 있다. 발달적 모델은 수퍼바이지들이 질적으로 다른 일련의 발달 단계를 거치며 성장한다는 점을 가정하고, 각 발달 단계의 특징을 규명하는 데 관심을 보인다. 이 모델에 따르면, 수퍼바이저는 수퍼바이지의 발달 단계에 맞는 수퍼비전 환경을 조성하여 수퍼바이지의 교육 요구도에 부합하는 교육방식과 교육내용을 제공해야 한다. 통합적 모델은 복합적인 이론과 기법에 근거를 둔다. 수퍼바이저는 수퍼바이지에게 다양한 이론적 접근에 대해 이해할 수 있도록 안내할 뿐만 아니라 수퍼비전 실제에서 상담자가 내담자의 여건이나 문제 등에 적합하게 이론적 접근을 할 수 있도록 통합적 관점으로 수퍼비전을 시행할 것을 강조한다.

(2) 수퍼바이저의 역할과 기능

수퍼바이저의 역할은 수퍼비전 모형에 따라 달라지기도 하지만, 대체로 교사와 상담자, 자문가 역할로 구분되어 이해된다. 당연히 수퍼바이저의 역할에 따라 기능도 달라지며, 수퍼바이지의 발달 단계에 따라서도 역할이나 기능이 달라진다. 어떤 역할이 더 바람직하다고 볼 수는 없다. 각 역할이 수퍼비전 시간에 모두 나타나며, 발달 단계나 수퍼바이지의 조건에 따라 교사, 상담자, 자문가가 되기도 한다. 진로진학상담 수퍼비전에서도 수퍼바이저는 진로진학상담교사에게 다양한 상담기술, 평가기술, 정보를 수집하고 제공하는 방법 등 다양한 진로상담 분야를 습득하도록 가르치는 교사의 역할을 담당한다. 또한 상담자로서 학생과의 관계에서 경험하는 내용, 상담에 대한 느낌, 상담 중에 경험하는 다양한 느낌과 생각을 다루어 줄 수 있다. 진로진학상담 수퍼비전에서 진로진학상담교사인 수퍼바이지에게 자문가 역할은 빈번할 수 있다. 수퍼바이저는 상담 개입 방법에 대해 협력적으로 브레인스토밍을 하거나 다양한 업무 수행과 관련된 부분에 대해 자문해 줄 수 있다.

(3) 수퍼비전 형태

① 개인 수퍼비전

상담자는 전문가 역량을 갖추기 위해서 자신의 사례에 대한 개인 수퍼비전을 경험해야 한다. 개인 수퍼비전은 가장 일반적이고 전형적인 수퍼비전 형식으로, 수퍼바이저 1명과 수퍼바이지인 상담자 1명으로 구성된다. 수퍼바이저는 전문적인 일대일 관계 속에서 진로진학상담교사의 진로상담에 대한 전문적 발달을 지원한다. 진로진학상담교사는 자신의 진로상담 사례에 대한 녹음이나 녹화자료 또는 상담 사례기록지를 준비해서 수퍼비전 시간에 임한다. 수퍼비전을 하는 데는 보통 1시간 정도가 소요된다. 사례 제시 방법을 통해 한 사례를 일정기간 동안 반복적으로 제시하여 지도를 받거나 여러 상담 사례를 번갈아가며 한두 회기씩만 지도를 받을 수 있다. 수퍼비전에 대한 이론적 접근은 수퍼바이저의 선호도나 진로진학상담교사의 발달 수준과 수퍼비전 욕구 등을 고려해서 정할 수 있다.

② 집단 수퍼비전

집단 수퍼비전은 한 명의 수퍼바이저와 2명 이상의 수퍼바이지를 대상으로 이루어지는 형태를 말한다. 하지만 참여하는 수퍼바이지가 몇 명이어야 하는지에 대한 의견은 다양하다. 정해진 것은 없지만, 집단의 규모가 집단원이 결석해서 역동을 저해하는 요인을 상쇄할 수 있을 만큼 커야 하고, 동시에 모든 수퍼바이지에게 적절한 관심을 제공할 수 있을 만큼 작아야 한다는 관점(Ladany & Bradley, 2013)을 참고할 만하다. 집단 수퍼비전은 대리학습의 기회를 제공하고, 공감을 고조시키며, 다문화적 역량을 증진시키고, 보편성을 경험할 수 있으며, 수퍼바이지에 대한 다양한 측면을 평가할 수 있고,

시간과 비용을 줄일 수 있다(Ladany & Bradley, 2013). 수퍼비전 여건이 어려운 진로진학상담교사들의 교육에 적극 활용할 수 있다.

③ 동료 수퍼비전

동료 수퍼비전은 수퍼바이저가 배석하지 않고 비슷한 경력의 상담자나 학생들의 모임으로 구성된다. 수퍼바이저가 참여하는 집단 수퍼비전보다 덜 형식적이다. 수퍼비전의 경우 보통 평가를 받는다는 인식이 큰 데 반해, 동료 수퍼비전에서는 평가에 대한 불안 없이 자신이 상담 중에 경험하는 다양한 어려움을 진솔하게 노출하고 동료들로부터 정직한 피드백과 지지를 얻을 수 있다. 그러나 지도 감독이 부재하기 때문에 좀 더 전문적인 피드백을 받을 기회를 갖지 못함으로써 참여자들의 참여 동기를 낮출 수도 있다. 동료 수퍼비전을 중심으로 하되, 정기적으로 수퍼바이저를 배석시키는 회기를 갖는다면 동료 수퍼비전의 단점을 보완할 수 있을 것이다. 지역적으로 진로진학상담교사 협의회가 구성되어 있는 만큼, 지역에서 뜻이 맞는 교사들이 정기적으로 사례를 발표하고 피드백을 주고받는다면 동료로서 지지와 정보를 얻는 좋은 기회가 될 수 있다.

(4) 수퍼비전의 실제

① 시청각 자료 : 녹음, 녹화자료

수퍼비전의 방법으로 시청각 자료를 활용할 수 있다. 수퍼비전에서 진로진학상담교사는 상담 중에 녹화나 녹음한 자료를 활용하여 자신과 학생 사이에 발생하는 상호작용을 분석할 수 있다. 진로진학상담교사와 학생의 관계뿐만 아니라 진로진학상담교사가 상담 중에 보이는 다양한 반응이나 행동에 대한 관찰도 할 수 있다는 장점이 있다. 진로진학상담교사가 녹음이나 녹화를 하거나 이를 교육자료로 활용하려면 사전에 학생에게 허락을 받아야 한다는 점을 잊지 않도록 유의한다.

② 사례기록지

수퍼비전 방법으로 사례기록지를 활용할 수 있다. 진로진학상담교사는 학생에 대한 기본적인 정보에서부터 상담 목표, 상담자로서 자신이 파악한 학생의 문제, 상담 개입 전략 및 상담회기 축어록 등의 내용을 기록한 사례기록지를 제시하고 수퍼비전을 받는다. 기록을 통해서 학생에 대한 정보나 상담과정에 대한 보고를 하기 때문에 상담 과정에 대한 생생한 전달이 제한된다는 단점이 있다. 하지만 진로진학상담교사가 상담 기록을 하면서 상담과정 전반을 검토할 수 있는 기회를 제공하고, 간편하게 수퍼비전을 준비할 수 있도록 하는 장점도 있다. 국내에서 가장 활발하게 적용하고 있는 방법으로, 진로진학상담 수퍼비전에서도 적극적으로 활용할 수 있다.

(5) 수퍼비전의 기술

① 교육과 설명

수퍼비전은 다분히 교육적 측면이 강하다. 특히 초보 진로진학상담교사에게는 구조화 같은 상담 중에 발휘해야 할 과업에 대해서뿐만 아니라 학생에 대한 사례개념화, 구체적인 기법에서 윤리 문제까지 다양한 측면에 대한 직접적 교육이 필요하다. 단 수퍼비전이 지나치게 수퍼바이저의 설명으로만 이루어지면 지루하거나 교육 효과가 제한될 수 있으므로, 적절한 교육적 설명 이외에 상담 중에 경험하는 진로진학상담교사의 감정과 사고에 대한 질문을 병행할 필요가 있다.

② 질문

수퍼비전에서 상담에 대한 정보는 진로진학상담교사에게 질문을 함으로써 얻는다. "상담 중에 학생에 대한 느낌은 어떠한가?", "학생과의 관계는 어떠한가?", "이번 회기에 주력했던 일은 무엇인가?", "효과가 있었던 개입은 무엇이고 효과가 없었던 것은 무엇인가?", "학생에 대해 파악한 내용은 무엇인가?", "향후 학생에게 시도해 보고 싶은 것은 무엇인가?" 등과 같은 질문부터, "이런 개입을 한 이유가 있는가?", "주로 이런 방식으로 학생에게 개입하는가?" 등과 같이 진로진학상담교사가 상담 중에 시도하는 구체적인 기술이나 전략 등에 대해서 탐색하는 질문을 한다. 수퍼비전에서 다루어지는 이러한 질문에 진로진학상담교사가 모두 명료하게 답할 수 있는 것은 아니지만, 스스로 답해 보면서 자신의 상담과정을 검토하고 상담에서 다루어야 할 과제들을 인식할 수 있다.

③ 대안적 반응과 사고를 연습해 보기

수퍼비전에서 진로진학상담교사에게 상담 회기에서 시도했던 반응을 평가해 보게 하고 대안 반응을 생각해 보게 함으로써 향후 비슷한 상황에서 이를 적용할 가능성을 높이기 위해 활용될 수 있다. 비록 초기에는 대안 반응조차 찾기 어려울 수 있지만, 점차적으로 대안 반응을 생각해 보는 훈련을 하면 상담 중에 스스로 구상할 수 있는 수준으로 향상된다. 대안 반응 생각해 보기는 수퍼비전 시간 이외에 과제 제시를 통해서도 할 수 있다. 상담회기 축어록에 대안 반응을 미리 적어 오게 해서 수퍼비전에서 이를 검토하면 시간도 절약되고 진로진학상담교사가 자신의 상담 과정을 세밀하게 살펴보게 할 수 있다.

④ 역할 연습

진로진학상담교사 앞에서 상담 상황의 시연을 하고 관찰을 하게 하는 것은 이들에게 상담에 대한 역할 모델을 보여주는 효과적인 방법이 될 수 있다. 뿐만 아니라 진로진학상담교사가 상담 중에 잘 실행하지 못하는 기법 등은 수퍼비전 시간에 직접 상담자와 내담자로 나누어 역할 연습을 해봄으로써 익히게 할 수 있다. 직접적으로 설명하기보다 구체적인 실행 행동을 함으로써 진로진학상담교사가 잘 구사하지 못하는 기법이나 개입 방법에 숙달될 수 있으므로 수퍼비전에 적극적으로 적용해 볼 만하다.

⑤ 대인관계 회상(Interpersonal Process Recall, IPR)

IPR은 상담 회기 동안 진로진학상담교사에게 일어난 내적 과정인 생각과 느낌을 회상하기 위해 상담 테이프를 활용하는 기술이다. 수퍼비전 시간에 수퍼바이저와 진로진학상담교사가 상담 녹음이나 녹화 자료를 함께 듣거나 보면서 서로 원하는 부분에서 멈추고 그 순간에 대한 다양한 자신의 생각, 감정, 이미지 등과 같은 것을 떠올려 본다. 이러한 과정을 통해 상담 당시에는 인식하지 못했거나 어렴풋했던 상담자 자신의 생각이나 느낌 등을 좀 더 분명하게 자각할 수 있다.

2) 효과적인 진로진학상담 수퍼비전 요소

(1) 진로진학상담 수퍼비전 관계

상담이 상담자와 내담자의 신뢰로운 관계 속에서 전개되듯이, 수퍼비전 역시 수퍼바이저와 수퍼바이지 간의 신뢰로운 관계 속에서 진행된다. 또한 수퍼비전 관계는 수퍼바이저와 수퍼바이지의 관계뿐만 아니라 수퍼바이지가 담당하고 있는 내담자까지 고려해야 하는 독특한 관계이다. 수퍼바이저는 진로진학상담교사와의 관계의 양상을 고찰하면서 교사가 학생과 관계 맺는 방식을 분석할 수 있으며, 이를 통해 간접적으로 학생에게 영향을 미치게 된다.

(2) 상담기술

상담기술은 진로진학상담교사가 진로상담 장면에서 구사해야 하는 기술로, 효과적인 진로상담 수퍼비전에서 중요하게 다루어야 할 요소이다. 대표적인 상담기술에는 주의집중, 경청하기, 재진술, 개방형 질문하기, 자기공개, 해석, 즉시성, 정보 제공 등이 있다. 진로진학상담교사에게 자신의 상담이나 심리검사 해석 시간 등에 대해 녹음이나 녹화자료를 갖추어 수퍼비전에 임하게 하여 대인관계 회상 기법이나 역할 연습 등을 통해 구체적인 상담기술을 익히도록 도울 수 있다.

(3) 사례개념화

사례개념화는 학생의 진로에 관한 핵심 문제를 이해하고 진로상담을 하는 중에 학생을 도울 수 있는 방안을 모색하는 데 진로 이론을 적용하는 것을 말한다. 수퍼비전은 진로진학상담교사가 사례개념화 기술을 효과적으로 적용할 수 있도록 돕는 방법이다. 앞에서 언급한 사례기록지 등을 통해 진로진학상담교사에게 상담 개입 방식이 무엇이고, 어떻게, 왜 그런 방법을 적용했는지를 검토하도록 한다. 수퍼바이저는 사례협의회와 정기적인 수퍼비전을 통해 진로진학상담교사가 배운 지식을 적절하게 활용하는지, 학생에 대한 이해가 제대로 되었는지 탐색하도록 도울 수 있다. 사례개념화 기술을 향상시키기 위해서 진로진학상담교사에게 다음과 같은 질문을 제시할 수 있다. 학생의 여건(나이, 성별, 가정환경, 다문화가족 등)이 학생의 발달에 미치는 영향에 대해 어떻게 생각하는가?, 학생에게 어떤 평가도구를 사용하고 싶은가?, 평가도구를 통해 얻을 수 있는 장단점은 무엇인가?, 학생의 주요 호소 문제와 발달과정을 이해하는 데 활용할 이론들은 무엇인가?

(4) 평가기술

평가기술이란 학생의 흥미, 가치관, 적성, 성격, 학업성취도, 의사결정방식, 자기개념 등의 진로발달과 연관된 요소를 평가하는 것을 말한다. 이 기술을 잘 적용하기 위해서 진로진학상담교사에게 요구되는 것은, 첫째, 학생에게 적합한 신뢰성 있는 도구를 선택하고 평가하는 능력, 둘째, 평가점수와 결과 보고서를 적절히 활용할 수 있는 능력, 셋째, 컴퓨터와 같은 과학기술을 활용하는 지식과 능력, 넷째, 다양한 평가자료를 해석할 수 있는 능력이다. 진로진학상담교사를 대상으로 한 조사에서 이 능력에 대한 어려움이 많은 것으로 나타났다. 정기적인 수퍼비전에서 평가도구에 대한 실시, 해석 방법과 활용 방법에 대해 수퍼바이저와 역할 연습을 함으로써 평가 역량을 강화할 필요가 있다.

(5) 자료와 정보

진로진학상담에서 다양한 진로정보를 탐색하여 학생에게 활용하는 것은 다른 상담과 차별되는 고유한 영역이다. 진로진학상담교사는 미래의 고용 전망, 변화하는 입시 경향, 새로운 학과나 전공, 직무특성 같은 다양한 정보를 잘 알고 학생에게 제공하거나 가르칠 필요가 있다. 자신이 학생에게 필요한 정보를 갖고 있지 않을 경우에는 그러한 정보와 자료를 직접 찾거나 학생에게 정보와 자료를 소개해 주기도 해야 한다. 이에 수퍼비전에서 진로진학상담교사가 자료와 정보에 익숙해질 수 있도록 직업사전을 검토하게 하고 고용 관련 웹사이트를 방문해 보도록 하며 정보 검색을 해 보도록 하는게 필요하다. 수퍼비전에서는 학생에게 필요한 자료와 정보를 줄 수 있는 사람이나 정보처를 발굴하고 연결해 주는 방법을 배울 수 있는 기회도 얻을 수 있다.

(6) 발달 수준과 연령에 적합한 진로 이슈 다루기

진로진학상담교사는 학생들의 발달 수준을 고려해서 그에 적합한 개입을 하는 것을 배울 필요가 있다. 진로진학상담교사는 수퍼비전에서 초·중·고등학생의 발달 단계의 특징을 이해하고 그에 따라 사용할 수 있는 개입 전략의 차이를 배울 수 있다. 특히 사례개념화를 배울 때 학생의 발달을 고려한 개입의 중요성을 다룰 수 있다.

(7) 다문화적 이슈들

학교에서 다문화가정 배경을 가진 학생들의 비율이 빠르게 커지고 있다. 진로진학상담교사는 특별히 다문화가정 출신 학생들의 진로를 도와줄 수 있는 중요한 위치에 있기 때문에, 다문화 이슈에 민감하게 대처할 줄 알아야 한다. 수퍼비전은 진로진학상담교사가 다문화 이슈에 대해 자신이 얼마나 개방적인지, 다문화와 관련된 편견이 있는지 등을 솔직하게 탐색하고 다루어 보는 기회가 될 수 있다.

(8) 윤리

상담자의 윤리는 상담 실무를 수행하는 데 적용해야 하는 필수적인 요건이다. 진로진학상담교사도 진로상담 윤리의 필요성을 인식하고 학생과의 상담에서 구체적인 윤리 항목을 지킬 수 있어야 한다. 그런 점에서 수퍼비전은 다양한 진로상담의 윤리적 이슈를 실제적으로 토론하고 익히도록 하는 좋은 장면이 될 수 있다. 진로진학상담교사는 수퍼비전을 통해 학생과의 상담에 대한 비밀보장, 사전 동의, 관계 이슈 등과 같은 윤리적 사안 등에 민감해지는 것을 배우고 이슈가 발생했을 때 수퍼바이저와 논의한다.

생각해 볼 문제

1. 진로진학상담교사의 직무 중에서 가장 어려울 것이라고 예상되는 점은 무엇인지, 어려움을 극복하는 효과적인 교육 방법이 무엇인지 논의해 보자.
2. 진로상담 사례를 준비하여 논의해 보자.

참고문헌

교육부(2014). 2014년 진로진학상담교사 5,208명으로 확대. 교육부 보도자료(2014.11.6).
국회입법조사처(2016). 전문상담교사 제도의 개선방향: 배치율 제고를 중심으로. 2015년도 국정감사시정 및 처리결과 평가보고서, 제 11호.
김계현(1992). 상담심리학. 서울: 학지사.
김계현, 김동일, 김봉환, 김창대, 김혜숙, 남상인, 천성문(2009). 학교상담과 생활지도(2판). 서울: 학지사.
이기학, 이동귀, 양은주, 배주미(2009). 전문상담교사 활동 및 운영 매뉴얼. 교육과학기술부.
장현진, 이종범(2015). 진로진학상담교사 양성 표준교육과정 개정 연구. 한국직업능력개발원.
정윤경, 김나라, 서유정, 조수경(2012). 초·중등단계 진로진학상담교사의 역할과 진로교육과제. 한국직업능력개발원.

한국상담심리학회 홈페이지 http://www.krcpa.or.kr/ 2016년 9월 1일 검색
한국상담학회 홈페이지 http://www.counselors.or.kr/ 2016년 9월 1일 검색

Ladany, N. & Bradley, L. J.(2013). 상담 수퍼비전(*Counselor Supervision*, 4th ed.). 유영권, 안유숙, 이정선, 은인애, 류경숙, 최주희 역. 서울: 학지사(원전은 2010년 출판).

2부

진로진학상담교사의
전문성 개발:
학습자의 이해

5장

진로진학상담교사가 알아야 할 학습동기 이론

임효진

성공적인 진로와 진학을 위해서는 학교에서의 학습과 그 결과로 이루어지는 학업 성취가 무엇보다 중요하다. 학업은 학생들에게 주요한 발달 과업으로, 이에 대한 성공이나 실패가 학교와 가정, 사회생활 전반에 미치는 장·단기적인 영향력은 매우 크다. 따라서 학업에서의 성공을 기대할 수 있는 각종 전략, 프로그램, 상담 등은 학생, 교사, 학부모에게 언제나 관심의 대상이 된다. 효과적인 상담교사로서 학생들을 조력하기 위해서는 프로그램이나 상담을 능숙하게 실행할 수 있는 경험도 중요하지만, 이러한 개입의 효과를 극대화하기 위해 필요한 학습 및 동기 이론에 대한 전문적인 지식을 갖추어야 한다. 이 장에서는 학업 성취에 영향을 미치는 학습 및 동기 이론에 대해 살펴본다. 또한 긍정적인 학습동기를 통해 어떻게 학업 성취를 높일 수 있는지, 실제 상담 장면에서 활용할 수 있는 구체적인 전략과 그 원리는 무엇인지 알아본다.

지금까지 연구된 학습 이론에 대한 관점은 크게 행동주의, 인지주의, 사회인지주의로 나누어 볼 수 있다. 행동주의에서는 학습을 '행동의 변화'로 정의하고, 관찰 가능한 행동이 비교적 지속적으로 나타난 결과를 중요시한다. 따라서 행동주의에서는 약물이나 성숙에 의한 일시적인 행동의 변화는 학습으로 간주하지 않는다. 이에 비해 인지주의에서는 외현적인 행동으로 나타나지 않은 경우라도 학습자의 인지구조나 기억의 변화를 일으킨 결과를 학습으로 간주한다. 사회인지주의에서는 행동뿐만 아니라 행동에 영향을 미치는 개인과 사회의 역할 및 이 셋의 상호작용의 결과로 일어나는 변화를 중요시한다.

1) 행동주의

(1) 고전적 조건화

시험불안을 과도하게 느끼는 학생의 경우, 그러한 시험불안이 생기게 된 과정을 보면 대개 과거의 시험상황에서 겪은 실패나 그에 뒤따른 불만족을 경험한 뒤에 유사한 상황에서 또다시 불안을 느끼게 된다. 시험불안에 시달리는 많은 학생들은 불안한 감정이나 이로 인해 반사적으로 나타나는 생리적 반응(식은땀, 손 떨림 등)이 나타날 때 이를 스스로 억제하기 어렵다고 지각한다. 이와 같은 생리적 반응들은 의도적으로 통제 가능한 반응이 아니기 때문이다.

행동주의 학습 이론에서는 이렇듯 특정한 상황이나 경험에 불수의적(unintentional)이고 반사적인 반응이 연합되는 현상을 고전적 조건화(classical conditioning)라고 설명한다. 실패를 경험하면 무조건적으로 불쾌한 감정이 생기는데, 특정한 시험상황에서의 실패는 다른 시험상황에서도 불쾌한 감정, 즉 불안과 같은 정서반응을 유도한다. 이때 또

다른 시험상황은 조건 자극이 되고, 불안 정서가 이에 연합되어 조건 반응으로 나타난다.

학교에 오면 특별한 이유 없이 짜증과 무기력감을 느낀다고 호소하는 학생들의 경우를 살펴보자. 고전적 조건화에 따르면, 이전에 학교에서 경험했던 불쾌한 사건이 무조건 자극으로 작용하여 부정적 감정과 연합된 뒤, 이후에 학교라는 유사한 환경이 조건 자극으로 작용해 짜증과 무기력감을 조건 반응으로 일으킨다고 설명할 수 있다.

(2) 조작적 조건화

고전적 조건화의 결과 생기는 생리적, 정서적 반응은 학생들의 의도와 비교적 무관하게 일어나지만, 많은 학습의 결과들은 학생들 스스로의 의도와 그 행동으로 나타난다. 어린 아이가 'b'와 'd'를 처음 구분하기 시작할 때, 만일 아이가 'b'라는 글자를 보고 "비"라고 읽으면 엄마는 "잘했어"라고 칭찬해 준다. 이후에 아이는 엄마의 칭찬을 기대하며 'b'를 보고 또다시 "비"라고 읽게 된다. 아이가 'd'를 가리키며 "비"라고 읽으면 엄마는 칭찬을 하지 않거나 "틀렸어"라고 부정적인 반응을 보이는데, 이후에 아이는 'd'를 보고 "비"라고 읽지 않게 된다.

이처럼 칭찬 같은 강화물 또는 보상을 기대하고 같은 반응을 자발적으로 또다시 반복하는 현상을 조작적 조건화(operant conditioning)라고 한다. 조작적 조건화에서 행동 빈도를 높이는 원인이 되는 강화물로는 물질적 강화(음식, 돈)와 사회적 강화(칭찬, 인정) 등이 있다. 어떤 대상이건 또다시 그 행동을 반복적으로 일으키게 한다면 강화물이 될 수 있다. 이와 달리 벌은 그 행동을 약화시키거나 다시 일어나지 않게 하는 데 사용된다. 숙제를 제출하지 않은 학생에게 청소를 부과하는 경우나 성적이 떨어진 학생에게 게임을 못하게 하는 경우 등은 불쾌한 자극을 주거나 유쾌한 자극을 제거함으로써 숙제를 내지 않거나 성적이 내려가는 행동의 빈도를 상대적으로 낮춰 주기 때문에 벌에 해당한다.

강화와 벌을 사용할 때 주의해야 할 점은 강화물과 벌의 종류가 모든 학생들에게 동일한 효과를 보이지는 않는다는 것이다. 바람직한 행동을 증가시키거나 바람직하지 않은 행동을 감소시키려는 의도와는 무관하게 강화와 벌의 효과가 다르게 나타날 수 있다. 교사나 학부모들은 무조건적인 칭찬이 효과를 보일 것이라고 생각한다. 하지만 어떤 학생들의 경우에는 선생님이 칭찬을 했을 때 칭찬받은 행동을 다시 하지 않을 수도 있다. 친구들이 주목하는 것을 원치 않는 이 학생에게는 칭찬이 강화의 효과를 내지 못하기 때문이다. 또한 학생이 벌을 받을 때 벌의 이유가 되는 행동에 대한 대안적 행동을 알지 못하거나 그러한 행동을 할 능력이 되지 못하는 경우에는 실제로 그 벌이 문제행동을 낮추는 역할을 하지 못한다. 예를 들어 성적이 떨어질 때 게임 금지라는 벌을 주면, 실제로 성적을 올리기 위한 방법에 대한 지식이 없거나 그러한 노력을 기울일 자신이 없는 경우 공부를 열심히 하기보다는 부모나 교사의 눈을 피해 게임을 하거나 불평이나 원망을 하는 등의 부작용이 발생할 수 있다. 따라서 벌을 줄 때에는 벌의 이유와 함께 벌의 이유가 되는 행동을 대신할 수 있는 대안적 행동에 대한 지시나 방법을 구체적으로 알려 줄 필요가 있다.

2) 인지주의

(1) 기억의 종류

정보처리 이론에 따르면, 인간의 기억은 컴퓨터와 비슷하게 감각기억(감각등록기), 작업기억(단기기억), 장기기억으로 이루어진다. 첫째, 감각기억(sensory memory)은 시각, 청각, 후각, 촉각, 미각 등의 감각이 수용되는 공간인데, 컴퓨터에 사용하는 USB와 같은 입력장치에 해당한다. 이 장치는 따로 정보를 저장하지는 않지만, 중요한 정보에는 주의를 기울이고 이후의 저장장치로 이동하게 한다. 즉 감각기억에서의 주의집중 정도에 따라 얼마만큼의 새로운 정보가 저장되느냐가 결정된다.

둘째, 작업기억(working memory)은 단기기억이라고도 하는데, 컴퓨터의 중앙처리장치(CPU)에 해당한다. 작업기억은 친구의 전화번호를 휴대폰에 저장하기까지 입으로 반복하여 되뇌는 그 순간에 작동한다. 이 기억은 5~20초(성인의 경우에는 10~20초)까지 작은 양(7단위 이내)의 정보를 단시간 저장하는 역할을 한다. 작업기억은 정보처리에 있어서 매우 중요한데, 이 기억장치에 머무르는 정보가 얼마나 효율적으로 처리되느냐에 따라 정보가 하드디스크에 해당하는 장기기억에 잘 저장될 수도 그렇지 않을 수도 있기 때문이다. 또한 장기기억의 정보가 실제로 활용되기 위해서는 저장된 정보를 인출하는 과정에서 또다시 작업기억의 처리 과정이 필요하다.

정보의 효율적 처리라는 관점에서 보면, 어떤 정보는 단순히 작업기억에서 머무르다가 사라지고 어떤 정보는 작업기억에서 장기기억으로 이동하여 비교적 오랜 시간 동안 저장된다. 이는 정보처리와 저장에 어떤 전략을 사용했느냐에 따라 달라진다. 휴대폰에 금방 저장할 친구의 전화번호는 머릿속이나 입에서 되풀이하면서 기억(시연)하다가 숫자를 입력하는 순간 잊어버리는 반면, 오래 기억해야 하는 통장의 비밀번호 같은 것은 의도적으로 생일이나 기념일 등으로 바꾸어 기억한다. 이처럼 정보를 오래 저장하기 위해 정보의 형태를 바꾸거나 이전의 정보와 연관지어 저장하는 등의 방법을 부호화(encoding)라고 한다. 즉 부호화 전략이 얼마나 효율적이냐에 따라 학습의 결과가 크게 달라진다. 실제로 책을 읽거나 수업시간에 선생님의 설명을 이해하거나 수학 문제를 푸는 등의 과정에서 거의 모든 정보의 처리는 작업기억 공간에서 부호화와 함께 이루어진다.

셋째, 오랜 기간 동안 다량의 정보를 저장하는 장기기억(long-term memory)은 이론적으로는 무한한 정보를 영구적으로 저장할 수 있는 공간이다. 장기기억에 저장되는 기억 자체가 우리가 보유한 지식의 전부라고 할 수 있다. 이 지식의 종류에는 선언적, 절차적, 조건적 지식이 있다. 선언적 지식은 이름이나 전화번호, 개념이나 정의 또는 역사적 사건의 연도 등과 같은 사실(what)에 해당하며, 절차적 지식은 자전거를 타거나 컴퓨터를 조작하거나 수학 문제를 풀어내는 방법(how)에 해당한다. 조건적 지식은 언제(when) 선언적 지식과 절차적 지식을 적절히 사용할 것인지에 대한 지식이다. 즉 곱셈 문제를 풀 때는 구구단(선언적 지식)과 계산방법(절차적 지식)이 필요함을 아는 것(조건적 지식)이 요구된다.

(2) 인지 전략과 초인지 전략

학습할 때 정보를 저장하거나 정보의 인출을 돕고 되도록 오랜 시간 동안 정보를 기억하기 위해서는 학습 전략이라고 불리는 인지 전략과 초인지 전략이 필요하다. 보통 공부 방법을 모르거나 노력을 하는데도 성적이 오르지 않는다고 하는 학생들의 경우, 이러한 학습 전략에 대한 지식이나 연습이 절대적으로 부족하다.

첫 번째 인지 전략에 해당하는 것은 시연(rehearsal)이다. 이는 교재를 반복하여 읽고 암기하는 방법을 말한다. 기본적인 학습과제에서의 시연은 순서대로 단어나 숫자를 회상하는 것이나 개념 또는 정의를 암송하는 것을 의미한다. 조금 복잡한 과제에서의 시연은 교과서 또는 참고서를 베껴 쓰거나 교사의 설명을 받아쓰거나 교과서에 밑줄을 치는 경우이다. 시연은 종종 비효율이고 기계적인 전략으로 간주되지만, 목록이나 문장 안에서 중요한 정보를 선택하여 집중하고 작업기억 안에 유지시키려고 노력할 때에는 유용하게 사용될 수도 있다.

두 번째로 많이 사용되는 인지 전략은 정교화(elaboration)이다. 이는 내용을 단순히 암기하는 것이 아니라 수준 높게 이해함으로써, 기존의 장기기억 내에 있는 다른 정보와의 연결을 통해 정보를 효과적으로 저장하도록 한다. 새로운 정보를 받아들이는 경우 정교화가 많이 이루어질수록 더욱 효과적으로 그 정보를 저장할 수 있다. 일반적으로 널리 알려진 기억술, 즉 원소의 주기율표를 구성하는 원소기호들을 노래나 문장으로 바꾸어 암기하는 것은 정교화 전략의 대표적인 예라고 할 수 있다. 교사가 새로운 개념을 설명할 때 그것과 관련된 다른 개념을 소개하거나 개념이 일상생활에서 활용되는 예시를 들려주는 등의 추가 설명을 통해 정교화를 촉진할 수 있다. 실제 수업에서 학생들에게 자신의 말로 개념을 설명해 보게 하거나 관련 주제로 소집단 토론을 하게 하는 것은 개념을 효과적으로 기억하도록 돕는다.

세 번째로 조직화(organization) 전략은 정보를 위계화 또는 범주화하여 재조직화하는 것을 말한다. 사과, 가방, 토마토, 실로폰, 피아노, 모자를 기억해야 할 때, 낱낱의 단어를 순서대로 기억하기보다는 사과, 토마토(과일), 실로폰, 피아노(악기), 가방, 모자(의류)로 범주를 나누면 좀 더 쉽게 기억할 수 있다. 단어의 암기처럼 단순한 과제에는 시연이나 심상화(이미지로 구체화하여 기억) 등의 전략도 사용할 수 있다. 그러나 한 단원의 내용을 전체적으로 요약하거나 연대별로 일어난 역사적 사건의 원인과 결과를 나열해야 할 때, 수행평가를 위해 실험보고서를 작성해야 할 때 등과 같은 복잡한 과제에는 조직화 전략이 절대적으로 필요하다. 정보를 유의미하게 조직하기 위해서는 그래프, 표, 순서도, 개념도, 지도 등을 적절히 사용할 줄 알아야 하는데, 대다수의 학생들은 조직화 전략을 사용할 때 단순히 목록을 만들어 이를 덩어리나 묶음으로 만드는 경우가 많다. 따라서 교사는 정보의 유의미한 조직화를 위해 시범을 보여주거나 사전에 미리 조직화된 자료를 제시해 줄 필요가 있다. 더 중요하게는 수업시간에 학생들이 직접 조직화 전략을 실행해 보고 교사나 친구들의 전략과 비교하며 장단점을 추려 자신의 전략을 수정해 나가는 과정을 통해 이후에 더 나은 전략을 사용할 수 있는 경험을 제공해야 한다.

초인지(metacognition) 전략은 인지 전략보다는 차원이 높은 종류의 상위 인지 전략이다. 초인지 또는 메타인지란 스스로의 인지 활동을 점검하고 통제하며 조절하는 능력으로 정의된다. 이를테면 역사적으로 중요한 사건을 기억할 때 전체 사건 중에서 어떤 부분을 특히 기억해야 하는지(연도인지 인물인지 사건의 주요 결과인지 등), 이러한 정보가 자기가 알고 있던 것인지 모르고 있던 것인지, 새로 기억해야 하는 정보들을 더 잘 기억하기 위해서 시연, 정교화, 조직화 등의 다양한 인지 전략 중 어느 전략을 활용해야 하는지 등에 대한 지식이 초인지적 지식이라고 할 수 있다.

대표적인 초인지 전략으로는 계획활동, 점검활동, 조절활동이 있다. 계획활동은 공부하기 전에 장·단기적인 학습목표 세우기, 교과서를 읽기 전에 대강 훑어보거나 관련된 질문을 해 보기, 문제를 풀기 전에 해답이 나오기까지의 과정을 단계별로 분석해 보기 등의 활동을 말한다. 점검활동은 수업시간에 자신이 얼마나 주의를 집중하고 있는지의 정도를 파악하기, 읽은 교과서의 내용을 이해하는 정도에 대해 스스로 묻고 답하기, 시험상황에서 문제의 난이도나 자신의 문제 푸는 속도 파악하기 등을 의미한다. 조절활동은 점검활동과 관계가 깊은데, 교과서를 읽다가 모르는 부분이 있으면 속도를 늦춰서 천천히 읽거나 그래도 이해가 되지 않으면 질문을 하는 등 실제로 점검 결과에 따라 학습행동을 변화시키거나 조절하는 활동을 말한다.

3) 사회인지주의

(1) 관찰학습

행동주의나 인지주의에서는 학습자에게 주어지는 자극이나 학습자의 인지 변화를 통해 비교적 관찰 가능한 수행의 결과가 나타나는 경우의 행동에 주목한다. 즉 칭찬을 듣고 숙제를 제출하거나 구구단을 외우고 곱셈 문제를 풀어내는 등의 '학습행동'을 중요하게 여긴다. 그러나 사회학습(social learning)에서는 학습자들이 단지 관찰을 하는 것만으로도 학습의 결과를 기대할 수 있다고 본다. 즉 친구가 손을 들고 발표를 해서 선생님이 칭찬하는 모습을 관찰한 학생은 자신도 칭찬을 기대하며 손을 들고 발표에 참여하게 된다. 지각을 한 친구가 꾸중을 듣는 것을 본 학생은 지각하지 않기 위해 아침 일찍 일어나게 된다. 이때 칭찬이나 꾸중은 그 학생에게 주어진 직접적인 자극은 아니지만 행동의 변화를 이끌어내는 역할을 한다.

사회학습에서는 인지가 특별히 중요한 역할을 하기 때문에, 이를 사회인지주의라고 부르기도 한다. 따라서 어떤 반응에는 어떤 강화물 또는 벌이 뒤따른다는 점을 인지하는 것이 학습과정에서 중요하며, 미래의 강화물과 벌에 대한 기대가 사람들의 행동을 결정한다. 즉 칭찬을 기대하며 발표하기 위해 손을 들거나, 꾸중을 피하기 위해 일찍 일어나는 등의 행동은 주변을 관찰하고 주변 사람들을 따라 하는 과정에서 일어나는 학습의 결과이기 때문에, 이를 관찰학습 또는 모방학습이라고도 한다. 관찰학습에서 학생들은 자신이 직접 강화 또는 벌을 경험하지 않아도 다른 사람이 강화를 받거나(대리강화) 벌을 받는 것(대리처벌)을 관찰하는 것만으로도 새로운 행동을 학습할 수 있고, 특정한 행동을 억제하거나 회피하게, 때로는 새로운 행동의 형성이나 억제를 촉진하게 된다. 관찰학습의 과정은 학습자가 관찰하는 대상인 모델이 있고, 그 모델의 행동을 관찰하는 경험이 있으며, 모델의 행동과 관찰자의 행동 사이에 관계가 있다는 가정 아래 이루어진다.

행동주의나 인지주의 학습에서는 학습자에게 외부적 조작(강화, 벌, 외부정보 등)이 주어지고 그 결과 학습행동이 나타난다고 가정하지만, 사회인지주의 학습에서는 환경적 자극이 가해져도 학습자 내부에서 학습행동을 유발하기 위한 동기가 발생하지 못하면 학습행동이 나타나지 않는다고 본다. 즉 학습자도 주변의 환경이나 행동에 영향을 미칠 수 있다는 사실에 입각하여, 학습은 학습자(개인)-환경-행동의 상호작용에 의해 결정된다고 본다(상호결정주의).

(2) 효과적인 관찰학습

사회인지주의에서는 학습의 동기와 학습행동을 이끌기 위해서 모델의 역할을 강조한다. 학생들의 행동을 변화시키기 위한 모델로서 교사와 또래의 중요성을 인지할 필요가 있다. 실제로 주변에 살아 있는 모델부터 책이나 영화, TV, 게임 등에 나오는 주인공 같은 상징적 모델, 구체적인 언어적 지시에 의한 모델에 이르기까지 모델의 종류는 다양한데, 효과적인 모델이 되려면 다음과 같은 조건이 필요하다.

먼저 모델이 특권이나 힘을 소유할수록 관찰학습의 효과가 더 잘 나타난다. 학생들이 대체로 유명한 운동선수나 연예인의 행동을 따라 하려고 하는 것은 이들이 특권과 힘을 가지고 있기 때문이다. 이러한 모델들을 활용하는 것만으로도 학생들의 행동을 변화시킬 수 있다. 예를 들어 취약한 지역의 학교에서 비행 문제를 일으킨 학생들에게 그 학교 출신의 유명한 축구선수를 멘토로 정해서 교정 프로그램을 진행하면, 일반인이 멘토로 참여한 프로그램보다 효과가 높게 나타날 수 있다.

또한 모델의 능력이 뛰어난 경우 관찰학습의 효과를 높일 수 있다. 예를 들어 학생들의 경우 국어시간에 모둠활동을 할 때 국어성적이 나쁜 친구보다는 글짓기대회에서 상을 받은 친구와 짝을 지으려고 할 것이다. 따라서 학생들에게 교사는 특별한 모델로서 중요한 역할을 한다. 수업시간 중에 교사는 교과내용에 대한 직접적인 설명이나 지시를 제공할 뿐만 아니라 살아 있는 능력자로서 모델 역할을 하기 때문이다. 학생들이 교사가 수학문제를 풀어가는 과정을 보고 모방하려고 할 때, 학생들에게 능력을 인정받은 교사가 그렇지 못한 교사보다 학생들의 모방 동기를 좀 더 촉진할 수 있다.

다음으로 효과적인 관찰학습은 모델의 행동이 관찰자가 경험했거나 당면한 상황과 더 관련이 깊을수록 잘 일어난다. 학습부진을 안고 있는 학생을 전교 1등 하는 친구와 짝지어 준다고 그 학생의 성적이 오르거나 더 중요하게는 학생의 동기가 높아질 것이라고 기대할 수는 없다. 그보다는 오히려 학습부진을 극복하고 성적이 오른 친구가 좀 더 효과적인 모델로 기능할 가능성이 높다. 학습자들은 관찰학습의 과정에서 자신과 가깝거나 비슷하다고 생각하는 대상의 행동을 더 따라 하려고 한다. 같은 특권과 힘을 가졌어도 트로트 가수보다는 아이돌 가수의 행동을 더 모방하려고 하는 것이 그 예이다. 이와 같이 학생들에게 높은 관찰학습의 효과를 기대하기 위해서는 효과적인 모델의 선정이 무엇보다도 중요하다.

2 동기 이론

앞에서 설명했듯이 동기 이론은 인간의 행동이 자극-반응의 관계로만 나타난다고 하는 행동주의 학습 이론을 넘어서 반응을 나타내기 위한 인간의 의지적 과정을 중시한 사회인지주의 학습 이론에서부터 출발했다. 동기 이론은 대부분 인간의 동기, 즉 목표지향적인 일을 시작하고 지속하게 하는 과정을 다룬다. 즉 과제를 선택하고, 성공하기 위한 노력을 기울이며, 어려움에도 불구하고 그것을 지속하게 하는 요소들이 동기의 핵심을 구성한다. 학습에서 동기가 중요한 이유는 그것이 학습목표를 설정하고, 그것을 달성하기 위한 노력과 에너지를 증가시키며, 과제와 관련된 다양한 활동을 선택하고 유지하게 해 주기 때문이다. 뿐만 아니라 학습 동기가 높은 학생들이 인지 전략과 초인지 전략을 더 많이 사용하고 결과적으로 높은 수행 결과를 이끌어낸다.

1) 능력에 대한 신념

(1) 자기효능감(self-efficacy)

능력에 대한 신념으로 가장 오래된 심리적 구인은 지각된 유능감(perceived competence)이다. 이는 개인이 특정 과제에 대해 가지고 있는 자신의 능력에 대한 기대나 평가를 말한다(Harter, 1981). 이때의 기대감은 "어떤 행동이 어떤 결과를 일으킨다"는 결과기대(outcome expectation)와, "어떤 결과를 내는 데 필요한 행동을 어느 정도 할 수 있다"는 효능기대(efficacy expectation)로 나뉜다(Bandura, 1986).

결과기대는 행동한 후에 주어지는 결과에 대하여 예상하는 것이므로, 시험을 잘 보면 칭찬을, 시험을 못 보면 꾸중을 기대하는 것과 같다. 이에 비해 효능기대는 시험을 잘 볼 수 있을 것이라는 기대로, 시험을 보기 전에 자신의 능력에 비례하여 형성된다. 학생들은 어떤 과제를 수행할 때 자신의 실력, 지식과 기술의 정도에 대한 효능기대와 그 과제수행의 결과로 받게 되는 결과기대를 동시에 갖는다. 수행의 정도와 관련이 깊은 것은 결과기대보다는 효능기대로, 실제로 과제를 성공적으로 수행할 수 있는 자신의 지식과 기술에 대한 인지적 평가가 수반되기 때문이다. 반두라(Bandura, 1986)는 이러한 효능기대에 착안하여 자신의 능력 또는 역량에 대한 지각된 인지적 평가를 자기효능감(self-efficacy)으로 개념화했다. 자기효능감은 스스로 과제에 필요한 행동을 조직하고 실천에 옮길 수 있는 능력을 얼마나 가지고 있는지에 대한 판단을 말한다(Bandura, 1986).

자기효능감은 "나는 이러이러한 사람이다"라는 일반적인 자기개념(self-concept)과는 달리, 구체적인 영역이나 특수한 과제에서 자신이 성공할 수 있다는 기대감과 관련 있다. 그렇기 때문에 수행의 결과를 자기개념보다 훨씬 정확하게 예측한다. 자기효능감은 이후의 행동을 선택하고 노력하며 지속하는 데 큰 영향을 미친다. 학업 영역에서 자기효능감이 높은 학생들은 낮은 학생들에 비해 학습과제를 더 많이 선택하고, 높은 학습목표를 설정하며, 이를 달성하기 위해 더 많은 노력을 기울이고, 학습행동을 더 오래 지속한다. 이러한 결과로 자기효능감이 높은 학생들의 학업 성취는 대부분 높게 나타난다.

반두라(Bandura, 1986)가 제시한 자기효능감을 형성하는 원천과, 이 원천을 이용하여 자기효능감을 높이는 방법을 생각해 보자. 첫째, 성공 또는 숙달 경험은 이전의 성취 결과와 성취의 역사를 반영하는데, 중간고사를 잘 보면 기말고사도 잘 볼 것이라 생각하는 것과 같이 자기효능감이 높아지는 경우를 예로 들 수 있다. 반대로 실패의 경험이 누적되는 경우, 대부분은 실패와 동시에 자기효능감이 낮아져서 이후의 수행에서 성공하기 위한 노력을 덜 기울이게 되고 이는 또다시 낮은 수행을 불러일으킨다. 따라서 실패하는 학생들의 자기효능감을 높이기 위해서는 작은 성공 경험을 지속적으로 제공하는 것이 중요하다. 특히 성공의 결과가 자신의 통제에 의해서 이루어진 것이라는 인식(지각된 통제감)은 자기효능감을 높인다. 학생이 스스로 성공한 경험을 떠올리게 하거나 실제로 성공할 수 있는 과제를 주고 그 결과를 직접 확인하게 하는 것이 성공 경험을 통해 자기효능감을 높일 수 있는 방법이다.

둘째, 관찰학습에서도 살펴보았듯이, 대리경험은 주변의 타인이 하는 수행을 보고 자신도 할 수 있다고 생각하는 과정에서 생겨난다. 친구가 수학 문제를 푸는 것을 보고 자신도 풀 수 있을 것이라는 자기효능감을 가지게 되는 경우가 그 예이다. 또한 친구가 수학 문제를 풀어 칭찬받는 모습을 보면 앞에서 설명한 대리강화가 일어나고 자신도 칭찬을 받기 위해 수학 문제를 풀고자 한다. 대리경험에서 중요한 점은 효과적인 모델을 제시하는 것이다. 성공만을 보여주는 숙달모델(mastery model)보다는 실패를 견디고 성공한 대처모델(coping model)이 대리경험의 효과를 높일 수 있다. 따라서 자기효능감을 높이기 위해서는 과제의 성공적인 달성을 직간접적으로 경험할 수 있도록 해야 한다.

셋째, 언어적 설득과 같이 주변 사람들이 주는 격려와 칭찬 같은 피드백을 통해 자기효능감을 높일 수 있다. 특히 효과적인 모델처럼 특권과 힘을 가진 사람이거나 가깝고 친숙하게 느끼는 사람이 주는 언어적 설득이 자기효능감을 더욱 높여 준다. 격려와 칭찬의 경우, "할 수 있다" 또는 "잘했어"와 같은 피상적이고 단편적인 피드백보다는 "이러이러한 방법을 쓰면 할 수 있을 것이다" 또는 "너의 이러이러한 노력이 결국 이런 좋은 결과를 냈다"와 같이 학생들이 사용했던 구체적인 전략이나 학습과정을 보여주면서 자세한 정보를 담은 피드백이 더욱 효과적이다.

넷째, 자기효능감이 높거나 낮은 정도는 생리적·정서적 상태를 통해 판단할 수 있다. 어떤 학생이 수학시간에 특별히 긴장하고 불안한 나머지 식은땀을 흘린다면, 그 학생은 그러한 자신의 상태를 보고 스스로 수학을 못한다고 생각할 가능성이 높아진다. 적당한 긴장감은 수행을 높일 수 있지만, 이러한 긴장감이 정상적인 인지활동을 방해할 정도로 높아지면 과제수행의 성공도가 낮아지고 이후 그 과제를 피하거나 포기해

버리는 결과를 낳는다. 따라서 과도한 긴장과 불안을 낮추기 위한 다양한 심리치료나 상담 같은 전문적인 개입이 필요하다. 개입의 결과 부정적인 생리적·정서적 상태가 개선되면 그 결과 자기효능감도 높아질 수 있다.

(2) 효과적인 칭찬

가장 직접적으로 학생들의 자기효능감을 높일 수 있는 방법 중에 손쉬운 것이 수행 결과에 대한 피드백을 제공하는 것이다. 일반적으로 칭찬이라고 불리는 긍정적인 피드백의 효과에 대해서는 많은 연구 결과들이 있는데, 칭찬의 종류와 방법에 따라 효과가 달라진다. 일반적으로 능력에 대한 칭찬과 노력에 대한 칭찬으로 종류를 나눌 수 있다. 능력에 대한 칭찬은 학생의 수행 결과에 대해 "정말 똑똑하다", "머리가 좋다"고 칭찬하는 경우를 말한다. 즉 이 경우에는 타고난 능력이나 적성에 대한 평가와 피드백이 포함된다. 이에 비해 노력에 대한 칭찬은 "열심히 했다", "노력을 많이 했다"와 같은 수행 과정에 대한 평가와 피드백을 말한다.

최근 대부분의 연구들에서는 능력에 대한 피드백보다는 노력에 대한 피드백이 긍정적인 결과를 수반한다고 나타난다. 예를 들어 머리가 좋다는 칭찬을 들은 학생의 경우 시험에서 부정행위를 하는 빈도가 높아졌던 반면, 열심히 했다는 칭찬을 들은 학생의 경우 과제지속력이 높아졌다는 결과가 이를 반영한다.

이 결과를 보고 대다수의 교사와 학부모들은 노력에 대한 칭찬에 더 많이 주목할 것이다. 그러나 여기에서 주의해야 할 점은 노력에 대한 피드백이 무조건 긍정적이고 능력에 대한 피드백이 무조건 부정적인 것은 아니라는 사실이다. 실제로 교사가 어떤 학생의 시험성적을 보고 "정말 열심히 했구나"라고 칭찬할 때, 그 학생에게 이러한 칭찬의 효과는 단선적으로만 나타나지 않는다. 실제로 이 학생이 기울인 노력이 학생 자신이 생각하기에 그렇게 크지 않거나, 학생 스스로가 기대했던 수준에 시험성적이 못 미칠 때에는 학생은 교사의 칭찬을 자신의 능력이 낮다는 메시지로 해석할 수 있다. 또한 학생들의 연령이 낮을수록 "똑똑하다"라는 칭찬은 "열심히 한다"라는 칭찬과 맥을 같이하는데, 실제로 어린 학생들에게 반에서 똑똑한 학생을 지목하게 하고 왜 그렇게 생각하는지 이유를 물으면 "열심히 하니까요"라고 대답하는 경우가 많다(Harari & Covington, 1981).

또한 노력에 대한 칭찬을 하는 경우에는 학생이 이전에 기울여 왔던 노력의 결과가 어떠했는지를 알아볼 필요가 있다. 실패가 누적된 학생의 경우, "열심히 했다"라고 칭찬하는 것은 그 학생에게 주어진 결과를 어쩔 수 없이 받아들여야 한다는 실패 수용적인 태도를 불러일으킬 가능성이 있다. 즉 학생이 경험한 성공과 실패의 역사와 과정을 고려하되, 실제로 학생이 자신의 능력과 노력에 대한 가치를 어느 정도 인식하고 평가하고 있는지를 자세히 알아볼 필요가 있다.

대체로 결과에 대한 평가보다는 과정에 대한 자세한 정보를 담은 칭찬이 효과적이다. "머리가 좋다", "열심히 했다"라는 칭찬은 일어난 일의 결과에 대한 메시지만을 전달하기 쉽다. 오히려 그 결과를 만들어낸 과정을 탐색하고, 과제의 수행을 위해 스스로 어떠한 준비와 실행, 점검이나 반성의 과정을 거쳤는지를 드러내 보여주는 것이 중요하다. 시험에서 100점을 받은 학생에게 그 결과를 다시 한 번 재확인해 주는 것보다는, 시험을 어떻게 계획하고 준비했으며 당일 문제풀이의 전략으로 어떤 것들을 사용했고 시험 후 오답노트 정리를 어떤 방식으로 했는지를 학생과 함께 구체적으로 알아보고 그러한 과정을 주도한 학생 자신의 능력이나 노력을 칭찬해 주어야 한다.

2) 귀인과 목표

(1) 귀인(attribution)

동기 이론에서는 수행 결과의 원인을 어떻게 파악하느냐와 관련된 귀인을 중요하게 여긴다. 인간은 누구나 일상적으로 행동의 결과에 대한 원인을 찾으려 한다. 이는 세상과 자기를 이해하기 위한 목표에 의해 동기화되는데, 인간은 누구나 타인이나 자신의 행동에 대한 인과적인 결정 요인이 무엇인지를 이해하고 싶어 하는 자연스러운 욕구가 있기 때문이다. 귀인은 이러한 인과적인 결정 요인이 객관적으로 옳고 그름에 관계 없이 그러한 결정 요인의 판단 이후 동기나 정서, 행동의 반응을 좌우한다. 간단한 예를 들어 보자. 시험을 망친 학생이 이 결과에 대한 원인을 "타고난 머리가 나빠서"라고 인식한다면 이후에 이 학생은 정서적으로는 실망이나 무력감을, 행동적으로는 공부하지 않고 포기하는 행동을 보일 것이다. 시험 결과에 대한 귀인의 예는 다양하게 나타나는데, 대표적으로는 능력, 노력, 운, 난이도 등이 이에 속한다. 이 밖에 시험 당일의 건강, 기분, 교사나 친구의 도움 등도 귀인의 다른 예에 속한다.

와이너(Weiner, 1986)에 따르면, 학업 성취의 결정 요인의 귀인은 (통제의) 소재(locus of control), 안정성(stability), 통제 가능성(controllability)의 차원으로 분류된다. 소재의 차원은 성공과 실패의 원인을 개인의 내적 또는 외적으로 인지하고, 안정성의 차원은 원인이 상황과 시간에 따라 안정적인지 불안정적인지를 판단한다. 통제 가능성의 차원은 원인이 스스로에 의해 통제되는지의 여부를 인지한다.

어떤 학생이 시험 실패의 원인을 낮은 능력에 귀인한다면, 그 학생의 귀인은 내적이고 안정적이며 통제 불가능한 차원으로 분류된다. 반대로 실패의 원인을 노력에 귀인할 때에는 내적이지만 불안정적이고 통제 가능한 차원으로 분류된다. 운에 귀인하는 어떤 학생은 외적으로 불안정적인 통제 불가능한 차원의 귀인 양식을 가지고 있다고 볼 수 있다. 교사들은 바람직한 학습동기를 형성하기 위해서 학생들이 좀 더 적응적인 귀인 양식을 채택(귀인 재훈련 프로그램 등을 통해)할 수 있도록 도울 필요가 있다.

(2) 목표 설정과 헌신

긍정적 학습동기를 유발하기 위해서는 좀 더 적응적인 목표를 설정하고 실천하는 것이 중요하다. 특정한 목표를 의식하는 행위는 학업 성취의 영역과 성취의 수준, 그에 대한 보상까지 인식함으로써 학업 행동을 지시하고 안내하며 지속하게 하는 역할을 한다. 목표를 설정할 때에는 목표의 구체성과 난이도를 고려해야 한다. 목표 달성도의 측면에서 보면 구체적인 목표가 명확하지 못한 목표보다 달성도가 높다. "기말고사 성적을 올린다"라는 목표보다는 "수학시험에서 5점을 올린다"라는 목표가 구체성이 높기 때문에, 이에 따른 계획이나 노력의 효과성이 높아지고 결국 목표를 달성할 확률이 높아진다. 또한 목표의 구체성은 장기-중기-단기 목표로 목표의 위계를 설정함으로써 높일 수도 있다. "수학시험에서 5점을 올린다"는 목표를 달성하기 위해서 "일주일에 문제집을 10장 더 푼다", "게임시간은 주말에 30분 이하로 한다" 등과 같이 목표를 세분화할수록 목표 달성도가 높아진다.

한편 목표가 너무 쉽거나 수준이 낮은 경우보다는 도전적이고 어려운 수준의 목표가 최종 수행의 수준을 높일 수 있다. 즉 학생들은 난이도가 쉬운 목표보다는 어려운 목표를 설정했을 때 노력을 더 기울인다. 하지만 무조건 높은 목표를 설정한다고 해서 그 목표를 반드시 달성할 수 있는 것은 아니다. 오히려 목표 달성을 위해 필요한 능력을 가지고 있을 때, 그리고 그 목표를 달성할 수 있다는 긍정적 태도를 지니고 있을 때에만 높게 설정한 목표가 효과를 발휘할 수 있다(Latham & Locke, 1991).

목표 설정 못지않게 중요한 것은 목표에 헌신하려는 태도와 노력이다. 목표에 헌신하는 정도는 목표의 중요성을 얼마나 인지하고 있는지에 따라 달라진다. 목표가 학습에 왜, 어떻게 도움이 되는지를 학생 스스로 인식하는 경우와 그렇지 않은 경우, 목표 헌신의 정도는 차이를 보인다. 또한 "인터넷 사용 시간을 줄이겠다"라는 목표를 주변에 공개적으로 알리는 경우에는 목표를 달성해야 할 중요성이 사회적으로 부각되는데, 이런 목표는 비공개적으로 설정된 목표보다는 달성될 확률이 훨씬 높다. 최근에는 학생들의 그룹 스터디 모임에서 "아침에 7시까지 일어나기", "하루에 영어단어 50개 외우기" 등의 목표를 공동으로 설정하고 SNS로 결과를 공유한 뒤 이 목표를 달성하면 서로 지지나 칭찬을, 목표를 달성하지 못하면 벌을 주는 등의 다양한 방법이 활용된다고 한다.

학생들의 경우 대부분 교사나 부모에 의해 외부에서 목표가 주어지는 경우가 많은데, 이때에는 그 목표에 대한 중요성과 타당성이 설득력 있게 전달되어야 한다(Erez, 1986). 학생들이 재미없어 하는 과목, 특히 "수학 성적 올리기"와 같은 목표에 대해서는 학생들이 진심으로 수용할 수 있는 설명을 하는 것이 중요하다. 대부분의 교사나 학부모들은 대학입시의 필요성 등 일반적인 이유를 대면서 학생들이 그 목표를 수용하기를 기대하는데, 이럴 경우 학생들이 그 목표를 자신의 것으로 수용하는 경우는 많지 않다. 이는 학생이 수학과목에 대해 어떠한 가치를 형성하고 있는가에 따라 달라지는데, 수학에 대한 내적 가치(흥미)가 낮음에도 수학이라는 학문의 중요성이나 유용성의 가치가 어떻게 이해되고 설득되는지에 따라 해당 목표의 중요성을 인지하고 헌신하려는 노력이 달라진다.

또한 목표 헌신을 위해서는 목표 설정이나 실행과정에서 주어지는 피드백도 중요하다. 목표의 성패와 같은 결과만을 제공하는 피드백이 아니라, 목표 달성을 위해 어느 정도까지 성공했으며 앞으로 남은 목표를 달성하기 위해 어떤 방법이 유리할지 등과 같이 목표의 진전이나 향상 정도를 알려 주는 피드백이 더욱 효과적이다. 대부분의 교사나 학부모들은 목표의 결과에만 치중하여, 성공 또는 실패의 여부를 재확인해 주는 수준에서 피드백을 할 때가 많다. 그러나 효과적인 피드백을 하려면 결과 위주로 피드백을 하는 것이 아니라 실행과정에서 학생이 기울인 노력이나 전략에 대해 필요할 때마다 자주 피드백을 해 주는 것이 바람직하다.

3) 흥미와 자율성

(1) 흥미

학습동기 면에서, 특히 학업 행동을 유지하기 위해서는 기본적으로 흥미가 형성되어야 한다. 학습에 흥미를 가지고 있는 학생은 과제에 몰입하도록 동기화된다. 따라서 흥미는 학습과제를 선택하고 노력을 지속하게 하는 데 중요한 역할을 하며, 즐거움, 재미라는 정서를 수반하여 내적 동기를 형성한다. 재미있는 주제, 수업에서의 각종 활동, 신기한 교재 등을 통해 일시적으로 호기심과 재미를 느끼는 상황적 흥미(situational interest)가 누적되면, 교과목이나 학습과제에 대해 주관적으로 느끼는, 비교적 영속적이고 안정적인 관심을 가지고 있는 상태를 나타내는 개인적 흥미(individual interest)가 형성된다(Hidi & Renninger, 2006). 보통 상황적 흥미가 쌓이면 그 대상에 대해 유능감을 경험할 기회가 많아지는데, 이때 유능감과 함께 즐거움, 기쁨, 만족감 등의 긍정적 정서가 수반된다. 긍정적 정서는 시간이 지남에 따라 주제에 대한 개인적 흥미를 만들어 주는 역할을 한다. 따라서 개인적 흥미를 유발하기 위해서는 주제와 관련된 활동에서 성공 경험을 갖게 하고 이를 통해 유능감을 발달시키는 것이 중요하다.

학업에 대한 흥미를 키우기 위해서는 공부하는 내용을 학생의 관심사나 일상생활과 연결시켜 생각하도록 장려함으로써 자기관련성을 높이도록 할 필요가 있다. 학생들은 자신과 관련된 주제일수록 흥미를 갖는데, 이때에 형성된 흥미를 자극하여 주제를 더 깊이 탐색하고 관련 활동에 참여하도록 독려할 수 있다. 또한 학생이 궁금해 하는 내용이나 호기심을 보이는 주제에 대해서는 적극적으로 탐색하도록 질문의 기회를 넓혀야 한다. 이를 위해서는 예습과 복습을 할 때 질문거리를 작성하게 하고 먼저 스스로 답을 찾아보게 한 뒤에, 수업시간에 질문에 답하면서 내용에 대해 생각해 보는 시간을 갖게 할 필요가 있다. 내용에 대해 설명할 때에도 학생이 기대하거나 예상한 내용보다는 약간씩 기대에 어긋난 내용을 전달하여 학생들에게 인지적 부조화 상태를 일으킬 필요가 있다. 학생들은 인지적 부조화 상태에서 더 주의 집중하고 호기심을 느끼기 때문이다.

또한 수업활동 중에는 또래와 상호작용할 수 있는 기회를 될 수 있는 한 자주 제공하며 서로 묻고 가르칠 수 있는 환경을 조성하여 상황적 흥미를 높여야 한다. 또한 개인적 흥미를 형성하는 데에는 유능감이 필수적이니만큼, 학생들에게 적절한 수준의 과제를 자주 제공하여 성공하면 긍정적인 피드백을 제공하고 실패하면 다음번에 성공하기 위해 전략이나 방법을 수정할 수 있도록 조언한다.

(2) 자율성 지지 전략

학습과제에 대한 내적 동기 또는 내재동기를 가지고 있으면 과제를 실행하는 행위 자체에 대한 몰입 정도나 노력, 과제지속력이 높아진다. 학년이 올라갈수록 자신의 학습을 스스로 계획하고 실행하는 자기주도적 학습습관이 중요해지는데, 자기주도적으로 학습하기 위해서는 일단 학업에 대한 내재동기를 가지고 있어야 한다. 내재동기는 활동 그 자체로부터 생겨나는 동기이며, 외부에서 주어지는 보상에 의해 생겨나는 외재동기와는 달리 활동의 지속성과 깊은 관련이 있다. 내재동기는 학습에 참여하는 학생들의 자율성을 지지함으로써 높아진다. 누구나 스스로 자기 행동의 인과적 관계를 이끌기를 원하는 욕구를 가지고 있으며, 따라서 자율성은 인간이 지닌 기본 심리욕구 중의 하나이다(Deci & Ryan, 2000).

자율성을 지원함으로써 학생들의 내재동기를 향상시키기 위해서는 외부의 압박(마감, 위협, 강요, 경쟁 등)을 최소화하면서 스스로 목표를 설정하게 하되, 성공과 실패에 대한 목표보다는 수행 결과의 질에 따른 목표를 세우도록 장려하는 것이 좋다. 또한 교

사는 학생 개개인을 자발적이고 능동적인 존재로 존중해 주고 스스로 책임 있는 의사
결정을 할 수 있도록 안내해야 한다. 이를 위해서는 수업이나 학업상담에서 학생들의
관점을 인내심 있게 수용하고, 학생들이 자신의 생각과 느낌을 표현할 때 이를 적극적
으로 칭찬하며, 학습 장면에 그들의 의견을 충분히 반영할 수 있도록 구조화할 필요가
있다.

3 학습동기 이론의 현장 적용

상담 장면에서 학습동기의 문제를 호소하는 학생들은 대개 학업에 대한 태도나 실
제 학업을 수행하는 행동에 있어서 어려움을 겪는 경우가 많다. 앞에서 설명한 학습 및
동기 이론에서의 강화, 자기효능감, 귀인양식, 내적 동기는 학업 태도와 관련이 있고,
인지와 초인지 전략은 학습 전략이나 행동관리와 관련이 있다. 여기에서는 대표적으로
나타나는 학습동기의 문제를 파악하고, 실제 상담에서 활용되는 전략들을 간단히 소개
한다.

1) 학습동기의 문제와 상담

학업상담에서의 개입 전략(황매향, 2008)들을 살펴보면, 학습동기 문제를 가진 내담
자를 다루는 방법과 단계들을 자세히 소개하고 있다. 여기에서 소개된 개입 전략 중 특
히 학습동기와 관련된 몇 가지를 기술하면 다음과 같다.

첫째, 학생의 현재 성취 수준에 대한 수용을 촉진하는 것이 필요하다. 이는 학생이
학업 목표 또는 원하는 학업 성취의 수준을 설정하고자 할 때 학생의 실제 능력 수준과
본인과 부모 및 교사의 기대 수준까지 모두 고려해야 함을 의미한다. 누구나 성공을 추

구하려고 하고 실패는 피하려고 하지만, 성공 추구와 실패 회피의 욕구가 적절히 균형을 이루지 않으면 과성취(overachieving)나 학습된 무기력(learned helplessness)에 빠지는 경우가 발생한다. 과성취 학생은 성공만을 지나치게 추구하고 실패를 절대로 수용하려고 하지 않기 때문에 현재의 성취 수준에 절대로 만족하지 못하고 작은 실패에도 쉽게 스트레스를 받는다. 이들은 대체로 성적은 높지만 시험불안이나 정서 문제를 보일 확률이 높으며, 한 번의 성적 하락에도 쉽게 우울감을 느낀다. 반면 학습된 무기력을 느끼는 학생들은 학습부진 등에 의해 오랫동안 학업 실패를 누적해서 경험하면서 실패를 수용하는 태도가 만성화되어 있기 때문에 어떤 시도도 하지 않을 가능성이 높다. 이들은 앞으로의 변화 가능성에 대해 어떠한 기대도 하지 않기 때문에 무기력하게 자신의 상황을 받아들일 수 있다. 따라서 상담 장면에서는 학생이 현재 자신의 성취 수준에 어느 정도 만족하고 있으며 왜 그렇게 생각하는지에 대한 적절한 탐색이 필요하다.

둘째, 성공 경험의 확대를 전략으로 활용할 수 있다. 이는 앞에서도 설명한 자기효능감을 높이기 위해서도 중요한데, 이를 위해서는 실제로 목표를 세워 노력을 기울이고 그 노력의 결과가 성공으로 이어지는 경험을 자주 하게 해야 한다. 성공 경험을 높이기 위해서는 처음에 너무 높은 목표를 세우기보다는 적절한 학습목표를 설정하는 것이 중요하다. 이 과정에서도 설정된 목표가 학생에게 자발적으로 수용될 수 있도록 충분히 설득하고 이해시켜야 한다. 도전감을 주면서도 실행 가능성이 높은 목표 수준을 잡기까지는 시간을 들일 필요가 있다. 특히 목표 설정을 중장기(학기, 월별)와 단기(주별, 일별)로 나누어 실행하고 이에 따른 평가를 세분화하는 것이 중요하다. 평가에서는 점수, 등수와 같은 지표보다는 학습태도나 학습습관의 변화와 같은 지표를 활용하는 것이 작은 목표의 달성을 통해 성공 경험을 지속적으로 이어 주기 위한 효과적인 전략이다.

성공 경험의 확대는 학습자의 강점 영역을 키워감으로써 내면화되고 촉진될 수 있다. 성취도가 낮은 영역이나 상대적으로 부진한 영역에 집중하는 것도 필요하지만, 그보다는 잘하는 것에서의 성공 경험을 늘려 이 과정에서 학습 전반에 대한 긍정적인 태도와 동기를 일반화할 필요가 있다. 즉 학생들은 성공 경험이 자신의 노력에 의한 결과라는 사실을 받아들이고, 그 결과가 자신으로부터 온 것이라는 긍정적인 귀인 양식을 형성해야 한다. 자신의 노력에 의한 성공 경험이 내면화되면, 약점 영역에 대해서도 좀 더 낙관적인 태도와 정서를 갖게 되고 약점 영역을 극복하기 위한 목표를 설정하고 실행하는 데도 좀 더 적극적으로 임할 수 있다.

셋째, 실제로 학업 성공을 이끄는 데 중요한 학습 전략에 대한 이해와 습관화가 필요하다. 앞에서 소개한 인지 전략과 초인지 전략에서 비롯된 다양한 학습 전략들은 실제로 성취도와 높은 상관이 있고, 이를 바탕으로 한 효과적인 학습 전략에 대한 프로그램이 다방면에서 전문적으로 이루어지고 있다. 그러나 무엇보다도 중요한 점은 수많은 학습 전략을 채택하기 이전에 먼저 학생 개인의 학습 스타일에 맞는 학습 전략이 무엇인지에 대한 탐색이 이루어져야 한다는 것이다. 이는 성적이 나쁜 학생들이 공부 잘하는 학생들의 학습 방법을 무작정 따라 한다고 성적이 오르는 것이 아니라는 경험적 사실에도 근거하지만, 실제로 학생의 개인차(선수 학습 정도, 집중력, 과제지속력, 자기통제력 등)와 환경적 요인(시간적, 물리적)에 의해서 학습 전략의 효과가 그때그때 달라질 수 있기 때문이다. 따라서 학생에게 맞는 학습 전략은 어디까지나 맞춤형 전략으로 제시되어야 한다.

학생에게 맞는 학습 전략을 단기간에 습득하기를 기대하기보다는 조금씩 변화함으로써 습관화되도록 격려할 필요가 있다. 또한 학생들이 사용하지 않았던 완전히 새로운 학습 습관을 사용하도록 하기보다는 이미 사용하고 있던 학습 전략 중에서 효과적이었고 계속 사용할 가치가 있는 학습 전략을 찾고 이의 사용빈도를 좀 더 높이는 것이 중요하다. 학생에게 익숙하던 효과적인 학습 전략의 활용 빈도가 높아지면 이와 유사한 다른 학습 전략을 습득하도록 훈련하는 것이 좋다. 또한 어떤 학습 전략부터 배워 나갈 것인지는 학생의 자율성을 고려하여 결정하고, 새로운 학습 전략을 훈련할 때에는 충분히 연습하고 습관화할 기회를 제공하면서도 그 과정에서 전략의 효과를 경험하고 전략 사용에서 발생하는 장애요인을 평가하고 반성하게 해야 한다(황매향, 2008).

2) 학습동기 증진을 위한 자기조절학습

전반적인 학습동기와 관련된 가장 포괄적인 이론은 자기조절학습(self-regulated

learning)과 관련이 있다. 자기조절적인 학습자는 학습목표를 스스로 설정하고 이 목표와 환경적 맥락을 고려하여 인지, 동기, 행동을 점검, 조절, 통제한다(Pintrich, 2000). 즉, 자기조절학습이 이루어지는 학생들은 스스로의 학습을 통제하고 학습에 용이한 환경을 능동적으로 구조화할 수 있다.

자기조절학습의 과정은 계획, 통제, 성찰의 단계를 거친다(Zimmerman, 1989). 계획 단계에서는 학습목표를 설정하고, 필요한 학습동기 전략을 선택하며, 환경조건을 정비한다. 통제 단계에서는 시간적·물리적 학습 환경을 체크하고, 현재의 목표 달성 정도를 점검하며, 수행 상황을 평가한다. 이때에는 스스로의 수행과 진척 상황을 관찰하고, 그 결과를 애초에 계획단계에서 설정한 기준이나 목표와 비교한 뒤, 이 차이에 대해서 조절(목표 수정, 새로운 전략의 사용 등)하는 활동을 한다. 성찰 단계에서는 학습 수행의 성공이나 실패를 판단하고 그 원인을 반성한 뒤 앞으로의 개선을 위해 필요한 전략을 새롭게 수립한다.

자기조절학습의 여러 기능들은 사실상 앞에서 말한 인지, 동기, 행동 이론의 거의 모든 원리에 근거한다. 관련 전략에 대한 선언적, 절차적, 조건적 지식이 선행되어야 하기 때문에 학생들이 이를 단시간에 습득하는 것은 매우 어려운 일이다. 따라서 자기조절학습 능력을 키우기 위해서는 교사의 직접적인 교수(전략의 내용, 사용법, 도움이 되는 경우와 그 이유를 설명)나 모델링이 필요하다. 또한 학생들이 새로운 기술이나 능력을 배워 나갈 때, 그 과정에서 활동의 선택, 계획, 통제, 성찰의 기회를 최대한 제공하면 자기평가의 능력을 향상시킬 수 있다. 특히 자기평가와 성찰의 기회는 다양한 학습공동체의 활동에 의해 제공될 수 있다. 학습공동체 안에서는 학생들이 다른 학생들의 학습 양식, 학습 전략을 자신의 것과 비교하면서 반성적 기회를 높일 수 있고, 서로의 진척 상황을 비교·점검하며, 목표 달성의 동기를 더욱 높일 수 있다.

생각해 볼 문제

1. 대체로 자기효능감과 학업성취도는 정적인 관계를 보인다고 알려져 있지만, 실제로 어떤 학생들은 자기효능감이 낮은데도 학업성취도가 높은 반면 어떤 학생들은 자기효능감이 높은데도 학업성취도가 낮을 가능성이 있다. 이처럼 자기효능감과 성취의 불일치가 일어나는 이유에 대하여 생각해 보고, 이 같은 불일치를 보이는 학생에게 어떤 조언을 해야 할지에 대하여 논의해 보자.

2. 교사의 칭찬(긍정적 피드백) 중 학생이 가지고 있는 귀인 양식(소재, 안정성, 통제성)에 따라 능력에 대한 칭찬("머리가 좋다")과 노력에 대한 칭찬("열심히 했다")이 각각 어떠한 효과를 보일 것인지에 대하여 논의해 보자. 귀인 양식에 따라 능력 또는 노력에 대한 칭찬 중 어느 한 쪽이 더 효과를 보인다면, 그 이유는 무엇인지 생각해 보자.

참고문헌

서울특별시교육청(2010). 내 공부의 내비게이션! 자기주도학습법.
황매향(2008). 학업상담. 서울: 학지사.

Bandura, A.(1986). *Social foundations of thought and action: A social cognitive theory*. New York: Prentice-Hall.

Deci, E. L. & Ryan, R. M.(2000). The "what" and "why" of goal pursuits: Human needs and the self-determination of behavior. *Phychological inquiry, 11*(4), 227-268.

Erez, M.(1986). The congruence of goal-setting strategies with socio-cultural values and its effect on performance. *Journal of Management, 12*(4), 585-592.

Harari, O. & Covington, M. V.(1981). Reactions to achievement behavior from a teacher and student perspective: A developmental analysis. *American Educational Research Journal, 18*(1), 15-28.

Harter, S.(1981). A new self-report scale of intrinsic versus extrinsic orientation in the classroom: Motivational and informational components. *Developmental Psychology, 17*(3), 300-312.

Hidi, S. & Renninger, K. A.(2006). The four-phase model of interest development. *Educational Psychologist, 41*(2), 111-127.

Latham, G. P. & Locke, E. A.(1991). Self-regulation through goal setting. *Organizational Behavior and Human Decision Processes, 50*(2), 212-247.

Pintrich, P. R.(2000). The role of goal orientation in self-regulated learning. In M. Boekaerts & P. R. Pintrich & M. Zeidner (Eds.), *Handbook of self-regulation*(pp. 452-502). New York: Academic Press.

Weiner, B.(1986). *An attributional theory of achievement motivation and emotion*. New York: Springer.

Zimmerman, B. J.(1989). A social cognitive view of self-regulated academic learning. *Journal of Educational Psychology, 81*, 329-339.

6장

진로진학상담교사가 알아야 할 발달 이론

여태철

이 장에서는 발달 이론에 대해 다루고자 한다. 먼저 전생애발달을 이해하기 위해 전생애발달의 요소인 규범적 요소, 역사적 요소, 비규범적 요소에 대해 살펴보고, 이를 바탕으로 인간발달이 성인기를 거쳐 노인기까지 전생애 동안 일어난다는 점을 고찰한다. 이어서 전생애발달의 맥락 속에서 청소년기를 고찰한다. 청소년기에는 급격한 신체발달이 일어나고, 인지적으로는 형식적 조작기의 특성을 보이며, 자아정체감 형성을 위해 노력하고, 개인 및 환경 요인에 의해 도덕성발달 및 공격성이 영향을 받는다는 점에 대해 살펴본다.

인간발달이 전생애 동안 지속된다고 볼 때 전체 발달 단계별 발달 문제와 상담의 개입에 대해 살펴볼 필요가 있지만, 여기에서는 청소년기와 성인기에 한정지어 알아본다. 우선 성인기를 초기 성인기, 결혼기, 중년기, 성인 후기로 나누어 각 시기별로 발달 문제가 나타난다는 점과 이러한 발달 문제를 해결하는 데 도움을 줄 수 있는 개인 및 집단상담이 필요함을 밝힌다. 한편 청소년 발달 문제의 상담을 위해서는 발달의 규칙성뿐만 아니라 개인별 독특성을 이해해야 하고, 다양한 유형의 청소년에 대해 이해할 필요가 있으며, 특히 청소년들이 스트레스에 적극적으로 대처하도록 지도할 필요가 있음을 밝힌다. 이러한 청소년 발달에 필요한 상담으로 학업상담, 진로상담, 정서상담, 학교폭력상담, 학교부적응 청소년상담 등에 대해 고찰한다.

전생애발달의 이해

인간의 발달에서 수태에서 청년기에 이르는 상승적 변화뿐만 아니라 청년기 이후 노년기에 이르기까지의 하강적 변화도 적응을 위한 변화라고 간주하고 발달이 전생애 동안 진행된다고 보는 것이 근래 발달 이론의 추세이다. 여기에서는 전생애발달을 가능하게 하는 요소와 전생애발달이 기초하고 있는 맥락적 관점 및 단계별 발달에 대해 살펴본다.

1) 전생애발달의 요소

전생애발달 이론은 인간의 발달 과정과 결과를 맥락 속에서 이해하려는 것으로, 삶의 변화라는 맥락과 그것의 결과가 인간의 발달에 어떤 영향을 미치는지에 초점을 둔다(정옥분, 2003). 특히 발달에 대한 전생애적 접근은 발달의 중요성을 아동기, 청소년기에 국한시키기보다는 전생애에 걸쳐 두고 있다. 전생애발달 이론에서는 발달의 요소로 세 가지를 중시한다(Baltes, Reese, & Lipsitt, 1980).

첫째는 같은 연령층에 해당되는 규범적, 정례적 요소로, 특정 문화에서 어떤 연령에 있는 모든 사람에게 미치는 영향을 말한다. 가족의 생애주기(life cycle)나 교육, 직업의 여러 측면과 관련된 생물학적 성숙과 연령에 따른 사회화 과정을 들 수 있다. 예를 들어 우리의 제도나 관습에서 초등학교는 6~7세에 입학하고 대학교는 18~19세에 들어가며 결혼은 30세 전후가 적합하다고 규정하여 실천하도록 하는 것이 여기에 속한다.

둘째는 같은 연령층이 공유하고 있는 역사적 배경 및 시대적 상황의 요소들이다. 특정한 역사적 순간에 존재하는 환경의 결과로 영향력이 나타나서 한 역사적 사건이 모든 연령의 사람에게 영향을 주는 것을 말한다. 그 예로 경제 공황, 전쟁, 전염병 등을 들 수 있다. 같은 해에 태어난 동년배들은 똑같은 역사적 배경 속에서 발달한다. 따라서 1945년 해방둥이로 태어난 아동과 2010년대 태어난 아동은 역사적, 문화적, 정치적, 경제적 배경과 상황이 다른 만큼 정서나 인성이 다르다.

셋째는 각 개인에게 적용되는 비규범적 요소로, 가장 한정된 양상으로 개인에게 특수하게 영향을 미치는 것을 말한다. 이직이나 실직, 의학적인 외상, 사고, 이혼, 의미 있는 타인의 사망 등을 예로 들 수 있다. 이 요소는 모든 사람이 인간으로서의 종 특유의 프로그램에 따라, 그리고 사회제도나 체제의 영향 속에서 발달하지만, 실제 개인마다 각기 다른 환경적 영향을 받아 성장함을 의미한다. 17세 고등학생의 경우 환경이 각각 다르기 때문에 그 다름의 정도에 따라 발달에서 개인차가 생길 수 있다.

그림 6-1에서 볼 수 있듯이 발달의 세 가지 요소가 영향을 미치는 시기는 다르다. 따라서 인간의 발달을 전 영역에 걸쳐서 올바로 파악하기 위해서는 규범적 요소나 역사적 요소뿐만 아니라 개인 특유의 비규범적 요소도 균형 있게 고려해야 한다.

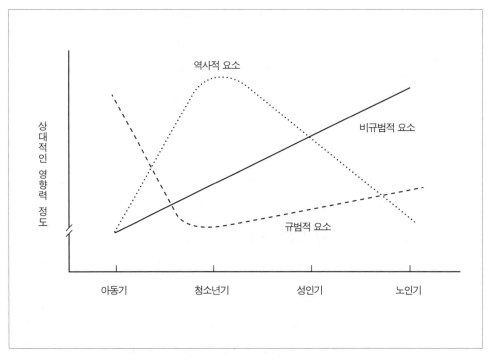

그림 6-1 발달 요소의 전생애 영향력 측면

출처 : Baltes, Reese, & Lipsitt(1980)

한편 딕슨(Dixon, 1986)은 전생애발달 이론들이 다차원성(multidimensionality), 다방향성(multidirectionality), 개인 간 변차(interindividual variability), 개인 내 변차(intra-individual variability) 또는 가소성(plasticity)이라는 연구 주제와 관련되어 있다고 본다. 이 주제들은 인간의 발달이 개인에 따라 다르며 발달의 방향도 다양할 수 있다는 점을 강조하는 것으로, 성인기 이후에도 발달이 계속해서 일어날 수 있음을 보여준다.

2) 발달에 대한 맥락적 관점의 특징

전생애발달 이론은 발달에 대한 맥락적 관점을 지향한다고 볼 수 있다. 이 이론의 특징은 환경의 개념을 확장하고, 인간발달과 환경의 교호적 상호작용(reciprocal inter-action)을 강조하며, 성인기와 노화에 대해 관심을 기울인다는 점이다.

우선 환경의 개념을 확장했다는 특징에 대해 살펴보자. 브론펜브레너(Bronfen-brenner, 1979)가 제시한 '생태학적 접근(ecological approach)'에 따라 발달을 보는 관점에서는 다양한 연령의 사람들이 자신의 환경 속에서 어떻게 상호작용하는지를 보아야 한다고 강조하면서 발달 이론에 새로운 방향을 제시했다. 아동 발달을 예로 들면 기존의 연구자들이 아동의 환경을 아동 주변의 직접적 환경과 조건, 사건에만 한정하여 상당히 협소하게 본 데 반해, 브론펜브레너는 아동을 둘러싼 환경을 겹겹의 구조로 체계화하고 이들 각 체계와 아동발달 간의 관계를 설명했다. 가장 내부에 있는 환경을 미시체제(microsystem)라고 하는데, 아동을 직접 둘러싼 환경 속에서의 활동과 상호작용 유형을 가리킨다. 그리고 가정, 이웃, 보육기관 등을 포함하는 중간체제(mesosystem), 아동에게 간접적으로 영향을 미치는 부모의 직장이나 사회복지제도 등의 외체제(exo-system), 문화를 구성하는 가치, 법, 관습 등으로 구성되는 거시체제(macrosystem)가 있다. 이러한 체제들은 역동적이고 항상 변화하는데, 동생의 출생, 학교 입학, 부모의 이혼 등이 이들 환경과의 관계 속에 변화를 가져다준다. 예를 들어 초등학교에 입학한 후에 동생이 태어나는 경우와 영아기 때 동생이 태어나는 경우의 효과는 전혀 다르다. 이는 환경의 변화 시점의 영향이 크다는 것을 보여준다. 이를 시간체제(chronosystem)라고 부른다. 이러한 체제의 일방적인 영향 못지않게 아동이 어떻게 이들 체제들을 활용하는지가 아동의 발달에 중요하다. 브론펜브레너는 아동이 이 네 개의 실제생활 체제 속에서 직·간접적으로 영향을 받아 성장하고 환경이 아동의 발달에 결정적인 역할을 한다고 보았다(Fabes & Martin, 2003).

두 번째 특징인 인간발달과 환경의 교호적 상호작용은 환경이 일방적으로 개체발달에 영향을 미치는 것이 아니라 개체와 환경이 교호적으로 영향을 주고받는다는 점을 강조한다. 맥락적 접근이 본격적으로 대두되기 이전에도 이러한 교호적 상호작용에 대한 논의는 있었지만, 기존의 교호적 효과 모형은 크게 개체 효과와 양방향성을 내포하고 있었다. 이러한 시각은 상호작용을 개체와 환경의 변증법적 상호작용의 연속선상에서 파악하지 않는다. 이러한 제한을 극복하려는 맥락적 관점에서의 교호적 상호작용은 유전과 환경 중 어떤 것에도 우선순위를 두지 않고 단지 변화가 일어나는 차원의 문제로 내적·생물적 차원과 외적·물리적 또는 문화·사회적 차원으로 구분하고 있다는 점에서 이전의 교호적 상호작용과는 구분된다. 아동이 부모의 양육 방식에 영향을 미치는 것이 의미를 가지는 이유는 그 양육 방식이 다시 아동에게 영향을 미치기 때문이다. 개체도 변화하고 환경도 변화하며 그 양상이 변증법적 상승작용을 이루는 것이 맥락적 접근에서의 교호적 상호작용이 의미하는 바이다.

세 번째 특징은 성인기와 노화에 대한 관심이다. 성인기나 노화에 대한 관심이 발달심리학 초기에 없었던 것은 아니었다. 하지만 발달심리학의 이론화에 대한 필요성이 제기되면서 성인기를 변화가 관찰되기 어려운 비교적 안정된 상태로 간주했고, 논리실증주의의 영향을 받아 실험을 통한 인간발달의 보편적 법칙을 발견하고 그것을 기초로 하여 이론 정립을 시도하려는 경향이 있었다. 따라서 계량화가 필수적이고 변화가 급격하여, 변화의 모수치(parameter)가 비교적 큰 20세 무렵까지의 개인을 집중적으로 연구하게 되었다. 기존의 발달 이론은 인간발달 기간 중 유아기, 아동기, 청년기에 중점적인 관심을 두었으며, 대개 인간특성의 발달 단계를 제시했다. 각 발달 이론이 제시하는 단계에서 청년기 이후의 발달 특징에 대해서는 대체로 생략하거나 소홀히 다루는 경향이 있었다. 이후 에릭슨(Erikson), 해비거스트(Havighurst) 등은 아동기나 청소년기까지의 서술에 머물던 기존의 발달 이론 틀에서 벗어나 성인기와 노년기를 포함하는 발달

이론을 제시했다. 한편 노령인구가 증가하면서 이에 대한 관심이 많아지고 이를 연구하는 분야가 하나의 학문으로 자리매김하고 있다. 이 학문이 노인학이다. 노인학은 인간의 노화 과정과 노년기의 제반 문제점을 포괄적이고 다각적인 관점에서 접근하고 종합하는 학문이라고 할 수 있다. 이처럼 전생애발달 이론에서는 성인기뿐만 아니라 노인기까지 관심 영역을 확장하고 있다.

3) 전생애발달 이론들

맥락적 관점에 따라 전생애발달 이론이 대두되기 전에도, 인간발달을 전생애적으로 다루어야 한다고 본 학자들이 있었다. 에릭슨(Erikson, 1963)은 사람들이 생의 각 단계에 성공적으로 적응하고 발달의 정상적인 경로를 이탈하지 않기 위해서는 자신에게 주어지는 여러 가지 현실적 제약들을 극복해야 한다고 생각했다. 그는 프로이트(Freud)의 영향을 많이 받았지만, 각 단계에서 아동이 겪는 내적 갈등보다는 외적 여건과 갈등에 관심의 초점을 맞추었다. 즉 에릭슨은 프로이트보다 성적 욕구를 적게 강조하고 사회적 영향을 더 많이 강조했다. 그는 사람들이 일생 동안 8개의 중요한 위기나 갈등에 부딪힌다고 했다. 이러한 사회적 영향의 강조와 관련되기도 하지만, 에릭슨 이론의 가장 큰 특징은 발달 단계가 청소년기나 성인기 초기에 끝나지 않는다고 했다는 점이다. 그는 노년기의 자아통합 대 절망이라는 단계에 이르는 전생애에 걸친 발달 양상을 제시했다.

해비거스트(Havighurst, 1972)는 전생애에 걸친 연령별 발달과업을 제시했다. 발달과업(developmental task)이란 인간이 소속된 사회에서 성숙과 학습의 과정을 통해 발달해 나가는 과정에서 반드시 배우고 성취해야 할 일들을 말한다. 그는 인간이 남들에게 행복하고 성공한 사람이라는 평가를 받고 또 스스로를 그렇게 평가하기 위해 배워야 할 것을 발달과업이라고 불렀다. 발달과업은 특정한 시기에 기대되는 행동과업으로, 질서와 계열성을 가지고 있으며 다음 발달 단계의 행동발달에 영향을 미친다.

이 외에도 인간의 지적 사고의 발달에 초점을 맞추는 이론으로 바세체(Basseches,

1984)의 변증법적 사고와 페리(Perry, 1970)의 상대론적 인식론적 사고가 있고, 도덕성 발달에 초점을 맞추는 이론으로 콜버그(Kohlberg, 1976)의 도덕성 발달과 길리건(Gilligan, 1982)의 책임(또는 배려) 지향의 도덕성이 있다. 그리고 로에빙거(Loevinger, 1966)의 자아발달과 베일런트(Vaillant, 2005)의 적응기제 모델, 파울러(Fowler, 1981)의 신앙발달 단계 등이 전생애발달의 관점에서 인간발달을 다루고 있다.

4) 전생애발달의 단계

인간의 발달을 좀 더 쉽게 이해하려면 단계별로 접근해 볼 필요가 있다. 인간발달의 단계는 대체로 태내기, 영아기, 유아기, 아동기, 청년기, 성인기, 중년기, 노년기로 나눌 수 있는데, 단계별 연령 범위에는 상당히 융통성이 있다(정옥분, 2004).

태내기는 수태 순간부터 출산까지의 9개월간을 말한다. 이 기간에 정자와 난자가 결합한 하나의 세포는 빠른 속도로 하나의 생명체로 성장하는데, 일생에서 짧은 기간이지만 인간발달의 초석이 되는 중요한 시기이다. 기본적인 신체구조와 기관이 이 시기에 형성된다.

영아기(출생~24개월)는 발달의 여러 영역에서 급속한 성장이 이루어지는 시기이다. 출생 후 1개월까지의 신생아는 무력한 존재에서 하나의 독립된 개체로 성장할 준비를 하며, 태내 환경과 상이한 새로운 환경에 적응해야 한다. 영아기 동안 빠른 속도로 신체발달이 이루어지고 다른 사람과 의사소통이 가능할 만큼 언어 능력도 발달한다. 이후의 사회성발달을 위해 부모와 애착관계를 형성할 필요가 있으며, 인지발달을 촉진하기 위해 여러 감각에 대한 자극이 필요하다.

유아기(2세~초등학교 입학 이전)는 인지 능력이 발달하고 상상과 환상이 풍부해지는 시기이다. 또한 주변 환경에 대한 탐색이 활발해지고, 많은 어휘를 습득하여 다른 사람과의 의사소통도 활발해진다. 유아기에는 친구의 중요성이 증가하지만 가족이 여전히 생활의 중심이다.

아동기(6~11세)는 초등학교에 다니는 시기이다. 생활의 중심이 가정에서 학교로 옮겨 감에 따라, 이 시기의 발달에서는 학교생활이 중요한 역할을 하게 된다. 아동은 학교생활을 통해 많은 사회적 관계를 형성하며, 또래집단의 비중도 점차 커진다.

청년기(중학교 시기~20대 초)는 그 범위가 넓어 청년 초기와 청년 후기로 구분하기도 한다. 흔히 청소년기라고 부르는 청년 초기는 대략 중·고등학교 시기로, 대개 이때에 사춘기 변화가 일어난다. 청년 후기는 10대 후반에서 20대 초로, 이성교제, 자아정체감 문제, 직업에 대한 관심이 주로 나타난다.

성인기(20대 중반~40세)에는 신체적 건강이 최고조에 달했다가 서서히 감퇴하기 시작한다. 대부분의 사람들은 성인기에 처음으로 직업을 갖고, 결혼을 해서 부모 곁을 떠나며, 자녀를 낳아 기르는 등 중요한 변화를 겪는다.

중년기(40세~60세)에는 신체적으로는 여성 폐경기와 남성 갱년기가 나타나고, 심리적으로는 '중년기 위기'를 경험한다. 자녀들이 결혼해서 집을 떠난 후 '빈 둥지 증후군'이 나타나기도 한다. 중년기에는 자녀를 돌보고 부모를 봉양하는 이중의 책임으로 인해 스트레스가 발생한다.

노년기(60세 이후)에는 신체적 노쇠와 은퇴에 적응하고, 변화하는 역할에 융통성 있게 대처하며, 생을 마무리 지을 준비를 해야 한다. 다시 말하면 다가오는 죽음에 대비하여 삶의 목적을 가다듬을 필요가 있다.

2 청소년 발달의 이해

진로진학상담을 위해서는 상담교사가 주로 상대하게 될 청소년의 발달을 올바로 이해할 필요가 있다. 여기에서는 신체, 인지 및 사회성 등 발달 영역별로 청소년이 어떻게 발달하는지에 대해 살펴본다.

1) 청소년기 신체발달의 이해

청소년기에는 다른 시기에 비해 신체발달이 급격하게 이루어지는데, 이를 청소년기 성장급등(adolescent growth spurt)이라고 한다. 청소년기에 이루어지는 급격한 신체발달은 청소년의 심리·정서적 측면과 사회성발달에 큰 영향을 미친다. 청소년 시기의 신체발달은 신장 및 체중, 내분비선의 변화, 신체상과 조숙, 만숙과 관련하여 몇 가지 두드러진 특징을 보인다.

청소년기에는 신장과 체중이 빠르게 늘어나기 때문에 전체적인 체격이 급격하게 성장한다. 연령이 증가할수록 청소년들의 신장 및 체중이 약간씩 증가한다는 것을 알 수 있다. 특히 우리나라 남녀 청소년의 신장을 비교한 결과, 11세까지는 거의 차이가 없으나 청소년 시기인 12세부터 격차가 좀 더 벌어진다는 것을 알 수 있다(여성가족부, 2011). 그리고 예전의 청소년에 비해 최근의 청소년들의 신장과 체중이 상대적으로 더 빨리 증가하며 좀 더 일찍 어른의 신체구조를 갖는다(정옥분, 2004). 전반적으로 영양 섭취가 잘 이루어지고 환경적 요인이 개선되어 청소년의 성장과 체중이 더 빨리 증가하는 경향이 나타나는 것으로 보인다.

청소년은 아동에 비해 성적으로 비약적인 성숙을 하기 때문에, 여자 청소년은 더욱 여성스럽게 변하고 남자 청소년은 더욱 남성스러운 모습을 띠게 된다. 청소년기 이전에는 남녀가 거의 비슷한 정도의 남성 호르몬과 여성 호르몬을 분비하다가, 사춘기가 되면서 남성은 남성 호르몬인 안드로겐을, 여성은 여성 호르몬인 에스트로겐과 프로게스테론을 분비한다. 난소에서 에스트로겐과 프로게스테론이 분비되는데, 에스트로겐으로 인해 가슴이 커지고 자궁이 발달한다. 프로게스테론은 자궁이 임신을 준비하게 하고 임신을 유지할 수 있도록 하는 역할을 한다. 남성 호르몬인 테스토스테론은 신장의 증가, 2차 성징의 발달, 정자 생산 및 청소년기 성욕 증가 등 남성의 신체 변화를 일으킨다(정옥분, 2009).

청소년기에는 신체 변화가 급격하게 일어나기 때문에, 자신의 신체에 대해 어떠한 이미지를 갖는지가 중요한 문제로 대두된다. 자신의 신체에 대한 주관적인 느낌을 신체상(body image)이라고 하는데, 대체로 여학생이 남학생에 비해 자신의 신체에 대해 부정적으로 인식한다(정옥분, 2009). 그러나 모든 남학생이 여학생에 비해 자신의 신체에 대해 만족하는 것은 아니다. 일부 남자 청소년들은 자신의 신체에 대해 불만족스러워하고, 이 때문에 자존감이 저하되기도 한다(Cohane & Pope, 2001).

신체상에 대한 남녀 차이를 탐색한 한 종단 연구결과에 따르면(Bearman et al., 2006), 연령에 따라 신체상에 대한 남녀 차이가 다르게 나타났다. 즉 13세에는 신체상에 대한 남녀 차이가 없다가 14세에서 16세가 되면 여학생이 남학생에 비해 자신의 신체에 대해 불만족스러워하는 경향이 강하게 나타났다. 여자 청소년이 남자 청소년에 비해 자신의 외모에 대해 만족하지 못하는 경향이 강하게 나타나는 것은 사회적으로 규정된 이상적인 여성 체형이 지나치게 마른 체형이라는 점과 관련시켜 생각해 볼 수 있다.

한편 인간 발달과 관련한 원리 중의 하나인 개인차와 관련해서, 청소년기에는 조숙과 만숙에 따라 청소년의 발달이 영향을 받는다고 알려져 있다. 남자 청소년의 경우 대체로 조숙이 만숙에 비해 더 유리하다는 결론을 내릴 수 있는 반면, 여자 청소년들에 대한 기존의 연구에서는 일관된 결과를 도출하기가 쉽지 않다(정옥분, 2009).

2) 청소년기 인지발달의 이해

피아제(Piaget)의 인지발달 이론에 따르면, 청소년기의 인지발달 단계는 형식적 조작기에 해당하며 가설 연역적 사고와 명제적 사고, 결합적 사고, 추상적 사고의 특징을 보인다. 또한 청소년기 특유의 자기중심성을 보이기도 한다.

가설 연역적 사고는 주어진 문제를 해결하는 방안에 대해 체계적으로 가설을 설정하고 가설에 대한 검증을 통해 결론을 도출하는 것을 말한다. 구체적 조작기에는 주로 현실의 대상물을 조작하기 때문에 가능성에 대한 사고가 잘 나타나지 않는 반면, 형식적 조작기에는 가설설정 능력이 생기면서 가능성에 대한 사고가 두드러지게 나타나기 시작한다(Piaget, 1981; 송명자, 2011 재인용). 청소년의 가설설정 능력은 여러 명제 간의 논리적 추론을 다루는 사고인 명제적 사고와 문제해결과정에서 관련 변인들을 추출하고 분석하며 이를 서로 관련짓고 통합하는 사고인 결합적 사고를 가능하게 한다. 또한 구체적 대상의 존재 여부와 관련 없이 형식논리에 의해 사고를 전개하는 추상적 추론도 가능하게 된다(송명자, 2011).

청소년기에는 제2의 자기중심성이 나타난다. 엘킨드(Elkind, 1967)는 피아제의 아이디어를 정교화해서 청소년 시기에 제2의 자기중심성이 나타난다고 보았다. 이러한 청소년의 자기중심성 때문에 상상적 청중(imaginary audience)과 개인적 우화(personal fable)의 특성이 나타난다. 상상적 청중은 자신을 무대 위의 주인공처럼 느끼는 것인데, 머릿속에 있는 많은 관중들에게 신경을 많이 쓰게 된다고 한다. 머리 모양을 바꾸고 학교에 갔을 때 다른 친구들이 모두 자신을 쳐다보고 있다고 느끼는 것도 이에 해당된다. 개인적 우화는 자신의 경험을 상당히 독특하다고 인식하는 것이다. 청소년은 때때로 자신의 경험이 상당히 독특하다고 느끼고 자신은 특별한 운명을 가지고 태어났다고 믿기 때문에, 불멸의 신념으로 위험한 행동을 하다가 크게 다치거나 죽음에까지 이르는 경우도 있다. 청소년기에 나타나는 이러한 상상적 청중과 개인적 우화의 개념은 다른 사람과의 사회적 상호작용을 통해 사고의 방향을 수정할 수 있게 되면서 점차 사라진다(김춘경·이수연·최웅용, 2008).

한편 청소년기에는 기억하고자 하는 정보에 관련된 또 다른 정보를 덧붙이는 정교화 기억전략이 본격적으로 발달하기 시작한다. 청소년이 정교화 전략을 많이 사용하는 이유는 청소년이 아동에 비해 더 많은 지식과 정보를 가지고 있어서 자신이 기억하고자 하는 정보와 관련된 정보들을 연결시키는 것이 수월하기 때문이다(Shaffer, 2002). 지식과 정보를 많이 알수록 정교화 전략을 좀 더 효과적으로 사용할 수 있다는 사실은 특정한 분야의 전문적 지식을 가지고 있는 나이 어린 아동에게도 적용할 수 있다. 예를 들어 나이 어린 아동 중에서 축구와 같은 특정한 분야에 대한 전문가 수준의 지식을 많이 갖고 있는 아동은 축구와 관련된 지식을 또래들에 비해 훨씬 잘 회상하는 것으로 나타났다. 이러한 사실을 고려해 볼 때, 청소년 시기에는 어느 정도 충분한 지식 기반을 가지고 있어야 그것을 기반으로 더 많은 학습을 할 수 있다는 것을 알 수 있다. 따라서 더 많은 것을 알고 있는 사람이 더 잘 기억할 수 있다는 것을 청소년에게 알려 줄 필요가 있다.

청소년기에는 메타인지적인 사고 또한 발달한다. 메타인지는 초인지 또는 상위인지라고도 하는데, '자신의 인지 또는 사고에 대한 지식'과 '자신의 인지 또는 사고에 대한 조절, 조정'의 측면을 포함한다(한국교육심리학회, 2009). 청소년은 메타인지적인 사고가 가능해지면서 자신의 학습활동을 점검해 볼 수 있게 된다. 예를 들어 시험공부를 하다가 지금까지 무엇을 공부했는지 점검해 보고 자신이 사용하는 학습전략이 효과적인지 평가해 볼 수 있다. 또한 학습시간을 계획적으로 할당하고 있는지, 자신이 가장 잘 모르는 부분에 많은 시간을 배분했는지 등을 고민하게 된다(임은미 외, 2013). 청소년의 이러한 메타인지 능력은 자기주도적 학습 능력과 학습에 대한 몰입도를 높이는 데 영향을 미치는 것으로 나타났다(이재신, 2009).

3) 청소년기 사회성발달의 이해

청소년기는 에릭슨의 심리사회적 발달 단계에서 '정체감 대 정체감 혼미'의 위기로 규정할 수 있으며, 자아개념과 도덕성, 공격성 면에서 청소년 특유의 발달을 보여준다.

에릭슨은 청소년기를 '정체감 대 정체감 혼미'의 위기로 규정했다. 정체감은 '불변성과 계속성에 대한 자신감'이다. 정체감 혼미는 특히 성적, 직업적 정체감에 대한 의혹이다. 만일 청소년이 서로 다른 상황에서의 역할을 통합하여 자기 자신의 지각에 대해 계속성을 경험하는 데 성공한다면 정체감이 발달하지만, 자신의 생활의 다양한 국면에서 안정감을 확립하지 못하면 정체감 혼미가 나타난다.

에릭슨의 이론과 더불어 청소년의 자아정체감과 관련된 또 하나의 중요한 이론이 마르시아(Marcia)의 정체감 지위에 관한 이론이다. 마르시아(Marcia, 1987)는 위기와 수행(관여, 헌신)이라는 두 가지 차원에 근거하여 청소년들의 정체감발달 상태를 표 6-1에서와 같이 정체감 혼미(identity diffusion), 정체감 유실(identity foreclosure), 정체감 유예(identity moratorium), 정체감 성취(identity achievement)의 네 가지 상태로 구분했다. 여기에서 위기란 직업 선택이나 가치관 등의 문제로 고민과 갈등을 느끼면서 의문을 품고 방황하는 경우를 의미한다. 수행이란 직업 선택이나 가치 및 이념 등에 방향이

표 6-1 정체감발달의 상태

정체감 상태	위기의 경험 여부	수행(직업이념 선택) 여부
성취	위기를 경험하고 성공적으로 해결함	선택함
유실	독립적인 의사결정이 없고 위기는 회피됨	선택함
유예	의사결정과정에서 위기 상태임	선택하지 않음
혼미	위기 상태도 없고 의사결정 시도도 없음	선택하지 않음

나 우선권을 확실하게 설정한 후, 그것을 성취하기 위해 적절한 수단이 되는 활동에 능동적으로 참여하는 경우를 말한다.

청소년의 경우 아동에 비해 추상적 사고가 발달하는데, 이것이 자아개념 발달에 중요한 역할을 한다(Higgins, 1987). 아동과 청소년은 자신을 묘사하는 데서도 차이를 보인다. 아동은 주로 자신의 신체적 특징이나 소유물, 놀이활동 등으로 자신을 묘사하는 반면, 청소년은 개인의 신념, 특성, 동기 등으로 자신을 묘사하는 특징을 보인다(정옥분, 1998). 또한 청소년기에는 전반적으로 인지 능력이 향상되기 때문에 자신을 객관적인 시각으로 바라볼 수 있게 된다. 객관적인 시각을 갖게 되면 다른 사람과 자신을 비교할 수 있게 된다. 이때 다른 사람에 비해 부족한 부분을 깨달으면 스트레스를 받고 자신에 대해 부정적인 생각을 갖게 된다(Fenzel, 1989; Mullis, Mullis, & Normandin, 1992; Rice & Dolgin, 2008 재인용). 청소년기의 신체적, 인지적 변화는 자아개념을 더 혼란스럽게 하는 원인이 되기도 한다. 청소년의 자아개념은 청소년을 대하는 부모나 교사 등 주변 사람들의 태도에 의해서도 다르게 나타날 수 있다. 아동이나 청년에 비해 청소년은 부모나 교사 또는 또래들이 자신을 호의적으로 생각하지 않는다고 여기는 경향이 있다(정옥분, 1998). 청소년이 자신에 대해 지나치게 부정적인 생각을 갖게 되면 이후 성인기의 삶에도 잘 적응하지 못하고 어려움을 겪을 가능성이 많다. 따라서 청소년이 자신에 대해 좀 더 긍정적인 자아개념을 갖도록 부모나 교사가 적절한 지도와 교육을 하는 것이 중요하다(임은미 외, 2013).

청소년의 도덕성발달의 특징은 정신분석 이론, 사회학습 이론, 인지발달 이론 등 다양한 이론적 관점에 따라 설명할 수 있다. 우선 정신분석학적 관점에서 보면, 남근기에 시작된 초자아의 발달이 청소년 시기에도 계속되는데, 청소년 시기에는 특히 죄책감을 처리하는 전략이 발달한다. 즉 아동과는 다르게 청소년은 자신의 죄책감을 감소시키는 방법을 알게 된다. 사회학습 이론에 따르면 청소년은 타인의 도덕적 행동을 모방하고 자신이 도덕적 행동을 했을 때의 타인의 반응을 예상할 수 있게 된다. 특히 청소년은 부모나 교사 같은 성인보다는 또래집단의 영향을 많이 받기 때문에, 어떠한 성향의 또래들과 어울리는 시간이 많은지에 따라 청소년의 도덕성 발달에 긍정적이거나 부정적인 영향을 미칠 수 있다. 인지발달 이론의 입장에서 볼 때, 청소년의 도덕성발달은 형식적 조작기의 사고와 관련되어 있다. 청소년은 자신만이 아니라 자신을 둘러싸고 있는 사람과 사회적 규범 등에 대해 생각할 수 있고 관념적이고 추상적인 사고가 가능하기 때문에 이상적인 사고와 행동을 하기도 한다(송명자, 2011).

한편 청소년의 공격성은 개인적, 환경적, 대인관계와 관련된 요인들에 영향을 받는다. 개인적인 요인을 살펴보면, 독단적이고 반항적이며 권위에 대해 양가감정을 느끼고 쉽게 분노하며 적대적이고 자기 통제력이 부족한 청소년이 공격성을 보이는 것으로 나타났다. 가정환경이나 사회환경이 청소년의 공격성에 영향을 미치는 예를 보면, 자녀에게 폭력이나 과도한 체벌을 사용하는 부모에게 양육된 청소년이 다른 청소년에 비해 공격행동이나 비행을 많이 저지를 수 있다. 또한 경제적으로 어려운 가정에서 자라나거나 범죄가 많이 발생하는 지역에서 생활한 청소년의 경우 공격행동이나 비행행동을 많이 한다. 또한 청소년은 어떤 친구와 주로 어울리는지에 따라 공격행동에 영향을 많이 받는다. 즉 일탈행동을 하는 또래와 친하게 지내면 비행행동에 연루될 가능성이 많다. 특히 또래의 잘못된 행동에 동조하는 정도가 청소년기에 절정에 달한다는 연구 결과를 통해 또래들의 반사회적 행동을 따라 하다가 문제행동을 더 할 수 있다는 점을 알 수 있다(Shaffer, 2005). 이러한 공격성은 사회적으로나 교육적으로 문제가 되고 있는 집단따돌림이나 학교폭력에서 나타나는 괴롭힘(bullying)행동과도 깊은 관련이 있을 수 있다. 공격성이나 괴롭힘행동의 경우 가해자와 피해자뿐만 아니라 모든 학생들이 이 상황과 관련하여 특정한 역할을 할 수 있으므로, 모든 학생들을 위한 예방 및 개입 프로그램을 진행할 필요가 있다(임은미 외, 2013).

인간발달이 전생애 동안 진행된다고 볼 때 발달 단계별로 발달 문제의 현안과 상담 방안에 대해 고찰할 필요가 있다. 여기에서는 청소년기 이후 성인기를 몇 개의 하위 단계로 나누어 발달 문제와 상담에 대해 살펴보고, 이어서 청소년을 대상으로 할 때 발달 상담의 목표와 고려할 점, 발달영역별 상담 방안에 대해 알아본다.

1) 성인기 발달 문제의 현안과 상담

(1) 초기 성인기 발달 문제의 현안과 상담

초기 성인기는 20대에 시작되며, 신체적으로나 지적으로 최고 수준에 이른다. 초기 성인기에는 발달과업과 관련된 다양한 심리적인 문제가 있을 수 있다. 이를 몇 가지로 분류해 보면 대인관계 문제, 이성관계와 성 문제, 진로 문제, 결혼과 적응 문제 등을 들 수 있다.

중·고등학교 시기에는 시간과 노력이 입시준비에 집중되기 때문에, 대학에 진학하고 나서야 비로소 억눌렸던 인간관계의 욕구가 활발한 인간관계로 나타난다. 그러나 많은 사람들이 이러한 강한 욕구에 비해 대인관계를 형성하고 유지하는 데 어려움을 경험한다. 대인관계의 어려움을 겪는 사람은 친밀감 형성이라는 발달과제를 해결하는 데 어려움을 느끼고, 우울, 외로움, 대인불안 등의 2차적 감정을 경험할 수 있다. 상담자는 내담자가 대인관계의 어려움을 호소할 경우 대인관계 문제의 특징을 구체적으로 알아볼 필요가 있다. 예를 들어 수줍음과 같은 성격 문제로 사람을 사귀는 데 어려움이 있는지, 만성적인 성격장애 문제로 인해 대인관계를 형성하고 유지하는 데 어려움이 있는지, 어린 시절 애착 문제로 인해 대인관계에서 왜곡이 심한지를 파악해야 한다. 사람들은 많은 경우 가족 내의 대인관계 방식이나 어린 시절에 경험한 도식을 바탕으로 대인관계를 형성하기 때문에, 현실에 맞는 대인관계를 맺기보다는 왜곡된 대인관계를 맺는 경우가 많다. 경우에 따라서는 대인관계기술 훈련과 같은 집단상담을 이용하여 도움을 줄 수 있다.

초기 성인기에는 이성교제가 활발해진다. 깊이 있는 실질적인 이성관계가 처음으로 이루어지는 시기로, 이성관계에 대해서 자유롭고 허용적인 분위기가 제공된다. 이러한 이성관계를 통해 강렬한 감정이 개입되는 새로운 인간관계를 경험하게 된다. 만남과 이별을 통해 여러 이성을 탐색하기도 하고, 때로는 이 시기에 만난 이성과 결혼을 하는 경우도 있다. 많은 사람들이 실연의 아픔으로 고통스러워하고, 심지어는 자살을 선택하기도 한다. 또한 건강한 이성관계를 형성하는 데 어려움을 겪으면, 성적 욕구가 강한 이 시기에 결혼 전까지 성적 욕구의 해결에 어려움을 경험한다. 이에 따라 문란한 성관계, 임신과 중절, 강간과 같은 성과 관련된 문제를 일으키기 쉽다. 이러한 문제를 해결하기 위해서는 사랑과 집착을 구분하고, 동정과 사랑을 혼동하지 않도록 지도해야 한다. 그리고 낭만적인 사랑을 너무 기대하지 않도록 하고, 어떤 관계도 완전할 수는 없다는 점을 인식하도록 한다. 이성관계 문제를 경험하는 사람들을 상담할 경우, 현재의 문제 상황에 대해 분석하고 도움을 요청하도록 한다. 합리적으로 문제를 해결하기 위해 우선 할 수 있는 일은 현재의 문제 상황에 대한 분석을 하는 것이다. 문제가 무엇인지, 이 문제가 생긴 원인은 무엇인지, 이 문제를 해결할 수 있는 방법에는 어떠한 것들이 있으며 그 중 가장 최선의 방법은 무엇인지에 대해 자세히 검토하여 해결책을 찾을 필요가 있다(임은미 외, 2013).

초기 성인기는 대학을 졸업한 후에 진로와 직업을 선택하는 시기이다. 전공에 대한 불만과 부적응, 불확실한 진로, 취업시험의 반복적 실패와 같은 진로 문제는 커다란 스트레스가 된다. 진로상담을 할 때에는 일차적으로 내담자의 호소 문제에 초점을 두되, 상담자와 내담자가 만나서 진로와 관련된 문제로 상호작용을 할 때에는 공통적으로 몇 가지 내용을 중요하게 고려해야 한다(김봉환·정철영·김병석, 2004). 첫째, 내담자의 진로 문제가 정체감 확립이 되어 있지 않거나 자기에 대한 이해가 되어 있지 않아 나타난다고 볼 경우에는 먼저 자기탐색과 자기이해에 대한 조력을 해야 한다. 둘째, 내담자가 자신의 적성이나 유능감을 고려하기보다는 성적에 맞추어 학과를 선택하거나 막연하게 사회적으로 유망한 직업을 고려하는 경우에는 내담자들로 하여금 직업세계를 전체적으로 조망할 수 있도록 해야 한다. 이러한 전체적인 틀 속에서 자신에게 맞는 전공과 직종에는 어떤 것들이 있는지, 특정한 직종의 장래 전망은 어떤지, 선택한 분야에서 가능한 구체적인 진로에는 어떤 것들이 있는지 등에 대해서 올바른 이해를 할 수 있도록 해야 한다. 셋째, 진로상담의 마지막 결과가 바로 진로결정이라고 할 수 있는데, 진로상담자는 내담자의 진로에 관한 의사결정과정에 초점을 두고 의사결정기술을 증진시키도록 조력해야 한다. 넷째, 직업 적응기술의 증진도 진로상담의 중요한 내용이다. 다섯째, 계속적인 직업능력 개발 전략을 탐색하도록 지도할 필요가 있다.

초기 성인기에 결혼을 하게 되면, 사람들은 배우자의 선택, 결혼에 이르는 과정, 신혼의 부부관계에서 어려움을 겪을 수 있다. 특히 결혼 초기에 배우자의 성격, 가치관, 생활방식, 친척관계에 적응하지 못하고 심한 부부 갈등을 경험하거나 이혼을 하는 경우가 있다. 이러한 결혼 초기 부부 문제의 갈등을 호소하는 내담자들의 경우, 결혼을 도피로 생각했거나 부모의 강요에 의해 잘못된 선택을 한 경우가 많다. 또한 결혼으로 인해 늘어나는 역할에 대한 분담이 잘 안 되어 문제가 발생하는 경우도 많다. 결혼 초기의 이러한 갈등은 자녀의 양육 문제로 이어지기 때문에, 초기에 이러한 문제를 해결할 수 있도록 도와주어야 한다. 또한 이 시기에 출산으로 인한 산후우울증에 시달리거나 어린 자녀의 양육 문제로 많은 스트레스를 경험할 수 있다. 특히 초산을 한 부모의 경우 부모로서의 역할 준비가 안 되어 당황스러워하는 경우가 많다. 결혼 초기의 부부 갈등을 경험하는 내담자의 경우, 부부상담 등을 통해 결혼과 양육으로 인한 역할 갈등을 해결하거나 결혼에 대한 왜곡된 동기를 수정해야 한다.

(2) 결혼기 발달 문제의 현안과 상담

결혼기는 결혼 전기, 결혼 적응기, 자녀양육기 등으로 나누어 볼 수 있다. 각 시기에 나타나는 문제와 개입방법들을 살펴보면 다음과 같다.

결혼 전기는 미혼의 자녀가 원가족을 떠나 자신의 가족을 이루기 전까지의 시기를 말한다. 이 단계에서 나타나는 문제는 성인이 된 자녀와 부모의 관계가 덜 위계적이어야 함에도 부모가 이를 인정하지 못하거나 수용하지 못하는 데서 발생한다. 이처럼 성인 자녀의 지위가 변화되지 못하면, 자녀는 부모에게 반항하거나 도망가려는 형태로 부모와 가족에게서 유사 독립적인 단절을 보이기도 한다. 또한 부모가 성인 자녀의 의존성을 부추기거나 반대로 성인 자녀가 부모에게 계속 의존하는 문제가 생길 수 있다. 이 단계에서의 주요 과업은 부모가 가졌던 힘과 제재를 점진적으로 줄임으로써 성인 자녀가 독립적인 생활을 하도록 허용하는 것이다. 즉 부모는 성인 자녀를 성인으로 대우하고 자녀가 이전보다 덜 의존하도록 격려해야 한다.

결혼 적응기에는 배우자가 원가족과 해결하지 못한 문제가 결혼생활을 유지하는 데 걸림돌이 될 수 있으며, 나아가 기능적인 부부관계의 균형을 깨뜨릴 수 있다. 이 시기에 자신의 부모에게서 정서적으로 독립하지 못한 사람은 결혼을 통해 정체감을 형성하려고 하며, 배우자가 자신과 다른 점을 갖고 있음을 인정하거나 수용하는 것을 어려워한다. 부부는 결혼을 통해 자신의 원가족에서 분화하여 한 가정을 책임지는 역할을 맡게 되는데, 이 과정에서 상대방에게 적응해야 하는 과업이 부과된다. 결혼생활을 유지하고 발전시키기 위해서는 부부의 헌신적인 노력과 협력이 매우 중요하다. 상대방을 통해 자신을 확인하려는 욕구를 갖기보다는 상대방의 관점과 방식을 인정해야 하며, 새로 형성한 가족에 배우자가 포함될 수 있도록 확대가족이나 친구와의 관계를 재정비해야 한다.

자녀양육기는 어린 자녀가 있는 가족을 형성하는 시기이다. 자녀의 출생으로 인해 부부관계에 부모-자녀 관계가 추가되므로, 성인에게는 지위가 한 단계 상승한다는 것과 어린 자녀를 돌보는 세대가 된다는 것을 의미한다. 부부는 자녀를 위한 물리적·심리적 공간을 제공해야 하며 자녀양육과 집안일에 협동할 수 있어야 한다. 또한 부모의 지나친 기대로 자녀가 중압감을 받지 않도록 하며, 부부관계와 부모-자녀 관계의 균형을 유지하도록 한다. 가족 내에서 조부모가 어른 역할을 할 수 있는 기회를 주는 것도 중요하다.

(3) 중년기 발달 문제의 현안과 상담

중년기 위기란 인생의 중반 무렵, 즉 40대에 이르러 겪게 되는 성격 특성에서의 급격한 변화를 말한다. 레빈슨(Levinson, 1986)은 이 시점에 각 개인은 젊은 날에 설정했던 목표와 현재의 성취를 비교하고, 지금까지 살아온 날에 대해 회의하며, 이제 무엇을 하기에는 너무 늦었다는 생각으로 중년기 특유의 위기를 경험한다고 주장했다. 사춘기 청소년만큼이나 급격하면서도 독특한 생물학적, 사회적 변화를 겪는 40대 중년들이 자신의 그림자 속에 그간 감추어져 있던 여러 측면을 잘 발견해서, 그것이 잘못된 것이 아니고 자연스런 인생의 순리에 의한 것임을 인정하고 이해하는 것이 건강한 중년기의 시작을 맞이하고 보내는 방법이다. 그리하여 중년을 '위기'라기보다는 '새로운 시작'의 시기로 여기고 좀 더 긍정적이고 활기차게 이 시기의 발달과업을 잘 성취할 수 있도록 도울 필요가 있다.

40대는 생물학적, 심리적, 사회적으로 여러 가지 급격한 변화를 맞이하는 시기로, 다양한 스트레스원에 노출될 가능성이 많다. 유전적으로 우울 소인을 갖고 있는 내담자의 경우에는 이러한 스트레스원에 대해 우울 증상을 더 많이 나타낼 가능성이 있다. 따라서 자신의 심리적 상태를 평소에 모니터링하여 스트레스원에 노출되었을 때 잘 대처할 수 있도록 하는 예방적 측면의 교육과 상담이 필요하다. 40대 중년 초기에 나타날 수 있는 심리적 문제들은 우울증, 정신신체장애, 관계에서의 갈등 등이 있다. 상담에서는 이들이 자신의 발달적 상태에 대해 이해하고, 그 발달적 상태가 문제와 어떻게 상호작용하여 자신에게 어려움을 느끼게 하는지에 대해 이해하고 수용할 수 있도록 도울 필요가 있다. 아울러 심리적 건강을 위해서는 신체적 건강도 반드시 필요하므로, 평소에 건강을 잘 유지할 수 있도록 여러 가지 정보를 수집하고 자신의 상태를 모니터링할 수 있도록 돕는다. 동시에 자녀와의 분리(separation)를 부모 입장에서 준비하고, 주의의 초점을 자녀 중심에서 부부 중심으로 서서히 옮겨 가는 연습 또한 필요하다. 또한 무언가 문제가 발생했을 때, 혼자서 해결하려고 하다가 문제를 키우기보다는 즉시 전문가를 찾아서 해결하려는 적극적 자기돌봄의 자세를 갖도록 도와야 한다. 이를 위해 지역사회와 직장에서 중년기의 정신건강을 위한 예방교육을 좀 더 활성화할 필요가 있다.

(4) 성인 후기 발달 문제의 현안과 상담

성인 후기에는 외적으로 여러 가지 상실을 경험한다. 젊고 건강한 신체를 점차적으로 상실하고, 직장을 상실할 위기에 놓이며, 의미 있는 타자들과의 사별이 많아진다. 이러한 상실은 대개 개인의 노력으로 극복하기보다는 받아들이면서 대응해야 하는 불가항력적인 일이다. 젊고 건강한 신체를 상실하지만 삶의 경험이 배어나는 중후하고 주름진 외모를 받아들이고 그동안 자신이 삶 속에 기울여 온 노고에 대하여 스스로 격려할 수 있어야 한다. 여러 가지 업무에서 인지적이고 기능적인 후퇴가 발견되지만, 양쪽 두뇌의 종합적 활용 능력, 보상 전략, 연륜에 의한 통찰력, 자기가치감 등을 통해 삶의 차원을 후세대를 위한 베풂의 삶으로 높일 수 있다. 성인 후기 내담자들에게는 자기이해와 발달과업에 대한 정보 제공, 평생학습 참가 격려, 가족관계 개선 촉진, 의미 있는 여가활동과 건강한 생활습관 촉진 등을 권고하고, 경청하고 수용하며 공감하고 같이 있어 주기와 같은 지지적인 상담 접근을 할 필요가 있다.

2) 청소년 발달상담의 목표 및 고려점

(1) 청소년 발달상담의 목표

청소년상담을 할 때에는 아동이나 성인을 대상으로 할 때와는 다른 접근을 시도해야 하며, 상담 목표에도 차이를 두어야 한다. 행동 변화의 촉진, 적응기술의 증진, 의사결정기술의 함양, 인간관계의 개선, 내담자의 잠재력 개발이라는 5개의 일반 상담 목표뿐만 아니라, 청소년기의 발달 특성과 관련된 자아정체감 확립, 긍정적 자아개념 형성, 건전한 가치관의 정립 등의 목표를 세워야 한다(이혜성 외, 1996). 이 중 발달과 관련된 상담 목표를 제시하면 다음과 같다.

첫째, 청소년상담은 자아정체감의 확립을 목표로 한다. 청소년 문제의 원인은 상당 부분 자신의 존재에 대한 의미, 즉 자아정체감을 확립하지 못하는 데 있다. 따라서 청소년이 자아정체감을 확립하도록 돕는 것이 청소년상담의 중요한 목표이다.

둘째, 청소년상담은 긍정적 자아개념의 형성을 목표로 한다. 자신이 지각한 자기의 모습이 긍정적이거나 자기가 원하는 모습과 일치하면 자신감을 갖는 반면, 자신이 지각한 자기의 모습이 마음에 들지 않으면 자기 자신에 대해서 부정적인 태도를 갖게 된다. 전자의 경우에는 자신감을 가지고 행동할 수 있으나, 후자의 경우에는 열등감을 갖게 되고 원만한 인간관계를 형성하기도 어렵게 된다. 따라서 청소년이 긍정적인 자아상과 자아개념을 형성하도록 돕는 것이 청소년상담의 중요한 목표이다.

셋째, 청소년상담은 건전한 가치관의 확립을 목표로 한다. 많은 청소년이 가치관의 혼란과 갈등을 심하게 경험하고 있으며, 긍정적인 가치관보다 부정적인 가치관을 추구하는 경향을 보인다. 따라서 청소년이 바른 가치관을 정립해서 올바른 태도를 가지고 생활하도록 돕는 것이 청소년상담의 중요한 목표이다.

(2) 청소년 발달상담의 고려점

청소년을 대상으로 상담할 때 청소년발달의 고유한 특성상 몇 가지 고려해야 할 사항이 있다(임은미 외, 2013).

첫째, 청소년을 이해할 때 그들의 공통적 특성뿐만 아니라 다른 청소년과 구분되는 개개인의 독특한 특성을 이해하는 것이 중요하다. 인간의 전생애발달을 고려해 볼 때, 청소년은 특히 어린 연령의 아동에 비해 더 다양한 발달 양상을 보일 것이라고 예상해 볼 수 있다. 앞에서 전생애발달의 요소에서도 살펴보았듯이, 아동기에는 규범적 요소의 영향을 많이 받지만 청소년기에는 역사적 요소의 영향을 더 많이 받는다. 그러므로 청소년기에는 아동기보다 더 다양하게 발달할 가능성이 있다고 할 수 있다. 따라서 청소년상담자는 청소년의 보편적인 발달 특성과 발달의 다양성을 동시에 이해해야 한다.

둘째, 한국 사회의 급변에 따른 다양한 유형의 청소년을 고려해야 한다. 북한이탈 청소년의 증가, 다문화가정 청소년의 증가 등으로 앞으로 우리의 교실 환경은 예전에 비해 더욱 이질적이 될 가능성이 높다. 이는 서로 문화적 배경이 다른 학생들 간에 협력할 수 있는 능력의 향상이 필요하다는 것을 의미한다. 또한 현대 사회에서는 가족구조가 급격하게 변화해 왔기 때문에, 이혼 가정, 한부모 가정, 재혼 가정, 맞벌이 가정의 자녀들의 비율이 예전에 비해 증가하고 있다. 이혼 가정이나 한부모 가정의 경우, 경제적 어려움을 겪을 가능성이 많다. 이러한 어려움이 자녀에게는 긍정적으로 작용할 수도 있다. 자녀들이 가정의 경제적 책임을 분담하고 가족의 의사결정 과정에 좀 더 적극적으로 참여하면서 독립심이 증가할 수 있다(Hetherington, Andersonn, & Hagan, 1991; 정옥분, 2006 재인용). 또한 재혼 가정의 경우 양쪽의 부계, 모계 친척뿐만 아니라 전 배우자, 전 인척 및 헤어진 부모를 포함한 조연 배역들이 너무 많아 친가족보다 훨씬 무거운 부담을 안고 있는 경우가 많다(정옥분, 2006). 다양한 가족 형태에서 자라난 청소년의 심리적 특성, 가족구성원 간의 역동, 문화적 배경, 삶에 대한 인식 등을 이해하고 이에 근거하여 상담 방식과 효과적인 지원 방법을 모색할 필요가 있다.

셋째, 인간의 모든 발달 단계에서와 마찬가지로 청소년도 여러 가지 원인으로 스트레스를 받으므로, 스트레스에 잘 대처하고 적절하게 해소할 필요가 있다. 라자루스와 포크먼(Lazarus & Folkman, 1984)은 스트레스 대처 방식을 문제해결 및 조력 추구를 포함하는 적극적 대처와 정서적 완화, 문제 회피, 소망적 사고를 포함하는 소극적 대처로 구분했다. 한국청소년정책연구원의 연구(2011)에 따르면, 우리나라 중·고등학생의 경우, 스트레스를 받았을 때 참는다고 대답한 비율이 가장 높았으며(중학생 42.8%, 고등학생 48.1%), 그 다음으로 잠을 잔다는 비율이 높게 나타났다(중학생 32.9%, 고등학생 44.4%). 스트레스를 해소하기 위해 아무것도 하지 않는다는 중·고등학생도 각각 14.4%, 14.7%로 나타났다. 우리나라 청소년은 스트레스를 효과적으로 해소하기 위한 방법을 잘 모르고 있거나 알고 있다고 하더라도 덜 사용한다는 것을 알 수 있다. 청소년의 심리적 문제와 갈등이 더 큰 정서적, 행동적 문제로 발전하지 않도록 스트레스가 쌓일 때마다 효과적인 방식으로 해소할 수 있게 청소년을 지도할 필요가 있다.

3) 청소년을 위한 발달상담

(1) 학업상담

우리나라 청소년이 받는 스트레스 중 1위는 학업 문제인 것으로 나타났다(한국청소년정책연구원, 2011). 학생들은 초등학교에서 고등학교에 이르기까지 점차적으로 학업 문제 때문에 스트레스를 많이 받는다. 청소년이 고민하는 학업과 관련된 문제는 크게 성적에 대한 걱정과 스트레스, 시험불안, 공부에 대한 회의나 동기 부족, 학업 능률의 저하로 구분할 수 있다(김춘경·이수연·최웅용, 2008; 이난, 2011).

학업과 관련된 청소년의 다양한 고민은 결국 공부를 재미없고 '해야만 하는' 것으로 느끼는 것과 관련이 있다. 특히 학습량이 많아지고 학습 부담이 급증하는 청소년의 경우, 공부 자체에 대해 흥미를 느끼고 즐거움을 경험하는 것이 무엇보다도 중요하다. 그러나 그동안 중·고등학생이 초등학생에 비해 전반적으로 내재동기 수준이 떨어진다는 결과가 여러 연구에서 입증되었다(안도희·김지아·황숙영, 2005; Gottfried, Fleming, & Gottfried, 2001; Lepper, Corpus, & Iyengar, 2005). 중·고등학생의 내재동기가 낮은 이유는 다음과 같이 설명될 수 있다.

우선 발달심리학적 관점에서 보면, 청소년은 중·고등학교에 가면서 자신의 능력에 대해 객관적으로 파악할 수 있는 능력이 생기기 때문에 초등학교에 다닐 때처럼 막연한 기대나 낙관적인 사고를 하기보다는 사회적 비교를 통해 자신에 대해 좀 더 정확한 평가를 하게 된다. 또 다른 이유는 교사에게서 긍정적인 피드백을 받을 기회가 적기 때문이다. 초등학교 시절에는 교사가 학생의 수행에 대해 되도록 긍정적인 피드백을 하려고 의도적으로 노력하기 때문에 자신감과 자기효능감이 높아지면서 학습에 대해 흥미와 즐거움을 더 많이 느낄 수 있다. 그런데 중·고등학교 시절에는 교사가 학생에 대해 객관적인 평가를 하기 시작하고 학생은 좀 더 경쟁적인 환경에서 공부하기 때문에 학습에 대한 흥미가 감소될 수 있다. 마지막으로 어렸을 때부터 자신이 좋아하는 것에 몰입하는 경험을 하지 못하고 부모나 교사의 통제에 의해 활동을 선택해 온 결과 내재동기를 발달시킬 계기를 갖지 못했을 가능성도 있다(김아영, 2010).

이러한 점을 고려해 볼 때, 청소년이 학습에 대해 흥미와 관심을 갖고 공부하면서 즐거움을 경험할 수 있도록 하기 위해서는, 학업과 관련된 문제에 초점을 두고 상담하는 것도 중요하지만 공부의 의미를 청소년 스스로 깨닫도록 하고 자신의 진로와 연관지어 생각해 보도록 유도하는 것이 효과적일 수 있다(임은미 외, 2013).

(2) 진로상담

청소년은 다양한 조건에서 다양한 역할을 시도하면서 자신의 독특성을 발견하고 확립해 간다(Erikson, 1963). 따라서 청소년기에는 다른 어떤 시기보다도 자신의 장래와 진로에 대해 고민하면서 여러 가지 문제에 봉착하게 된다. 우선 자신의 장래에 대해 계획을 세우지 못하고 인생에 대한 기본적인 회의를 느끼는 청소년이 있다. 자신의 진로에 대해 계획을 세우지 못하는 것은 진로에 대한 정보가 부족하거나 자신의 소질 및 적성을 파악하지 못했기 때문으로도 볼 수 있다. 또한 앞으로 자신에게 펼쳐질 미래에 대한 막연한 두려움과 불안감이 진로선택을 하는 데 방해요인이 되기도 한다(임은미 외, 2013).

따라서 청소년기에는 진로상담이나 적절한 진로지도를 받아 자신의 진로에 대해 심도 깊게 탐색할 필요가 있다. 청소년기에는 자신의 적성, 능력, 흥미 등에 대해 정확하게 이해하고, 일의 종류나 직업 등 직업세계에 대해 이해하며, 진로계획 및 탐색에 대해 책임감을 갖고, 합리적 의사결정을 할 수 있는 능력을 향상시켜야 할 뿐만 아니라, 일과 직업에 대한 올바른 가치관 및 태도를 함양하는 것이 중요하다(정순례·양미진·손재환, 2015).

(3) 정서상담

청소년기에는 급속한 신체발달과 호르몬의 변화, 인지발달에 따른 형식적 조작 능력의 발달, 생활 영역 및 대인관계 영역의 확대, 수면이나 운동 부족, 학업 스트레스 등에 의해 우울이나 불안 같은 정서적 문제를 경험하기도 한다. 정서적 문제는 심리적 부적응, 정서의 은폐 및 내면화, 자살과 같은 극단적 선택을 할 가능성을 낳기도 한다(박경애·김혜원·주영아, 2010).

청소년의 인지발달과 관련된 정서 문제는 성인과 다르게 문제를 지각하는 것과 관련된다. 청소년의 경우 성인과 달리 인생에는 성공도 있고 실패도 있다는 균형 감각이 다소 부족하다. 성인은 실패했을 때 다음에는 좋은 일이 생길 것이라고 기대하지만, 청소년은 학업의 실패, 이성친구와 헤어짐, 부모와의 불화, 운동경기나 과외활동의 일원으로 선발되지 못한 것을 극복할 수 없는 사건으로 지각한다. 청소년은 남이 보기에 사소한 사건 때문에 우울, 공포, 불안, 외로움, 죄책감, 분노 등의 부정적 정서를 경험할 수 있다(이인혜, 2009).

청소년의 정서적 문제가 심각해지면 일상생활과 학교에 잘 적응하지 못하게 되고, 심한 경우에는 자살에 대한 생각을 자주 하거나 실제로 자살 시도를 하는 경우까지 나타난다(임은미 외, 2013). 문동규, 김영희(2011)에 따르면, 청소년의 자살 생각에 영향을 미치는 심리적 변인 중 우울이 가장 큰 영향을 미치는 것으로 나타났다. 송인한, 권세원, 김현진(2013)은 선행연구 개관을 통해, 자살의 위험 요인으로 높은 우울감, 높은 스트레스, 부정적인 대인관계 경험, 또래, 가족 등이 있으며, 보호 요인으로는 긍정적인 자기인식, 높은 사회적 지지 수준 등이 있다고 설명했다.

청소년의 정서 문제에 대해서는 사회적 기술의 증진, 정서에 대한 기본적인 지식의 제공, 새로운 상황에서 주로 나타나는 감정에 대한 대처 및 자기관리 등의 방법으로 자기조절감을 키워 줌으로써 개입할 수 있다(Pledge, 2005). 특히 황매향(2008)의 연구에서 중·고등학생의 정서발달에 영향을 미치는 요인으로 학업을 통한 성취 경험과 가족이나 부모의 인정이 중요한 것으로 나타났다. 이는 청소년 문제를 해결하기 위해서는 성공 경험이나 청소년을 둘러싼 의미 있는 타인의 지지나 격려 등이 필요함을 시사한다.

(4) 학교폭력상담

청소년 학교폭력은 가해자와 피해자, 장소가 학교와 관련하여 발생하는 폭력행위로, 그 주체나 대상이 모두 청소년인 경우를 말한다(홍금자·이경준, 1997). 청소년 학교폭력의 특징을 살펴보면 다음과 같다. 범죄의 단계까지 이르고 있고, 폭력에 대한 죄의식을 느끼지 못하며, 비행청소년뿐만 아니라 모든 청소년에게서 쉽게 발견되는 경향이 있고, 집단화하고 있으며, 연령이 낮아지고, 여학생의 학교폭력이 빈번해지고 있으며, 심리폭력이 출현하고 있다(이난, 2011). 학교폭력의 원인으로는 학생 개개인의 신체적·심리적 문제, 왜곡된 친구 관계와 학교폭력서클의 만연, 가정의 붕괴와 자녀에 대한 부모의 관심 부족, 지식 만능주의와 학교교육의 왜곡, 물질 만능주의와 사회적 유해환경의 만연 등을 들 수 있다(송재홍 외, 2013).

이러한 학교폭력이 발생한 이후에는 교사나 상담자가 개입할 수 있는 방법에 한계가 있기 때문에, 학교폭력이 발생하기 전에 청소년을 대상으로 한 학교폭력 예방교육이나 프로그램을 실시할 필요가 있다. 학교폭력을 예방하기 위해서는 부모의 관심과 노력이 필요하며, 학교를 중심으로 한 예방 및 대처교육의 강화, 사회폭력 문제의 해결 노력, 입시 위주의 교육 풍토 개선, 사회안전망의 지속적 구축 등이 요구된다(주동범, 2012).

학교폭력이 일어난 후에는 피해자의 경우에 상담을 통해 신체적 · 심리적 상처를 치유하고 사회 적응력을 키울 수 있도록 도와주어야 한다. 또한 가해 학생들을 대상으로 하는 비행상담을 통해 청소년의 자기통제력과 분노조절 능력 등을 향상시키고 자신에 대해 긍정적인 자아상을 갖고 높은 자아존중감을 가질 수 있도록 도와줄 필요가 있다. 특히 비행을 많이 저지르는 청소년 중 일부는 문제행동을 하는 비행청소년과 함께 있을 때에만 자신의 가치를 확인받기 때문에 계속해서 비행에 참여하는 경우도 있다. 이러한 점을 고려해 볼 때, 비행 이외에도 청소년이 자신의 가치를 확인하고 자아존중감을 높일 수 있는 여러 가지 방안을 스스로 모색할 수 있도록 지도할 필요가 있다. 가해 학생에 대한 교육 및 상담 방안 이외에 학교규정 준수 및 법적인 제재가 요구되는 경우에는 필요한 절차를 거쳐 피해 학생을 보호할 필요가 있다(임은미 외, 2013).

(5) 학교부적응 청소년상담

청소년의 학교부적응은 곧 그들이 사회로 진출했을 때 사회적인 문제를 유발할 수도 있다는 점에서 중요한 문제로 볼 수 있다. 학교부적응의 원인으로는 학급에서의 소외, 낮은 학업성취, 미래에 대한 불확실한 가치관, 복잡한 가정환경, 충동적이고 낮은 자제력이나 의지 등을 들 수 있다(김종범, 2009). 이러한 학교부적응의 원인은 크게 개인, 가정환경, 학교, 사회적 요인으로 구분할 수 있다.

개인적 요인과 관련해서 고려해 볼 점은 자신에 대한 긍정적 인식과 긍정적 정서를 유지할 필요가 있다는 것이다. 왜냐하면 학교부적응은 부정적인 자아개념이나 자기유능감에서의 부정적인 생각, 우울이나 분노관리 능력의 부족 등에 의해 유발될 수 있기 때문이다(박승희 · 이형초 · 이정윤, 2007). 또한 가정환경도 자녀의 부적응에 영향을 미치는데, 부모와의 관계나 부모의 양육 태도에 문제가 있을 때 학교생활에 잘 적응하지 못한다. 따라서 청소년상담에서는 부모교육 및 부모상담이 병행되어야 한다. 학교 요인과 관련해서 살펴보면, 학습부진이나 또래 및 교사와의 갈등이 학교 부적응에 큰 영향을 미친다고 할 수 있다. 학습부진은 자신의 능력에 비해 학업성취도가 낮은 것을 의미하는데, 학습부진이 지속되면 자신감이 저하되고 대인관계에서도 위축된 모습을 보일 수 있다. 따라서 청소년기에 학습부진이 나타나면 학업상담을 통해 원인을 파악하고 적절한 상담 및 교육적 개입을 할 필요가 있다. 사회적 요인은 또래관계가 대표적이다. 또래와의 관계에서 일회적이고 일시적인 갈등은 자연스러운 사회적 현상이지만, 학교에서 다른 학생들에게서 따돌림이나 물리적·언어적 괴롭힘을 지속적으로 당한다면 학교생활에 제대로 적응하기가 힘들다고 볼 수 있다(임은미 외, 2013).

생각해 볼 문제

1. 인간이 전생애 동안 발달한다고 보는 전생애발달 이론에 비추어 볼 때 청소년발달을 어떻게 이해해야 할지 생각해 보자.

2. 청소년기는 급격한 신체발달에 지적, 정의적 특성의 발달이 뒤따르지 못하므로 발달상의 문제가 초래될 수 있다고 한다. 청소년의 조화로운 발달을 조력할 수 있는 상담 방안에 대해 논의해 보자.

3. 청소년발달에 도움을 줄 수 있는 학업상담, 진로상담, 정서상담, 학교폭력상담, 학교부적응 청소년상담 중 하나의 상담 프로그램을 구안하려고 하는 상담자라고 가정하고, 8회기 정도의 상담 프로그램에 어떤 내용을 담아야 할지 생각해 보자.

참고문헌

김봉환, 정철영, 김병석(2004). 학교진로상담. 학지사.

김아영(2010). 학업동기: 이론, 연구와 적용. 학지사.

김종범(2009). 청소년의 학교생활부적응에 영향을 미치는 요인에 관한 연구: 학교부적응 청소년을 중심으로. 임상사회사업연구, 6(2), 25-48.

김춘경, 이수연, 최웅용(2008). 청소년상담. 학지사.

문동규, 김영희(2011). 청소년의 자살생각과 관련된 유발변인의 메타회귀분석. 상담학연구, 12(3), 945-964.

박경애, 김혜원, 주영아(2010). 청소년 심리 및 상담. 공동체.

박승희, 이형초, 이정윤(2007). 학교적응력 향상 프로그램 개발 및 효과 연구: 학교부적응 청소년을 대상으로. 인지행동치료, 7(2), 17-36.

송명자(2011). 발달심리학. 학지사.

송인한, 권세원, 김현진(2013). 청소년의 자살생각에 건강증진행동이 미치는 영향: 자기효능감의 매개효과 분석. 청소년학연구, 20(9), 97-123.

송재홍, 김광수, 박성희, 안이환, 오익수, 은혁기, 정종진, 조붕환, 홍종관, 황매향(2013). 학교폭력의 예방 및 대책에 관한 교대생의 인식과 요구 분석. 초등상담연구, 12(1), 109-131.

안도희, 김지아, 황숙영(2005). 초, 중, 고등학생의 학업성취에 영향을 주는 변인 탐색: 유능감, 가정의 심리적 환경 및 학교환경 특성을 중심으로. 교육심리연구, 19(4), 1199-1217.

여성가족부(2011). 2010 청소년백서. 여성가족부.

이난(2011). 청소년 심리상담. 태영출판사.

이인혜(2009). 청소년기 우울과 상담/심리치료: 자기초점주의 모델 적용. 상담과 지도, 44, 143-160.

이재신(2009). 고등학생의 메타인지와 학습몰입과의 관계: 자기주도적 학습능력의 매개효과. 한국교원교육연구, 26(2), 277-295.

이혜성, 이재창, 금명자, 박경애(1996). 청소년개인상담. 한국청소년상담원.

임은미, 강지현, 권혜수, 김광수, 김정희, 김희수, 박승민, 여태철, 윤경희, 이영순, 임진영, 최지영, 최지은, 황매향(2013). 인간발달과 상담. 학지사.

정순례, 양미진, 손재환(2015). 청소년 상담 이론과 실제. 학지사.

정옥분(1998). 청년발달의 이해. 학지사.

정옥분(2003). 아동발달의 이론. 학지사.

정옥분(2004). 발달심리학: 전생애 인간발달. 학지사.

정옥분(2006). 사회정서발달. 학지사.

정옥분(2009). 청년심리학. 학지사.

주동범(2012). 학교폭력 예방을 위한 가정의 역할 탐색. 상담평가연구, 5(2), 1-13.

한국교육심리학회(2009). 교육심리학 용어사전. 학지사.

한국청소년정책연구원(2011). 한국 청소년 지표 조사 5: 2010 한국 청소년 건강 실태조사(기초분석보고서). 한국청소년정책연구원.

홍금자, 이경준(1997). 학교폭력의 실정과 학교사회사업가의 개입. 학교사회복지, 1(1), 61-91.

황매향(2008). 한국인의 정서적 발달과업 탐색: 정서발달에 영향을 미치는 경험을 중심으로. 인간발달연구, 15(3), 163-189.

Baltes, P. B., Reese, H. W., & Lipsitt, L. P.(1980). Life-span developmental psychology. *Annual Review of Psychology, 31*, 65-110.

Basseches, M.(1984). *Dialectical thinking and adult development.* NJ: Alex Publishing Corporation.

Bearman, S. K., Martinez, E., Stice, E., & Presnell, K.(2006), The skinny on body dissatisfaction: A longitudinal study of adolescent girls and boys. *Journal of Youth Adolescence, 35*(2), 217-229.

Bronfenbrenner, U.(1979). *The ecology of human development.* Harvard University Press.

Cohane, G. H. & Pope, H. G.(2001). Body image in boys: A review of the literature. *International Journal of Eating Disorders, 29*(4), 373-379.

Dixon, R. A.(1986). Contextualism and life-span development psychology. In R. L. Rosnow & M. Georgoudi(Eds.), *Contextualism and understanding in behavioral science.* New York: Praeger.

Elkind, D.(1967). Egocentrism in adolescence. *Child Development, 38,* 1025-1034.

Erikson, E. H.(1963). *Childhood and society*(2nd ed.). New York: W.W.Norton & Company Inc.

Fabes, R. A. & Martin, C. L.(2003). *Exploring child development*(2nd ed.). MA: Allyn & Bacon.

Fowler, J.(1981). *Stages of faith: The psychology of human development and the quest for meaning.* San Francisco: Harper & Row.

Gilligan, C.(1982). *In a different voice: Psychological theory and women's development.* Cambridge, Mass: Harvard University Press.

Gottfried, A. E., Fleming, J. S., & Gottfried, A. W.(2001). Continuity of academic intrinsic motivation from childhood through late adolescence: A longitudinal study. *Journal of Educational Psychology, 93,* 3-13.

Havighurst, R. L.(1972). *Developmental tasks and education*(3rd ed.). New York: David McKay.

Higgins, E. T.(1987). Self-discrepancy: A theory relating self and affect. *Psychological Review, 94,* 319-340.

Kohlberg, L.(1976). Moral stages and moralization: The cognitive- developmental approach. T. Lickona(Ed.), *Moral development and behavior.* New York: Holt, Rinehart, and Winston.

Lazarus, R. & Folkman, S.(1984). 3Stress, appraisal, and coping. New York: Springer Publishing Company.

Lepper, M. R., Corpus, J. H., & Iyengar, S. S.(2005). Intrinsic and extrinsic motivational orientations in the classroom: Age differences and academic correlates. *Journal of Educational Psychology, 97,* 184-196.

Levinson, D. J.(1986). A conception of adult development. *American Psychologist, 41,* 3-13.

Loevinger, J.(1966). The meaning and measurement of ego development. *American Psychologist, 21,* 195-206.

Marcia, J.(1987). The identity status approach to the study of ego identity development. In T. Honess & K. Yardley(Eds.), *Self and identity: Perspectives across the life span*. London: Routledge & Kegan Paul.

Perry, W. G.(1970). *Forms of intellectual and ethical development in the college years*. New York: Holt, Rinehart, and Winston INC.

Pledge, D. S.(2005). 아동 및 청소년 상담(*Counseling adolescents and children: Developing your clinical style*). 이규미, 이은경, 주영아, 지승희 역. 서울: 시그마프레스(원전은 2004년 출판).

Rice, F. P. & Dolgin, K. G.(2008). *The adolescent: Development, relationships, and culture*(12th ed.). Boston: Allyn & Bacon.

Shaffer, D. R.(2002). *Developmental psychology: Childhood and adolescence*(6th ed.). Belmont, CA: Wadsworth.

Shaffer, D. R.(2005). *Social and personality development*(5th ed.). Belmont, CA: Wadsworth.

Vaillant, G. E.(2005). 성공적인 삶의 심리학(*Adaptation to life*). 한성열 역, 서울: 나남(원전은 1977년 출판).

7장

진로진학상담교사가 알아야 할
성격 이론

최지영

진로진학상담교사가 학생들에게 진로진학상담을 제대로 하기 위해서는 학생들의 기본 성향이나 성격을 정확하게 파악할 필요가 있다. 이 장은 크게 성격의 이해, 주요 성격 이론, 성격 이론의 현장 적용의 세 부분으로 구성되어 있다. 첫째, 성격은 기질보다는 유전과 환경의 상호작용을 좀 더 강조한 개념으로, 다른 사람과 구별되는 한 개인의 독특하고 일관된 측면을 드러내 주는 비교적 안정적인 내면적 조직체라고 할 수 있다. 이러한 성격에 대한 정의와 더불어 성격에 대한 주요 쟁점을 소개한다. 둘째, 성격 이론을 생물학적 관점, 특질 이론, 정신분석학적 관점, 인본주의-현상학적 관점, 진로 관련 성격 이론 등으로 구분하여 설명하고, 각각의 이론적 입장에 기반해서 인간에 대한 기본 가정과 이론의 주요 특징을 제시한다. 셋째, 성격 이론의 현장 적용과 관련하여 행동관찰, 자기보고, 투사법 등을 포함해서 다양한 성격 평가방법을 소개하고, 성격평가를 활용한 진로진학상담사례를 제시한다.

1 성격의 이해

1) 성격의 정의

어떤 사람을 제대로 이해하는 것이 쉽지 않다는 것은 누구나 경험해 보았을 것이다. 물론 이때 우리가 이해해야 할 '어떤 사람'에는 다른 사람뿐만 아니라 자기 자신도 포함된다. 진로진학상담교사는 진로 및 진학과 관련된 다양한 문제를 가진 학생들을 만나는데, 이 과정에서 학생들의 성격을 이해하는 것과 동시에 진로진학상담교사로서 자신의 성격을 깊이 있게 이해할 필요가 있다. 진로진학상담교사는 상담전문가이기 이전에 교사이기 때문에 상담 및 교육과 관련된 여러 장면에서 교사와 학생의 성격특성에 따라 교사-학생 상호작용의 양상이 달라질 수 있기 때문이다. 또한 성격 이론에 대한 정확한 이해가 선제될 때, 좀 더 효과적으로 학생들에게 상담을 제공할 수 있을 것이다.

먼저 성격의 개념에 대해 정확하게 이해할 필요가 있다. 초기 성격 이론가인 올포트(Allport, 1961)는 성격을 '한 개인 내에 존재하는 환경에 대한 개인의 독특한 적응방식을 결정하는 심리·생리적 체계의 역동적 조직'이라고 보았다. 성격에 대한 여러 학자들의 정의를 종합해 보면, 성격에는 독특성, 일관성, 안정성, 내면적 조직체와 같은 공통된 요소가 있다(권석만, 2015). 성격의 공통된 요소들을 구체적으로 살펴보면, 첫째, 성격은 다른 사람과는 구별되는 한 개인의 독특성을 나타낸다. 개인의 성격은 행동으로 드러나기 때문에, 서로 다른 성격을 가진 사람들은 행동에서도 다른 사람들과 구별되는 독특성을 보여준다. 둘째, 성격은 한 개인의 행동에 일관성을 부여한다. 어떤 사람이 다양한 행동을 하는 것처럼 보여도 그 행동을 관통하는 일관된 것이 있는데, 그것이 바로 성격이다. 셋째, 성격은 어떤 사람이 특정 시간과 장소에 상관없이 일정하게 행동하도록 하는 안정성을 부여한다. 넷째, 성격은 독특성, 일관성, 안정성을 갖고 있는 내면적 조직체이다. 다섯째, 성격은 한 개인의 행동뿐만 아니라 사고와 정서, 동기를 설명한다. 이러한 성격에 대한 정의를 요약하면, '성격은 동기, 인지, 정서, 행동에서 개인의 독특성, 일관성, 안정성을 설명하는 개념으로, 내면적인 구조와 역동을 지닌 심리적 조직체'(권석만, 2015, p.31)라고 할 수 있다.

2) 성격과 기질의 차이

성격이 유전과 환경의 상호작용에 의해 형성되는 것이라면, 기질(temperament)은 주로 유전의 영향을 많이 받는 성격의 핵심적 요소라고 할 수 있다(곽금주, 2016). 기질이 성인의 성격을 예측한다는 연구 결과(Henry et al., 1996; Newman et al., 1997)를 통해, 기질이 성격을 형성하는 토대가 된다는 점을 알 수 있다.

또한 기질과 성격이 항상 분명하게 구분되는 것은 아니지만, 기질을 대체로 '기본적이고, 비교적 안정적이며', '동기적이거나 목표 지향적이기 보다는 일시적인 에너지 수준으로 표현되고', '아동기 초기부터 나타나며', '다른 종의 동물과 행동적으로 유사하고', '타고난 생물학적 기제에 의해 결정되지만', '성숙 및 특정한 삶의 경험과 유전자형의 상호작용에 의해 변화될 수 있는' 성격특성이라고 보는 견해도 있다(Zuckerman, 2005).

기질에 대해서는 연구자마다 다양하게 정의하는데, 우선 토머스와 체스(Thomas & Chess, 1977)는 기질을 9가지 차원으로 구분하였는데 활동 수준, 접근-회피, 적응성, 기분, 주의지속성, 산만성, 규칙성, 반응의 강도, 반응 역치가 포함된다. 또한 토머스와 체스(1977; Thomas, Chess, & Birch, 1970)는 대부분의 영아가 이러한 9가지 차원을 기반으로 '순한', '까다로운', '느린' 기질로 범주화된다고 보았다. 순한 기질을 가진 아동은 일상생활에서 규칙적인 패턴을 보이고, 까다로운 기질을 가진 아동은 예민하고 행동패턴이 불규칙하며 새로운 상황에 잘 적응하지 못한다. 느린 기질을 가진 아동은 수동적인 편이고 새로운 상황에 적응하는데 시간이 많이 걸린다(Thomas & Chess, 1986).

또한 버스와 플로민(Buss & Plomin, 1984, 1986)은 기질을 정서성(emotionality), 활동성(activity), 사회성(sociability)의 세 차원을 포함하는 것으로 보았는데, 영어 단어의 앞 글자를 따서 EAS 모형이라고 불렀다. 정서성은 아동이 특정 자극에 대해 어느 정도 빠르게 부정적 정서반응을 하는지를 의미하고, 활동성은 일상적 활동의 속도와 강도를 뜻한다. 사회성은 아동이 타인과 함께 있는 것을 선호하는 정도를 의미한다(권석만, 2015).

한편 로스바트(Rothbart)는 기질을 반응성과 자기조절에서의 개인차로 보았다(Rothbart & Derryberry, 1981). 반응성은 특정 자극이 주어졌을 때 개인이 행동적·정서적·신체적으로 얼마나 빠르고 강하게 반응하는지와 관련된다. 자기조절은 특정 자극에 대해 일어난 반응을 얼마나 잘 조절하는지를 의미하며, 집중, 접근, 회피, 억제의 형태를 취한다(곽금주, 2016). 이후 로스바트와 베이츠(Rothbart & Bates, 1998)는 기질을 낯선 상황에서의 공포에 대한 스트레스, 자극 민감성 스트레스(좌절·분노), 긍정적 정서, 활동 수준, 주의폭과 지속력, 신체기능의 규칙성과 예측성에서의 개인차로 정의했다.

3) 성격에 대한 주요 쟁점

성격심리학자들은 성격발달과정과 성격발달에 영향을 미치는 요인에 대해 관심이 있다. 이와 관련하여 성격심리학자들 사이에서 계속해서 논의가 되고 있는 대표적인 두 가지 쟁점에 대해 살펴보고자 한다. 첫째, 성격에 미치는 유전과 환경의 영향에 대한 것으로, 성격이 타고난 선천적 요인에 의해 결정되는지 아니면 후천적인 환경적 요인에 의해 결정되는지에 대한 것이다. 둘째, 성격의 변화와 관련된 것으로, 성격이 과연 변화될 수 있는지에 대한 것이다.

우선 성격에 미치는 유전과 환경의 영향력에 대해서는 대체로 많은 학자들이 유전과 환경의 상호작용이 영향을 미친다고 이야기한다. 유전과 환경 중 어느 한쪽의 영향을 강조하기보다는 유전과 환경의 상호작용에 의해 인간의 성격이나 다른 특성이 형성되고 발달 시기와 국면에 따라 유전과 환경의 상대적 영향력이 달라진다는 것이다(Bornstein & Lamb, 2005; Gottlieb, 2003; Lerner, 2002).

유전과 환경이 성격에 영향을 미치는 방식은 수로화원리, 반응범위원리, 유전형과 환경의 상호작용원리 등에 의해 설명할 수 있다(Shaffer & Kipp, 2014). 우선 수로화원리는 유전과 환경 중에 유전의 영향에 주목하는 것으로서, 환경의 영향에도 불구하고 유전자에 의해 특정행동이 나타나는 현상을 의미한다. 예를 들어 옹알이와 걷기와 같은 행동은 수로화가 강한 특성이라서 아이가 어떤 환경에서 양육되는가와 상관없이 나타나는 현상이다. 이에 비해 성격은 비교적 수로화가 약한 특성이라서 타고난 기질을 바탕으로 어떠한 환경에서 자라느냐에 따라 성격발달양상이 달라질 수 있다. 반응범위 원리는 사람마다 서로 다른 발달 가능한 범위를 가지고 태어나며, 환경에 따라 각자의 발달 가능한 범위 내에서 발달의 양상이 달라진다고 보는 것이다. 즉 같은 환경이 주어져도 개인의 발달 가능한 범위에 따라 발달의 양상에 차이가 나타날 수 있다. 이러한 반응범위원리에 따르면, 사람의 성격도 환경의 영향에 의해 발달할 수 있지만 이와 동시에 아무리 환경적 조건이 충분히 제공된다고 해도 타고난 기질이나 유전적 요인으로 인해 변화되기 힘든 부분이 있을 수 있다. 마지막으로 유전형과 환경의 상호작용원리는 유전과 환경이 좀 더 복잡한 방식으로 상호작용한다는 점에 주목한다. 예를 들어 부모의 유전자는 자녀의 유전자에 영향을 미치는 동시에 가정의 분위기나 환경을 조성하는 데에도 영향을 미치는데, 자녀들은 자라면서 이러한 가정환경의 영향도 받게 된다. 또한 아동의 기질과 부모의 양육방식은 서로 영향을 주고받는다. 예를 들어 순한 기질을 가진 아이는 부모의 허용적 양육태도를 이끌어 낼 수 있다.

한편 성격심리학자들은 '성격이 과연 변화하는가?' 라는 질문에 대해 관심이 있다. 성격을 정의할 때 안정성과 일관성이 있다고 하는 것은 성격이 쉽게 변하지 않는다는 점을 시사한다. 그렇다고 해서 성격이 전혀 변하지 않는다고는 할 수 없고, 단기적으로는 변하지 않아도 장기적으로는 변할 수 있다. 이와 관련하여 사람들이 발달단계상 어느 시점에 이르러서 비교적 안정된 성격을 갖게 되는지, 성인기에도 성격이 변화하는지 등이 성격심리학의 중요한 연구문제가 되고 있다(권석만, 2017).

4) 학생의 성격 이해의 중요성

진로진학상담을 성공적으로 수행하기 위해서는 학생의 성격을 이해하는 것이 중요하다. 학생의 성격유형에는 개인차가 있기 때문에 진로진학상담과정에서 학생의 성격유형을 고려하고, 이를 토대로 적절한 진로진학상담을 진행할 필요가 있다. 학생의 전반적인 성격 특성은 물론이고 직업과 관련된 성격 유형을 제대로 파악하여 진로진학상담을 해 주는 것이 학생들이 자신의 적성과 능력을 제대로 발휘하는 데 꼭 필요한 일이기 때문이다.

또한 진로진학상담의 효과와 관련하여 개인의 성격유형을 파악하는 것이 중요한 이유는 성격유형이 자신을 둘러싼 세상을 이해하는 정보처리 방식을 포함해서 발달의 여러 측면에 영향을 미치기 때문이다. 동일한 진로상담 프로그램을 제공해도, 개인의 성격유형에 따라 효과가 다르게 나타난다는 점을 고려해볼 때(어윤경, 2007), 진로진학상담교사가 학생의 성격을 올바르게 이해하는 것이 중요하다. 최근의 한 연구(어윤경, 2007)에서는 아동과 청소년을 위한 성격유형검사인 MMTIC(Murphy-Meisgeier Type Indicator for Children)를 활용하여 중학생의 성격유형을 분류하고 이를 중심으로 진로상담 프로그램의 효과를 검증하였다. 연구결과에 따르면 진로상담 프로그램을 실시한 후에 성격 주기능 유형별로 진로태도와 진로능력에서 차이가 나타났다. 예를 들어 성격 주기능 유형 중 F유형(감정형)은 진로능력과 태도가 향상되었고, N유형(인식형)의 경우는 진로능력이 향상되었다.

2 성격 이론

1) 생물학적 관점

(1) 기질과 유전

사람마다 기질이 다르다는 말은 유전적으로 타고난 안정적인 생물학적 특성 때문에 개인차가 생긴다는 것을 의미한다(Rothbart & Bates, 1998). 기질에 대한 유전의 영향을 살펴보기 위해 여러 학자들이(Braungart et al., 1992; Emde et al., 1992) 주로 일란 성 쌍생아와 이란성 쌍생아를 대상으로 기질의 유사성을 연구했다. 그 결과 활동 수준, 자극 민감성 스트레스(좌절·분노), 긍정적 정서 등에서 이란성 쌍생아에 비해 일란성 쌍생아가 유사하다는 결과가 나타났다. 이러한 결과는 기질에 어느 정도 유전적 영향 력이 있음을 보여준다.

한편 유전만이 기질에 영향을 미치는 것이 아니기 때문에 기질에 대한 환경의 영향 을 기억할 필요가 있다. 특히 같은 가정에서 자란 형제자매는 대체로 기질의 긍정적 측 면(예를 들어, 긍정적 정서 등)에서는 유사하지만, 부정적 측면(예를 들어, 공포에 대한 스트 레스 등)에서는 차이가 있다는 결과가 있다(Shaffer, 2012). 이러한 점을 고려해 볼 때, 기 질의 긍정적인 측면에서 공유된 환경의 영향이 크다는 것을 알 수 있다.

(2) 클로닝거의 기질 및 성격 이론

클로닝거(Cloninger)는 한 개인의 성격을 구성하는 요소로 기질과 성품(character) 을 명확하게 구분했다(Cloninger, 1994). 그의 이론에 따르면, 기질은 외부자극에 대한 선천적인 정서 반응으로 유전적인 영향을 받는 반면, 성품은 환경적 요인에 의해 후천 적으로 계발된 것이다. 이러한 성품은 긍정적 성격특성으로서 자기주도성, 협동성, 자 기초월성을 포함한다.

또한 클로닝거(1987)는 유전적으로 영향을 받는 3가지의 기질차원을 새로움 추구 (novelty seeking), 위험 회피(harm avoidance), 보상 의존성(reward dependence)이라 고 보았다. 새로움 추구는 새로운 자극에 대해 강렬한 흥분을 느끼며 행동이 활성화되 는 경향을 의미한다. 위험 회피는 혐오자극에 대해 강하게 반응하여 새롭거나 좌절스 러운 경험과 관련된 행동을 금지하는 것이다. 보상 의존성은 보상신호에 강하게 반응 하는 것인데, 특히 사회적 인정 같은 언어적 신호에 예민하게 반응하는 것이다. 이후 클 로닝거는 3가지 기질차원에 하나를 덧붙여서 보상이 없어도 어떤 행동을 지속하는 경 향성인 끈기(persistence)를 추가하였다(권석만, 2017).

2) 특질 이론

(1) 5요인 이론

성격의 5요인 이론은 대표적인 특질 이론이다. 특질(trait)은 여러 상황과 시간에 걸쳐 전형적으로 나타나는 한 사람의 행동, 사고방식, 감정 등을 의미한다(McCrae & Costa, 1997). 즉, 인간은 상황과 시점에 따라 다른 방식으로 사고하고 행동할 수 있는데, 그러한 과정에서 공통적으로 한 개인이 지속적으로 보이는 어떤 일관된 사고 및 행동방식을 특질이라고 할 수 있다(Allport, 1927).

성격의 5요인 이론은 코스타와 맥크레(Costa & McCrae, 1992a)가 제시했는데, 5요인은 각각 6개의 하위요인으로 구성되어 있다(Costa & McCrae, 1992b). 성격 5요인의 의미와 하위요인을 표 7-1에 제시했다.

표 7-1 성격 5요인의 의미와 하위요인

성격 요인	의미	하위요인
신경과민성 Neuroticism(N)	불안, 우울, 분노와 같은 부정 정서를 잘 느끼는 특성, 부정 정서성 또는 정서적 불안정성	불안, 적대감, 우울, 자의식, 충동성, 스트레스에 대한 취약성
외향성 Extraversion(E)	다른 사람과의 인간관계를 추구하는 성향 내향성과 대조되는 성향	따뜻함, 군집성, 자기주장성, 활동성, 흥분 추구, 긍정정서
경험에 대한 개방성 Openness to experience(O)	새로운 것을 추구하며 독창적이고 창의적임	상상력, 심미안, 감정 자각, 다양한 행위, 지적 호기심, 가치개방성
우호성 Agreeableness(A)	다른 사람과 잘 어울리는 성향, 신뢰할 수 있고 마음이 너그러움	신뢰성, 솔직성, 이타성, 순응성, 겸손함, 온유함
성실성 Conscientiousness(C)	성취지향적이고 성실하며 인내심이 많음	유능성, 질서정연, 책임의식, 성취추구, 자기절제, 신중함

이러한 5가지 성격 요인은 어느 하나가 극단적으로 높다고 해서 반드시 좋은 것은 아니다. 가령 성실성이 높은 사람이 일반적으로는 성실성이 낮은 사람에 비해 자신의 생활을 잘 조직하고 부지런하기 때문에 다른 사람들에게서 좋은 평가를 받지만, 너

무 극단적으로 성실성이 높으면 일중독이 되거나 강박적 성격 특성을 보인다(Costa & McCrae, 1985).

여러 선행연구(Furnham & Fudge, 2008; Musson, Sandal, & Helmreich, 2004; Rubinstein & Strul, 2007)에서 성격 특질 또는 성격 요인과 직업의 관계를 탐색했는데, 그 중 대표적인 것으로 우주비행사를 대상으로 한 연구(Musson, Sandal, & Helmreich, 2004)가 있다. 연구 결과, 우주비행사가 되고자 하는 사람들은 우호성과 성실성이 높고 신경과민성이 낮은 것으로 나타났다. 즉 우주선이라는 협소한 공간에서 다른 사람들과 우호적이고 협력적인 관계를 맺을 수 있고 동시에 자신의 욕구를 절제하고 자기조절을 잘하는 사람이 우주비행사로 적합하다. 또한 우주비행사는 스트레스 상황에서 다른 사람에게 적대감을 보이지 않고 스트레스에 잘 대처할 수 있어야 하기 때문에, 신경과민성이 높으면 정서적으로 불안해져 안전하게 우주선을 운행하기가 힘들어질 수 있다.

3) 정신분석학적 관점

(1) 프로이트의 정신분석 이론

지그문트 프로이트(Sigmund Freud, 1856~1939)

사진출처: https://en.wikipedia.org/wiki/Sigmund_Freud

대표적인 정신분석학자인 프로이트(Freud)는 인간이 무의식적 동기에 의해 움직이며, 인간의 성격은 어린 시절의 경험에 의해 이루어진다고 보았다. 이처럼 프로이트의 이론에 따르면, 인간은 무의식적 동기에 의해 영향을 받기 때문에 평소에는 자신을 억누르고 있는 것이 무엇인지를 깨닫지 못한다. 그래서 그는 꿈의 분석, 자유연상, 최면술 등을 사용하여 정신적인 문제가 있는 환자들을 억압하는 요인이 무엇인지 파악하는 것이 중요하다고 보았다.

프로이트는 인간의 성격이 원초아(id), 자아

(ego), 초자아(superego)에 의해 형성된다고 보았다. 원초아는 쾌락의 원리에 의해 선천적으로 타고난 생물학적 본능을 충족하는 것을 중시한다. 자아는 현실의 원리에 의해 원초아를 통제하고 자신의 욕구를 현실적으로 충족하는 기능을 한다. 초자아는 부모의 도덕적 기준을 자신의 것으로 내면화하고 양심의 원리에 따라 움직인다. 무의식적 수준에서 갈등이 일어나는 이유는 생물학적 본능을 충족하고자 하는 원초아와 양심의 원리에 의해 그것을 누르려는 초자아 사이에서 문제가 생기기 때문인데, 이 때 자아는 원초아와 초자아를 조정하고 중재하는 역할을 한다.

프로이트는 원초아, 자아, 초자아가 조화를 이룰 때 건강한 성격을 갖게 된다고 보았다. 그는 인간의 성적 본능을 가장 중시했기 때문에, 그의 성격발달 이론을 심리성적 발달 이론(psychosexual theory)이라고 한다. 그는 성격발달 단계를 성적 욕구가 집중되는 신체부위의 이름을 따서 각각 구강기, 항문기, 남근기, 잠복기, 생식기로 구분했다. 각 단계의 특징을 좀 더 구체적으로 살펴보면 다음과 같다(Shaffer, 2012). 구강기는 출생에서 1세까지로, 이 시기의 영아는 성적 욕구가 입에 집중되어 있어 물기, 빨기, 씹기와 같은 구강활동을 통해 성적 욕구를 만족시킨다. 항문기는 1세에서 3세까지로, 이 시기의 영아는 성적 욕구가 항문에 집중되어 있으므로 이 시기에는 적절한 배변활동이 중요하다. 남근기는 3세에서 6세까지로, 이 시기의 아동은 생식기에 성적 욕구가 집중되어 있다. 특히 이 시기에는 이성 부모에 대한 성적 욕구가 작동하는데, 이때 아동은 동성 부모와 경쟁하게 된다. 남아의 경우 오이디푸스 콤플렉스(Oedipus complex)가 생기는데, 어머니에 대한 성적 욕구를 갖고 아버지를 자신의 경쟁자로 여긴다. 그런데 아버지는 자신에 비해 훨씬 강력하고 우월한 존재이기 때문에 어머니에 대한 자신의 감정을 계속 유지할 경우 아버지로부터 거세를 당할지 모른다는 불안감에 휩싸이게 된다. 결국 남아는 자신도 아버지처럼 강하고 힘 있는 사람이 되고 싶다는 마음을 가지며 아버지를 흉내 내는 동일시과정을 겪는다. 여아의 경우는 남근을 소유한 아버지를 부러워하고, 자신에게 없는 성 기관을 공유하고 싶어서 아버지를 성적 대상으로 삼기를 원하는 엘렉트라 콤플렉스(Electra complex)가 생긴다. 잠복기는 6세에서 11세까지로, 성적인 욕구가 억압되는 시기이다. 생식기는 12세 이후에 해당되며, 성적인 욕구가 다시 중요한 이슈로 떠오르는데 이를 사회적으로 수용될 수 있는 방식인 결혼 등을 통해 충족한다. 프로이트는 각 발달단계에서 성적인 욕구 충족이 제대로 이루어지지 않거나 지나치게 충족되면 그 단계에 고착될 수 있다고 보았다. 고착된다는 것은 그 개인의 일생 동안 특정한 활동의 특성이 계속 나타난다는 의미이다. 구강기에 성적인 욕구가 충족되지 않으면 구강기에 고착된 성격이 나타나는데, 예를 들어 성인이 되어서도 계속 손톱을 물어뜯는 행동을 보일 수 있다.

한편 자아가 원초아의 욕구와 초자아와 현실 사이에서 균형을 이룰 수 있는 방법은 방어기제를 사용하는 것이다(Miserandino, 2012). 대표적인 방어기제의 의미와 사례를 살펴보면 표 7-2와 같다(McWilliams, 2008).

표 7-2 방어기제의 의미와 사례

방어기제	의미	사례
부인	어떤 재앙을 만날 때, 우리 마음속에서 자동적으로 되살아나는 첫 번째 반응	소중한 사람이 죽었다는 소식을 듣고 "오, 아니야!"라고 내뱉는 경우
억압	어떤 것을 의식으로부터 쫓아 버리고 멀리 하려는 것	희생자가 강간 또는 고문의 경험을 나중에 기억할 수 없는 경우
퇴행	삶의 고통스러운 측면 때문에 이전 단계로 되돌아가려는 것	건강염려증인 사람들이 의사에게 자신의 모호한 증상을 장황하게 호소하며 의사를 질리게 하고 환자 역할로 퇴행하는 경우
합리화	원했던 것을 얻지 못했지만 생각해 보면 그다지 원했던 것이 아니었다고 결론짓거나 나쁜 일이 일어났으나 결국 그렇게 나쁘지만은 않았다고 생각하는 것	어떤 집이 탐이 나지만 살 여력이 없을 때 그 집은 아무튼 우리에게 너무 크다고 결론짓는 경우
치환	어떤 추동, 정서, 집착, 행동의 방향을 원래의 대상에서 다른 대상으로 바꾸는 것	한 남성이 직장에서 상사에게 크게 혼나고 집에 돌아와 부인에게 고함을 지르고, 또 그 부인은 아이들을 야단치고, 아이들은 개를 발로 차는 경우
동일시	다른 사람의 행동, 태도, 말투 등을 자신의 것으로 만드는 것	3세 정도 되는 남아가 엄마를 독점하고 싶은 욕망을 갖고 있지만, 강력한 힘을 가진 아빠의 존재를 깨닫고, 아빠가 자신을 죽이거나 신체적 손상을 입힐지도 모른다고 두려워하면서 그 불안을 아빠와 같은 사람이 되겠다고 생각하는 동일시를 통해 해결하는 경우

여기에서 한 가지 생각해 볼 문제는 방어기제라는 용어가 부정적인 의미만 포함하

고 있다고 생각하기 쉽지만 방어기제의 작동이 반드시 어떤 병리적인 것을 뜻하지는 않는다는 점이다. 사람들은 대체로 어떤 불안한 감정을 회피하려고 하거나 자존감을 유지하려고 할 때 방어적 행동을 하기 때문에 방어기제의 부적응적 기능뿐만 아니라 적응적 기능도 함께 고려할 필요가 있다(McWilliams, 2008).

(2) 아들러의 개인심리학 이론

아들러(Adler)는 개인심리학(individual psychology)의 창시자이다. 아들러는 인간을 사회적 환경 속에서 나름대로 자신의 인생 목표를 추구해 가는 존재로 보았다. 좀 더 구체적으로 아들러의 인간관을 살펴보면 다음과 같다(김춘경, 2013). 첫째, 인간은 전체적이고 통합적인 존재이다. 아들러의 이론을 개인심리학이라고 하는 이유도 그가 이처럼 통합적 존재로서의 인간을 강조했기 때문이다. 'individual'이라는 단어는 라틴어의 'individuum'에서 유래되었는데, 이는 더 이상 분리할 수 없다는 의미이다(Dreikurs, 1953). 둘째, 인간은 사회적 존재이다. 인간은 사회적 존재이기 때문에 타인에 대한 관심과 이해, 공감하는 삶을 살아야 한다고 보았다. 셋째, 인간은 목표지향적인 존재이다. 즉 인간은 수동적 존재가 아니라 자신의 삶을 계획하며 창조해가는 적극적인 존재이다. 넷째, 인간은 주관적 존재이다. 그래서 자신을 둘러싼 세상과 현실을 자신만의 방식으로 이해한다.

아들러 성격 이론에는 다음과 같은 몇 가지 특징이 있다. 우선 그는 인간에게는 완전을 추구하려는 동기(striving for perfection)와 보상을 추구하려는 동기(striving for compensation)가 있다고 보았다. 그래서 인간은 완전을 추구하고 열등감을 극복하고자 노력한다(정옥분·정순화, 2016). 둘째, 그는 인간이 살아가면서 열등감을 극복하는 것이 매우 중요하다고 강조하며, 열등감의 부정적 측면과 긍정적 측면을 종합적으로 고려할 필요가 있다고 보았다. 누구나 열등감을 가질 수 있는데, 결국 그것을 어떻게 극복해나가는가에 따라 인간이 성장하게 된다고 보았다. 셋째, 그는 인간은 누구나 자신의 인생에서 실현하고자 하는 궁극적 목표, 즉 '가상적인 최종 목표'를 가지고 있다고 보았다. 한 개인의 가상적인 최종 목표는 아동기에 형성되고, 그 사람의 행동 방향성을 결정한다(권석만, 2015). 넷째, 그는 개인의 생활양식을 중요하게 생각했는데, 생활양식은 각 개인이 어떻게 생활하고 문제를 해결하며 다른 사람과의 관계를 형성하는지 등과 관련된 독특한 삶의 방식을 의미한다. 생활양식은 개인이 자신과 타인, 세상에 대해 갖는 신념체계의 기초를 의미하는 성격의 통합체라고 할 수 있으며(Griffith & Powers, 1984), 한 개인이 어떻게 인생의 장애물을 극복하고 문제해결을 하면서 목표를 추구해 가는지에 대한 방식을 결정한다(Sharf, 2011). 다섯째, 그는 인간은 사회적 존재이기 때문에 사회에서의 성공적인 삶을 유지하기 위해서 자신이 속한 사회에 대해 소속감을 느끼는 방향으로 행동하는 경향성이 있다고 보았고, 이를 사회적 관심이라고 명명했다(Adler, 1956).

아들러의 관점에서 보면, 한 개인이 자신의 최종 인생목표와 생활양식을 이해하지 못하면 부적응적 양상을 보이기 때문에 상담을 통해 내담자들의 생활양식을 파악하여 바람직한 방향으로 생활양식을 바꾸도록 하는 것이 필요하다(노안영·강영신, 2009).

(3) 대상관계이론

대상관계이론은 프로이트의 이론에서 파생되었다. 전통적 정신분석 이론에서는 인간의 성적 욕구를 가장 기본적인 것으로 보는 반면, 대상관계이론에서는 인간의 관계 형성 욕구를 가장 기본적인 욕구로 가정한다. 이때 관계의 대상이 되는 것은 인간만이 아니라 개인이 의미를 부여한 가치, 행동, 사물 등 모든 것을 의미한다(김계현 외, 2011). 대상관계이론에서는 아동에게 중요한 대상이 누구였는지, 어떤 사람들이었는지, 그들과 어떠한 경험을 하였는지, 그 경험이 어떻게 내면화 되었는지, 대상에 대한 내적 이미지가 어떻게 성인의 무의식적 삶에 영향을 주는지를 강조한다. 이처럼 대상관계이론은 아동기의 성격발달과정에서 아동이 중요한 타인과 애착을 잘 형성하는 것이 중요하다고 본다. 또한 대상과 대상에 대한 경험을 구분하는데, 유아가 가족 구성원들의 동기를 잘못 인식하고, 그러한 잘못된 인식을 내면화하는 경우가 있기 때문이다. 가령 한 소년이 자신의 할머니를 아주 따뜻한 사람으로 기억할 수 있지만, 사실 그 할머니는 딸에 대한 질투심과 경쟁심 때문에 딸과는 소원하고 손자와 강력한 정서적 유대를 맺으려고 한 차가운 사람일 수 있다. 그러나 소년의 머릿속에는 '따뜻한 할머니'와 '차가운 어머니'가 내적 대상으로 남아있게 된다(Mcwilliams, 2008).

한편 대상관계이론에 따르면, 건강한 사람은 인간에 대한 통합적 관점을 가진 사람이다. 예를 들어 인간은 누구나 좋은 점과 나쁜 점을 가지고 있는데, 자신의 좋은 점과 나쁜 점을 모두 자신으로 받아들이고 타인과의 관계에서도 좋고 나쁨으로 구분하기보다는 통합된 전체로서 이해하는 사람이 건강하다는 것이다. 통합된 관점을 가진 사람과 반대되는 사람은 분열의 관점을 가진 사람으로, 자신과 타인을 통합된 전체로 이해하지 못하고 좋고 나쁨으로 구분하여 이해한다(김계현 외, 2011).

4) 인본주의-현상학적 관점

(1) 매슬로우의 욕구위계 이론

매슬로우(Maslow)는 인간은 자아실현을 하려는 경향이 있다고 보았는데, 자아실현이란 '개인이 잠재적으로 지니고 있는 것을 충분히 발현하려는 경향'을 의미한다. 매슬로우(1968, 1970)는 인간은 결핍 욕구와 성장 욕구를 가지고 있고, 결핍 욕구가 충족되지 않으면 성장 욕구가 생기지 않는다고 보았다. 결핍 욕구는 무엇인가 충족되지 않았다고 느꼈을 때 그것을 채우고자 하는 욕구를 의미하는데, 생리적 욕구, 안전의 욕구, 소속의 욕구, 자존감의 욕구를 포함한다. 결핍 욕구는 충족되면 해소되는 욕구로 더 이상 해당 욕구가 생기지 않는 반면, 성장 욕구는 충족하면 할수록 해당 욕구가 더 생긴다. 성장 욕구에는 지적 욕구, 심미적 욕구, 자아실현 욕구가 포함된다(Reeve, 2009). 그림 7-1은 매슬로우의 욕구위계 단계를 나타낸다.

그의 이론에 따르면, 하위 욕구가 제대로 충족되지 않은 상태에서 상위 욕구가 생기기는 힘들기 때문에, 교사는 학생들이 현재 어떠한 수준에서 욕구가 충족되거나 또는 좌절되어 있는지를 충분히 파악해서 그에 적합한 교육적 개입을 해야 한다.

Maslow(1970)는 자아실현을 하고 있는 자신의 친구, 지인, 잘 알려진 역사적 인물(예, 간디 등)로부터 자아실현자의 공통된 특성을 도출하였다. 연구에서 도출된 공통된 특성은 표 7-3에 제시된 바와 같다.

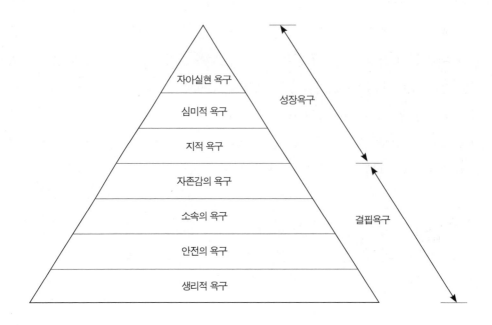

그림 7-1 매슬로우의 욕구위계 단계

(2) 로저스의 인간중심 이론

인간중심 치료법의 창시자이면서 대표적인 인본주의 심리학자인 로저스(Rogers) 역시 인간은 자아실현을 위해 노력하는 존재라고 보았다. 로저스의 이론에 따르면, 아이가 자라면서 부모나 환경에 의해 자아실현 욕구가 얼마나 충족되는지가 건강한 성격 발달을 판단할 수 있는 기준이 된다. 만일 성장 과정에서 개인의 자아실현 욕구를 좌절시키는 부모나 환경에 노출된다면, 그 아이의 자아는 건강하지 못하게 되고 심리적인 문제를 안게 된다는 것이다.

로저스는 심리적으로 잘 기능하는 사람을 '충분히 기능하는 사람'으로 보고, 몇 가지 특징을 제시하였다(Rogers, 1961; 주은선, 2009 재인용). 그는 '충분히 기능하는 사람'이 건강한 삶을 산다고 보았는데, 건강한 삶이란 어떤 상태를 의미한다기보다는 하나의 과정이라고 보았다. 그 과정에 해당되는 것으로 다음과 같은 것을 들고 있다. 첫째, 건강한 삶을 사는 사람은 체험에 대해 점차 열린 마음을 갖게 된다. 즉 자신에게 일어나는 일에 관심 있게 귀 기울이며 있는 그대로 체험하는 것이다. 예를 들어 자신이 느끼는

표 7-3 자아실현자들의 특징

자아실현들의 특징	
1. 현실에 대한 효율적 지각	그들은 미래에 대한 예측이 정확한 편이다. 왜냐하면 그들은 세상을 있는 그대로 보고, 자신의 소망이나 바람, 불안, 두려움 또는 자신의 성격특성으로서의 낙관주의나 비관주의에 의해 영향을 덜 받기 때문이다.
2. 수용성(자신, 타인, 자연)	그들은 너무 많은 일들에 대해 죄의식을 느끼지 않고, 불평이나 억울함 없이 자신을 그대로 받아들인다. 자신의 단점까지도 모두 수용하기 때문에 방어적이 될 필요도 없고 일부러 더 잘 보이려고 꾸미지도 않는다.
3. 자발성, 단순함, 자연스러움	그들은 자신의 내적 삶, 생각, 충동과 관련해서 보다 자발적이고 행동에서도 상대적으로 자발적이다. 그들의 행동은 인위적이지 않고 단순하고 자연스럽다.
4. 문제 중심적	그들은 자기 밖에 있는 문제에 초점을 맞추고, 열심히 일하면서 기쁨을 느낀다. 인생의 철학적 질문에 관심이 많다.
5. 독립과 사생활보호의 욕구	그들은 혼자 있는 것을 불편해하지 않고 선호한다. 또한 고립과 고독을 즐긴다.
6. 자율성, 문화와 환경으로부터의 독립, 의지, 적극적 주체	그들은 물리적, 사회적 환경에서 상대적으로 자유롭다. 그들은 결핍욕구보다 성장욕구에 의해 움직이기 때문에 실제생활, 다른 사람, 문화 등 외적 만족에 의존하지 않는다. 그보다 자신의 잠재력을 계속해서 발달시키고자 한다.
7. 지속적인 신선한 감상	그들은 계속해서 인생을 감상할 수 있는 놀라운 능력이 있다. 삶에 대한 경외와 즐거움 등으로 인해 신선함을 느낀다.
8. 절정 경험	그들은 자신을 초월하는 강렬하고 황홀한 경험을 할 때가 있다.
9. 사회적 관심	그들은 기본적으로 인간에 대한 공감과 애정이 있다.
10. 깊이 있는 인간관계	그들은 다른 사람에 비해 소수의 사람과 깊은 인간관계를 맺는 경향이 있다. 깊은 인간관계를 유지하기 위해서 충분한 시간이 필요하기 때문에 상대적으로 친구가 적다.
11. 민주적 성격구조	그들은 계층, 교육수준, 정치적 신념, 인종에 상관없이 누구와도 친해질 수 있다.
12. 수단과 목적, 선과 악의 구분	그들은 높은 윤리의식과 도덕적 기준을 가지고 있고, 옳은 일을 하고 옳지 않은 일은 하지 않는다.
13. 철학적이면서 적의가 없는 유머	그들은 유머를 사용하지만 다른 사람에게 상처를 주거나 다른 사람을 비하하는 식의 유머를 사용하지 않는다.
14. 창의성	그들은 창의적이며 독창적이고 혁신적이다.
15. 문화적 동화에 대한 저항	그들은 사회적 압력에 저항하고, 다른 사람에 의해서가 아니라 자신만의 방식으로 생각하고 행동한다.

긍정적인 감정뿐만 아니라 좌절감, 고통, 두려움과 같은 부정적 감정도 수용하게 된다. 둘째, 건강한 삶을 사는 사람은 더욱 더 존재론적인 삶을 살게 된다. 즉 매순간 충실하

게 살아가게 된다. 자신의 체험을 왜곡하거나 방어하지 않고 충분히 받아들이기 때문에 매순간 새로운 삶을 살게 되는 것이다. 셋째, 건강한 삶을 사는 사람은 자신을 더욱 신뢰하게 된다. 주변 사람들의 판단이나 조직의 관례보다도 자신이 '옳다고 느끼는 것'을 행하게 된다. 로저스는 결국 '충분히 기능하는 사람'은 자신의 감정과 반응에 기반하여 자유롭게 사는 사람이라고 보았다.

또한 로저스는 인간의 잠재력을 개발하기 위해서는 타인과의 상호작용에서 무조건적 긍정적 관심이 가장 중요하다고 보았다. 무조건적 긍정적 관심은 조건적 관심이 아니라 있는 그대로의 인간을 가치 있게 수용하는 것이다. 그는 조건적 관심은 인간의 잠재력을 개발하는 것을 방해하기 때문에 잠재력의 발달을 위해서는 무조건적 긍정적 관심을 보이는 것이 중요하다고 보았다(Rogers, 1963). 이러한 관점에서 보면 교사가 학생들을 상담하는 과정에서 무조건적 긍정적 관심을 보인다면 학생들은 좀 더 편안한 상태에서 자신이 가치로운 존재라는 것을 깨닫게 될 것이다.

(3) 켈리의 개인구성개념 이론

켈리(Kelly)는 인지적 과정에 초점을 맞추어 인간의 성격을 설명하려고 했다. 그는 세상을 이해하는 방식이 사람마다 다르다고 보았다. 그에 따르면, 인간은 자신의 생활환경을 파악하기 위해 인지적 구성개념을 형성하고 그것에 근거하여 일상생활을 해석해 나간다. 따라서 개인의 성격을 제대로 이해하기 위해서는 그 사람이 세상을 이해하는 방식인 개인구성개념(personal constructs)을 정확히 파악하는 것이 중요하다(Kelly, 1955, 1963; 권석만, 2015 재인용).

켈리는 사람들을 과학자로 가정하면서, 사람들이 마치 과학자처럼 자신의 구성개념에 근거하여 사건을 관찰하고 해석한다고 본다. 비교적 정교하고 체계화된 구성개념을 가지고 있는 개인은 미래를 정확하게 예측하고 건강한 삶을 살아가는 반면, 체계화되지 않은 혼란스러운 구성개념을 가지고 있는 개인은 미래를 정확하게 예측하지 못하고 부적응적인 삶을 살아간다(노안영·강영신, 2009). 즉 개인은 어떤 상황이나 사건을 자신만의 독특한 방식으로 해석하고, 그러한 해석이 행동에 영향을 주게 되어 삶의 전반적인 양상에 영향을 미친다는 것이다.

켈리는 개인이 세상을 어떻게 이해하고 해석하는지, 즉 개인이 갖고 있는 구성개념을 파악하기 위해 역할구성개념 목록검사(Role Construct Repertory Test, Rep Test)를 개발했다. 실제 상담 장면에서 교사는 학생이 세계를 이해하는 방식을 탐색하기 위해 역할구성개념 목록검사를 실시해 볼 수 있다. 이 검사에서는 한 개인에게 중요한 영향을 미친 사람들 간의 유사점과 차이점을 비교함으로써 개인의 구성개념을 파악한다. 우선 내담자에게 여러 장의 하얀색 카드를 주고 카드마다 인생에서 가장 중요한 사람(예를 들어, 부모, 형제자매, 애인이나 배우자, 존경하는 교사, 나를 괴롭힌 교사 등)을 한 명씩 적게 한다. 카드마다 중요한 사람을 한 사람씩 적은 후에는 카드 중에서 임의로 세 명을 뽑아서 "이들 중 두 사람이 어떻게 비슷하고 세 번째 사람과는 어떻게 다른가?"라고 묻는다(권석만, 2015). 예를 들어 어머니, 아버지, 동생 중에 비슷한 두 사람이 누구인지를 정하게 하고, 그 두 사람이 어떤 점에서 비슷한지, 그리고 나머지 한 사람이 그 두 사람과 어떤 점에서 다른지를 말하게 하는 것이다.

켈리는 인간은 구성개념의 수정과 변화를 통해 대안적 구성개념을 가질 수 있다고 보았다. 현재의 구성개념 대신에 대안적 구성개념을 대체하는 과정에서 개인은 삶의 방식과 심리적 문제도 변화시킬 수 있다는 것이다(노안영·강영신, 2009). 그는 대안적 구성개념을 형성하기 위해서 고정역할치료(fixed role therapy)를 할 수 있다고 보았다. 고정역할치료의 목표는 내담자에게 새로운 역할을 부여하고, 마치 그 사람처럼 행동하도록 하는 과정을 통해 새로운 방식으로 세상을 보고 새로운 성격을 발달시키는 것이다(Pervin & John, 2001; 노안영, 2010 재인용).

5) 진로 관련 성격 이론

홀랜드(Holland) 성격 이론은 직업적 성격유형론으로서 RIASEC 이론이라고도 부르는데, 진로상담 분야에서 가장 많이 활용되는 성격 이론이라고 할 수 있다. 홀랜드 이론에서는 4가지 중요한 가정을 한다(김봉환 외, 2010). 첫째, 사람들은 6가지 성격 유형 중 하나로 분류될 수 있다. 둘째, 직업 환경도 6가지 유형 중 하나로 분류될 수 있다. 셋째, 사람들은 자신의 성격 유형에 부합되는 직업 환경을 찾는다. 넷째, 개인의 성격과 직업 환경의 유형을 파악하면 직업 선택과 직업 전환, 사회적 행동 등을 예상할 수 있다. 홀랜드의 6가지 성격 유형은 다음과 같다(Amundson et al., 2009).

실제형(Realistic : R) : 도구나 물건, 기계나 동물을 다루는 것을 좋아함.
탐구형(Investigative : I) : 호기심이 많고 학문을 좋아함.
예술형(Artistic : A) : 창의적이며 자유로운 사고를 함.
사회형(Social : S) : 다른 사람을 잘 도와주고 함께 어울리는 것을 좋아함.
기업형(Enterprise : E) : 다른 사람을 이끌고 영향을 미치는 것을 좋아함.
관습형(Conventional : C) : 순서대로 정보를 정리하거나 조직하는 일을 좋아함.

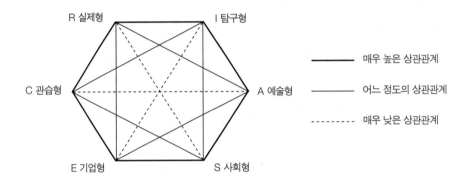

그림 7-2 홀랜드 이론에서 유형간 상대적 거리
출처: 황매향, 2010

여섯 가지 성격유형은 그림 7-2와 같이 육각형으로 표시할 수 있는데, 육각형에서 서로 인접한 유형 쪽으로 진로탐색을 하면 자신에게 적합한 분야를 발견할 가능성이 높다(황매향, 2010).

홀랜드는 개인의 성격유형이 직업 환경과 일치할 때 직업에 대한 만족도가 높아진다고 보았다. 홀랜드의 이론은 개인의 성격유형에 적합한 직업이나 진로를 선택하고 준비할 수 있도록 진로지도와 진로상담을 하는 것이 중요하다는 점을 시사한다. 실제로 중학생을 대상으로 한 연구결과에 따르면(이경미, 김영숙, 이현림, 2006), 직업적 성격유형을 적용한 진로집단상담 프로그램을 경험한 학생들이 다른 프로그램을 경험한 학생에 비해 진로의식성숙도와 자아개념이 높은 것으로 나타났다.

3 | 성격 이론의 현장 적용

1) 성격 평가

진로진학상담교사는 성격이론에 대한 지식을 습득한 후에 성격을 측정하는 것에 관심을 갖게 될 것이다. 자신이 알고 있는 학생의 성격이 다양한 성격평가방법에 의한 결과와 어느 정도 비슷한지를 알아볼 수도 있다. 무엇보다도 학생들에게 최적의 진로진학상담을 해주기 위해 학생들의 성격을 평가하는 방법에 대한 지식이 필요하다. 이 장에서는 지면관계상 성격평가방법에 대해 자세하게 다루기는 힘들지만, 기본적인 성격평가방법에 대한 지식을 공유하는 차원에서 몇 가지 중요한 내용을 기술하고자 한다.

(1) 행동관찰

누군가의 성격을 제대로 알기 위해서는 그 사람의 평소 행동을 관찰하는 것이 필요하다. 행동관찰은 관찰할 수 있는 행동을 대상으로 자료를 수집하는 것이다. 관찰하는 방법을 분류하는 가장 일반적인 방식은 자연관찰과 구조적 관찰(또는 체계적 관찰)로 구분하는 것이다(김아영, 2007). 자연관찰은 일상생활에서 사람들이 보이는 행동을 아무런 제약 없이 그대로 관찰하는 것이다. 반면 구조적 관찰은 개인의 행동을 특정한 관찰기록방법과 계획에 의해 체계적으로 관찰하는 것이다.

(2) 자기보고

자기보고형 검사는 개인이 자신의 성격에 대해 어떻게 생각하는지를 스스로 평가하도록 하는 것이다.

① NEO 성격검사

NEO 성격검사(NEO-Personality Inventory : NEO-PI)는 성격 5요인 이론을 토대로 개발된 성격검사로서, 코스타와 맥크레(Costa & McCrae, 1985, 1989, 1992b)가 개발했다. 코스타와 맥크레는 1978년에 신경과민성(N), 외향성(E), 경험에 대한 개방성(O) 세 요인의 첫 글자를 따서 NEO-I(NEO-Inventory)를 개발하였고, 1985년에 우호성(A)과 성실성(C)을 추가하여 NEO-PI(NEO-Personality Inventory)로 개정했다. 이후 1992년에 성격 5요인을 각각 6개의 하위척도 별로 측정하는 NEO-PI-R(NEO-Personality-Revised)을 개발하였다(Costa & McCrae, 1992b). NEO-PI-R의 결과는 성격프로파일로 제시되어, 성격 5요인과 하위요인에서 자신이 어느 정도 위치에 해당되는지를 파악할 수 있다. 최근 일부 대학에서는 모든 신입생을 대상으로 NEO 성격검사를 실시하고 그 결과를 바탕으로 상담 및 교육을 진행하여 학생들이 자신을 깊이 있게 이해하는 시간을 갖도록 한다. 중·고등학교에서도 본격적인 직업적 탐색 이전에 학생들이 자신에 대해 생각해 볼 수 있는 기회를 갖도록 이 검사를 활용할 수 있을 것이다.

② 성격유형검사(MBTI)

MBTI(Myers-Briggs Type Indicator)는 융(Jung)의 성격유형이론에 근거하여 브리그스(Briggs)와 그의 딸 마이어스(Myers)가 함께 개발한 자기보고형 성격유형검사이다(Myers, 1962). MBTI는 4개의 성격차원에 대한 선호정도를 통해 개인의 성격을 평가한다. 각 차원은 양극으로 구성되어 있고, 개인의 선호방향에 따라 총 16가지의 성격유형이 나타난다.

MBTI의 첫 번째 차원은 외향(Extraversion: E)과 내향(Introversion: I)에 대한 선호로서 심리적 에너지의 방향과 관련된다. 외향은 개인의 심리적 에너지가 외부로 향하는 것을, 내향은 개인의 심리적 에너지가 내부로 향하는 것을 선호하는 경향이다. 두 번째 차원은 감각(Sensing: S)과 직관(Intuition: N)에 대한 선호로서 인식방법에 대한 개인의 선호와 관련된다. 감각은 주로 주어진 기본적 정보를 선호하는 반면, 직관은 주어진 정보에 대한 해석과 의미를 선호하는 경향이 있다. 세 번째 차원은 사고(Thinking: T)와 감정(Feeling: F)에 대한 선호로서, 감각이나 직관에 의해 획득된 자료에 대해 논리적 일관성을 중요하게 생각하는지 아니면 개인의 특수한 사정을 고려하는지와 관련된다. 마지막으로 네 번째 차원은 판단(Judging: J)과 인식(Perceiving: P)에 대한 선호인데, 이것은 외부세계를 수용하는 과정에서 판단 또는 인식에 대한 선호정도를 의미한다. 판단은 가능한 한 빨리 명료한 결론에 이르는 것을 선호하는 반면, 인식은 지속적으로 자료를 수집하여 가능한 판단을 유보하며 새로운 가능성을 고려하는 것을 선호한다(권석만, 2017; 김계현 외, 2012).

MBTI 성격유형검사결과는 진로탐색과정에서 활용할 수 있는데, 예를 들어 내향적인 사람은 조용한 직업 환경을 선호하는 반면 외향적인 사람은 다른 사람과 의사소통을 많이 하고 활동적인 일을 선호한다. 따라서 진로상담과정에서 다른 검사결과들과 함께 MBTI검사결과를 활용해볼 수 있다(김계현 외, 2012).

③ 미네소타 다면적 인성검사

MMPI(Minnesota Multiphasic Personality Inventory)는 개인의 성격특성과 정신병리적 증상을 평가하기 위한 성격검사이다. 미국 미네소타대학에서 1943년에 개발되었고, 1989년에 MMPI-2가 발표되었다. MMPI-2는 10개의 임상 척도와 총 567문항으로 구성되어 있다. 10개의 임상척도는 건강염려증, 우울증, 히스테리, 반사회성, 남성성-여성성, 편집증, 강박증, 정신분열증, 경조증, 내향성을 포함한다. 또한 MMPI와 같은 자기보고형 검사는 원래 자신보다 더 좋게 또는 더 불쌍하게 보이기 위해서 솔직하지 못하게 반응할 수 있는데, 이러한 점을 방지하기 위해서 MMPI-2에서는 9개의 타당도 척도를 포함하고 있다(김계현 외, 2012).

한편 성인용 MMPI와는 별도로 아동과 청소년을 대상으로 한 MMPI 성격검사가 개발되었다. MMTIC(Murphy-Meisgeier Type Indicator for Children)는 머피(Murphy)와 마이스가이어(Meisgeier)가 성인용 MMPI를 바탕으로 개발한 아동과 청소년을 위한 성격유형검사이다. 이 검사는 성인용 MMPI 문항을 토대로, 만 7세부터 18세까지

의 아동과 청소년을 대상으로 한다(곽금주, 2016). 또한 1992년에는 청소년을 대상으로
한 MMPI-A(Minnesota Multiphasic Personality Inventory – Adolescent)가 개발되었다.
MMPI-A는 만 14세에서 18세까지를 대상으로 하는 자기보고형 성격검사로, MMPI에
서 사용된 문항 중에 청소년에게 적합하지 않은 문항을 제거하고 청소년과 관련된 가
정, 또래, 학교 문제 등의 문항을 포함하고 있다(임지영, 2008).

(3) 투사법

투사법에 기초한 검사들의 경우, 일반적으로 모호한 자극을 제시하여 무의식적 과
정을 평가한다는 공통점이 있다(Carver & Scheier, 2004).

① 로르샤흐 검사(Rorschach inkblot test)

대표적인 투사적 성격검사로는 로르샤흐 검사를 들 수 있다. 이 검사는 로르샤흐
(Rorschach, 1942)가 개발했는데, 좌우 대칭형의 잉크반점으로 이루어진 10장의 카드로
구성되어 있다. 로르샤흐 검사의 절차를 살펴보면, 우선 이 카드를 순서대로 피검자에
게 한 장씩 보여주고 카드에 있는 잉크반점이 무엇처럼 보이는지 이야기하도록 한다.
그 다음 단계에서는 다시 10장의 카드를 각각 보여주면서 피검자가 각 카드마다 잉크
반점의 어떤 특성 때문에 그렇게 반응했는지를 확인한다(권석만, 2015).

로르샤흐 검사에서 채점의 주요 항목은 주로 세 가지이다. 첫째, 카드의 어느 영역
에 반응했는가이다. 둘째, 내용적 측면으로서 카드를 보고 어떤 사물을 언급했는가이
다. 동물이나 사물을 언급할 수도 있고, 다른 사람을 언급할 수도 있다. 셋째, 반응을 결
정하는데 영향을 준 측면이 무엇인가를 파악한다. 예를 들어 잉크반점의 모양, 색감, 질
감, 음영 등이 반응에 영향을 주었는지 확인하는 것이다(Trull & Prinstein, 2015).

② 주제통각검사(Thematic Apperception Test, TAT)

주제통각검사는 피검자의 동기, 갈등, 욕구, 정서 등을 파악하기 위해 머레이와 모
건(Morgan & Murray, 1935)이 개발한 투사적 성격검사이다. 한 개의 백지카드를 포함
하여 총 31개의 흑백 카드로 구성되어 있는데, 인물과 상황이 묘사되어 있는 30개 카드
중에서 대상과 연령에 따라 20장을 사용한다(김계현 외, 2012). 피검자는 카드를 한 장씩

보면서 카드에 제시된 그림을 보고 현재 어떤 일이 일어나고 있는지, 인물들이 어떤 생각과 감정을 가지고 있는지 등을 이야기한다. 그림의 내용이 모호하기 때문에, 피검자들은 자신의 심리상태나 욕구 등에 따라 같은 그림에 대해 다른 이야기를 말할 수 있고, 이를 통해 피검자의 심리상태를 알 수 있다(권석만, 2017).

③ 문장완성검사(Sentence Completion Test, SCT)

문장완성검사는 피검자에게 불완전한 문장을 제시하고 완전하게 채우도록 하는 검사이다. 즉 문장의 첫 부분만 제시하고, 나머지 부분은 자유롭게 기술하도록 하는 검사이다. 대표적인 문장완성검사로는 로터(Rotter)의 문장완성검사가 있다. 로터의 문장완성검사는 40개의 어간으로 구성되는데, 예를 들어 '내가 좋아하는 것은······', '나를 괴롭히는 것은······' 등을 제시하면 나머지 부분을 기술하는 것이다(Trull & Prinstein, 2015). 문장이 불완전한 상태에서 완전한 형태가 되면, 그것을 통해 자신과 타인에 대해서 어떤 생각을 하고 있는지? 인생에서 중요하다고 생각하는 가치는 무엇인지? 자신이 이루고 싶은 꿈과 소망은 무엇인지? 자신이 원했지만, 잘 되지 않아 좌절된 경험은 무엇인지? 지금 자신이 겪고 있는 가장 큰 내적 갈등은 무엇인지? 등을 파악할 수 있다. 로터의 문장완성검사 이외에 상담자는 직접 문장완성검사를 개발하여 사용할 수 있는데, 예를 들어 진로진학상담과정에서 교사는 학생들의 자신에 대한 이미지, 중요하다고 생각하는 가치관, 미래에 대한 계획 등을 토대로 직접 문장완성검사를 개발하여 활용할 수 있다. 가령 '나는 직업을 선택할 때 ······을 가장 중요하게 고려할 것이다' 등의 문항을 사용할 수 있을 것이다.

2) 성격 평가를 활용한 진로진학상담사례

교사가 다양한 성격 이론을 이해하면, 학생들이 자신의 성격을 잘 파악하고 건강한 성격을 형성하기 위해 노력할 수 있도록 성격 이론의 주요 개념을 반영하여 수업활동을 조직할 수 있다. 또한 교과과정에서 성격과 관련된 주제로 수업을 진행할 수 있다. 다음에는 고등학교 1학년 학생을 대상으로 '나의 성격'이라는 주제로 수업을 진행할 때 활용할 수 있는 두 가지 활동을 제시해보고자 한다. 두 가지 활동이 포함된 교수·학습 과정안은 대전교육과학원에서 발간된 「고등학교 진로교육 지도자료」(2009)에 제시되어 있는 내용을 수정한 것이다.

① 첫 번째 활동: 학생들이 자신의 성격에 대하여 파악하고 그것을 토대로 성격에 어울리는 직업을 탐색하는 활동을 한다. 이 활동은 진로진학상담교사가 학생들의 성격 유형을 쉽게 파악할 수 있는 간편한 활동이다(나의 성격 알아보기 1 활동자료 참조).

② 두 번째 활동 : 자신의 유형에 따른 자기의 성향에 대한 이해와 더불어 진로와 직업 선택에 참고할 수 있는 활동을 한다. 이 활동은 진로진학상담교사가 MBTI 간략 유형 검사를 실시하고, 자신의 유형을 파악한 후, 관련 직업 및 관련 학과를 알아보게 한다(나의 성격 알아보기 2 활동자료 참조).

교수 · 학습 과정안	
영역	자기이해
활동 주제	나의 성격
활동 목표	1. 자신의 성격을 확인하고 성격에 맞는 진로를 탐색할 수 있다. 2. 성격과 직업의 관계를 이해하고 자신의 성격 특성을 안다. 3. 자신이 원하는 직업과 어울리는 성격을 탐색할 수 있다.

활동 과정 내용

◈ 도입
* 성격이 진로선택과 관련하여 갖는 의미와 중요성을 설명한다.

◈ 활동
* 성격에 대한 이해를 돕기 위해 교사용 지도자료를 통하여 성격에 대해 이해시킨다.
* 학생활동지 '나의 성격 알아보기1', '나의 성격 알아보기2', '성격과 직업과의 관계'를 선택하여 활동하게 한다.
* 성격 알아보기의 응답 결과 자신이 어느 성격에 속하는지 살펴보도록 한다.
* 자신의 성격과 적합한 직업을 알아보고 자신에게 알맞은 진로계획을 세워 보도록 한다.

◈ 정리
* 성격의 이해를 통해 부족한 부분을 보완하도록 한다.
* 자신의 성격을 바르게 파악하는 것이 삶의 결정에 중대한 의미를 미친다는 점을 인식하게 한다.

참고문헌 및 관련 사이트	• 나의성격 알아보기 1 1. http://www.careernet.re.kr 2. http://jinro.kerinet.re.kr 3.관심의 기술 III. 경기도 교육정보원 • 나의성격 알아보기 2 1. http://www.mbti.co.kr/under/under_04.htm 2. http://myhome.hanafos.com/~uhaha/mbti.htm 3. 범교과학습 교수 · 학습자료, 충청남도교육연구원 4.너의 꿈은 무슨 색깔이니. 하영목, 가산출판사
준비자료	학생활동자료와 교사지도자료

지도상 유의점

1. 본 프로그램에서 실시하는 성격검사의 결과가 절대적인 것이 아님을 주지시키고 성의 있는 검사가 되도록 한다.
2. 마음속에 떠오르는 생각에 따라 솔직하게 선택해야 정확한 성격을 알 수 있음을 주지시킨다.
3. 성격이 직업활동의 성공과 실패를 좌우할 수도 있다는 점을 지도한다.

★ 다음은 성격과 관련된 단어들입니다.

생각이 깊음	실천적임	부끄러움	끈기 있음
조용함	솔직함	주장이 강함	당황을 잘함
습관적임	변화를 좋아함	침착하지 못함	규칙을 지킴
상상력이 풍부함	충고를 잘 들음	감정이 예민함	쾌활함
적극적임	도전적임	충동적임	잘 참음
소극적임	경쟁을 즐김	긍정적임	남을 배려함
부드러움	낙천적임	흥분을 잘함	덤벙거림
창의적임	혼자있기 잘함	기분이 앞섬	감동을 잘함

★ 자신의 성격을 표현한다고 생각되는 단어들을 잘 생각해 보고 선택해 보자.

> **내가 생각하는 나의 성격을 표현한 단어들**

★ 친구나 선생님, 그리고 부모님이 생각하는 나의 성격을 표현한 단어를 선택해 정리해 보자.

> **다른 사람이 생각하는 나의 성격을 표현한 단어들**

| 활동자료 | 나의 성격 알아보기 2 : MBTI 유형 검사 |

◆ 활동
* MBTI 간략 유형검사지를 나누어 주고 검사를 실시한다.
* 검사지를 받아 체크하여 통계를 내어 자신의 유형을 알아보게 한다.
* 검사결과를 살펴보고 자신의 유형특성을 이해하고 관련 직업, 관련학과를 알아보게 한다.

생각해 볼 문제

1. 진로진학상담교사로서 자신에게 매력적으로 느껴지는 성격 이론은 무엇인지 논의해 보자. 그 이유는 무엇인가?
2. 어떤 성격 이론에 근거해서 학생들을 위한 수업활동을 고안해 볼 수 있는지 논의해 보자.

참고문헌

김계현, 김창대, 권경인, 황매향, 이상민, 최한나, 서영석, 이윤주, 손은령, 김용태, 김봉환, 김인규, 김동민, 임은미 공저(2011). **상담학개론**. 서울: 학지사.

김계현, 황매향, 선혜연, 김영빈 공저(2012). **상담과 심리검사**. 서울: 학지사.

김봉환, 이제경, 유현실, 황매향, 공윤정, 손진희, 강혜영, 김지현, 유정이, 임은미, 손은령 공저(2010). **진로상담이론: 한국내담자에 대한 적용**. 서울: 학지사.

김아영(2007). **관찰연구법**. 교육과학사.

김춘경(2013). 제4장 개인심리학과 상담. 양명숙, 김동일, 김명권, 김성회, 김춘경, 김형태, 문일경, 박경애, 박성희, 박재황 공저. **상담이론과 실제**. 서울: 학지사. (pp. 137-175).

곽금주(2016). **발달심리학: 아동기를 중심으로**. 서울: 학지사.

권석만(2015). **현대 성격심리학: 이론적 이해와 실천적 활용**. 서울: 학지사.

권석만(2017). **인간 이해를 위한 성격심리학**. 서울: 학지사.

노안영, 강영신(2009). **성격심리학**. 서울: 학지사.

노안영(2010). **상담심리학의 이론과 실제**. 서울: 학지사.

대전교육과학원(2009). **고등학교 진로교육 지도자료**.

어윤경(2007). 청소년 성격유형에 따른 진로상담 프로그램의 효과-MMTIC 성격유형의 주기능 분석을 통하여-. **교육학연구**, 45(4), 87-113.

이경미, 김영숙, 이현림(2006). 직업적 성격유형을 적용한 진로집단상담 프로그램이 중학생의 자아개념과 진로의식성숙에 미치는 효과. **상담학연구**, 7(1), 63-83.

임지영(2008). 청소년 심리평가에서 한국판 MMPI-A의 임상적 유용성에 대한 연구. **한국청소년연구**, 19(1), 193-213.

정옥분, 정순화(2016). **부모교육**(2판). 서울: 학지사.

황매향(2010). **진로탐색과 생애설계**. 서울: 학지사.

Adler, A.(1956). *The individual psychology of Alfred Adler*. In H. L. Ansbacher & R. R. Ansbacher(Eds.). New York: Basic Books.

Allport, G. W.(1927). Concepts of trait and personality. *Psychological Bulletin, 24*, 284-293.

Allport, G. W.(1961). *Pattern and growth in personality*. New York: Holt, Rinehart, and Winston.

Amundson, N. E., Harris-Bowlsbey, J., & Niles, S. G.(2009). *Essential elements of career counseling: Processes and techniques*(2nd ed.). Upper Saddle River, NJ: Pearson Education.

Bornstein, M. H. & Lamb, M. E.(Eds.).(2005). *Developmental science: An advanced textbook*(5th ed.). Mahwah, NJ: Lawrence Erlbaum Associates.

Braungart, J., Fulker, D. F., & Plomin, R.(1992). Genetic mediation of the home environment during infancy: A sibling adoption study of the HOME. *Developmental Psychology, 28*, 1048-1055.

Buss, A. H. & Plomin, R.(1984). *Temperament: Early developing personality traits*. Hillsdale, NJ:

Lawrence Erlbaum Associates.

Buss, A. H. & Plomin, R.(1986). The EAS approach to temperament. In R. Plomin & J. Dunn (Eds.), *The study of temperament: Changes, continuities and challenges*(pp. 67-79). Hillsdale, NJ: Lawrence Erlbaum Associates.

Carver, C. S. & Scheier, M. F.(2004). *Perspectives on personality*(5th ed.). Boston: Pearson Education.

Cloninger, C. R.(1987). A systematic method for clinical description and classification of personality variants: A proposal. *Arch Gen Psychiatry, 44*, 573-588.

Cloninger, C. R.(1994). *The temperament and character inventory(TCI): A guide to its development and use*. Washington University. St. Louis, Missouri: Center for Psychobiology of Personality.

Costa, P. T. Jr. & McCrae, R. R.(1985). *The NEO personality inventory manual*. Odessa, FL: Psychological Assessment Resources.

Costa, P. T. Jr. & McCrae, R. R.(1989). *The NEO-PI/NEO-FFI manual supplement*. Odessa, FL: Psychological Assessment Resources.

Costa, P. T. Jr. & McCrae, R. R.(1992a). The five-factor model of personality and its relevance to personality disorders. *Journal of Personality Disorders, 6*, 343-359.

Costa, P. T. Jr. & McCrae, R. R.(1992b). *Revised NEO personality inventory (NEO-PI-R) and NEO five-factor inventory (NEO-FFI) professional manual*. Odessa, FL: Psychological Assessment Resources.

Dreikurs, R.(1953). *Fundamentals of Adlerian Psychology*. Chicago: Alfred Adler Institute.

Emde, R. N., Plomin, R., Robinson, J., Reznick, J. S., Campos, J., Corley, R., DeFries, J. C., Fulker, D. W., Kagan, J., & Zahn-Waxler, C.(1992). Temperament, emotion, and cognition at fourteen months: The MacArthur Longitudinal Twin Study. *Child Development, 63*, 1437-1455.

Furnham, A. & Fudge, C.(2008). The five factor model of personality and sales performance. *Journal of Individual Differences, 29*(1), 11-16.

Gottlieb, G.(2003). On making behavioral genetics truly developmental. *Human Development, 46*, 337-355.

Griffith, J. & Powers, R.(1984). *An Adlerian Lexicon*. Chicago: The American Institute of Adlerian Studies.

Henry, B., Caspi, A., Moffitt, T. E., & Silva, P. A.(1996). Temperamental and familial predictors of violent and nonviolent criminal convictions: Age 3 to age 18. *Developmental Psychology. 32*, 614-623.

Kelly, G. A.(1955). *The psychology of personal constructs*. New York: W. W. Norton.

Kelly, G. A.(1963). *A theory of personality: The psychology of personal constructs*. New York: W. W. Norton.

Lerner, R. M.(2002). *Concepts and theories of human development*(3rd ed.). Mahwah, NJ: Lawrence Erlbaum Associates.

Maslow, A. H.(1968). *Toward a psychology of being*(2nd ed.). New York: Van Nostrand.

Maslow, A. H.(1970). *Motivation and personality*(2nd ed.). New York: Harper & Row. (Original work published 1954).

McCrae, R. R. & Costa, P. T. Jr.(1997). Personality trait structure as a human universal. *American Psychologist, 52*(5), 509-516.

McWilliams, N.(2008). 정신분석적 진단: 성격구조의 이해(*Psychoanalytic Diagnosis: Understanding personality structure in the clinical process*). 정남운, 이기련 역. 서울: 학지사(원전은 1994년 출판).

Miserandino, M.(2012). *Personality psychology: foundations and findings*. NJ: Pearson Education.

Morgan, C. D. & Murray, H. A.(1935). A method for investigating fantasies: The Thematic Apperception Test. *Archives of Neurology & Psychiatry, 34*, 289-306.

Musson, D. M., Sandal, G. M., & Helmreich, R. L.(2004). Personality characteristics and trait clusters in final stage astronaut selection. *Aviation, Space, and Environmental Medicine, 75*(4), 342-349.

Myers, L. B.(1962). *Manual: The Myers-Briggs Type Indicator*. Princeton, NJ: Educational Testing Services.

Newman, D. L., Caspi, A., Moffitt, T. E., & Silva, P. A.(1997). Antecedents of adult interpersonal functioning: Effects of individual differences in age 3 temperament. *Developmental Psychology. 33*, 206-217.

Pervin, L. A. & John, O. P.(2001). Personality: Theory and research(8th ed.). New York: Wiley.

Reeve, J.(2009). *Understanding motivation and emotion*(5th ed.). Hoboken, NJ: Wiley.

Rogers, C. R.(2009). 진정한 사람되기(*On becoming a person: A therapist's view of psychotherapy*). 주은선 역. 서울: 학지사(원전은 1961년 출판).

Rogers, C.(1963). The actualizing tendency in relation to "motives" and to consciousness. In M. Jones (Ed.), *Nebraska symposium on motivation*(Vol. 11, pp. 1-24). Lincoln: University of Nebraska Press.

Rorschach, H.(1942). *Psychodiagnostics*. Berne, Switzerland: Hans Huber.

Rothbart, M. K. & Bates, J. E.(1998). Temperament. In W. Damon(Series Ed.) & N. Eisenberg(Vol. Ed.), *Handbook of child psychology: Vol. 3, Social, emotional, and personality development*(5th ed., pp. 105-176). New York: Wiley.

Rothbart, M. K. & Derryberry, D.(1981). Development of individual differences in temperament. In M. E. Lamb & A. L. Brown(Eds.). *Advances in developmental psychology*(Vol. 1, pp. 37-86). Hillsdale, NJ: Lawrence Erlbaum Associates.

Rubinstein, G. & Strul, S.(2007). The five factor model (FFM) among four groups of males and female professionals. *Journal of Research in Personality, 41*, 931-937.

Shaffer, D. R.(2012). 사회성 발달(*Social and personality development*, 5th ed.). 송길연, 이지연 역. 서울: Cengage Learning(원전은 2005년 출판).

Shaffer, D. R. & Kipp, K.(2014). *Developmental psychology: Childhood and Adolescence*(9th ed.). Cengage Learning.

Sharf, R. S.(2011). Theories of psychotherapy & counseling: Concepts and cases(5th ed.). CA: Brooks Cole.

Thomas, A. & Chess, S.(1977). *Temperament and development*. New York: Brunner/Mazel.

Thomas, A. & Chess, S.(1986). The New York longitudinal study: From infancy to early adult life. In R. Plomin & J. Dunn(Eds.), *The study of temperament: Changes, continuities, and challenges*(pp. 39-52). Hillsdale, NJ: Lawrence Erlbaum Associates.

Thomas, A., Chess, S., & Birch, H. G.(1970). The origin of personality. *Scientific American, 223*(2), 102-109.

Trull, T. J. & Prinstein, M. J.(2015). 임상심리학(*The science and practice of clinical psychology*, 8th ed.). 권정혜 외 역. 서울: Cengage Learning(원전은 2013년 출판).

Zuckerman, M.(2005). *Psychobiology of personality*(2nd ed.). New York: Cambridge University Press.

8장

진로진학상담교사가 알아야 할 교수학습 이론

손민호

    21세기의 급변하는 세계 무대에서 개인 역량의 중요성이 나날이 강조됨에 따라 학력 중심의 교육은 점차 그 설득력을 잃고 있다. 이에 2015년 개정교육과정에서는 자기관리 역량, 지식정보처리 역량, 창의적 사고 역량, 심미적 감성 역량, 의사소통 역량, 공동체적 역량을 핵심 역량으로 하는 역량 기반 교육과정을 지향하고자 한다. 창의성과 인성을 강조하고 21세기 미래 사회를 이끌어 갈 '꿈과 끼를 살리는 행복교육'을 지향하는 현 정부의 교육정책 노선은 범교과적 능력으로서의 핵심 역량을 다루기 위한 내용과 방법에 대한 논의를 중심으로 교육 연구와 현장에서 중요한 이슈가 되어 왔다.

    2015년 개정교육과정에서는 '학생 자신의 진로를 창의적으로 개발하고 지속적으로 발전시켜 성숙한 민주시민으로서 행복한 삶을 살아갈 수 있는 역량을 기른다'는 것을 목표로 역량 중심의 진로교육을 시작했다. 역량 기반 교육이 지향하는 진로교육은 학생 개개인이 자신의 소질과 적성을 바탕으로 진로를 창의적으로 개발하고 지속적으로 발전시킬 수 있는 역량을 기르며 궁극적으로는 행복한 삶을 살아가도록 하는 것이다.

    이 장에서는 진로교육을 한 개인의 삶의 영역 전반에서의 학습 과정으로 이해하는 평생교육의 관점에서 이해하고, 궁극적으로 개인의 삶을 위한 정체성을 형성해 나가는 과정적 활동으로 파악한다. 정체성은 개인의 내부에서 일관된 동일성을 유지하는 본질적 특성으로서의 개념과 더불어 타인과 구별되는 개별적 존재로서 '나다움'을 찾아가는 과정으로서의 역동적 개념으로 이해할 필요가 있다. 역량 기반 교육과정과 진로교육의 취지에 부합하는 참여의 과정으로서의 학습에 관해 정리해 보고, 나아가 진로역량으로서의 '나다움'을 찾아가는 교수학습 방법의 원리가 무엇인지 살펴본다.

1 참여로서의 학습

1) 사회구성주의와 상황학습

최근 학습 이론 연구자들 사이에서는 학습을 좀 더 넓고 광범위한 차원에서 보고자 하는 경향이 지배적이다. 학습에 영향을 미치는 제반 요인을 총체적으로 고려하고, 이를 지원하고자 하는 소위 생태학적인 관점을 취한다. 인터넷과 같은 네트워크의 발달로, 오늘날 학습자가 경험하는 학습의 접근 가능성이 높아짐에 따라, 다양한 정보 자원에 노출되어 있기 때문이다.

이러한 사회구성주의 학습 이론 가운데 대표적인 것으로 상황학습과 실천공동체론을 들 수 있다. 이들 교수학습 이론은 최근에 대안적인 수업조직모형으로 활용되는 배움의 공동체나 현장 중심의 전문성 신장을 위한 시도인 교사전문학습공동체 등을 통해 우리 사회에도 널리 알려져 있을 만큼 영향을 미쳤다.

상황학습 이론에 따르면, 우리가 배우고 따르게 될 지식은 개인의 내부가 아닌 우리를 둘러싼 사회생태적인 환경에 편재해 있다. 지식의 생산을 둘러싼 사회기술적 체제나 지식의 생산 및 유통 속도나 과정 등 사회적 환경이 매우 빠르게 바뀌고 있고 이에 대한 접근 통로 또한 훨씬 다양해지고 넓어졌다. 이는 자신이 원하는 지식이나 정보가 어디에 있는지, 어떻게 이용할 수 있는지에 대한 접근성의 문제로 볼 수 있다. 경험과 학습의 자원이 정보 테크놀로지나 해당 정보를 가지고 있는 다른 사람들과의 네트워크 등으로 다양하고 풍부해짐에 따라, 학습에서는 이러한 자원을 어떻게 찾고 접근하여 취할 수 있는지가 중요한 관건이 된다.

전통인지심리학의 관점과 이러한 관점을 통해 이루어지는 학교 수업이 만들어낸 학습과 인지의 정의에 따르면, 학습과 인지는 개인의 내부에 가지고 있는 인지적 과정 속에서 지식 간의 결합, 변형 등을 통하여 이루어진다. 그리고 상황과 같은 개념은 개인의 학습과 인지에 영향을 미치는 외부적인 환경적 요인으로 본다. 결국 전통인지심리학에서의 학습이란 학습 과정에서 학습자 스스로 지식을 발견하든지 타인에게 전달받거나 타인과의 상호작용을 통해 얻든지 하는 상황과 관계없이 학습자가 지식을 내면화하는 과정이라고 본다. 이러한 관점을 부정적으로 보는 상황학습에서 이루어지는 학습은 개인과 개인을 둘러싸고 있는 도구, 타자, 상황적 맥락 등과의 상호작용을 통하여 상황을 만들어 나가면서 이루어진다.

사회구성주의 학습 이론가들은 상황이 없는 학습은 결국 학습의 주체와 관계없는 경험의 허상을 제공한다고 본다. 학습자가 실세계에서 만나는 문제에 대처하고 이를 해결하기 위해서는 그들의 학습 환경에 반드시 상황을 전제로 제공해야 하며 실세계의 복잡함을 가지고 있어야 한다고 강조한다. 학습자는 지식을 활용하는 맥락 가운데서 의미를 구성하여 학습하게 되고, 이렇게 학습된 지식을 실천하는 과정에서 사용함으로써 지식을 획득하게 된다. 따라서 지식을 학습한다는 것은 알맞은 상황 속에서 사회적 실천에 참여한다는 의미로 볼 수 있다.

2) 참여의 정체성과 실천공동체

레이브와 웬거(Lave & Wenger, 2010)에 따르면, 상황학습에서 이루어지는 학습은 '전인격적'인 문제와 관련되어 있으며 '실천공동체' 안에서 실천에 참여하는 형태라고 본다. 이러한 관점은 어떤 과제를 달성하여 일어나는 새로운 지식의 학습에 대해 개인이 지식을 내면화하는 문제를 넘어서 좀 더 큰 시스템 위에서의 정체성을 정의할 필요가 있음을 보여준다. 사람들은 어떠한 상황에 놓이든지 그 상황 속에서 발견할 수 있는 다양한 자원과 도구를 적극적으로 활용하고 이 과정을 통해 새로운 상황을 만들어 가면서 인지적 행위를 조작하게 되는데, 이를 상황학습 기반 수업에서 말하는 학습의 정의라고 할 수 있다. 이에 따르면, 상황을 만들어내거나 인지적 행위를 조직화하는 과정은 일방적인 관계가 아닌 상호적인 형태로 만들어진다고 보아야 할 것이다.

학습을 '실천공동체에의 참여'로 보는 관점은 상황학습의 개념이 의미할 수 있는 거시적인 차원을 잘 나타내 주고 있다. 다음 예는 한 개인이 전문 분야에서 어떻게 성장해 가는지에 관해 언급하고 있으며, 거시적 차원에서의 상황학습의 의미를 잘 보여주고 있다.

기영 씨는 갑을대학교 심리학과 대학원 학생이다. 그는 박사과정 첫해에도 자신의 진로를 결정하지 못하고 있었다. 그래서 필수과목만 수강하고 관심 있는 연구 기회가 주어지는 대로 참여했다. 그러던 중 한 연구 프로젝트 책임교수의 조교로 일하게 되었다. 그의 업무는 교재자료에서 독서와 학습에 관여된 인지과정에 관한 연구를 수행하고 보고서 작성을 돕는 일이었다. 기영 씨의 첫 과제는 이 연구와 관련된 발표 논문을 찾아서 연구팀의 다른 연구원과 공유할 수 있도록 논문의 초록을 작성하고 정리하는 일이었다. 기영 씨는 연구 첫해에 처음으로 완성된 연구결과 보고서 가운데 일부의 초고를 작성하게 되었다. 그는 이후 학회에서 연구 결과를 발표했다. 그리고 당해 연도 말까지 연구변인과 연구설계를 제안하는 프로젝트에 공동 연구원으로 참여하게 되었다.

기영 씨는 심리학 연구 공동체에 참여하면서 그가 속한 공동체에서 일정한 자격과 지위를 갖게 된다. 그가 새로운 지위를 갖게 되었다는 것은 또한 다른 구성원과의 관계가 달라졌다는 것을 의미한다. 그가 가지고 있는 지식이나 기술, 참여양식은 공동체에서 그의 지위, 더 나아가 지위에 따라 새롭게 구성하게 되는 자신의 정체성의 궤적과 밀접하게 연관되어 있다.

위 예에서 기영 씨가 전문 연구원으로서의 전문성을 갖추게 된 것은 단지 전문적 지식이나 기술이 어느 수준에 이르게 되었다는 것 이상이다. 그러한 능력에는 무엇이 중요하고 무엇이 사소한지, 그것이 왜 중요한지, 무엇을 해야 하고 하지 않아도 되는지, 무엇에 더 주의를 기울여야 하는지, 어떤 것을 언급할 필요가 있고 어떤 것은 그렇지 않아도 되는지, 낡은 방식대로 하면 되는지 아니면 새롭게 할 필요가 있는지, 누구와 상의해도 되는지 아니면 혼자서 처리해야 하는지 등에 관한 총체적 감각이 요구된다. 이러한 총체적 감각은 그가 속한 전문가 사이에서의 지위, 다른 구성원과의 관계 등에 의해 결정되기도 한다. 이러한 감각은 타인과의 관계에 대한 의식이나 생각, 실천 속에서 길러진다는 점에서 사회적이다. 여기에서 말하는 타인이란 동일한 일이라고 생각하는 실천에 종사하는 사람을 일컫는다. 개인의 지식이나 기술은 해당 분야나 공동 관심을 갖고 있는 타인에게서 인정받아야 한다. 거꾸로 말하면 개인의 지식이나 기술은 그들에 대한 설득력이나 그들로부터의 인정을 얻어내는 방식과 불가분의 관계로 발전한다.

우리는 태어나서 공동체의 일원으로 살아간다. 우리가 살아가면서 소속된 공동체는 하나 이상이다. 예를 들어 한 개인은 가족이라는 실천공동체의 구성원이면서 동시에 직장이라는 실천공동체의 구성원이기도 하다. 직장을 넘어서 해당 전문직이 속해 있는 협회의 구성원이기도 하다. 실천공동체란 실천과 그 의미를 함께 공유하는 집단을 말한다.

낯선 조직이나 문화에 처음 들어간 신참은 그 안에서 사람들의 관계와 상호작용, 즉 실천공동체에 참여하는 과정에서 관찰 이상의 기회를 접하게 된다. 이는 '실천의 문화'에 동화되는 과정이다. 신참은 참여 기간 동안 실천의 문화를 자기 것으로 만드는 기회를 접하게 된다. 그리고 주변부적인 시각에서 무엇이 그 실천공동체를 유지시키고 있는지에 대해서 자신의 경험을 점차적으로 키워 나간다.

이 과정에서 신참은 누가 그 일에 관여하고 있는지, 그들이 무엇을 하면서 살아가는지, 그 공동체의 구성원이 경험하는 일상은 어떠한지에 관해 배운다. 또한 고참이 어떻게 말하고 걸으며 일하고 자신들의 삶을 살아가는지, 다른 신참은 무엇을 하고 있고 고참이 되기 위해서 무엇을 익혀야 하는지를 파악해 간다. 또한 여기에는 고참이 언제, 어떻게, 무엇에 관해 상호 협력하거나 결탁하며 서로 충돌하는지, 무엇을 좋아하고 무엇을 싫어하는지, 무엇을 존중하고 추구하는지에 관한 이해도 포함된다.

지금까지 이루어진 대부분의 학습이 개인적 인지에 초점을 두었다면, 상황학습은 개인을 둘러싸고 있는 상황을 중요하게 여긴다. 학습은 개인과 상황의 상호작용을 통해 이루어지며, 학습 목표는 지식을 도구로 활용하여 실세계 상황에서 활용되는 지식을 익히는 것이라고 본다. 그런데 학교라는 곳은 실세계 상황과 같을 수 없다. 오히려 학교라는 그 자체로 특수한 상황적 맥락을 형성하므로, 학교는 특정한 문화적 가치를 실천해 나가는 공간으로 새롭게 볼 수 있다.

상황학습 기반 수업에서 실천하는 특정한 문화적 가치는 교사와 학생을 포함한 교실 속의 구성원이 서로 협력적인 태도로 조력하는 것이다. 그러므로 상황학습 기반 수업은 교실 속의 구성원이 만들어낸 상황을 효과적으로 활용하는 방안을 모색하고 구성원이 실제적인 문제를 협력하여 해결해 나가는 과정이라고 할 수 있다. 상황학습 기반 수업에서는 학생 개개인의 학습 과정에 초점을 맞추는 것을 넘어서 교실에서 이루어지는 전체적인 수업 상황 연구를 통하여 학생, 교사, 도구, 상황적 문제, 맥락 등이 어떻게 관련되어 상호작용이 이루어지는지 살펴보는 것을 중요하게 여긴다. 따라서 상황학습 기반 수업은 교실 속의 구성원이 만들어낸 상황을 구성원이 협력적으로 해결해 나가는 실천공동체의 활동이라고 정의할 수 있다.

학교라는 상황 속에서 이루어지는 학습을 할 때에는 학습자에게 계획된 교수-학습을 전달하는 데만 초점을 두지 말고 학습자가 적극적으로 구성해 나가는 다양한 상황에 반응하여 수업 계획을 재구성하는 데 초점을 맞추어야 한다. 또한 학습은 상황 속에서 일어나기 때문에 실제적이며 구체적인 상황 제시가 필요하며, 이 과정에서 학습자는 학습 내용과 관련된 전반적인 문화를 습득할 수 있다.

이하에서 사회구성주의 교수학습 이론을 기반으로 하여 진로교육을 설계할 때 반영해야 할 몇 가지 특징에 관해 살펴보고자 한다.

2 진로역량으로서 '나다움'

1) 생애 설계로서의 진로교육

직업 체험활동이나 '진로와 직업' 교과활동 등은 모두 학생들에게 자신의 진로 문제에 대해 고민하고 직업세계와 자아에 대한 이해의 기회를 제공한다는 측면에서 매우 중요한 부분임에는 틀림없다. 그렇지만 이러한 활동이 여전히 '학생 개인에 대한 맞춤형 진로설계'로 나아갈 수 없다는 한계를 인식하고, 학생들이 삶 속에서 의미를 갖고 자신의 진로를 주도적으로 개발하도록 해 주는 역량의 문제와 연계시킬 수 있을지에 대한 고민이 필요하다. 여기에서는 이 같은 창의적 진로설계를 위한 대안적 개념으로서 '아이덴티티(Identity)'의 속성을 설명하고 '나다움'을 꾸려 가는 진로교육의 실천적 모형으로서의 가능성을 탐색해 보고자 한다.

진로설계가 삶의 과업으로서의 계획이라는 의미를 넘어서 다양한 삶의 전개과정에서의 총체적 의미를 갖는다고 보는 관점에서는 진로교육을 생애 설계로서의 통합적 자아실현이라고 본다. 진로설계의 궁극적 목표가 행복을 위한 자아실현이라는 점에서, 이를 생애 전반의 자신의 삶을 스스로 의미 있게 가꾸어 나가는 가치의 확립 과정이라고 이해할 필요가 있다. 자아가 사회와의 상호작용의 결과이자 과정으로서 존재하지 않는다는 점에서 행복은 어떠한 사회적 기준과 잣대가 아닌 나다움으로서의 행복한 삶의 방식을 찾아가는 것이다. 직업이나 일과 같은 제도적 역할은 자아의 일부로서 존재할 뿐이다. 그것이 자신의 행복한 삶의 방식과 조화를 이룰 때 성공과 행복의 진정한 의미를 갖게 된다. 따라서 진로란 나의 직업이나 일을 선택하는 국지적 차원의 문제가 아니며, 나에게 행복이란 무엇인지에 대한 포괄적인 삶의 성찰을 먼저 할 필요가 있다.

서로 다른 환경과 여건에서 서로 다른 경험을 하고 서로 다른 성격을 지닌 개인이 형성하는 정체성은 어느 누구와도 동일할 수 없다. 이는 성격이나 가치관의 차이라는 개인의 문제임과 동시에 행복이나 세상을 이해하는 세계관의 차이이기도 하다. 따라서 성공과 행복을 받아들이는 삶의 방식에 있어서도 개인들은 무수히 다양성을 보인다. 그럼에도 개인의 능력이나 성격의 차이를 개인의 내부에서 기인한 것으로 보는 심리학적 이해 방식에 따라 진로에 대한 설계와 달성은 여전히 한 개인의 능력과 역량의 문제로 치부되게 마련이다. 성공과 실패를 위한 노력은 인내와 끈기 등으로 비유되면서 목표에 대한 성취를 위한 수단으로서 응당 치러야 하는 대가 또는 수단으로 여겨지기도 한다. 심지어는 '행복'이라는 것조차도 하나의 목표로 그것을 위해 삶의 일정 시간을 투자하고 감내해야 한다고 보는 기능주의적 사고가 전제된다.

이러한 진로교육 방식은 비록 그것이 개인의 행복한 삶의 설계라는 이상향을 꿈꾸고 있기는 하지만, 그것이 실행되는 프로그램이 내포한 자기성찰적 방법이 필연적으로 상정하고 있는 심리학적 전제들로 인하여 삶에 대한 동인을 개인의 내면에 국한시켜 이해하도록 만든다.

그러나 최근에 개인 내면의 문제로만 여겨졌던 인간의 인지와 사고에 대한 이해방식이 상황적 변수들과의 영향 가운데 파악해야 하는 역동적 개념이라는 인식의 전환을 바탕으로, 개인의 정체성이 갖는 역동성에 대한 새로운 설명이 가능해졌다. 이러한 변화의 관점은 개인의 삶을 바라보는 근원적인 이해를 다르게 하며, 진로교육에 대한 새로운 시각을 요청한다. 개인의 삶은 생애발달 단계마다 노력과 헌신으로 계획한 바를 성취하기 위한 목표 달성의 과정으로 존재하는 것이 아니라, 예측할 수 없는 상황적 요인들에 적극적으로 대처하고 조율해 나감으로써 행복과 의미를 추구하는 생동하는 과정으로 존재한다. 진로교육은 행복한 삶을 위한 자아의 확립을 돕는 삶의 태도와 가치에 대한 이해를 바탕으로 설계해야 한다.

2) 인격적 정서로서의 '나다움'

'나다움'으로시의 진로역량은 지식이나 기술의 습득과 활용을 통한 수행성이라는 기능주의적인 이해를 넘어서 무엇 또는 누군가가 된다는 것을 의미한다. 이는 역량이 갖는 총체성으로서 인격적 속성을 반영함과 동시에 공동체의 재생산 과정으로서 역량이 한 개인에게 어떻게 경험되는지를 함축적으로 설명한다.

역량 개념은 본래 현대 사회에서 성공적으로 살아가는 데 필요한 인간 능력의 내용과 조건을 드러내기 위해 고안된 것으로, 역량 접근은 직업 교육이나 훈련 분야에서 중점적으로 논의되다가 학교교육으로 전이되었다. 따라서 종래에 역량이란 용어는 주로 기업 교육이나 직업 교육의 맥락에서 쉽게 발견할 수 있었다. 기업 역량, 마케팅 역량, 간호 역량, 교수 역량 등이 이에 해당한다. 이처럼 역량의 개념을 직업의 문제로 연결지어 보는 관점은 신자유주의적 경향성을 드러낸다. 교육과 관련지어 신자유주의적 관점을 긍정적으로 보는 입장도 있겠지만, 교육 분야에 신자유주의를 분별없이 도입함으로써 부정적 결과를 가져올 가능성을 내재하고 있거나 이미 그러한 결과를 초래하고 있다는 점을 공감하는 사회적 분위기가 더욱 확산되는 추세이다(Hargreaves, 2011).

이러한 역량에 대한 대안적 접근으로 제시되고 있는 것이 소위 역량에 내포된 근원적 속성으로서의 인격적 속성을 강조하는 공동체주의이다. 여기에서 인격적이라는 말이 통상적인 의미로 도덕적이거나 포용적임을 뜻하는 것은 아니다. 실존적인 의미에서 선택과 결정의 의지를 담보로 한다는 뜻에서 인격적이라는 것은 상황에 대한 공감 능력을 의미한다. 예를 들어 오늘날 정보처리 능력이 뛰어난 컴퓨터에 대해서 '용량(capacity)'이 크다고 할 뿐 '역량(competency)'이 있다는 표현은 사용하지 않는다. 컴퓨터의 정보처리 및 문제해결 능력이 인간의 한계를 훨씬 능가하는 수준으로 발전해 왔음에도 인공지능이 자유 의지를 통한 선택과 결정을 할 수는 없기 때문이다.

정확한 데이터와 알고리즘을 바탕으로 작동되는 인공지능은 인간의 경험이 내포한 맥락적 의미의 모호함 속에서의 선택과 결정을 하기가 불가능하다는 점에서 볼 때, 인간의 행위로서 선택과 결정이 갖는 고유한 속성은 매우 정서적인 문제로 존재한다는 것을 알 수 있다. 듀이(Dewey)는 정체성의 실존 양태인 자아(自我)에 대하여 설명하면서, 자아가 고정되어 있거나 이미 만들어져 있는 것이 아니라 행동의 선택에 따라 끊임없이 형성된다고 했다. 예를 들어 전염병이 퍼졌을 때 의사가 생명의 위협을 무릅쓰면서 환자를 돌볼 것인가, 아니면 일을 포기하고 개인적인 안전과 안락을 선택할 것인가의 문제는 그가 그 당시 어떤 상황적 이해와 관심에 따라 어떠한 선택을 했는지에 대한 것일 뿐이다. 여기에서 자아는 결코 행동에 앞서 존재하는 고정된 그 무엇이 아니다(Dewey, 2007). 이는 선택과 결정이 당시의 상황적 요인들 사이의 실천의 과정을 통한 공감이라는 정서적 경험을 기반으로 합리성을 얻게 된다는 것을 의미한다.

정체성이 비교적 지속적인 한 개인의 정서적 에너지라는 점에서, 이 같은 지속성은 경험의 반복을 통하여 한 개인의 성격이나 경향성, 스타일로 자리잡는다. 듀이는 이러한 경험을 '완전한(whole) 경험' 또는 '미적(esthetic) 경험'이라고 설명하는데, 이는 아름다움이나 조화로움으로서의 완결된 의미를 갖는 경험을 의미한다. 이러한 개인의 지속적인 정서적 에너지로서의 '나다움'은 자신의 과거의 경험과 미래의 기대하는 바를 중심으로 하나의 정서적 조화로움을 추구하는 선택과 결정의 경향성을 의미한다. 이러한 경향성은 한 개인의 익숙하고 안정된 아이덴티티로, 인지적으로 분별하기 힘든 정서적 몰입의 상태에서 개인에게 긍정적인 경험을 제공하기도 한다(Dewey, 2003).

정서적 경험으로서의 몰입은 다른 어떠한 목적을 위한 수단적 행위에서는 경험할 수 없는 것으로, 모든 대상이 하나의 통일된 정서를 형성하는 집단적 공감의 상태이다. 우리는 이러한 몰입의 경험을 통해 즐거움을 느끼고 행복을 경험한다. 이는 몰입적 경험이 불러오는 매우 직관적이고 감각적인 행위에서 발생하는 정서적 안정감과 조화로움이라는 내적 보상 때문이다(Csikszentmihalyi, 2003). 따라서 개인은 이러한 정서적 경험을 지속적으로 추구하며, 이는 개인의 인격이나 성향 등으로 여겨지는 정체성의 일부로 자리잡게 된다. 또한 이렇게 형성된 정체성으로서의 하나의 정서는 삶의 모든 선택과 결정에서 정서적 조화로움의 상태를 추구하는 하나의 경향성을 형성하며 통일된 인격으로서의 의미를 구축해 나간다.

듀이는 정체성의 이러한 속성을 '습관'이라는 개념을 통해 말하면서 정체성의 정서적인 측면을 설명하기도 한다. 습관은 성격상 이때까지 해오던 방식으로 활동하는 데에서 편안함을 느끼는 상태이다. 습관을 재조정하려면 필연적으로 거북하고 힘든 노력이 필요하다(Dewey, 2007). 즉 유사한 방식과 형태의 선택과 결정이 익숙함과 편안함을 느끼는 습관적 행위라면, 새롭고 낯선 상황에 대한 선택과 결정에 따르는 고민과 난처함은 자아의 확대를 의미한다. 다시 말해서 인격적 선택과 결정은 결코 원리 또는 규칙에 입각한 문제가 아니라 실천이 따라야 할 상황적 원리에 따르는 개인의 정서 문제인 것이다. 결국 정체성의 형성이라는 것은 곤란과 장애를 극복하는 것을 관심사로 하는 정서의 확장이며 역량의 신장을 의미한다.

3) 참여의 정체성으로서 '나다움'

'나는 어떤 사람인가', '당신은 어떤 사람이다'와 같은 자아에 대한 생각이나 말은 정체성의 일부가 될 수 있지만 한 개인의 정체성의 전부를 설명할 수는 없다. 뿐만 아니라 기관 차원의 규정이나 역할 역시 그 사람의 책임이나 권리, 지위나 대우 등과 같은 행위와 존재 방식에 대한 가늠의 매개로만 작용할 뿐 그 사람의 정체성을 전부 설명해 주지는 못한다. 정체성은 사실상 삶의 전 과정에서 일상적 생활방식을 통해 지속적으로 드러나고 형성되는 실제적인 자아의 존재방식이기 때문이다(Wenger, 2007).

크롬볼츠(Krumboltz, 2009)는 우연학습 이론을 설명하면서, 한 사람의 삶에서 일어나는 예기치 않은 다양한 사건은 그 사람의 진로에 영향을 미치며, 이러한 영향이 그 사람의 삶에 의미 있게 작용하는 경우를 '계획된 우연(planned happenstances)'이라고 했다. 삶의 과정에서 경험하는 우연적이고 일상적인 사건은 한 개인의 선택과 결정을 통해서 때로는 인생의 전환점이 되기도 하고 때로는 사소한 일상의 한 부분이 되기도 한다. 이러한 선택과 결정은 자아를 구성하는 연대적 경험을 조직하는 방식으로, 내가 하고 싶은 것, 내가 할 수 있는 것, 내게 익숙한 것, 내가 이해할 수 있는 것, 내가 사용할 수 있는 것 등을 고려하여 생겨난다. 이러한 경험에 대한 조직은 결국 사회적 상호작용에서 자신의 영향력과 관계를 구축하기 위한 참여에 대한 결정이며, 이에 대한 사회적 대상에 대한 선택으로서 협상의 과정을 의미한다. 즉 정체성은 미리 결정되거나 고정된 것이 아니므로, 개인은 가정과 학교 등과 같은 일상 경험과 사회적 상호작용을 통해 삶의 전 과정에서 지속적으로 형성해 나간다.

참여를 통한 정체성의 형성을 가시화해 설명하고자 하는 방식으로서 실천공동체 이론은 공동체에의 관여가 어떻게 한 개인의 정체성으로 자리잡아 가는지, 다시 말해서 실천이 어떻게 완결된 정서적 경험을 만들어내는지의 과정을 비교적 단순화하여 개념화한다. 특정 공동체에의 참여는 그 집단을 자신과 동일시하려는 암묵적 기대를 반영한 것이며, 참여의 과정은 나와 공동체 사이의 끊임없는 의미의 협상이다. 여기에는 공동체 구성원과의 관계 맺음, 함께하는 일에 대한 책임, 공유하는 정보와 대상에 대한 해석과 사용방식을 이해하고 활용하는 것이 포함된다. 즉 실천공동체 이론에서는 경험과 정체성 형성을 위한 맥락으로서 공동체를 상정하고 이러한 공동체에의 참여와 비참여의 경험의 궤적이 한 개인의 스타일과 성향, 성격 등을 만들어낸다고 본다. 뿐만 아니라 이러한 실천공동체의 일상 속에서의 경험은 실천 속에서 의미를 경험하고 타협해나가는 방식을 통해 내가 할 수 있는 것의 의미를 확장해 나가는 역량의 신장을 경험하게 만든다.

정체성의 형성 과정은 웽거(Wenger, 1998)가 제시한 공동체의 세 가지 소속 기제를 통해 접근할 수 있다. 이는 공동체에의 참여 과정에서 어떻게 곤란과 장애를 극복하고 정서적 조화로움을 경험하는지에 대한 이론적 개념화 작업이라고도 볼 수 있다.

정체성을 형성하는 데 필요한 첫 번째 요소는 상상력(imagination)이다. 이는 자아와 세계에 대한 이미지를 창출하는 창조적 과정으로, 이러한 상상을 통한 자아 이미지는 동일한 활동에 대해서도 각기 다른 경험을 하게 하고 경험의 잠재성을 발현시켜 주는 힘을 갖는다. 가령 벽돌을 쌓는 동일한 일을 하는 두 사람 가운데 한쪽은 자신이 하는 일에 대하여 단순히 벽돌 쌓는 작업이라는 의미를 부여하고 다른 한쪽은 성당을 짓는 일이라는 의미를 부여한다면, 이 두 사람은 분명 서로 다른 자아에 대한 이미지를 가질 것이다. 다시 말해서 자신이 하고 있는 국지적 경험을 거시적 구조와 연관시켜 인식하도록 하는 기제로서 시공간을 초월하여 자아를 확장하고 세계와 자아에 대한 이미지를 새롭게 창조하는 과정이다.

정체성을 형성하는 데 필요한 두 번째 요소는 참여(engagement) 활동이다. 이는 정체성 형성을 위한 의미의 협상 과정에 적극적으로 개입하는 것으로, 공동체의 공유된 역사와 관계와 상호작용하는 실천의 과정이다. 이러한 기제는 참여를 통한 의미를 구체화하고 새로운 의미를 창출하도록 하는 실제적인 참여의 과정이다. 예를 들어 엔지니어를 꿈꾸는 학생이 실제로 엔지니어로서의 성체성을 갖기 위해서는 공학 학습 과정만으로 충분하지 않다. 이는 교사 지망생이 실제로 교사가 되어 기존 교사 집단의 구성원과 그를 대하는 학생들과의 상호작용이라는 실천 과정 속에서 그 의미를 구체적으로 경험하고 기존에 미처 생각하지 못한 교사로서의 자아를 경험하는 경우와 같다.

정체성이 형성되는 데 필요한 세 번째 요소는 조율(alignment)과 협상(negotiation) 경험이다. 학습자가 동일시하고자 하는 공동체의 스타일이나 담론 등을 현재 자신의 태도와 정서, 관점과 조화롭게 하는 방식이 이에 해당한다. 다양한 공동체에 참여하는 경우 각각의 공동체는 상이한 관점과 행위를 나타낼 수 있는데, 개인은 상황에 따라 특정 관점을 부각시키거나 축소시키는 등의 방식으로 활동의 방향을 정하고 조정해야만 한다. 이러한 조정 행위는 공동체만의 독특한 스타일이나 이야기 가운데 동일시하고자 상상하던 대상을 나의 역량으로 연계함으로써 자아를 확장하기 위한 방식으로 작동한다. 이러한 행위의 방식은 공동체 소속의 징표로, 외부의 기준이나 기대를 자신의 정체성으로 적극적으로 내면화하는 작업이다.

이 같은 세 가지 요소는 서로 영향을 미치고 다양한 경험에 선별적으로 의미를 부여하며 학습의 궤적을 형성한다. 새로운 공동체에 참여하는 것은 자아의 확장임과 동시에 낯선 것을 익숙한 것으로 만드는 역량의 확장을 의미한다. 예를 들어 가정을 떠나 처음으로 학교에 가는 아이, 새로운 나라에 이주해 와서 그 나라의 문화에 적응해야 하는 이민자, 평직원에서 관리자로 승진하게 된 직장인의 경우가 그러하다. 그들은 이전에 경험하지 못한 공동체가 요구하는 역량이 서로 충돌하는 상황을 조정하고 타협하는 과정을 겪으면서 각기 다른 공동체의 경계를 가로지르는 자신의 정체성을 형성해 나간다.

3 진로역량을 위한 교수학습 설계의 원리

진로에 대한 고민과 선택의 문제가 결코 한 개인의 내면의 문제가 아니며 삶의 전반에서 지속적으로 이루어지는 과정의 문제라는 점에서, 진로교육은 직업 역량을 기르기 위한 프로그램이나 직업 탐색 또는 단일 교과의 형식만으로는 그 역할과 의미를 충분히 설명할 수 없다. '나다움'을 찾기 위한 생애 설계로서의 진로교육의 방향성이 결국 삶에서 자신만의 행복과 가치를 찾아가는 과정이라는 점에서, 진로교육은 삶의 원리와 행복의 의미를 성찰해 보는 경험이다. 이러한 진로교육은 삶의 다양한 경험 가운데서 도구적이고 수단적인 의미에서 내재적 가치를 발견하도록 함으로써 스스로 살아가는 힘을 길러 주고 행복한 삶을 살아갈 수 있도록 할 수 있다. 여기에서는 앞에서 제시한 아이덴티티 형성의 기제를 바탕으로 생애 설계로서의 진로교육 콘텐츠가 담아야 할 의미에 대하여 제안해 보고자 한다.

1) 삶의 우연성과 의미의 다양성에 경험 반영

크롬볼츠(Krumboltz, 2009)는 진로결정과 학습과정에 대하여 설명하면서, "커서 무엇이 되어야 하는지는 미리 계획할 필요가 없고 그렇게 해서도 안 된다. 대신 직업상담자들은 내담자에게 흥미롭고 유익한 다채로운 활동에 참여하는 일과 선택 가능한 기회에 대해 경계를 늦추지 않는 일, 새로운 활동에 성공하는 데 필요한 기술을 학습하는 일이 중요하다는 점을 가르쳐야 한다"고 말했다. "우연학습 이론은 각 개인의 직업상의 운명을 미리 예견할 수 없으나, 탄생 때부터 시작된 셀 수 없이 많은, 계획되었거나 계획되지 않았던 학습 경험의 작용이므로, 직업상담자(교사)들은 내담자(학생)들이 예상치 못했던 사건들을 생성할 수 있도록 새로운 기회에 대한 기민함을 유지하고, 발견한 기회를 활용하여 적극적으로 삶에 참여할 수 있도록 도움을 줌으로써, 그러한 학습과정에 기여할 수 있다"고 했다.

그렇다면 이러한 우연한 학습의 기회 가운데 '계획된 우연'으로 삶에 긍정적 영향을 미치는 학습이란 어떠한 경험을 의미할까? 사실상 '계획된(planned)'이라는 단어가 전제하는 시간적으로 앞서 있다는 의미는 개념적으로만 성립할 뿐 본질적으로는 불가능하다. 물론 어떠한 결과를 달성하기 위하여 계획을 하고 그에 따라 행위를 전개하기도 하지만, 그 행위 자체가 초래할 결과에 대해서는 사실 어느 누구도 예측할 수 없다. 그 경험이 어떠한 의미를 갖는지에 대해서는 결국 어떤 일이 일어난 후 해석하고 의미를 부여할 뿐이다. 따라서 진로에 대한 계획과 자기계발의 경험 역시 그것이 추후에 진로문제에 긍정적 영향을 미칠 수 있을지 그렇지 않을지에 대해서는 시간이 지난 후에나 알 수 있다. 결국 다양한 우연적 기회의 제공은 그 경험이 초래할 결과에 대해서는 가능성을 열어 둔 채 잠재된 의미를 갖고 축적되어 가며, 개인의 아이덴티티에 영향을 미치는 자원으로 축적될 뿐이다.

예를 들어 고등학교 진학지도를 통해 원하는 대학과 학과로 진학하지 못한 경우, 흔히 그 당시에는 실패한 대입이라는 의미를 부여하곤 하지만, 사실상 그렇게 진학한 대학에서 어떠한 경험을 하게 될지, 그리고 그 경험이 앞으로의 삶의 궤적에서 어떠한 의미를 갖게 될지는 예측할 수 없다. 오히려 바라던 대학에 진학했지만 전혀 다른 경험을 함으로써 기대했던 바와는 거리가 먼 결과를 초래할 수도 있다. 우리는 자신에 대해 잘 안다고 생각하지만, 외부의 기준과 규율에 맞추어 행동하기를 요구받으며 자라왔기 때문에 그것이 자신의 적성이고 능력, 가치관이라고 생각한다. 사실상 청소년이 원하는 직업의 상당수가 부모의 요구나 안정성, 사회적인 시선들 때문에 정해지며, 뒤늦게 대학에 진학하여 자신의 적성을 발견하게 되었다는 이야기가 심심치 않게 들린다. 특히나 고등학교 때까지는 학업에 몰두하느라 자신과 세상에 대해 깊게 이해할 여유를 갖기 어려운 우리의 학교 현실을 감안해 본다면, 진로교육이 직업이나 진학에 대한 탐색이나 진학지도로 국한되는 것은 국지적인 진로고민에 불과하다는 사실을 알 수 있다.

뿐만 아니라 직업 선택의 문제가 개인의 선택 문제로만 결정될 수 없는 불확실하고 불안정한 현재의 사회에서는 진학이나 직업의 선택이 원하는 삶을 위한 과정으로서의 역할을 다해 줄 수 있을지 모호한 것이 사실이다. 따라서 진로탐색과 설계에 대해서는 직업에 대한 구상이 아닌 삶의 비전이나 방향성에 대한 생애 설계의 관점에서 고민할 필요가 있다. 다시 말해서 진로설계란 자기와 세계에 대한 이해에 기반한 생애 밑그림을 그리는 과정이 되어야 하며, 여기에서 직업은 그 그림의 한 부분으로 존재한다고 이해할 필요가 있다.

따라서 진로에 대해 구상할 때는 직업에 대한 구상 이전에 삶의 비전이나 가치, 원리 등을 이해하고 삶에 대한 안목과 유연한 사고를 갖도록 해야 한다. 실제로 직업은 나의 노력이나 적성, 흥미 여부로만 결정할 수 있는 것이 아니라 매우 역동적인 삶의 변화와 우연적인 기회를 통해 삶의 과정에서 만나게 되는 일부분이라고 할 수 있다. 어떠한 직업을 갖든 그 안에서 만족감을 느끼고 행복한 삶을 향유하기 위해서는 결국 직업을 기회로 만들고 적극적이고 긍정적인 태도로 삶을 살아갈 필요가 있다.

2) 직업 체험에서 이타적 가치에 경험 반영

진로교육의 궁극적인 목표는 행복한 삶의 추구이다. 경쟁을 통한 결과만을 성공의 준거로 여기는 사회적 분위기에서 개인의 성공이나 행복이 공동체적인 가치나 이익과 결부될 수 있다는 점 또한 놓쳐서는 안 된다. 어떤 분야에서 성공하고 그로 인해 행복한 사람이 된다는 것은 사실상 그가 속한 공동체의 선 또는 덕을 추구하는 것과 다르지 않다는 사실은 우리 교육이 나아가야 할 아주 오랜 미래의 가치이기도 하다.

플루트 연주자의 궁극적인 목표는 연주를 잘하는 것이며, 구두를 만드는 사람의 궁극적인 목표는 좋은 구두를 만드는 것이다. 다른 일에 종사하는 사람들의 경우에도 마찬가지이다. 어떤 활동을 하든 간에 그것을 훌륭하게 수행한다는 것은 그 기능을 잘 완수하는 것에 국한되지 않는다. 다시 말해 훌륭한 직업의 수행은 목적을 향해 내달리는 기능적 능력의 발달만을 의미하지는 않는다. 플루트 연주자에게 좋은 연주는 다른 사람들에게 좋게 들리는 곡을 연주하는 것이며, 구두를 만드는 사람에게 좋은 구두는 다른 사람에게 편안하고 아름다운 구두일 것이기 때문이다. 직업적인 성공과 그에 따른 행복은 결코 타인의 삶과 무관하지 않고, 공동체의 덕이나 선으로 용인 가능하도록 하는 배려와 공감을 기반으로 한다.

한편 이러한 관점에서 본다면, 최근 학교 현장에서 진로교육과 함께 강조하고 있는 인성교육의 문제 또한 사실상 진로교육과 별개로 다루어져서는 안 된다. 뿐만 아니라 창의성 교육 역시 비일상적인 아이디어를 산출하는 상상력에서 시작된다. 그리고 이러한 상상력 역시 타인에 대한 염두, '타인에게 좋음'이라는 측면이 고려된 공감에 기반을 둠으로써 비로소 가능하다. 이처럼 최근 교육 현장에서 강조되고 있는 창의·인성·진로라는 키워드는 사실상 개인 역량의 신장임과 동시에 공동체의 통합이라는 이타성을 전제로 한다는 궁극적인 의미를 내포하고 있다.

이상에서 살펴볼 때 진로역량을 함양하기 위한 교육이란 개인의 삶 속에서 경험하는 다양한 대상에 대한 이해와 배려 속에서 생겨나는 정서적 공감 능력을 바탕으로 자기를 계발하는 노력과 끈기의 정서적 습성을 길러 주는 교육을 의미한다. 학교 현장과 그 경계를 넘어서는 모든 삶의 경험이 갖는 의미와 가치를 발견할 수 있는 안목을 키울 수 있어야 한다. 별도의 교과나 진로상담의 특정 시간으로 분리시켜 기획하고 운영하기보다는 교과와 비교과, 공식적 교육과정과 비공식적·잠재적 교육과정을 넘나들며 영향을 미칠 수 있도록 해야 한다. 그리고 그렇게 될 때에만 삶의 궤적 안에서 연속적인 의미를 형성하며 자신의 삶에 대한 자연스러운 고민과 이야기가 담긴 진로역량을 형성할 수 있다.

3) 미래가 아닌 현재적 삶과 순간의 가치에 대한 성찰의 반영

유럽의 한 일간지에 실린 한국 교육에 관한 분석 기사를 보면, 우리나라 학생들의 학업성취도는 국제 순위에서 최상위 수준으로 나타났다. 하지만 주입식 공부로 학생들이 미래를 꿈꿀 여유가 없다면서 한국 교육 성과의 이면을 비판했다. 도서관이 문 닫는 밤 11시에 다시 사설 학원으로 향하는 학생들의 고단한 일과를 소개하며, 하루 12시간씩 공부하면서도 정작 자신의 미래나 꿈에 관해 생각할 겨를이 없는 것이 한국 교육의 실정임을 자세하게 설명했다.

이러한 문제의식을 받아들여 일선 고등학교에서는 진로활동의 일환으로 '미래의 자서전 쓰기'와 같은 활동을 수행하기도 한다. 이는 자신의 진로를 고민하고 탐색해 볼 수 있는 좋은 기회임에는 분명하다. 그렇지만 여기에서 한 가지 재고해 보아야 할 점은 과연 '나다움'의 정체성이 미래에 달성해야 할 어떠한 대상으로 존재할 수 있는지에 관한 것이다. 우리는 사회와 학교교육을 통해, 목표를 향해 나아가기 위한 노력과 고통을 가치 있는 것으로 평가하고 목표를 이루기 위한 시간에 대한 희생을 강요하는 문화에 익숙하다. 따라서 우리의 삶은 대부분 실용적 가치를 위한 수단적이고 도구적인 과정으로 채워지게 마련이다. 학창시절은 좋은 대학에 가기 위해 공부에만 매달려야 하는 인고의 시간이고, 대학은 좋은 직장을 얻기 위해 학점을 관리해야 하는 시간으로 존재하며, 그렇게 얻은 좋은 직장은 더 나은 삶의 질을 위해 끊임없이 자기계발을 하며 승진에 목을 매야 하는 시간으로 존재한다. 이렇게 진로를 위한 준비라는 목표를 내걸고 '내일의 나'를 위해 사는 삶에는 '오늘의 나'가 존재하지 않는다.

'나다움'이란 내일 존재하는 것이 아닌 오늘의 나로서만 존재한다. 내일의 일은 누구도 예측할 수 없다. 그것은 나의 바람이고 허상으로만 존재하는 것이기 때문이다. 그 바람과 허상은 삶의 매 순간 선택하고 결정하면서 참여하는 실천의 장면 속에서 존재하는 가능성과 기회의 발견을 통해 오늘의 내가 만들어 가야 한다.

진로교육은 미래의 내가 성취해야 할 무엇인가를 갈망하도록 하는 실용적 교과로서만 존재해서는 안 될 것이다. 현재의 나의 존재 의미를 되새기고 그것을 자신의 삶의 큰 밑그림 속에서 이해하며 그 가치를 발견하도록 하는 성찰의 시간을 마련해야 한다.

물론 그것은 적극적인 방식의 프로그램으로 제공될 수도 있고, 매우 소극적인 방식의 삶의 쉼표를 제공해 주는 방식이 될 수도 있다. 적어도 지금 내가 무엇을 위해 살아가고 있는지, 그것이 어떤 의미와 가치를 갖는지를 생각해 볼 수 있는 여유와 돌아봄의 시간이 주어진다면, 그것 또한 진로교육의 한 방식이 될 것이다.

생각해 볼 문제

1. 최근 개정교육과정에서는 참여형 수업을 강조하고 있다. 참여형 수업이 잘 이루어지기 위한 조건은 무엇인지, 이를 잘 구현한 사례는 무엇인지 논의해 보자. 진로교육 수업에서 참여형 수업이 어떻게 구현될 수 있는지 생각해 보자.

2. 진로교육 관점에서 보면, 학교 단위 교육과정을 편성하고 운영할 때에는 학생 개개인의 진로의식 또는 정체성 형성을 가장 중요한 원리로 삼아야 한다. 이 점을 염두에 두고 현재 운영하고 있는 학교교육과정이 얼마나 진로 친화적인 교육과정인지 논의해 보자.

3. 교과학습과 학습자의 정체성 발달은 서로 연관성을 갖는다. 즉 학교교육에서 교과는 진로를 안내하는 가장 기본적인 단위라고 볼 수 있다. 예를 들어 '과학포부감'은 학생이 과학을 얼마나 좋아하고 과학을 자신의 장래 진로 분야와 동일시하는지를 보여주는 개념이다. 교과수업을 어떻게 진로교육과 연관시킬 수 있는지 논의해 보자.

4. 최근 미국 실리콘밸리를 중심으로 한 기업이 '딥러닝(Deep Learning)' 기술에 손을 뻗고 있다. 딥러닝 기술은 컴퓨터가 마치 사람처럼 생각하고 배울 수 있도록 하는 것을 말한다. 컴퓨터가 '또 하나의 의식'이 되는 셈이다. 구글의 인공지능인 알파고(Alpha Go)는 한 대국에서 발생하는 경우의 수가 우주의 원자 수보다 많다는 바둑에서 인간을 상대로 승리했으며, 아이비엠의 인공지능인 셰프 왓슨(Chef Watson)은 수많은 레시피를 검색해서 사람들이 좋아할 만한 요리의 레시피를 만들기도 했다. 최근 알파고와 같은 인공지능의 등장은 기계도 인간처럼 학습할 수 있는가 하는 화두를 던져 주었다. 기계는 입력된 알고리즘에 따라 반응을 보인다면, 딥 러닝을 하는 인공지능은 인간처럼 축적된 정보를 활용해서 새로운 패턴을 만들 수 있다고 한다. 사람의 학습과 본질적으로 차이가 없는 것인가 하는 질문도 제기된다. 과연 기계 학습과 인간의 학습에는 차이가 없을까? 정체성의 형성과 관련지어 생각해 보자.

참고문헌

손민호(2006). 실천적 지식의 일상적 속성에 비추어 본 역량(competence)의 의미: 지식기반사회? 사회기반지식!, 교육과정연구 24(4). 1-25.

Abrahamson, D. & Lindgren, R.(2014). Embodiment and embodied design. In R. K. Sawyer (Ed.), *The Cambridge handbook of the learning sciences*(2nd ed.). (pp. 358-376). Cambridge, UK: Cambridge University Press.

Csikszentmihalyi, M.(2003). 몰입의 기술(*Beyond boredom and anxiety: Experiencing flow in work and play*). 이삼출 역. 서울: 더불어책(원전은 1975년 출판).

Dewey, J.(2007). 민주주의와 교육(*Democracy and education*). 이홍우 역. 서울: 교육과학사(원전은 1987년 출판).

Dewey, J.(2003). 경험으로서의 예술(*Arts as experience*). 이재언 역. 서울: 책세상(원전은 1934년 출판).

Hargreaves, A.(2011). 지식사회와 학교교육-불안정한 시대의 교육(*Knowledge society and schooling*). 곽덕주, 양성관, 이지현, 이현숙, 장경윤, 조덕주, 황종배 역. 서울: 학지사(원전은 2003년 출판).

Krumboltz, J. D.(2009). The happenstance learning theory. *Journal of Career Assessment, 17*(2).

Lave, J. & Wenger, E.(2010). 상황학습(*Situated learning*). 손민호 역. 서울: 강현출판사(원전은 1991년 출판).

Pea, R.(1997). Practices of distributed intelligence and designs for education. In G. Salomon (Ed.), *Distributed cognitions: Psychological and educational considerations*(pp. 47-87). NY: Cambridge University Press.

Wenger, E.(2007). 실천공동체(*Communities of practice*). 손민호, 배을규 역. 서울: 학지사(원전은 1998년 출판).

3부

성장하는
진로진학상담교사

9장

진로진학상담교사의 자기관리

고홍월

진로진학상담교사는 학생들의 진로발달을 촉진하고 자기관리와 앞으로의 경력 개발 및 관리에 조력하는 전문가이다. 전문가로서 학생들의 진로개발에 조력하기 전에 자신에 대한 성찰과 자기관리를 먼저 해야 한다. 또한 진로진학상담교사는 자기관리과 경력 개발을 더 체계적으로 할 필요가 있다.

이 장에서는 진로진학상담교사의 역량 개발을 위해 다음과 같은 내용을 제시한다. 첫째, 진로진학상담교사의 자기이해와 자기발견, 전생애적 관점에서의 역할 변화와 자기이해, 교사의 역할과 자기이해에 대해 살펴본다. 둘째, 진로진학상담교사의 자기관리의 영역, 자기관리 및 스트레스 대처, 자기관리와 경력 개발에 대해 설명한다. 셋째, 진로진학상담교사의 직무 내용과 관련된 역할 갈등의 이해, 직무 관련 대상과의 역할 갈등의 이해에 대해 살펴본다. 넷째, 진로진학상담교사의 전문성 및 리더십 개발에 대해 설명한다.

1 진로진학상담교사의 자기이해

1) 자기이해와 자기발견

자기이해란 자신에 대한 전반적인 인식을 뜻한다. 즉 자신의 지각, 감각, 사고, 행동, 정서의 특성과 그것이 작용하여 나타난 결과에 대한 인식이다. 이러한 맥락에서 자기이해란 자신의 정신세계의 미세한 과정이나 특성뿐만 아니라 외부 환경이나 타인과의 상호작용에서 나타나는 자신의 특성을 인식하는 것이다. 자기이해는 이러한 자신에 대한 파악, 더 나아가서 자신에 대한 수용을 의미할 수 있다. 즉 심리적으로 건강한 사람은 미시적, 거시적 수준에서 자신에 대해 포괄적으로 인식하고 더 긍정적으로 자신을 수용하며 이를 타인과의 의사소통, 상호작용에서 기능적으로 활용한다. 자기이해는 어느 한순간에 얻게 되는 것이 아니라 지속적인 노력의 과정을 통해 점차적으로 획득하는 것이다. 그래서 자기이해의 과정은 자기발견의 과정이라고도 할 수 있다. 이는 개인의 심리적 발달과 성장을 의미하며, 좀 더 성숙한 개인, 좀 더 기능적인 사회인으로서의 과정이라고 할 수 있다.

자기이해는 지속적인 과정이자 그 과정을 통해 얻게 되는 결과이다. 그러므로 자기이해는 전생애적 발달 과정에 기반한 지속적인 자기인식과 수용의 과정이라고 할 수 있다. 전생애적 발달 과정은 여러 다양한 측면의 발달을 뜻하지만, 여기에서는 이 책의 주요 독자가 상담자 또는 교사라는 점을 고려하여 생애 역할을 중심으로 자기이해의 영역을 설정하고 기술한다. 역할 변화에 따른 개인의 발달은 개인의 기능적 측면을 중심으로 설명하는 관점이라고 할 수 있다. 다음에서는 다양한 발달 영역을 구체적으로 설명하기보다 개인의 다양한 특성을 종합하여 기능적 영역에서의 자기이해에 대한 설명을 전개하고자 한다.

2) 전생애적 관점에서의 역할 변화와 자기이해

한 개인이 태어나서 일생 동안 성장하면서 겪게 되는 중요한 경험 중 하나가 역할과 관련된 것이다. 사전적인 의미로 살펴보면, 역할이란 개인의 삶과 사회 속에서 마땅히 해야 할 맡은 바 의무나 직책이다. 이와 관련하여 수퍼(Super, 1990)는 진로발달 관점에서 볼 때 개인은 생애주기에서 여러 역할을 경험한다고 했다. 개인은 일반적으로 일생 동안 자녀, 학습자, 여가인, 시민, 근로자, 배우자, 가사인, 부모, 은퇴자와 같은 역할을 한다. 이러한 역할은 가정, 학교, 직장, 지역사회에서 수행하는데, 생애 단계에 따라 역할의 중요도가 전환되며 동시에 몇 가지의 역할을 경험할 수 있다.

개인은 생애 초기에 아동으로서 주로 양육을 받는 자녀의 역할을 경험한다. 또한 성장하면서 가족의 변화 주기에 따라 부모-자녀 관계에서 자녀 역할을 꾸준히 경험한다. 다만 부모의 생애발달 단계, 자녀의 생애발달 단계, 가족 주기의 변화에 따라 역할의 특성과 상호작용 양식은 계속해서 변화한다.

학습자(학생) 역할은 아동기보다 청소년기에 더 중요하다. 이 단계에서는 다른 생애 단계에서보다 학습자 역할이 훨씬 더 중요하다. 즉 청소년기는 학습을 통해 학교에서 직업세계로의 진입을 준비하고 사회적 역할을 수행할 준비를 하는 발달 단계이다. 청소년기에 주로 학습자 역할을 경험하기는 하지만, 현대 사회의 특성상 학습은 청소년기에만 해당하지는 않는다. 평생학습의 관점에서 본다면, 개인은 지식 기반의 현대 사회에서 전생애 단계에 걸쳐 학습자 역할을 경험한다.

근로자 역할은 개인이 사회적 맥락 속에서 사회적 기능을 담당하면서 수행한다. 특정 직업, 직장에서의 사회적 기능과 책임에 이 역할을 국한시킬 수 있지만, 좀 더 광범위하게 사회적 기능 측면에서의 근로자에 대해 생각해 볼 수 있다. 근로자 역할은 성인기의 주요 역할이며, 생애발달 단계에 따라 노년기로 진입하면서 이 역할과 기능이 축소되고 은퇴자 역할로 전환된다.

가족, 가정과 관련된 역할로는 자녀 이외에도 배우자, 부모, 가사인의 역할이 있다. 가족의 형태에 따라 역할에 세부적인 차이가 있지만, 기본적으로 가족이나 가정 안에서의 역할은 관계 속에서의 역할과 맡은 바 책임과 관련된 역할을 말한다. 자녀, 배우자와 부모 역할은 관계적인 측면을 의미하고, 가사인 역할은 가정이라는 공동체 생활 속에서의 일과 관련되어 있다. 예를 들어 어린이가 부모의 가사를 돕거나, 부모가 자녀를 보살피거나, 식사 준비, 청소와 같은 가사를 하는 데 공통으로 담당하고 분담하는 일 등이다.

시민으로서의 역할은 사회적 구성원으로서 사회 참여를 하면서 맡는 역할이다. 사회·문화적, 정치적, 경제적, 종교적 차원의 사회 활동을 통해 시민으로서의 역할을 수행한다. 각종 지역사회 모임, 사회단체, 국제기구, 종교단체 등 다양한 사회적 영역에서 개인은 사회적 기능을 건전한 방식으로 나타낸다. 이러한 과정을 통해 사회의 발전과 변화를 촉진하고 좀 더 좋은 사회를 만드는 데 기여하는 역할을 한다.

마지막으로 여가인의 역할은 생애 모든 단계에 걸쳐 경험하는 역할이다. 우리는 일생 동안 다양한 삶의 즐거움을 추구하고 만족감과 행복감을 얻고자 노력한다. 이 과정 속에서 개인의 특성에 따라 다양한 취미활동이나 여가활동을 개인적으로 또는 집단적으로 개발하고 경험한다. 여가활동 자체가 하나의 목적이기도 하지만, 다른 한편 여가활동을 통해 더 다양한 경험을 하고 더 많은 삶의 활력소를 얻어 다른 여러 역힐을 더 잘 수행하도록 촉진할 수 있다.

3) 교사의 역할과 자기이해

앞에서 살펴본 바와 같이, 개인은 생애 동안 다양한 역할을 수행한다. 삶의 가치와 자기 역할에 대한 인식 또는 직업적 특성에 따라 여러 역할 중에서 더 중요한 역할, 더 집중적으로 수행할 역할이 있다. 이러한 맥락에서 교사의 중요한 역할에 대해 살펴본다.

(1) 교육자

개인의 중요한 역할 중 하나가 근로자로서의 역할이다. 직업 환경, 직무 특성, 직무 내용 등에 따라 개인이 종사하는 직업은 다르다. 교사는 미래 세대 양성과 관련된 일을 하며, 그 중에서도 제도권 교육 시스템에 속해 교사라는 직업으로 교육자의 역할을 수행한다. 교사의 직무 내용과 직무 특성을 살펴보면, 아동기와 청소년기 발달 단계에 있는 학생을 주요 교육 대상으로 삼아 교과지도, 진로지도, 생활지도, 인성지도 등 매우 중요한 직무를 수행한다.

교육 대상 중심으로 교육자의 역할을 본다면, 교육적 내용을 제공하는 측면, 인성과 사회성 등 전반적 발달을 촉진하고 지도하는 측면, 어린 학생에게 모델링 역할을 하는 측면이 있음을 알 수 있다. 특히 진로진학상담교사의 경우, 교사로서의 전반적인 역할뿐만 아니라 학생의 진로발달을 촉진하고 진로교육, 진로상담, 진학지도 등의 업무를 담당한다. 직무 특성 중심으로 본다면, 담당교과목 내용에 관한 교육, 학생관리 지도 업무, 학급 운영이나 행정 관련 업무, 학부모 교육 및 상담 업무까지 그 범위 또한 매우 포괄적이다. 진로진학상담교사의 경우, 학교, 학년, 학급 단위의 진로지도와 관련된 다양한 활동, 예를 들어 체험활동, 캠프, 초청 특강, 집단 프로그램 등 다양한 사업 및 프로그램을 운영하는 데 노력을 기울여야 한다.

(2) 학습자

현대 사회에 적응하기 위해 개인의 생애 역할 중 학습자 역할이 더욱 중요해졌다. 직종에 따라 학습자 역할의 비중이 다르지만, 평생학습을 외면할 수 없는 현대 사회에서 교사에게 학습자 역할은 매우 중요한 역할 중의 하나이다. 급변하는 사회에서 지식의 생성 및 활용 주기가 점점 짧아지고 있기 때문이다. 유능하고 효과적인 교사라면 끊임없이 학습해야 하며, 방대한 지식을 체계적으로 이해하고 학생에게 전달하는 역할을 해야 한다. 이러한 측면에서 교사의 학습자 역할은 다음과 같은 3가지 세부적인 영역으로 구분해 볼 수 있다.

첫째, 교사로서 자신이 담당하고 있는 교과 내용에 대해 지속적으로 학습할 필요가 있다. 전공 분야의 지식 체계를 이해하고 최근 지식이나 동향을 파악해야 한다. 끊임없이 학습하고 탐구해야만 전문 분야에서 도태되지 않고 전문가로서의 역할을 쉽게 수행할 수 있다. 즉 좋은 가르침을 제공하기 위해 새로운 지식, 새로운 연구 결과에 대한 지적 탐구를 지속적으로 해야 한다. 둘째, 학생을 잘 가르치기 위해서 새로운 교수학습 방법, 학생들의 학습 효과를 촉진할 수 있는 구체적인 기술, 평가 방법 등에 대해 지속적으로 학습해야 한다. 가르치는 내용뿐만 아니라 가르치는 방법도 상당히 중요하기 때문에, 교사로서 잘 가르치기 위해서는 사회적 변화, 학생 특성에 맞는 교육 방법, 새로운 매체나 기술 등에 대한 학습과 연구가 필요하다. 셋째, 가르치는 대상인 학생에 대한 지속적인 관심이 필요하다. 학생의 발달적 특성 등을 충분히 이해해야만 좋은 교육을 제공하고 유능한 교사로서 직무를 수행할 수 있다.

(3) 교육자로서의 시민

개인은 시민이라는 사회 구성원으로서 더 광범위한 사회적 역할을 수행하는데, 일반적으로 소속된 직장에서 고유 업무를 수행하는 동시에 적극적인 사회 참여를 할 필요가 있다. 교사라는 직업을 가진 시민으로서 교육 관련 다양한 사회단체 활동, 국가 정책에 대한 건설적 비판과 참여, 사회적으로 더 건강하고 성숙한 시민으로서의 모범을 보이는 것 등이 교사로서의 사회적 시민 역할이라고 할 수 있다. 특히 전문직에 종사하는 사람으로서 자신의 전공 분야와 관련된 사회적 참여는 사회 발전에 더 건설적이고 기능적인 도움을 제공할 수 있다. 그리고 사회 참여는 광범위한 영역이기 때문에, 교사는 교육 관련 분야나 전공 분야의 사회 참여가 아니더라도 더 높은 도덕성과 성숙한 시민으로서의 모범을 보일 수 있다.

(4) 가정에서의 역할

생애발달 단계에서 누구나 가족으로부터 완전히 분리될 수는 없다. 그렇기 때문에 개인이 가장 일차적으로 속해 있는 가정에서의 역할이 중요하다. 가정에서는, 개인차가 있겠지만, 일반적으로 부모 역할, 배우자 역할, 자녀 역할, 가사인 역할 등 삶의 중요한 비중을 차지하는 역할들을 동시에 감당해야 한다. 이 외에도 가족 구성원, 형제자매 및 기타 친족 관계에서의 다양한 역할이 있다. 이러한 역할이 앞에서 살펴본 교육자, 학습자·교육자로서의 시민 역할과 동시에 주어지는 경우, 개인은 신체적·정신적·경제적·시간적 상황 등에서 어려움을 겪을 수 있다. 그렇기 때문에 일과 가정에서의 균형 있는 역할 수행이 필요하고, 특히 다중 역할을 수행하는 경우 효율적인 자기관리가 더욱 중요하다.

(5) 여가활동

여가활동은 생애 모든 단계에 해당된다. 여가활동의 비중과 내용은 개인의 가치관과 성향에 따라 달라질 수 있다. 이미 충분히 많은 역할을 수행하고 있는 교사의 경우, 여가활동에 할애하는 시간과 노력의 개인차가 상당히 크다. 다중 역할 중에서 여가인으로서의 역할에 대한 비중을 어떻게 조절하는지가 한 가지 숙제가 될 수 있다. 많은 경우에 다른 역할 때문에 여가활동을 희생하는데, 이것이 좋은 방법이라고 하기는 어렵다. 신체적, 정신적으로 개인의 한계가 있기 때문에, 일과 가정생활에서 경험하는 어려움과 스트레스 등을 적정 수준에서 잘 조절하고 관리해야만 더 생산적이고 효율적인 역할 수행을 할 수 있다. 적절하게 여가활동을 하면서 신체적, 정신적 회복과 에너지 보충 같은 노력을 해야 한다.

2   진로진학상담교사의 자기관리와 경력 개발

개인은 삶의 다양한 영역에서 효과적인 자기관리를 해야 한다. 효과적인 자기관리는 다양한 삶의 역할을 적절히 수행할 수 있도록 한다. 특히 직업적, 사회적으로 기능적인 사람은 효과적으로 자기관리를 잘한다. 자기관리를 잘해야만 여러 가지 역할을 잘 수행하고 자신의 전문 분야에서 더 기능적이 되고 만족하게 된다.

1) 자기관리의 영역

자기관리는 시중에 나와 있는 수백 권의 자기계발 서적의 내용같이 매우 흔한 주제이다. 자기관리에 대해 수많은 가르침과 조언을 받아 잘 아는 내용이지만 행동이 생각만큼 따르지 못하는 것도 사실이다. 그런데도 우리는 늘 자기관리나 자기계발에 관심을 기울인다. 자기관리라는 주제가 흔한 것만큼 그 영역을 나누는 방법도 매우 다양하다. 여기에서는 자기관리의 영역을 좀 더 포괄적으로 살펴보기 위해 실존주의 상담 이론에서 주장하는 존재의 차원에 따라 설명하고자 한다.

(1) 신체적 차원

개인은 생물학적 존재로, 신체적 기능과 한계를 가진다. 우리는 자연계의 구성체로 신체적 조건, 주어진 생활환경 등 자연계의 상황에 놓인 채 생존해 나간다. 이러한 측면에서 개인에게 주어진 조건과 환경이 다르고, 이에 대한 개인의 반응도 매우 다를 수 있다. 자기관리의 차원에서 본다면, 신체적 차원에서 개인의 지향점과 노력의 정도가 다를 수 있다. 신체적 차원의 자기관리가 몸을 잘 돌보는 것을 의미한다면, 그렇게 하기 위해 건강 상태를 꾸준히 확인하고 적당한 영양 섭취를 하며 규칙적으로 운동하고 충분한 휴식을 취하며 여가를 보낼 필요가 있다. 또한 몸과 마음의 유기적 연결을 고려한다면 신체적, 정신적 차원에서 자기관리를 해야 한다.

(2) 사회적 차원

사회적 차원은 생물학적이고 자연계에 속한 존재로서의 개인을 넘어 상호적인 관계를 이루는 사회적, 공적인 존재로서의 개인을 의미하는 차원이다. 사회적 차원에서의 개인은 다양한 사람들과 여러 형태의 관계를 맺고 지속적인 상호작용을 경험한다. 이러한 사회적 차원에서의 역할은 수퍼의 개념에서 볼 때 학습자, 근로자, 시민과 같은 역할이라고 할 수 있다. 사회적 관계 속에서 좀 더 적응적이고 효과적인 역할 수행을 위한 자기관리와 개발이 지속적으로 요구된다. 사회적 차원에서의 자기관리와 자기계발을 하려면 타인과의 효과적인 의사소통, 협동심과 협력 능력, 리더십 같은 기본 역량을 갖출 필요가 있다. 특히 타인에 대한 이해와 존중을 바탕으로 온정적이고 협력적인 사회적 관계를 맺는 것이 중요하다.

(3) 정신적, 심리적 차원

개인의 존재 양상 중에 또 다른 부분은 정신적, 심리적 차원이다. 이는 개인의 내면적 존재 차원이면서 개인의 정신세계, 사고, 정서 등을 포함한다. 또한 자기 내면의 가치관, 감정, 욕구 등을 내포하고 있으며, 자신만의 독자적인 존재를 의미하는 가치관과 정체감 같은 심리적 속성을 지니고 있다. 개인은 이러한 정신적, 심리적 차원의 존재로서 자신과의 관계, 친밀한 타인과의 관계를 맺고 상호작용한다. 관계의 양상에 따라, 개인적이고 내적 영역에 해당하는 부분과 사회적 관계로 간주되는 사회적 차원에 해당하는 부분이 모두 포함된다. 정신적, 심리적 차원에서 지적인 성장, 건강한 심리적 기능, 정체감 성취, 자신 및 타인과의 기능적 상호작용 특성 등을 계발해야 한다. 또한 정신적, 심리적 차원에서 더욱 기능적인 모습을 갖추기 위해서는 스트레스 관리가 중요하다.

(4) 영적 차원

개인의 존재 양상은 신체적, 사회적, 내면적 차원뿐만 아니라 영적 차원에서 존재 의미가 있다. 영적 차원을 이해할 때 일반적으로 종교적 측면을 생각하는데, 실존주의 철학적 관점에서의 영적 차원은 종교의 의미를 넘어서 좀 더 초월적인 가치 및 신념, 삶의 의미, 삶에 대한 자유와 같은 가치체계를 의미한다. 영적 차원은 이상적 세계에 대한 총체적 설명이다. 이러한 영적 차원에서의 가치와 신념 등은 인간의 존재적 의미에 대한 가치와 신념이며, 일반적인 사회적 관계 속에서 기능적 개인을 설명하는 가치와 신념과는 다르다. 존재 자체의 존엄성과 가치, 삶의 의미를 좀 더 본질적 측면에서 이해하는 것이라고 할 수 있다. 이러한 영적 차원에서의 자기계발은 삶과 존재에 대해 이해하고 수용하며 모든 개인의 삶에 대해 가치 있게 여기고 생명의 존엄성과 그 가치를 이해하는 행위를 깊게 성찰하고 그러한 태도를 갖는 것이다. 또한 종교적 성찰과 가르침을 통해 영적 차원을 계발하는 것도 중요하다.

2) 자기관리 및 스트레스 대처

자기관리에서 비교적 어려운 점은 스트레스에 대한 관리와 대처이다. 심리학에서 스트레스에 대한 설명은 외부 자극과 개인의 반응 간의 관계에 초점을 둔다. 스트레스는 외부 자극에 대한 개인의 반응에서 발생하는 긴장감, 압박감 등 심리적, 신체적 반응을 말한다(현성용 외, 2008). 교사의 스트레스는 교사로서의 업무에서 발생하는 분노, 긴장, 불안, 좌절 등과 같은 불쾌하고 부정적인 감정이다(Kyriacou, 2001). 스트레스는 업무의 효율성과 직무 만족도에 부정적인 영향을 미친다. 심지어 지속적인 직무 스트레스는 소진을 유발하고 심신이 건강한 상태로 회복하기까지 훨씬 더 많은 노력과 시간을 필요로 한다.

교사의 스트레스에 대한 연구(구본용·김영미, 2014)에서는 교사의 직무 스트레스를 5개의 범주로 구분했다. 첫째, 학생과 학부모 문제행동 둘째, 수업 중 학생의 문제행동 셋째, 인사제도 넷째, 업무 환경 다섯째, 학생지도이다. 이를 통해 교사의 스트레스 영역이 매우 광범위하다는 것을 알 수 있다.

학생의 문제행동으로는 또래 갈등, 무단결석, 조퇴 등이 있다. 학부모의 문제행동으로는 자녀의 잘못을 인정하려 하지 않고 자녀와 관련된 문제가 발생했을 때 자신들의 뜻대로만 해결해 줄 것을 강력히 요구하는 등 일방적인 태도를 들 수 있다. 수업 중 학생의 문제행동으로는 수업시간에 심하게 잡담을 하거나 수업 준비물을 가져오지 않고 교구나 시설을 훼손하거나 아무데나 방치하는 경우, 잠을 자는 행위 등이 있다. 학생지도의 전반적인 어려움으로는 학생으로부터 폭행을 당하거나 욕설을 듣는 경우, 학생 문제가 발생할 경우 관리자의 질책, 학생 통제의 어려움 등이 있다. 이는 교사의 직무 스트레스를 가중시킨다. 이 외에도 교육청의 비효율적인 행정 절차, 과도한 업무 지시, 관리자의 모욕적 태도, 복잡한 에듀팟과 나이스매뉴얼 등이 부정적 요소로 작용한다. 또한 근무성적평정과 인사관리에 관한 통일된 기준의 부족과 승진가산제도의 불합리한 면이 직무와 관련된 스트레스로 인식되고 있다.

스트레스를 경험할 때 개인에게 다양한 반응이 나타나는데, 이를 민감하게 인식하고 적절히 대처해야 건강한 마음과 몸의 상태를 유지할 수 있다. 여기에서 스트레스 반응에 대해 좀 더 자세히 살펴보고자 한다. 팔머와 드라이든(Palmer & Dryden, 1995)은 스트레스 반응에 대해 7가지 영역에서 구체적인 반응을 설명했다. 이에 대해 정동화(2010)가 정리한 내용을 재요약해서 표 9-1에 제시했다.

표 9-1 스트레스에 대한 반응

행동 반응	정서 반응	감각 반응	심상 반응	인지 반응	대인관계반응	약물·생물학적 반응
거식, 폭식 공격성, 과민성 언어 결함, 목소리 떨림 회피, 공포, 충동 경쟁적, 적대적 생산성 저하 장기결근 증가 시간관리 결함	우울 불안 분노 죄책감 정신적 고통 병적 질투심 수치심·당황스러움 자살 충동	두통, 심장박동 증가 멀미, 현기증, 심장쇠약 소화불량, 위경련 떨림, 식은땀, 마비 성적 문제	무기력, 실패 고립, 소외 통제력 상실 사고·부상 생각 굴복, 수치, 당황, 학대, 악몽, 자신이나 타인의 죽음이나 자살	완벽주의 한탄, 원망 비난 좌절, 패배감 당위성 흑백논리 인정 욕구	수동적·공격적 소심함·빈약함 고립, 소외 경쟁적임 복종, 굴복, 아부 의심, 거짓말 속임수	약물 사용 소화계통 질환 호흡기 질환 고혈압, 심장질환 면역체계 약화 만성피로, 소진 신체로 인한 정신질병 신체의 여러 문제

출처 : 정동화(2010), **심리사회적 스트레스**

스트레스 대처에 관해서는 이완훈련이나 명상 등 다양한 전략이 제시되고 있다. 다양한 방법을 이해하기 이전에, 스트레스 대처는 기본적으로 신체, 정신, 정서 차원에서 이루어지고 있다는 점을 알아야 한다. 이와 관련해서 스트레스 극복을 위해 그림 9-1과

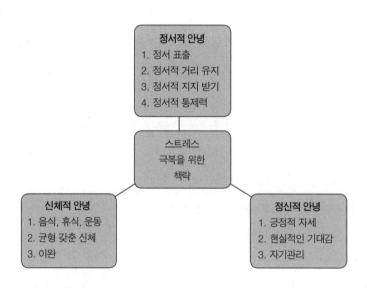

그림 9-1 스트레스 극복을 위한 책략

출처 : 장현갑, 강성군, 1996

같은 책략을 활용할 필요가 있다. 결국 스트레스에 잘 대처하기 위해서는 건강한 신체 상태를 유지하기 위한 노력, 정서적으로 타인과 긍정적인 방식의 교류를 통해 자신의 어려움을 표출하고 지지받는 노력, 부정적 감정에 대한 통제, 스트레스원과의 거리 유지 등이 중요하다. 정신적으로는 좀 더 긍정적인 사고와 현실적인 기대감, 다양한 차원에서의 자기관리가 가장 기본적인 스트레스 대처 전략이라고 할 수 있다.

3) 자기관리와 경력 개발

일반적으로 진로나 경력은 일생에 걸쳐 지속되는 개인의 일과 관련된 경험이다. 교사는 아동과 청소년의 진로개발을 촉진하는 역할을 하는데, 특히 진로진학상담교사는 더 집중적으로 진로진학을 지도한다. 그렇다면 진로진학상담교사들은 자신의 진로를 잘 이행하고 있는가? 경력 개발을 잘하고 있는지에 대한 성찰이 필요하다. 경력 개발은 개인이 비교적 독특한 문제와 주제, 과제로 특징지어지는 여러 단계를 통해 앞으로 나아가는 지속적 과정이다(Greenhaus, Callanan, & Godshalk, 2002). 이는 개인적 차원에서 자기계발과 같은 맥락으로 설명되는 동시에, 조직이나 사회 차원에서의 인적 자원 개발 같은 거시적 차원을 모두 포함한다. 여기에서는 개인 차원의 경력 개발을 중심으로 설명한다.

개인 차원에서의 경력 개발을 이해하기 위해서는 현대 사회의 개인의 진로발달 특성에 대해 살펴볼 필요가 있다. 그 중에서 진로경로(career path)라는 개념이 있는데, 진로경로는 현대 사회의 산물이라고 할 수 있다. 현대 사회의 산업 구조와 개인의 경력 발달은 복잡하고 다양하다. 과거의 평생 직장이라는 개념과는 달리 평생 직업이라는 개념은 이미 오래전에 일반화되었다. 개인이 현대 사회에서 일을 수행할 때에는 일련의 흐름이 생긴다. 개인이 삶을 살아가면서 갖는 지위나 역할의 연속적인 패턴을 진로경로라고 할 수 있다(Walker, 1992). 또한 이와 관련하여 진로경로는 특정 직업 종사자들이 입직 후 경력을 쌓아 조직 내에서 상위 직급으로 올라가거나 소지한 기술이나 경력을 가지고 수평적으로나 수직적으로 이동할 수 있는 직업이나 직무 분야를 체계적으로 정리한 것이라고 정의된다(한상근 외, 2009). 넓은 의미의 진로경로를 몇 가지 형태로 요약하면, 첫째는 직선형 둘째는 전문가형 셋째는 나선형 넷째는 전이형이다(Brousseau, Driver, Eneroth, Larsson, 1996).

직선형은 지속적으로 앞으로 나아가는 상향 이동의 성향으로, 권력과 성취를 중요한 가치로 여긴다. 조직 안에서 더 높은 위치와 더 많은 권한을 가지기 위해 꾸준한 경력 개발을 통해 한 단계씩 성취하여 안정적으로 상위 단계의 힘과 권한을 갖는 진로발달 과정이라고 할 수 있다. 일반적으로 정부나 대기업의 고위 간부들의 진로경로가 직선형의 예라고 할 수 있다. 일부 교육행정가의 경력 개발 과정도 여기에 해당된다.

전문가형은 한 분야에서 평생 동안 일하는 경우로, 전문지식과 안정성이 이 유형의 특징이라고 할 수 있다. 교수직, 연구직, 엔지니어 등의 직업이 대표적이다. 교사의 경우 자신의 전공 안에서 지속적으로 교재와 교수법 및 평가 방법 개발을 통해 전문성을 더욱 확보하고 좀 더 높은 수준의 교육 전문가가 될 수 있다.

나선형은 한 분야에서 7~10년 정도 머무르는 경우이다. 이 유형의 사람들은 개인의 내적 성장과 창의성에 관심을 많이 보인다. 이들은 한 분야에서 전문성을 키우고 사회적 성취를 경험하고는 다른 분야에 관심을 갖고 다시 그 분야의 전문성과 성과를 만들고자 한다. 이동하는 분야는 완전히 새로운 분야일 수도 있고 유사 분야일 수도 있다. 이러한 유형의 사람이 융합형 인재가 될 가능성이 크다. 교사의 경우 경력 초기에 자신의 전공대로 교사 역할을 하다가 어느 정도 경력을 쌓으면서 다른 직무에 관심을 갖고 분야 간 이동을 할 수 있다. 예를 들어 영어를 가르치던 교사가 대학원에서 학교상담을 공부하면서 전문상담교사나 진로진학상담교사로 경력을 전환하는 경우이다. 또 다른 예는 교사로 경력을 시작했지만 가르치는 일보다 관리직에 더 관심을 가지고 경력 개발을 통해 교육행정가로 경력을 전환하는 경우이다.

전이형은 3~5년 정도 한 분야에 머물러 일하고 다양성과 독립성을 중요하게 생각한다. 이 유형의 사람들은 한 분야에서 완전히 전문성을 키우기 전에 새롭고 다양한 일에 다시 관심을 가지면서 새로운 분야로 이동한다. 개인의 호기심과 창의성을 더 중요하게 여기는 경우이다. 이런 경우 개인적인 관심사와 직무 내용에 대한 초점 변화는 가능하지만 교원관리 체계 안에서는 경력을 쉽게 변경할 수 없다. 그러나 많은 사람들이 사회적으로 이러한 전이형 진로경로를 경험하고 있다.

3 진로진학상담교사의 역할 갈등 이해와 관리

앞에서 교사의 역할에 대해 구체적으로 살펴보았는데, 여기에서는 진로진학상담교사가 업무 수행에서 경험하는 역할 갈등에 대해 구체적으로 알아보고 이와 관련된 자기관리에 초점을 두고 설명한다. 역할 갈등(role conflict)이란 사회 구성원으로서의 개인이 동시에 여러 가지 지위를 갖고 각각의 지위에 따라 사회적 행위를 하는 과정에서 개인이 담당하고 있는 서로 다른 지위에서 기대에 따른 수행 수준 간 차이로 인해 발생하는 긴장 또는 갈등을 의미한다(정상완·한진환, 2006; Thomas, 1976). 진로진학상담교사의 역할 갈등이란 직무 내의 역할 간 균형 문제와 직무 역할로 인한 관련 대상과의 역할 갈등이 있다. 여기에서는 이 두 가지 측면을 나누어 설명한다.

1) 직무 내용 관련 역할 갈등 이해

진로진학상담교사의 직무 내용은 앞서 1장에서 살펴본 바와 같이 교육과학기술부에서 총 13가지를 규정했다. 13가지 역할을 다시 크게 분류해보면 학생진로개발 촉진자, 지역사회자원 연계자, 학생진로문제 중재자, 입시전형준비 지원자의 4가지 역할이 있다(이종범 외, 2010). 이와 같이 진로진학상담교사는 매우 다양한 업무를 수행해야 한다는 것을 알 수 있다. 업무의 규모로 볼 때, 학생 개개인에서부터 학급, 학년, 심지어 전교 학생을 상대하는 경우가 많다. 이러한 진로진학상담교사의 다양한 업무 속에서 균형 있는 역할 관리를 하기는 매우 어렵다. 좀 더 효과적이고 생산적인 업무 수행을 위해 학교 사업 전체 안에서 연간 사업계획, 학기별 사업계획, 월별·주별 운영계획을 세워야 한다. 또한 업무 내용에 따라 내용 준비, 지원활동, 지원 네트워크 구축 등에도 힘써야 한다. 예를 들어 학교 규모가 크고 학급 수가 많으면 '진로와 직업' 교과수업 진행이나 창의적 체험활동 중 진로활동 지도에 해당하는 업무가 상당히 많기 때문에, 개인상담을 신청하는 학생들에 대한 상담과 지도가 어려워진다. 또한 학생 개개인이나 학급에 대한 지도에 충실하다 보면 교내외 진로교육 관련 체험활동을 계획하거나 교원이나 학부모 대상 진로교육 안내, 컨설팅 등을 진행하기가 거의 불가능할 수 있다. 이러한 다양한 업무 내용에 대한 균형 있는 계획, 관리자의 협력과 지원, 동료의 협력과 지원 등을 어떻게 이끌어낼지에 대해 고민할 필요가 있다.

이와 관련하여 진로진학상담교사의 직무 역할에 관한 연구에서는 진로진학상담교사가 생각하는 직무의 우선순위와 역할 만족도를 조사했다(오정숙, 2014). 이 연구에서는 중학교, 일반계 고등학교, 특성화고등학교로 구분하여 진로진학상담교사의 학생진로개발 촉진자, 지역사회자원 연계자, 학생진로문제 중재자, 입시전형준비 지원자의 4가지 역할의 순위를 조사했는데, 그 결과는 표 9-2과 같다. 연구 결과를 보면, 중학교, 일반계 고등학교, 특성화고등학교 진로진학상담교사의 역할 영역의 우선순위가 다르다. 중학교의 경우 전반적 진로발달을 촉진하는 역할이 더 우선시되고 개별 학생의 진로발달 문제를 다루는 데 주안점을 둔다. 상급학교 진학과 지역사회지원 연계 업무는 상대적으로 낮은 순위를 나타냈다. 일반계 고등학교에서는 학생의 진로문제에 개입하는 역할이 가장 우선시되고 두 번째로는 대학 진학과 관련된 진로진학지도 역할 세 번째로는 진로발달을 촉진하는 역할 마지막이 지역사회자원 연계 역할이다. 특성화고등학교의 경우 학생의 진로 문제에 개입하는 역할이 가장 우선시되고 두 번째로는 진로발달을 촉진하는 역할 세 번째로는 지역사회지원 연계 역할 마지막은 상급학교 진학과 관련된 진로진학지도 역할이다. 특성화고등학교 학생의 대학 진학 비율이 상대적으로 낮기 때문에 일반계 고등학교에서의 역할 중요도와 업무 비중과는 다르게 나타났다.

표 9-2 학교급에 따른 진로진학상담교사의 역할과 만족도

		중학교(n=74)	일반계고(n=79)	특성화고(n=35)
역할 순위	1	학생진로개발 촉진자	학생진로문제 중재자	학생진로문제 중재자
	2	학생진로문제 중재자	입학전형준비 지원자	학생진로개발 촉진자
	3	입학전형준비 지원자	학생진로개발 촉진자	지역사회자원 연계자
	4	지역사회자원 연계자	지역사회자원 연계자	입학전형준비 지원자
역할 만족도(5점)		4.06	4.07	4.44

출처: 오정숙(2014), **진로진학상담교사의 역할과 직무에 대한 인식: 중요도와 실행도를 중심으로**

2) 직무 관련 대상과의 역할 갈등

앞에서 직무 내용 측면에서 역할 수행 과정에서 겪게 되는 업무 영역별 갈등에 대해 살펴보았다면, 여기에서는 직무 수행에서 관련 대상과 겪게 되는 역할의 갈등에 대해 알아본다. 즉 업무의 주체로서 주변 다른 대상과 어떻게 적절한 관계를 맺고 역할을 수행하는지에 관한 내용이다. 진로진학상담교사의 직무 수행 과정에서는 일반적으로 지도의 대상으로 학생을 가장 일차적으로 접촉하고, 업무 수행 방식과 협력적 관계 측면에서 동료 교사와 상급 관리자를 접하게 된다. 이 외에 직·간접적으로 학부모, 교육청 관리자, 기타 외부 협력 및 지원 등 연계를 구축하기 위해 필요한 관련 인사들이 있다. 이러한 다양한 대상과 상호작용하여 역할을 수행하다 보면 여러 가지 어려움을 겪을 수 있다. 여기에서는 각각의 대상과 관련하여 어떤 역할이 중요한지에 대해 살펴본다.

학생과 관련된 업무 영역에서는 교사와 상담자 역할을 중심으로 한다. 진로진학상담교사는 수업 진행과 활동지도 등의 영역에서 '진로와 직업' 교과지도, 진로활동지도, 생활지도 같은 업무를 수행하면서 교사의 역할을 주로 담당한다. 개별 학생이나 소집단으로 상담을 진행할 때는 상담자 역할을 주로 하게 된다. 교사 역할과 상담자 역할에는 유사한 점이 있지만, 때로는 교사로서 훈육자 역할을 수행하기 때문에 상담자로서의 역할과 충돌할 수 있다. 그렇기 때문에 교사 역할과 상담자 역할 간의 역할 전환을

균형 있고 적절하게 조절해야 한다. 그렇지 못하면 교사 스스로 역할 갈등을 느끼고 어려움을 겪을 뿐만 아니라 학생들이 혼란을 느낄 수 있고 효과적이지 못한 교사와 상담자가 될 수 있다.

학생지도의 경우 학부모와 직·간접적으로 상호작용할 수밖에 없다. 학생을 통해 학부모와 접촉하거나 직접 면담하는 경우가 자주 있다. 학생과 상호작용을 할 때, 학생은 교사의 영향을 받는 동시에 부모의 영향도 받는다. 상호작용의 패턴이나 영향의 요소가 유사한 경우에는 학생지도가 비교적 쉽지만, 많이 다른 경우에는 학생지도에 어려움을 겪을 수 있다. 이렇게 다양한 상황이 발생하기 때문에, 학부모와의 직·간접적 의사소통과 부모 교육이나 컨설팅 등을 제공할 필요가 있다. 학부모가 학생지도에서 촉진적인 역할을 하는 경우에는 교사로서의 역할 수행이 수월하지만, 그렇지 못하는 경우에는 오히려 부모를 설득하거나 조력을 이끌어내는 과정에서 더 많은 정신적, 시간적 노력이 필요할 수 있다.

다른 한편 진로진학상담교사는 역할 수행 과정에서 상급 관리자와 끊임없이 상호작용한다. 교내외 행정 차원에서 상급자와 교육관의 차이가 생긴다거나 업무 내용 중요도에 대한 인식의 차이, 업무 진행 방식에 대한 의견 차이, 문제 이해 방식과 접근 태도의 차이 등 상당히 많은 부분에서 의견 차이가 발생한다. 이러한 다양한 차이가 발생했을 때 관리자와 어떻게 협력을 할지, 어떻게 상호작용할지에 대해 많은 정신적 에너지를 쓰게 된다. 따라서 이에 대해 관리자와의 긴밀한 의사소통과 의견 조율을 통해 좀 더 협력적인 관계를 만들어야 한다.

이 외에도 동료 교사와의 관계, 교외 기타 협력관계에서 발생하는 상호작용에 대해 이해하고 자기관리를 할 필요가 있다. 동료 교사와 학생지도나 학교 연간 사업, 학년별 사업을 조율할 때 의견 차이가 발생할 수 있는데, 이때에도 마찬가지로 설득과 합의를 통해 협력적인 관계를 구축하는 것이 중요하다. 교외 전문가나 관련된 인사를 참여시켜 적극적으로 협력을 하는 경우에 학교 진로진학지도를 더 효과적으로 만들어 갈 수 있다.

진로진학상담교사의 전문성 및 리더십 개발

진로진학지도와 상담은 매우 전문적인 활동이며 청소년 발달 과정에서 촉진적인 역할을 한다. 진로진학상담교사는 교사인 동시에 진로진학상담 전문가이다. 두 가지 역할을 동시에 한다는 것은 전문성 수준이 높다는 것을 의미한다. 특히 타인의 생애발달에 개입하는 역할은 매우 중요하고 신중한 일이기 때문에 전문성 개발에 더욱 노력을 기울여야 한다. 여기에서는 전문성 개발과 더불어 리더십 개발에 대해 살펴보고자한다.

1) 전문성 개발

전문성 개발을 할 때에는 교사로서의 전문성과 상담자로서의 전문성을 동시에 고려해야 한다. 교사로서의 전문성에서 교사의 일반적 전문성과 특정 직무와 관련된 전문성을 구분해 볼 필요가 있다. 교사의 일반적인 전문성은 기본적으로 학생에 대한 이해, 담당 교과에 관한 전공 지식의 전문성, 학부모상담, 학급·학교 경영 등 전반적 업무에 해당된다. 좀 더 구체적으로 살펴보면 진로진학상담교사의 경우 진로발달의 이해, 진로교육의 목표와 방법, 진로 프로그램 개발과 운영, 진로 체험활동의 계획 및 운영, 사회적 변화와 직업세계의 변화 추이, 직업 및 고용 동향, 직업 전망 등 진로교육에 대한 전반적인 내용을 알고 활용할 수 있는 능력이 필요하다. 또한 진학지도를 할 때 학생의 개인 특성과 진로발달 특성, 고등학교 유형 및 전공, 대학의 유형 및 전공 등 진학 관련 정보를 정확히 수집하고 분석·가공하며 정보 제공을 하고 합리적 의사결정을 조력하는 등의 역할을 수행해야 한다.

진로진학상담교사는 교사의 업무를 수행하는 동시에 상담자의 업무를 상당히 많이 수행해야 한다. 상담자로서는 사람에 대한 인간적 온정과 사랑, 개인에 대한 존중과 이해를 바탕으로, 발달과 변화에 대한 긍정적인 인식과 기꺼이 이러한 역할을 하고자 하는 노력 같은 태도로 학생지도에 임해야 한다. 이러한 인간적 자질과 더불어 상담자로서의 전문적 자질도 필요하다. 상담자로서의 전문적 자질은 인간발달에 대한 이해, 상담 이론과 진로발달 이론 및 상담에 대한 이해, 심리검사 실시 및 해석 능력, 상담 사례개념화 능력, 상담 과정과 상담 기법을 적용하여 내담자의 긍정적 변화를 이끌어내는 능력과 노력 등이 있다. 또한 상담의 대상과 형태에 따라 집단상담 프로그램 개발 및 운영, 평가, 학부모상담 등 상담자로서 다양한 전문성을 갖추어야 한다. 이와 같이 교사로서 그리고 진로진학상담교사로서 교육자와 상담자로서의 자질을 충분히 갖추어야 유능한 교사와 상담자로 전문성을 발휘할 수 있다.

상담자는 개인에 대해 개별적인 상담을 제공할 수 있어야 하며, 개인의 진로발달, 진로문제에 대한 보편적인 이해와 접근 능력뿐만 아니라 개별 사례에 대한 심층적 이해와 접근 능력도 필요로 한다. 상담자로서의 전문성을 갖기 위해서는 비교적 많은 경험과 노력이 필요하기 때문에 다양한 방법을 활용하여 전문성을 더욱 향상시켜야 한다. 이를 위해서는 꾸준히 사례 연구를 할 필요가 있다. 각 사례에 대해 관련 정보를 수집하고, 정확한 사례개념화를 하며, 체계적인 진단과 평가를 바탕으로 문제에 대한 이해와 접근 방법을 고안해서 내담자의 변화를 이끌어내야 한다. 사례 연구를 통해 이론적 지식과 실제적 적용을 더욱 체계적으로 연결하고 활용하는 능력을 키울 필요도 있다. 또한 수퍼비전을 통해 사례에 대해 다각적으로 접근하고 어려운 부분에 대한 조언과 도움을 받으면서 좀 더 효과적인 상담자가 되려고 노력해야 한다. 사례와 주변 자원의 활용 가능성 등을 고려하여 다양한 수퍼비전의 형태를 활용할 수 있다. 스스로 하는 셀프 수퍼비전, 동료 상담자와 진행하는 동료 수퍼비전, 전문가 훈련 집단에 참여하여 받는 집단 수퍼비전, 개인 수퍼비전, 공개 사례 발표 등 다양한 수퍼비전 형태를 적극적으로 활용할 것을 권장한다. 또한 지속적인 훈련을 통해 국가 기관이나 주요 학회에서 발급하는 자격증을 취득하는 등 자신의 전문성을 함양시키려고 노력할 필요가 있다.

2) 리더십 개발

교사의 전문성 개발에서 리더십 개발은 중요한 주제 중의 하나이다. 리더십이란 리더가 자신의 특성, 즉 카리스마, 전문성, 성품 등을 바탕으로 이해 관계자와 구성원에게 신뢰 관계를 구축하고 의사소통을 하며 영향력을 미쳐서 조직의 변화를 모색하여 비전을 달성하고 성과를 창출하는 과정이다(최은수 외, 2013). 교사는 학교 조직 안에서 작게는 소집단인 학급, 학년, 더 크게는 학교 전체까지 집단의 구성원인 동료 교사나 학생들과 상호작용하면서 영향력을 펼친다. 그렇기 때문에 리더십이 교사의 전문적 자질 중 중요한 영역이라고 할 수 있다.

(1) 셀프 리더십

셀프 리더십은 자기주도적 사고와 행동을 강조하는 리더십으로, 신세대 조직 구성원의 특성을 중요시하며 전통적인 관리 방식인 지시와 통제의 단점을 극복하고자 한다(김민정, 2007). 조직 구성원에게 자율과 책임을 주면, 책임감 있는 행동으로 자율성과 열정을 수반하는 셀프 리더십을 발휘하게 된다(Manz, 1998; 최은수 외, 2013 재인용). 전통적인 리더십이 관리 기능을 강조하고 외부의 관찰, 주어진 목표, 외부의 강화 및 보상, 외부로부터의 문제해결 등을 특징으로 한다면, 셀프 리더십은 자기관찰, 스스로 목표 설정하기, 자기강화, 스스로 문제해결하기, 스스로 직무 할당을 하고 과업을 계획하며 자기비판하기 등의 방식으로 외부에서 내부로의 전환을 강조한다. 즉 개인이 자기주도적인 사고와 행동 방식으로 자율성을 지니면서 스스로 책임지고 행동하게 하고, 스스로 설정한 목표를 달성하기 위해 끊임없이 노력하도록 강조하는 것이 셀프 리더십의 핵심이다.

셀프 리더십은 개인의 자기계발과 조직의 발전이라는 두 가지 차원을 포함한다. 조직 구성원이 일터에서 주도적으로 일하여 조직의 성과를 이루는 것에 초점을 맞춘다. 조직 구성원이 책임이나 정보를 공유하고 자발적으로 일의 동기를 부여하도록 해서 효과적으로 문제에 접근할 수 있도록 한다는 점에서 임파워먼트(empowerment)에 의미를 부여한다(Blanchard, 1995). 셀프 리더십의 구성 요소는 사회학습 이론(Bandura,

1971)의 행동 지향적 전략의 관점으로 설명할 수 있다. 행동 지향적 전략은 자기관찰, 스스로 목표 설정하기, 단서에 의한 관리, 리허설, 자기보상, 자기비판 등을 포함한다(표 9-3). 이러한 방법으로 셀프 리더십을 적극적으로 개발할 수 있다.

표 9-3 행동 지향적 전략의 셀프 리더십 구성 요소

구성 요소	특징
자기관찰	자신이 바꾸고자 하는 행동에 대해서 정보를 수집하고 관찰하여 업무 활동의 효율성을 평가하고 어떻게 해야 할지를 발견하는 것이다.
스스로 목표 설정하기	처리해야 할 일들의 우선순위에 따라 목표를 정하고 스스로 행동하도록 하는 것이다.
단서에 의한 관리	자신이 하고자 하는 행동을 쉽게 하려고 단서가 될 만한 것들을 작업장 주위에 설치하거나 변경하는 것이다.
리허설	실제로 업무 수행 전에 예행연습을 함으로써 업무 수행의 성공률과 효과성을 높이는 것이다.
자기보상	바람직한 행동을 완수했을 때 개인적으로 가치 있는 보상을 자기 자신에게 제공함으로써 일할 의욕을 북돋고 차후 행동을 선택하는 데 큰 영향을 미치는 것이다.
자기비판	바람직하지 못한 행동을 했을 때 자신에게 일정한 처벌이나 비판을 가함으로써 실수를 줄이는 데 도움을 주는 것이다.

출처: Houghton & Neck(2002). *The revised self-leadership questionnaire: Testing a Hierarchical factor structure for self-leadership.*
최은수 외(2013) 재인용

(2) 교사 리더십

교사 리더십의 필요성에 대해서는 다양한 관점이 있지만, 교직의 사회적 현실과 변혁의 관점에서 리버먼과 밀러(Lieberman & Miller, 2004)는 다음과 같은 3가지 중요한 전환 상황을 제시했다. 첫째, 개인주의에서 전문가 공동체로의 전환이다. 교사는 교실 안팎에서 전문성을 광범위하게 수행하면서, 과거 학급 중심의 접근에서 전문적 주제 중심의 팀 작업 형태로 업무를 전개하게 된다. 예를 들어 학교 안에서 진로진학지도 부서, 학교폭력 예방 및 대처 부서 같은 전문 주제별 공동체 작업이 많아지고 있다.

둘째, 교사 중심에서 학생 중심으로의 전환이다. 과거에는 가르치는 행위가 교수자 중심으로 이루어졌다면, 최근에는 점차 학습자 중심의 교육으로 전환되고 있다. 시대적

변화에 따라 학생 개개인의 특성을 중요시하고 그에 맞게 교육을 제공하도록 요구받고 있다. 학습문제를 협력해서 연구하여 교육과정, 평가 방법, 수업 전략 등을 공동으로 설계하고 집합적인 지식과 표준화된 평가 등을 공동으로 마련하게 된다.

셋째, 교사의 역할이 기술·관리 직무에서 연구와 리더십으로 전환된다. 교사의 역할은 지식을 전달하는 기술자나 학생을 관리하는 관리자 역할에서 연구자, 의미 창조자, 리더 역할로 전환되고 있다. 교사는 새로운 지식과 교수 방법을 학습하고 연구해야 하고, 새로운 의미를 창조해야 하며, 학생을 단순 관리하는 데 그치지 않고 리더십을 좀 더 발휘해서 협력자와 촉진자의 역할을 해야 한다.

특히 진로진학상담교사의 경우 셀프 리더십을 발휘하여 자신의 직무 영역을 체계적으로 개발하고, 진로진학 관련 영역에서 학교 조직의 선두 주자가 되어야 한다. 뿐만 아니라 학교 전체의 진로진학 관련 영역의 사업을 계획하고 각 학년이나 학급에서 진행할 진로교육의 내용을 계획하고 실행하는 데 자신의 역할을 해야 한다. 그렇기 때문에 진로진학지도 영역에서 전문가로서의 리더십을 발휘하고 지속적인 자기계발을 시도해야 한다.

생각해 볼 문제

1. 다음의 예시를 참고하여 나의 삶의 역할을 원 그래프로 표현해 보자. 각각에 대해
   구체적인 역할의 중요도와 수행 정도, 관련 어려움을 적어 보고 논의해 보자.

생애 역할 비중 예시	나의 생애 역할 비중

역할	수행 정도 (1-10점)	수행 만족도 (1-10점)	역할을 수행할 때 어려운 점

2. 현재 겪고 있는 스트레스 상황이 무엇이고 그 수준(1-10점)은 어떠한가?

순위	스트레스 상황	스트레스 수준(1-10점)

3. 스트레스 상황에서 나는 누구에게 어떤 정서적 지지를 받고 어떻게 효과적으로 대처하는가?

스트레스 상황	정서적 지지자	정서적으로 지지 받은 내용	스트레스 대처 효과

4. 나는 누구에게 어떤 정서적 지지를 해 주는가?

대상	상대의 스트레스 상황	정서적 지지 방법

참고문헌

교육과학기술부(2011a). 진로진학상담교사 업무 · 활동 매뉴얼. 교육과학기술부.

교육과학기술부(2011b). 진로진학상담교사 배치 및 운영 지침. 교육과학기술부.

구본용, 김영미(2014). 중등교사의 직무스트레스와 심리적 소진 및 교사효능감의 관계, 청소년학연구 21(7), 275-306.

김민정(2007). 대학생의 셀프 리더십 개발에 영향을 미치는 학습자 변인 연구. 이화여자대학교 대학원 박사 학위논문.

오정숙(2014). 진로진학상담교사의 역할과 직무에 대한 인식: 중요도와 실행도를 중심으로. 진로교육연구 27(2), 41-64.

이종범, 최동선, 고재성, 이혜숙(2010). 진로진학상담교사 양성을 위한 표준교육과정 개발 연구. 교육과학기술부.

장현갑, 강성군(1996). 스트레스와 정신건강. 학지사.

정동화(2010). 심리사회적 스트레스. 한국학술정보원.

정상완, 한진환(2006). 역할갈등과 직무만족에 관한 연구. 한국콘덴츠학회논문지 6(2), 127-135.

최은수, 권기술, 진규동, 손판규, 김민서, 신승원, 김진혁, 박재진, 이미섭, 강찬석, 강영환, 이희, 박시남 (2013). 뉴리더십 와이드. 학지사.

한상근, 이지연, 김나라, 박서연(2009). 창의적 커리어 패스 형성에 관한 기초 연구. 한국직업능력개발원.

현성용, 김미리혜, 김아영, 김현택, 성한기, 유태용, 윤병수, 이순묵, 이영호, 이재호, 이주일, 진영선, 채규만, 한광희, 황상민(2008). 현대 심리학 입문. 학지사.

Bandura, A.(1971). *Social Learning Theory*. Morristown, NJ: General Learning Press.

Blanchard, K.(1995). Points of Power can Help Self Leadership. *Manage, 46*(3), 12-13.

Brousseau, K. R., Driver, M.J., Eneroth, K., Larsson, R.(1996). Career Pandemonium: Realigning Organizations and Individuals. *The Academy of Management executive 10*(4), pp. 52-66.

Greenhaus, Callanan, & Godshalk(2002). 경력개발 및 관리(*Career Management*, 3rd ed.). 탁진국 역. 학지사(원전은 2000년 출판).

Kyriacou, C.(2001). Teacher Stress: directions for future Research. *Educational review. 53*(1), 27-36.

Lieberman, A. & Miller, L.(2009). 교사 리더십(*Teacher Leadership*). 황기우 역. 학지사(원전은 2004 년 출판).

Palmer, S. & Dryden, W.(1995). *Counseling for stress problems*. London: SAGE Publications Ltd.

Super, D. E.(1990). A life-span, life-space approach to career development. In D. Brown, L. Brooks, & Associates(Eds.). *Career choice and development: Applying contemporary theories to practice*. (2nd ed., pp. 197-261). San Francisco: Jossey-Bass.

Thomas, K.(1976). Conflict and Conflict Management in M. D. Dunnette (Ed.). *Handbook of Industrial and Organizational Psychology*. Chicago: Rand McNally College Publish Co. pp. 889-935.

Walker(1992). "Career Paths in Flexible Organizations". In D. H. Montross & C. J. Shinkman(Eds.). *Career Development: Theory and Practice*, 387-400. Springfield, IL: Charles Thomas Publishers.

10장

진로진학상담교사의 생애개발

손은령

교사는 행복한 삶의 안내자가 되어야 한다. 학생의 거울이 되는 교사가 행복하면 학생도 그 것을 본받아 건강하고 적극적으로 삶의 여러 도전에 대응하며 역경을 극복하면서 성장해 나간 다. 이렇듯 교사는 학생이 닮아야 할 역할 모델이다.

이 장에서는 학생의 역할 모델이 되어야 할 진로진학상담교사가 자신의 생애를 개발할 때 어떠한 관점을 취해야 하는지, 어떠한 방법을 택해야 하는지에 대해 살펴보고자 한다. 이를 위해 행복의 의미가 무엇이며 행복에 대한 연구가 어떻게 진행되어 왔는지를 검토한 후 행복한 삶을 만들기 위한 방법론과 실천 방법을 제시한다. 그리고 지혜로운 생애개발자가 되기 위해 필요한 영역(평생학습, 여가개발, 역할 전환, 진로개발)에 대해 개관하고, 기본적으로 점검해야 할 사항 과 이에 필요한 정보와 기법을 살펴본다.

건강하고 적극적인 생애개발자가 되기 위해서는 혼자가 아닌 함께하는 동료가 필요하다. 교사는 학생의 성장을 위해 중요한 격려자로 기능해야 하며, 상호 성장을 위해 서로 격려해 주 는 장을 만들어야 한다. 이를 위해서 격려상담의 기본적인 가정과 주요 개념, 격려상담의 기법을 개략적으로 제시한다. 이를 실제 삶이나 학교 현장에서 잘 활용함으로써 상호 성장을 위해 격려 하는 진로진학상담교사가 될 수 있기를 기대한다.

1 행복한 삶의 안내자

1) 행복한 삶

학자들은 어떠한 삶이 행복한 삶인지에 대해 지속적으로 연구를 해 왔다. 그 결과 행복에 영향을 미치는 여러 요인이 밝혀졌다. 예를 들어 외향성, 탄력성, 자기존중감, 낙관성 같은 성격적 요인이나 건강, 교육수준 등이 행복과 관련된 것으로 드러났다. 하지만 경제적 수입이 높다고 해서 행복한 것은 아니었으며, 나이나 성별, 지능 등도 행복과 별다른 관련성이 나타나지 않았다. 이 밖에 결혼이나 종교, 직업 등이 다소 영향을 주었지만, 크게 영향을 주는 변인을 찾기는 어려웠다. 따라서 행복은 유전적이고 기질적인 타고난 특성에 의해 좌우되기보다는 개인의 노력과 훈련에 의해서 만들어질 수 있는 변화 가능한 속성을 지닌 것으로 볼 수 있다.

셀리그먼(Seligman, 2002)은 행복한 삶의 구성요소를 즐거움, 적극성, 의미로 보고 적극적으로 즐거움을 찾고 의미를 만들어 가면 행복해질 수 있다고 제시했는데, 이는 이상의 관점을 정리한 것이다. 즐거운 삶은 과거, 현재, 미래에 대해 긍정적인 감정을 느끼며 살아가는 삶을 뜻하며, 긍정적인 정서를 최대화하고 부정적인 정서를 최소화하는 삶을 말한다. 적극적인 삶은 자신이 선택한 활동에 열정적으로 참여하고 몰입함으로써 자신의 성격적 강점과 잠재력을 최대한 발휘하며 자기실현을 이루어 나가는 삶을 의미한다. 셀리그먼(2002)은 진정한 행복은 대표 강점을 찾아내고 계발하여 일상생활에서 잘 활용하는 가운데 발견할 수 있다고 보았다. 의미 있는 삶은 자신의 행위에서 소중한 의미를 발견하고 부여할 수 있는 삶을 뜻한다.

행복이 무엇인지에 대해서는 여러 관점이 있다. 그 중 대표적인 것이 쾌락주의적 관점과 자기실현적 관점이다. 쾌락주의적 입장에서 볼 때 행복이란 긍정적인 감정이 많고 부정적인 감정이 적으며 삶의 만족도가 높은 상태를 의미한다. 셀리그먼(2002)이 주장한 즐거운 삶에 해당한다. 반면 자기실현적 입장에서 행복은 개인의 잠재력이 충분히 실현된 상태를 의미하는데, 적극적인 삶(Seligman, 2002)의 특성이 이에 해당한다. 이 관점에 따라 자아실현적 인간(Maslow, 1971), 성숙한 인간(Allport, 1961), 충분히 기능하는 인간(Rogers, 1980)의 특성에 대해 관심이 모아졌다. 다시 말해 행복한 사람은 인격적으로 성숙하고 자신의 잠재력을 충분히 발휘하며 자기실현을 하는 사람을 뜻한다.

그렇다면 행복한 사람은 어떤 특성을 갖고 있는가? 올포트(Allport, 1961)는 성숙한 사람은 7가지 특성을 갖고 있다고 주장했다. 첫째, 확장된 자아감을 갖고 있다. 즉 자기 자신에 대한 관심에서 벗어나서 자기 밖의 다양한 대상과 활동에 흥미와 관심을 갖고 있으며 진지하게 참여한다. 둘째, 다양한 사람들과 우호적인 관계를 형성해 나간다. 타인에 대한 친밀감과 연민의식을 갖고 있으며, 자기 주변 사람들의 행복에 지속적으로 관심을 갖는다. 셋째, 정서적으로 안정되어 있다. 이는 자기 자신을 있는 그대로 수용하고 좌절에 대해 인내심을 갖고 있기 때문에 가능하다. 넷째, 세계를 객관적으로 있는 그대로 본다. 다시 말해 현실적인 지각 능력을 갖고 있다. 다섯째, 완수할 과업을 가지고 그것에 헌신한다. 성숙한 사람은 해야 할 일과 그 일에 몰입하는 것을 중요시한다. 여섯째, 자신을 객관화하는 능력을 지니고 있으며 일곱째, 일관성 있는 삶의 철학을 갖고 있다.

매슬로우(Maslow, 1971)는 올포트와 마찬가지로 성숙한 인간이란 결국 자아실현적 인간이라고 주장하면서 다음의 10가지 특성을 제시했다. 현실에 대한 객관적인 지각 능력과 판단 능력, 인간 본성이나 자신 및 타인의 속성에 대한 수용적 태도, 가식 없이 자발적으로 자신을 드러냄, 민주적인 성격 구조, 타인과의 인간적 유대 형성 능력, 인간이 처할 수 있는 모든 상황에 대한 공감과 애정, 자신의 일에 대한 애정 및 몰두와 책임감, 독립성과 자율성에 대한 강한 욕구, 창의성, 삶의 여러 체험에 대한 외경심과 수용. 이러한 특성은 창조성, 자유, 실존적 삶, 자기 유기체에 대한 신념, 경험에 대한 개방성으로 표현되는 건강한 사람(Rogers, 1980)의 속성과 맥을 같이한다.

리프(Ryff, 1989)는 여러 학자들의 주장을 토대로 해서 행복한 사람의 6가지 특성을 다음과 같이 제시했다. 첫째, 환경을 잘 통제한다. 그들은 자신의 욕구에 적합한 환경을 선택할 줄 알고 잘 활용한다. 둘째, 타인과 긍정적 인간관계를 맺고, 타인과 공감하며, 친밀한 관계를 형성하는 능력을 갖고 있다. 셋째, 자율성이 있기 때문에 독립적이며, 독자적인 결정 능력과 함께 사회적 압력이 부당하게 느껴질 때 그에 저항하는 능력을 보인다. 넷째, 새로운 경험에 개방적이고 지속적으로 성장하려고 노력한다. 다섯째, 인생에 의미를 부여하는 신념체계와 일관성 있는 인생의 목적과 목표를 갖고 있다. 여섯째, 자신의 긍정적인 특성 외에 부정적인 특성까지 포함하여 다양한 특성을 인정하고 수용하는 태도를 지닌다.

학자들의 주장을 정리해 보면, 행복한 사람이 되려면 적극적으로 행동하고 실천하는 과정이 필요하고, 타인과의 관계 맺기를 통한 체험, 일에 대한 의미 부여 등이 요구된다는 것을 알 수 있다. 교사 자신이 행복한 사람이 되기 위해서는 많이 노력할 필요가 있다. 어떤 직위에 있다는 것만으로 행복이 보장되는 것은 아니기 때문이다. 행복(happiness)의 어원은 'happenstance(우연)'과 'happening(사건)'이다. 달리 말해서 행복은 어떤 일이든 실천하는 행위 속에서 우연히 발견되는 것이고, 자신에게 발생한 여러 사건 속에서 발견되는 것이라고 할 수 있다. 아무것도 행하지 않고서는 행복감을 느낄 수 없다. 어떤 시도와 실행 과정이 반드시 수반되어야 한다. 행(幸)과 행(行)의 의미는 다르지만 발음이 같은 것이 우연이라고 볼 수만은 없다. 결국 '多行'해야 '多幸'한 삶이 될 수 있다는 의미로 해석할 수 있다.

2) 행복한 삶의 방법론

우리는 행복한 삶을 만들기 위해서 적극적으로 행동해야 하며, 행복 증진 기술을 익힐 필요가 있다. 행복해지기 위해서 먼저 해야 할 일은 자신의 강점을 확인하는 것이다. 교사가 자신의 강점을 잘 볼 수 있어야 학생의 강점을 발굴할 수 있으며, 이를 통해 자신과 학생의 삶 모두 행복으로 수렴될 수 있다.

심리학자들은 최근에 자신들의 연구가 문제행동이나 이상행동에 지나치게 관심을 두었다는 점을 반성하고 인간의 밝고 긍정적인 측면에 초점을 맞추고 있는데, 이러한 분야가 바로 긍정심리 또는 건강심리이다. 심리학은 인간의 약점과 장애에 대한 것만 다루는 데서 벗어나 인간의 강점과 덕성을 다루는 학문이어야 하며 동시에 최선의 가능성을 이끌어내야 한다는 셀리그먼(1999)의 주장은 이러한 변화를 함축적으로 보여준다.

긍정심리학에서는 문제나 약점, 핸디캡이 많은 부분에 초점을 맞추기보다는 인간이 가진 긍정적인 성품, 강점 또는 장점에 주목할 것을 주문한다. 인간은 문제를 일으키기도 하지만 동시에 문제를 해결할 자원을 갖고 있으며, 건강하고 긍정적인 면을 확장할 때 더 나은 인간으로 성장할 가능성이 크다는 사실을 강조한다. 병리적이고 약한 부분을 보완하고 교정하는 데 노력과 시간을 들이기보다는 잘하는 부분이나 잘난 부분을 인식하고 이를 활용할 수 있도록 도와줌으로써 작은 변화가 발생하고 이것이 모여서 큰 변화를 이룰 수 있다고 주장한다. 이 과정에서 우리는 행복감을 더 많이 느낄 수 있게 된다.

우리가 갖고 있는 좋은 강점 또는 긍정적인 성품은 무엇인가? 최근의 긍정심리학 연구에서 공통적인 요소를 추출한 권석만(2008)은 6개의 상위 덕목과 3~5개의 하위 덕목으로 구성된 24개의 성격적 강점과 덕성을 소개했다. 그 내용을 살펴보면 표 10-1과 같다.

표 10-1 24개 성격적 강점과 덕성

1. 지혜 및 지성	
더 나은 삶을 위해서 지식을 습득하고 활용하는 것과 관련된 강점	
창의성	어떤 일을 하면서 새롭고 생산적인 방식으로 생각하는 능력
호기심	일어나고 있는 모든 경험과 현상에 대해서 흥미를 느끼는 능력
개방성	사물이나 현상을 다양한 측면에서 철저하게 생각하고 검토하는 능력
학구열	새로운 기술, 주제, 지식을 배우고 숙달하려는 동기와 능력
지혜	사물이나 현상을 전체적인 관점에서 생각하고 다른 사람에게 현명한 조언을 제공해 주는 능력
2. 인애	
다른 사람을 보살피고 친밀해지는 것과 관련된 대인관계적 강점	
사랑	다른 사람과의 친밀한 관계를 소중하게 여기고 실천하는 능력
이타성	다른 사람을 위해서 호의를 보이고 선한 행동을 하려는 동기와 실천력
정서지능	자신과 다른 사람의 동기와 감정을 잘 파악할 뿐만 아니라 다양한 사회적 상황에서 어떻게 행동하는 것이 적절한지를 잘 아는 능력

3. 용기	
내면적, 외부적 난관에 직면하더라도 추구하는 목표를 성취하려는 의지와 관련된 강점	
용감성	위협, 도전, 난관, 고통에 위축되지 않고 이를 극복하는 능력
진실성	진실을 말하고 자신을 진실한 방식으로 제시하는 능력
끈기	시작한 일을 마무리하여 완성하는 능력
활력	활기와 에너지를 가지고 삶과 일에 접근하는 태도
4. 절제	
지나침으로부터 우리를 보호해 주는 긍정적 특질로, 극단적인 독단에 빠지지 않는 중용적인 강점	
겸손	자신이 이루어낸 성취에 대해서 불필요하게 과장된 허세를 부리지 않는 태도
신중성	선택을 조심스럽게 함으로써 불필요한 위험을 다루지 않으며 나중에 후회할 일을 말하거나 행하지 않는 능력
용서	나쁜 일을 한 사람들을 용서하는 능력
자기조절	자신의 다양한 감정, 욕구, 행동을 적절하게 잘 조절하는 능력
5. 정의	
건강한 공동체 생활과 관련된 사회적 강점	
공정성	편향된 개인적 감정의 개입 없이 모든 사람을 동등하게 대하고 모두에게 공평한 기회를 주는 태도
시민의식	자신이 속한 집단의 이익을 추구하고자 하는 책임의식으로, 사회나 조직 속에서 자신에게 주어진 임무와 역할을 인식하고 부응하려는 태도
리더십	집단활동을 조직화하고 그러한 활동이 진행되는 것을 파악하여 관리하는 능력
6. 초월	
현상과 행위에 대해 의미를 부여하고 커다란 세계인 우주와의 연결성을 추구하는 초월적 또는 영적 강점	
감사	좋은 일을 알아차리고 그에 대해 감사하는 태도
낙관성	최선을 예상하고 그것을 성취하기 위해 노력하는 태도
심미안	다양한 삶의 영역에서 나타나는 아름다움, 수월성, 뛰어난 수행을 인식하고 평가하는 능력
유머감각	웃고 장난치는 일을 좋아하며 다른 사람에게 웃음을 선사하는 능력
영성	인생의 궁극적 목적과 의미에 대해 일관성 있는 신념을 가지고 살아가는 태도

이 목록을 살펴보면 우리가 여러 개의 강점을 갖고 있다는 사실을 알게 될 것이다. 물론 그 중에는 그것이 강점이었는지 의문이 드는 경우도 있을 수 있다. 하지만 180도 다르게 생각해 보면 우리가 가진 약점이 때로는 강점으로 작용하는 경우가 많다. 우유

부단한 사람이라고 해석할 수도 있지만 신중한 사람으로 해석할 여지가 있는 것과 마찬가지이다. 화끈한 사람은 긍정적으로 볼 때 분명한 사람이지만 부정적으로 본다면 지나치게 독선적이거나 단정적인 사람이라는 의미가 될 수도 있다. 따라서 우리는 우리 자신과 학생의 약점을 강점으로 돌려 보는 혜안을 지녀야 하며, 사람의 행동 속에 숨겨진 강점을 발굴하는 일종의 심마니가 되어야 한다. 이를 위해 먼저 요구되는 것은 우리의 관점 전환이다. 강점을 보기 위해서는 우리의 안목에 변화가 생겨야 한다. 일종의 시각 교정이 필요하다. 라식수술이 낮아진 시력을 높이는 데 목적이 있다면, 시각 교정술은 부정적인 시각을 긍정적인 시각으로 180도 변화시키는 것이다. 다르게 생각하는 훈련을 통해서 시각을 교정할 수 있다. 죽이는 각도, 즉 '死角'보다는 살리는 각도, 즉 '生角'으로 삶과 사람을 볼 수 있어야 한다.

인간은 기본적으로 약한 동물이기 때문에 긍정적인 신호보다는 부정적인 신호에 민감하도록 진화해 왔다. 따라서 거의 대부분의 인간이 잘난 점보다는 못난 점에 시선을 보내고 그 부분을 지적하는 것이 습관이 되어 왔다. 이러한 오랜 습관을 변화시키기 위해서는 끊임없이 노력할 필요가 있다. 앞에서 말했듯이 약점을 뒤집으면 강점이 된다. 소리에 민감하다는 약점이 피아노 조율에는 좋은 장점이 되며, 호기심이 많은 말썽쟁이가 벤처기업의 창업주가 되는 데 중요한 미덕을 갖고 있을 수 있다. '자살'이라는 말을 뒤집으면 '살자'가 되고, '역경'이라는 말을 뒤집으면 '경력'이 되듯이, 약점을 뒤집으면 그것이 곧 강점이 된다. 교사는 이러한 안목을 갖고 있어야 하며, 이를 통해 행복한 삶이 가능해진다.

3) 역할 모델

진로진학상담교사를 포함해서 모든 교사는 교과지도와 생활지도를 통해 학생들이 행복한 삶을 만들고 영위할 수 있는 방법을 알아 갈 수 있도록 도와주려고 한다. 즉 교사는 학생들이 행복한 삶을 살 수 있는 길을 알려 주는 안내자라고 할 수 있다. 안내자는 이미 그 길을 가 본 사람이며, 그 길을 잘 알고 있는 사람이다. 따라서 학생들이 행복해질 수 있도록 도와주려면 교사부터 행복해져야 한다. 자신이 지금 행복한지를 수시로 점검하고, 행복해지기 위해 노력하는 것은 비단 자신만을 위한 것이 아니라 나와 함께하고 있는 학생들을 위한 것임을 명심할 필요가 있다.

사람들이 닮고자 노력하는 대상을 역할 모델이라고 하고, 지혜와 신뢰로 한 사람의 인생을 이끌어 주는 지도자 역할을 하는 사람을 멘토라고 한다. 학생들은 여러 사람에게서 역할 모델 또는 멘토를 찾을 수 있다. 이때 교사는 행복한 사람의 삶을 보여주는 역할 모델이 되어야 한다. 그렇다면 행복한 삶을 만들어 가는 데 가장 중요한 것은 무엇일까? 그것은 자기효능감(self-efficacy), 즉 자신감이다. 어떤 일을 잘할 수 있다는 믿음이 그 일에 필요한 능력보다 더 중요하다. 다시 말해 내가 행복한 삶을 만들어 갈 수 있다는 믿음이 중요하다. 교사는 자신의 효능감과 함께 학생들의 효능감을 높여 주기 위해 애써야 한다.

자기효능감은 직접적인 체험, 언어적 설득, 모델링, 심리적 안정감이 주어질 때 만들어진다. 교사는 진로진학 관련 수업과 체험을 통해서 학생들이 자기효능감을 높일 수 있도록 노력해야 한다. 개별 활동, 모둠활동 등을 통하여 직업세계를 접하고 많은 체험을 하게 하며, 이를 통해 자신이 무엇을 잘할 수 있고 어떤 일을 좋아하는지 직접 느끼고 생각하도록 격려해야 한다. 행복이란 행함으로써 갖게 되는 복이며, 행운이란 행할 때 따라오는 운이다. 교사와 학생 모두 많이 실천하고 행동함으로써 행복해질 가능성을 높일 수 있다. 결국 백문(百聞)이 불여일견(不如一見)이고, 백견(百見)이 불여일행(不如一行)이다.

교사는 학생의 거울이다. 학생은 거울을 보고 자신의 모습을 평가한다. 교사가 학생의 강점을 바라보고 이를 말로써 전해 줄 때 학생의 기가 산다. 말이 보약이며, 교사는 말로 보약을 만드는 사람이다. 학생들이 긍정적인 시각에서 자신을 바라보고 미래의 가능성을 믿을 수 있도록 많은 예화를 전해 주고 활동을 만들어 주어야 한다. 수업을 통해 학생의 강점에 밑줄을 그어 주고 장점을 발굴하며 이를 강화해 주면 학생들은 변하게 된다. 믿는 만큼 성장하는 것이 학생이다. 교사와 학생 모두 자신이 지금 행복하고 앞으로 더욱 행복해질 것이라고 믿으면 그대로 실현된다.

학생들은 아직 직업세계를 경험해 보지 않았기 때문에 자신의 가능성에 대해 알지 못한다. 하지만 자신과 비슷한 처지의 사람들이 특정 분야에서 성취해 나간 모습을 알게 되면 자신감이 샘솟고 용기를 내어 미지의 세계로 뛰어들 수 있게 된다. 교사는 이러한 모델링의 효과를 믿고 이를 적극 활용해야 한다. 수업 중이나 일상생활 중에 평범한 직업인의 예화를 많이 들려주어야 하고, 역사 속 멘토의 삶도 전달해 줄 필요가 있다. 또한 교사 스스로 자신들이 행복한 삶을 살기 위해 노력한 이야기와 행복한 기억도 많이 전해 주어야 한다. 평범한 사람들이 비범한 결과를 이루어낸 흔적과 행복한 삶을 사는 모습을 보면서, 학생들은 조심스럽지만 도전해 보겠다는 적극적인 태도를 지닐 수 있다. 교사는 많은 읽을거리와 역할 모델을 통해 학생들이 주도적으로 삶을 만들어 갈 수 있도록 도와주어야 한다. 물론 교사 자신의 삶의 궤적도 함께 전해 주면 더욱 좋을 것이다.

심리적 안정감이 있을 때 역량을 최대로 발휘할 수 있다. 불안은 사람을 위축시키고 뒤로 물러서게 한다. 다가올 세상이 어떨지 아무도 모른다. 하지만 이러한 미지의 세계에 대해 걱정하기보다는 궁금함이 생기도록 도와주어야 한다. 학생들만 미래를 모르는 것이 아니지 않은가. 교사도 앞날을 알 수 없다. 세상은 미리 계획되거나 완성된 것이 아니기 때문에 무언가 새롭게 만들어 갈 수 있다. 그것이 기회가 된다는 적극적인 사고방식을 가질 때 우리는 담대해진다. 교사의 적극적인 삶을 보여주면서 학생들도 세상의 어려움을 극복할 수 있는 용기를 가질 수 있도록 지도해야 한다.

2 지혜로운 생애개발자

1) 생애개발상담의 의미와 영역

의료기술이 발달하고 개인이 자신의 건강을 적극적으로 관리함에 따라 평균 수명이 점차 늘어났다. 고령인구가 급증함에 따라 초고령사회로 진입하게 되었지만, 사람들이 실제적으로 자신의 삶 전반을 어떻게 관리하고 개발해 나갈 것인지에 대해 대비하지 못하고 있는 것이 현실이다. 아동기와 청년기에 학습한 내용을 중·장년기에 활용해서 돈을 벌고, 은퇴한 이후에는 자식들에게 의탁하여 말년을 맞는 도식화된 삶이 이제는 거의 가능하지 않은 사회가 되었다. 직업세계 또한 우리가 예상하지 못한 형태로 급속히 바뀌고 있다. 처음 들어간 직장에서 정년을 맞이하는 것은 드문 일이 되었으며, 생애 전반에 걸쳐 여러 번의 직업 전환과 그에 따른 역할 변화가 요구되고 있다.

이러한 변화는 우리에게 새 시대에 걸맞은 인간이 될 것을 요구한다. 이세돌 9단과 알파고(인공지능)의 바둑 대국에서 경험한 바 있듯이, 인공지능의 시대를 살아가게 될 우리에게 필요한 것은 무엇인가? 이 요구를 대략 다음의 6가지로 간단히 정리해 볼 수 있다. 첫째, 자기주도적으로 지속적으로 학습해야 할 필요가 있다. 둘째, 자신이 가진 자원과 활용할 수 있는 자원을 개발하고 그 범위를 넓혀 가야 한다. 셋째, 인생 전반에 걸쳐 자주 경험하게 될 실패를 잘 견디며 좌절을 딛고 새롭게 도전해 가면서 삶을 적극적으로 만들어 가야 한다. 넷째, 전생애에 걸쳐 진로발달을 해 나가고 생애를 현명하게 설계하고 구성해야 한다. 다섯째, 자기 마음을 잘 헤아려 다스리고 관리해야 한다. 여섯째, 실존적인 삶을 살면서 혼자 그리고 더불어 함께하는 방법을 알고 이를 실천할 필요가 있다. 교사이자 상담자인 우리 자신도 이러한 시대적 요구에 잘 대처하면서 지혜롭게 생애를 개발해 나가야 할 필요가 있으며, 학생들의 생애개발을 효과적으로 조력할 수 있는 생애개발상담자가 되어야 한다. 다시 말해 생애개발은 우리 자신의 문제임과 동시에 우리가 서비스를 제공해야 할 대상자를 위한 영역이라는 이중의 의미로 이해될 필요가 있다.

생애개발이란 무슨 의미인가? 생애개발(life development)이란 말은 진로발달(career development)과 유사한 뜻을 갖고 있다. 개인이 자신을 표현하는 일과 생애 역할 전체를 진로(Neukrug, 2016)라고 이해했을 때, 진로는 생애 또는 인생 전체와 거의 동일하다고 할 수 있다. 인생(life)이란 말 속에 숨겨진 'if'처럼 많은 우연과 기회가 생애 전반에 걸쳐 숨어있고, 그 기회를 어떻게 활용하고 어떤 의미를 붙이는지에 따라 인생 경로가 달라진다. 따라서 인생 전반에 걸쳐 개인의 진로를 형성하는 데 역할을 담당하는 심리적, 사회적 영역의 기능 정도와 자신의 역량을 점검하고, 가치 있게 자신의 능력을 발휘할 수 있도록 삶을 운영해 나가면 지혜로운 생애개발자가 된다고 할 수 있다. 이를 위해서 진로진학상담교사는 생애개발의 주요 영역과 함께 생애개발상담의 의미에 대해 구체화할 필요가 있다.

생애개발상담은 전인적인 발달 모형에 기반하여 생애설계를 지원해 주는 상담을 의미한다. 인간의 잠재력 개발, 삶의 만족, 웰빙에 가치를 두고 조력하는 상담 분야라고 할 수 있다. 다시 말해 전생애적 관점에서 학습·일·여가의 균형 잡힌 발달을 이룰 수 있도록 지원하고, 그 과정을 통해 삶의 질과 만족감, 생산성을 높일 수 있도록 조력하는 상담이다. 따라서 진로진학상담교사가 지혜로운 생애개발자임과 동시에 생애개발상담자가 되기 위해서는 앞에서 제시한 6가지 시대적 요구사항에 따라 학습상담, 격려상담 및 강점상담, 스트레스 관리 상담, 진로상담, 심리교육상담, 사회정의 및 옹호 상담 역량을 개발하고 강화해 나가야 한다.

생애개발상담의 주요 영역은 크게 3가지로 나누어 볼 수 있다. 첫 번째는 평생학습 영역이고, 두 번째는 일과 재정 영역, 세 번째는 건강과 여가 영역이다. 평생학습상담을 실행하기 위해서는 연령대별 학습설계를 지원해 주고 문제해결을 격려해 줄 수 있는 상담 이론과 기법을 익혀야 한다. 일과 재정 영역의 상담을 수행하기 위해서는 진로심리학 전반에 대한 이해와 함께 전환기 및 노년기의 삶을 이해하고 일과 재정의 균형 잡힌 계획과 실천을 조력해 줄 수 있어야 한다. 개인의 웰빙을 높이기 위한 건강관리 및 여가개발, 스트레스 관리 기법과 이론을 알아야 할 필요도 있다. 다음 절에서는 지혜로운 생애개발자로서의 삶을 영위하기 위해 우리 자신의 생애설계를 할 때 고려해야 할 사항을 먼저 살펴본 후, 생애개발상담의 주요 영역 중 진로진학상담교사가 알아야 할 필요가 있는 영역—평생학습, 여가개발—에 대해 검토하고 상담자로서의 역할과 과제를 알아본다.

2) 진로진학상담교사의 생애설계와 생애개발

진로진학상담교사가 지혜롭게 생애개발을 해 나간다는 것은 달리 말해 역할 전환에 대해 준비하고 있다는 말이 된다. 우리는 평생에 걸쳐 다양한 역할을 담당해야 하고 그 역할에 따른 과업을 제대로 수행해야 한다. 우리 자신도 지금은 교사의 역할을 담당하고 있지만, 중년기에 해결해야 하는 여러 과업을 잘 수행해야 하며, 은퇴 이후의 삶을 잘 구성해야 할 과제를 안고 있다.

여러 역할을 단계에 따라 설정해 놓은 이론이 발달 단계론이라고 할 수 있다. 에릭슨(Erickson, 1982)을 비롯한 여러 발달 이론가들은 인간의 계속적인 성장을 가정하고 계열성 있는 단계를 진전해 나가면서 우리의 삶이 완성된다고 보았다. 이러한 단계들에 대해 알게 되면, 그때 당면하게 될 발달적 장애물을 예상할 수 있으며 발달 과제를 성공적으로 성취해 나갈 수 있다. 진로진학상담교사들의 삶도 지속적으로 발달해 왔으며, 앞으로도 많은 발달과 후퇴, 변화가 일어나게 될 것이다. 지금의 직업이 최초의 직업인 경우도 있지만 여러 번의 직업 전환을 통해서 지금의 일을 하게 된 경우도 있을 것이다. 교직에 입문했을 때부터 진로진학상담교사가 된 경우는 거의 없기 때문에, 이전의 교과교사와는 다른 역할에 적응하느라 많은 노력을 기울일 것이다. 현재의 나이가 어떻든 간에 은퇴는 기정사실이고 은퇴 이후 어떤 삶이 우리를 기다리고 있을지는 아무도 모르기 때문에, 약간의 불안감과 불확실성에 대한 두려움을 갖고 있을 수도 있다. 그렇다면 역할 전환을 성공적으로 준비하기 위해 우리는 무엇을 알아야 할까? 여기에서는 우리 자신이 감당해야 하는 중년기의 삶과 은퇴 이후의 삶에 대해 알아보고 은퇴 준비에 필요한 기본적인 지식들을 살펴봄으로써 중년기로의 역할 전환과 은퇴 이후의 삶으로의 순조로운 역할 전환에 도움을 주고자 한다.

중년기에 대한 학자들의 정의 방식은 다양하다. 볼랜드(Borland, 1978)는 이러한 점을 고려하여 3가지 방식으로 중년기를 구분하고자 했다. 첫 번째는 연령과 상관없이 막내가 독립하는 시기에서 직업 생활에서 은퇴하는 시기를 중년기로 보는 것이다. 이 시기는 빈보금자리기이며 탈부모기라고 할 수 있다. 두 번째는 생활 연령에 의해 구분하는 것이다. 중년기의 범위에 대한 학자들의 의견은 다양하지만, 대략적으로 40세에서 59세 정도까지를 중년기로 이해하고 있다. 세 번째는 연령과 가족 주기를 종합하여 구분하는 방법이다. 명확하게 시기를 구분하지는 못하지만, 생활 연령, 심리적 연령, 생물학적 연령, 사회적 연령 등을 동시에 고려해야 한다고 본다.

중년기에는 개별화를 추구하고(Jung, 1933) 생산성을 발휘하는 동시에(Erickson, 1956) 정서적 고통을 동반한 위기(Gould, 1972)를 겪게 된다. 이 시기에는 여러 가지 신체 능력이 저하되기는 하지만 관리 여부에 따라서 비교적 양호한 건강 상태에서 여러 가지 활동을 즐길 수 있다. 정서적인 면에서 볼 때 지금까지의 일상에서 경험한 여러 가지 사안에서 실패감이나 권태감 또는 미래에 대한 두려움을 느낄 수도 있지만, 자유로운 생활을 영위하면서 만족감을 극대화하고 영향력을 확장해 나갈 수 있다. 가족관계 면에서도 자녀와 부모에 대한 경제적 책임이 증가하는 한편 세대 간의 갈등도 커지는 시기가 중년기이다. 우리나라의 경우 급속하게 산업화하는 시기에 성장한 지금의 중년들은 민주화와 경제 성장의 주역임과 동시에 과거 가치관과 새로운 가치관의 접점에서 혼란스러워하고 있다. 성장 과정에서는 발전에 대한 기대감이 충만했지만 경제적인 여건이 악화되고 있는 현재에, 중년들은 자신의 삶을 굳건하게 버텨야 하는 막중한 부담감과 함께 새로운 가치관을 지닌 청년들과 협력해야 하고 유교적 가치관에 매여 있는 노년층과도 괴리될 수 없는 이중고를 겪고 있기도 하다.

김종서 외(1987)는 중년기의 발달 과제를 지적, 정의적, 사회적, 신체적 영역별로 다음과 같이 제시하고 있다. 첫째, 지적 영역에서 경제적 생활수준 유지, 청소년 자녀교육, 직무에 필요한 새로운 지식과 능력, 사회 변천에 적응할 수 있는 지식, 둘째, 정의적 영역에서 배우자·자녀와 인격적 관계 유지, 새로운 가족을 맞아 융화하기, 취미와 여가 활용, 젊은 층 이해하기, 셋째, 사회적 영역에서 부모 역할과 책임 수행하기, 연로한 부모 봉양, 사회 연장자로서의 역할과 처신, 사회 발전을 위한 참여, 미풍양속 실천, 넷째, 신체적 영역에서 생리적 변화를 수용하고 적응하기, 적당한 섭생과 휴식, 운동으로 체력 보전, 질병에 대한 지식과 가족 건강 보호이다. 김사현(2004)은 이러한 과업과 함께 중년기에 접어든 사람들은 다음의 영역을 확인하면서 미래 설계에 임해야 한다는 점을 강조했다. 첫째, 지금의 변화에 대한 진단과 준비해야 할 사항에 대한 점검 둘째, 성찰을 통한 자아 발견 셋째, 중년기 인생 영역의 로드맵 작성 넷째, 중년기 위기 과제의 구체화 다섯째, 목표 성취를 위한 의식과 행동 혁신이다.

중년기에 해결해야 할 여러 과제 중 가장 중요한 것은 은퇴 또는 은퇴 준비라고 할 수 있다. 은퇴는 직업에서 물러나거나 사회활동에서 잠시 손을 떼고 있는 상태를 의미한다. 현재 우리나라의 평균 은퇴 연령은 53~54세로, 이는 대략적으로 중년 말기에 해당한다. 은퇴를 어떻게 정의할 것인지에 대해서도 다양한 견해가 존재한다. 직장을 그만두고 연금을 수령한다는 경제적 의미와 함께 사회적 역할이 바뀐다고 보는 사회적 의미를 부각시키는 학자도 있으며(Atchley, 1988), 개인의 의미화에 따라 다르게 이해할 필요가 있다는 사회현상학적 견해도 있다(Passuth & Bengston, 1988). 어떤 정의를 취하든 간에, 은퇴는 물러남과 동시에 새로운 준비와 시작이라는 일견 모순된 활동에 임할 것을 당위적으로 요구한다.

은퇴의 유형과 상황에 따라 스트레스 정도와 양상에 차이가 나타나게 마련이지만, 다양한 스트레스를 경험한다는 점은 공통적이다. 은퇴자는 지금까지 가져 왔던 가족 관계의 질, 기존관계의 진정성 및 친밀도 여부, 은퇴 준비 정도에 따라 긍정적인 의미에서의 스트레스(예를 들어, 자유, 진정한 자아 찾기, 내적 동기 추구, 소명 탐구 등)와 함께 부정적인 의미에서의 스트레스(예를 들어, 경제적 어려움, 가족 갈등, 그리움, 불안, 소외감, 분노 등)를 경험한다. 이러한 스트레스를 잘 관리할 수 있도록 도와주고 자신이 맞이하게 될 은퇴를 잘 준비하는 것은 진로진학상담교사의 개인적 과제임과 동시에 역할에 따른 사회적 책무에 해당한다. 다시 말해 은퇴를 위한 준비와 조력 과정은 이중의 의미를 갖고 있다고 할 수 있다. 성공적인 은퇴를 위한 자기 조력 과정은 결과적으로 타인의 삶을 도와줄 수 있는 중요한 경험이고 자원이며, 이는 은퇴상담을 포함한 생애개발상담자로 기능하는 데 필요한 중요한 실습 과정이 될 수 있다.

은퇴 과정에서 겪어야 하는 여러 스트레스를 이해하려는 관점은 다양하다(Richard-son, 2008). 자아 정체감의 중요 원천인 직업 역할의 상실에 초점을 두는 역할 이론, 은퇴로 인한 긴장과 정서적 외상 등을 중시하는 위기 이론, 직업 활동의 단절에 방점을 두는 단절 이론 등에서는 은퇴의 부정적 영향을 강조한다. 반면 활동 양상의 변화에 적응해야 한다는 활동 이론과 은퇴를 지속적인 삶의 패턴으로 보는 지속 이론에서는 은퇴를 특정한 사건으로 이해하기보다는 일종의 과정으로 보고 그에 적응해야 함을 주문한다. 스트레스를 삶의 변화에 대응하기 위한 개인의 반응으로 본다면, 긍정적이든 부정적이든 간에 그 과정에의 적응은 오롯이 개인의 역량에 달려 있다고 할 수 있다. 따라서 성공적으로 은퇴를 하려면 충격을 완화할 수 있는 자기점검 과정이 필요하다. 은퇴의 시작 단계에서는 경제생활, 건강관리, 여가생활, 가족생활, 주거생활 등에 대한 점검이 필수적이다. 은퇴 준비자들은 각 영역에 대해서 자신에게 질문을 던져야 한다. '지금까지 살아온 방식이 은퇴 이후의 삶에 적합한가?' 그에 대해 '그렇다'는 답이 자신 있게 나오지 않는다면 패러다임을 바꾸어야 한다. 변화(change)는 도전(challenge)이며 중요한 선택(choice)이다. 이를 통해 우리는 제2의 인생이라는 또 다른 기회(chance)를 가질 수 있다는 점을 알아차려야 하며 변화를 독려해야 한다.

　　매슬로우의 욕구위계설에 비추어 볼 때, 은퇴는 진정한 자기를 찾기 위한 중요한 계기가 될 수 있다. 하지만 자기실현이라는 성장 욕구는 건강, 재정 및 심리적 안정감 구축, 새로운 역할에 따른 건강한 관계의 형성, 자기가치감의 형성이라는 하위 욕구들의 충족을 통해 실현가능하다는 점을 고려한다면, 이에 대한 조력 과정이 선행될 필요가 있다. 따라서 은퇴상담에서는 은퇴와 노화를 구분할 필요가 있다. 또한 가치 있는 삶에 대한 개인별 모형을 확립하고, 그에 필요한 심리적 지원과 정보 차원에서의 지원을 병행해야 하며, 삶의 건강한 발달 과정에 수반되는 자기 통합을 실현할 수 있도록 도와주어야 한다. 이러한 과정이 순조롭게 진행된다면, 은퇴자들은 경제적 안정감을 기초로 사회적 소속감을 갖고 삶의 활력을 유지해 나갈 수 있다. 또한 의미 있는 일을 통해 사회에 기여하는 한편 자신의 역량을 개발하여 가치감을 높이고 결과적으로 독립성 강화라는 부수적인 성과를 얻을 수 있다.

3) 평생학습과 평생학습상담

　　과학문명의 발달과 더불어 직업세계와 생활환경이 급격하게 변하고 있으며, 이로인해 미래에 대한 불확실성도 증가하고 있다. 이러한 변화는 교사에게 평생학습자로의 태도 변화와 함께 학생들의 평생학습을 지원해 주고 상담해 주는 역할로의 전환을 요구하고 있다. 다시 말해 지속적으로 학습을 실천하고 그것을 통해 개인이 변화해야 하는 평생학습사회에서 그들을 위한 상담의 필요성이 높아지고 있음을 의미한다.

　　과거에는 학습의 의미가 글자 그대로 외부에서 주어지는 것을 배우고[學] 그것을 훈련을 통해 습관화하는 익힘[習]의 과정이었다. 하지만 인공지능시대가 도래하면서 학습의 의미도 달라져야 한다. 주어진 것을 배우는 수동적인 학습이 아니라, 배워야 할 것을 찾고 그것을 적극적으로 자기 것으로 소화하려고 노력하는 능동적인 학습, 평생학습이 가능해져야 한다. 구성주의자들은 최근 학습을 "사전 학습에 기초하여 지식을 창조하고 재창조하는 구성적 과정"(Bruning, Schraw, & Norby, 2011: 37)이라고 정의했다. 과거의 학습이 'learn to know', 'learn to do'에 초점을 두었다면, 이제부터의 학습은 이 둘을 포함해서 'learn to be', 'learn to live together'로 지향점을 옮겨야 한다. 풀어서 설명하면 자신과 타인, 세계에 대해 배우고 익히며 그 내용을 실천하는 데 초점을 두어야 할 뿐만 아니라, 자신이 세상에서 무엇을 하고 있는지 삶의 의미가 무엇인지를 만들어내고 혼자가 아닌 더불어 사는 삶, 나눔의 삶을 위한 배움이 필요한 시대가 되었다고 할 수 있다.

진로진학상담교사는 다가오는 시대에 자신은 물론 학생들의 자기주도적인 평생학습을 조력하는 활동을 수행해야 한다. 송재홍(2016)은 평생학습 사회에서 상담자가 학습 조력자로서 담당해야 하는 핵심적인 역할을 6가지로 정리했다. 첫째, 상담자는 평생학습자가 자기주도적인 학습 역량을 개발하도록 지원해야 한다. 상담자는 평생학습자가 학습과정에서 지적 호기심과 도움 추구의 가치를 숙의하고 효과적인 학습 전략과 자기조절학습 능력을 개발하도록 지원해야 한다. 둘째, 학습자가 내적·외적 발달 자산을 증식하고 확충하도록 지원해야 한다. 상담자는 평생학습자가 계속적인 발달을 성취하기 위해 필요한 긍정적인 자산을 축적할 수 있도록 실용적이면서도 확실한 지원을 제공해야 한다. 셋째, 학습자가 자신의 학습과 수행 과정에서 발생하는 스트레스를 관리하고 회복탄력성을 증진하도록 지원해야 한다. 상담자는 평생학습자가 자신의 정서를 이해하고 조절하며 정서 인식 및 조절체계를 긍정적으로 변화시킬 수 있도록 지원해야 한다. 넷째, 학습자의 진로발달을 촉진하고 생애설계 과정을 지원해야 한다. 상담자는 평생학습자가 진로전환에 따른 심리적 부담과 진로장벽을 다각적으로 탐색하고 극복할 수 있도록 조력해야 할 뿐만 아니라, 그들이 내면의 목소리에 귀 기울이고 자신들의 진정한 요구를 삶에 반영할 수 있도록 조력해야 한다. 다섯째, 인간발달과 심리교육 전문가로서의 역할을 수행해야 한다. 평생학습자의 생애발달 단계에 따른 과업을 알고 이를 성공적으로 완수할 수 있도록 지원해야 한다. 여섯째, 협력적인 학습 공동체를 만들 수 있도록 지원해야 한다.

상담이란 자신과 자신을 둘러싼 세계를 이해하도록 돕는 활동이라는 셔처와 스톤(Shertzer & Stone, 1976)의 정의에서 드러난 바와 같이, 상담은 일종의 학습과정이며 교육과 거의 유사한 작업을 필요로 한다. 상담자는 좀 더 적극적인 관점에서 내담자의 삶에 드러난 여러 가지 에피소드를 지금까지와는 다른 관점에서 재구성하고, 긍정적인 의미를 발굴할 수 있도록 지원해야 하며, 그 과정에서 드러난 내담자의 강점과 자원을 조명하면서 발달 자산을 확장시키도록 도와주어야 한다. 자신을 이해하는 것은 정적인 작업이 될 수 없다. 내담자는 다양한 면을 여러 장면에서 드러내므로, 이러한 자신의 다면성을 보듬고 수용할 수 있도록 유연성을 길러 주어야 한다. 이 과정은 매우 중요한 학습 과정이다. 또한 자신을 둘러싼 세계는 정적인 실체가 아니라 끊임없이 변화하고 진화하는 동적인 실체이기 때문에, 그 변화를 긍정적으로 수용하고 긍정적 의도를 읽어내며 자신의 능동성과 힘을 확인하는 작업은 평생학습 상담에서 매주 중요한 과제이다. 따라서 진로진학상담교사는 평생학습상담자로서의 역할을 충실히 수행하기 위해 학습에 대해 좀 더 적극적이고 생산적인 시각을 가지고 접근해야 할 필요가 있다.

4) 여가개발과 여가상담

놀고 쉬기 위해 일하는지 아니면 일하기 위해 쉬고 노는지 가끔 혼란스러울 때가 있다. 이러한 혼돈은 일과 여가의 관계에서도 여실히 드러나고 있다. 진로상담의 중요한 주제로 여가문제가 다루어져야 함에도 여가상담은 그동안 간과되어 왔던 영역이었다. 행복한 인간이 되기 위해 일과 여가의 균형을 맞추어야 한다고 생각은 하지만 연구자들의 주된 관심은 일과 직업에 맞추어져 있었다. 진로결정과 진로선택, 직업 적응, 직업 만족 등에 대한 관심은 높았지만, 여가의 선택, 여가의 활용, 여가의 만족 등에 대한 관심도는 상당히 낮은 형편이었다. 학자들의 관심 부족과 더불어 일반인도 여가에 대해서 나머지 시간이나 일하지 않는 시간으로 보았고, 여가의 생산적인 측면이나 긍정적인 측면에 대해서 초점을 두지 않았다. 학문 분야에서도 교육학이나 심리학보다는 스포츠 분야에서 여가에 대한 연구가 주로 진행되었다. 이러한 배경 때문에 진로진학상담교사들 자신도 여가에 대해 그리고 여가상담의 실제에 대해 정보를 거의 갖고 있지 않다. 학생들의 역할 모델로 기능하려면 자신의 삶에서도 일과 여가가 균형 잡혀 있어야 하지만 실제로 그러한지는 의문이다. 여기에서는 생애개발상담의 주요 영역으로 여가상담이 대두되어야 한다는 전제 아래 여가의 의미, 여가의 기능, 여가상담의 필요성과 여가상담자의 역할 등을 살펴봄으로써 지혜로운 생애개발자가 되기 위한 준비를 시도하려고 한다. 이를 통해 진로진학상담교사가 단순히 진학상담이나 직업상담의 틀에 갇혀 있기보다는 이를 넘어서서 일과 여가에 대한 균형 잡힌 시각으로 자신의 삶을 조화롭게 만들어 가고 동시에 조력자로서의 역할도 감당하기를 기대한다.

여가는 겨를, 틈이란 사전적 의미를 갖고 있지만, 영어의 어원에서 보면 상당히 깊은 뜻을 담고 있다. 'leisure'의 그리스어 어원은 'σχολή'로, 학문과 철학, 명상, 문화적인 창조활동을 뜻한다. 이는 자유자재로 처분할 수 있는 마음 상태이며, 자기 향상을 기하는 배움이나 도야 같은 활동이다. 지금의 'school(학교)'의 어원도 동일하다는 점을 고려한다면, 배움은 쉼과 자유로움을 동반해야 가능하다는 역설적 의미를 발견하게 된다. 라틴어 어원인 'otium'은 아무것도 하지 않음, 여분, 한가로움을 뜻하는데, 정신적으로나 육체적으로 안정된 평형 상태를 의미한다. 이러한 어원을 토대로 해서 여가를 4가지 관점에서 개념화할 수 있다(노용구, 2001). 시간 개념에서 볼 때 여가는 잉여 시간, 자유재량 시간을 뜻하며, 활동 개념에서 볼 때는 휴식, 기분전환, 자기계발을 위한 활동을 뜻한다. 존재개념에서 볼 때는 영적 상태, 초월된 자유정신과 의지 상태를 말하며, 가치개념, 즉 심리학적 관점에서 볼 때는 일상에서 정신을 해방시키고 인생의 의미와 깊은 시야를 육성하여 신체와 인격, 정신을 도야하는 시간을 의미한다.

여가는 다양한 기능을 갖고 있다. 휴식, 심리적 환기, 자기실현, 교육 및 문화 전달 같은 순기능도 갖고 있지만, 무감각화와 향락화 같은 역기능도 갖고 있다. 또한 개인적인 차원에서는 에너지 충전이나 스트레스 해소와 같은 효과를 가지며, 사회적인 차원에서는 결속력을 강화하고 문화를 창달하며 사회문제를 해소해 주는 결과를 만들게 된다. 따라서 개인적으로 자신의 생활 스타일에 맞는 여가를 찾아서 잘 활용해야 할 필요가 있으며, 이러한 과정을 통해 개인의 웰빙에도 크게 기여할 수 있다.

맥도웰(McDowell, 1976)은 동일한 맥락에서 "여가상담은 웰빙의 달성을 위해 내담자의 인지적, 정의적, 행동적 변화를 촉진하는 조력 과정"이라고 정의했다. 그의 관점은 삶의 균형 잡기 또는 건강한 삶을 위한 선택이라는 측면에서 여가를 이해하고 여가상담을 실천해야 함을 의미한다. 최고의 기능 수준에서 일하려면 기본적으로 자신에게 최적의 여가를 선택해야 할 필요가 있으며, 이는 결과적으로 일하기, 쉬기, 생각하기, 누리기 등 행복한 삶의 기본 영역에 심리 에너지와 신체 에너지를 고르게 배분해서 우리를 행복한 삶으로 이끌게 된다. 이러한 과정을 조력하는 일은 상담자의 몫이어야 한다. 따라서 여가상담자는 자기 스스로뿐만 아니라 대면하는 내담자의 삶을 점검하여 일, 여가, 웰빙이 제대로 다루어지고 있는지를 알아차릴 수 있도록 도와주어야 한다. 또한 스트레스를 낮추는 방법을 찾고 일하는 습관과 여가를 즐기는 태도를 점검함으로써 좀 더 양질의 삶을 누릴 수 있도록 변화를 촉진해야 한다.

여가상담의 효과는 다양한 측면에서 이해할 수 있다. 우선 향후에 일어날 수 있는 스트레스를 여가를 지금 즐기거나 예상함으로써 상쇄시키는 효과가 있으며, 여가를 즐기는 경향성과 활동 특성을 분석함으로써 그 기저에 놓여 있는 문제행동을 직면하고 그에 대처할 수 있는 기회가 되기도 한다. 또한 문제에서 잠시 벗어나서 다른 시각에서 문제를 이해할 수 있도록 하는 환기 효과도 무시할 수 없다. 결과적으로 여가상담을 통해 일종의 버퍼링 효과가 발생하게 되고, 미래에 대한 희망이 증가하여 스트레스 대처 능력이 향상되는 긍정적인 결과를 만들 수 있다.

여가상담을 진행하는 방법으로 라이트너와 라이트너(Leitner & Leitner, 2004)는 3가지 모형을 제시했다. 첫 번째 모형은 비교적 건강한 사람들을 대상으로 여가 목록을 확장시키는 데 주력하는 자원 안내 접근이며, 두 번째 모형은 여가생활과 여가욕구 사이의 괴리를 줄이는 데 목적을 둔 발달 교육적 접근이다. 세 번째 모형은 여가행동에 문제가 있는 사람들을 대상으로 하여 건강한 자기상 구축을 최종 목적으로 하는 치료적 접근이다. 여가상담자는 내담자의 여가행동에 대한 진단을 토대로 그에 적합한 전략, 즉 차별적 진단과 차별적 처치를 제공해야 한다. 여가상담 과정에서 기본적으로 파악해야 할 내용은 다음과 같다. 자신이나 여가에 대해서 어떤 가치관을 갖고 있는가? 활동 시간을 어떻게 관리하고 있으며, 어떠한 형태의 여가를 선호하는가? 여가를 활용하는 데 장애가 되는 요인은 무엇이고, 이를 해결하고 있는가? 여가증진을 위한 대처기술을 갖고 있으며, 다양한 자원을 활용하여 여가활동을 하고 있는가?

실제적으로 생애개발상담의 측면에서 볼 때, 여가상담은 정보 차원에서나 기술 활용의 측면에서 아직 미흡하다. 하지만 여가상담의 의미를 재인식해야 할 시점이 도래했다. 실존적 관점과 생애개발의 관점에서 여가상담의 의미를 재설정할 필요성이 있다는 점에서는 다른 이견이 없다. 따라서 여가상담의 정의나 상담 실천 방법 등에 대한 연구를 활성화할 필요가 있다. 또한 전생애적 발달 단계별로 그리고 대상별로 적합한 여가상담 모형을 발전시키고 일과 여가에 대한 건강한 관점을 정착시키기 위해서는 진로진학상담교사들이 스스로나 학생을 대상으로 여가행동을 점검하고 여가상담을 적극적으로 실천할 것이 요구된다.

3 격려하는 상담 실천가

1) 격려자로서의 진로진학상담교사

진로교육을 담당하는 교사들은 다양한 역할을 수행해야 한다. 첫째, 격려자나 지지원이 되어야 한다. 학생들은 학교에서 받은 진로교육을 토대로 하여 자신의 진로를 개척해 나가야 한다. 세상의 여러 어려움에도 굴하지 않고 적극적으로 자신의 삶을 구성해가기 위해서는 끊임없는 자기격려가 필요하다. 학생들이 실패로 인해 위축되기보다는 시도한 자신을 스스로 격려하고 또다시 도전하려는 용기를 갖기 위해서는 우선 교사에게서 받는 격려 경험이 필요하다. 교사가 매번 학생들의 곁에서 격려해 줄 수는 없지만, 학생들은 여러 장애물을 만날 때마다 자신들이 받았던 격려 경험을 기억하고 이를 자양분으로 삼아 다시금 힘을 낼 것이다.

둘째, 촉진자나 강화자가 되어야 한다. 학생들이 살아가야 할 세상은 변화를 요구하고 있고 지속적으로 도전하는 삶을 필요로 한다. 학생들은 자기 삶의 방식에 대한 관찰을 토대로 한 성찰을 바탕으로 문제점을 통찰한 후 새로운 방식으로의 전환을 도모해야 한다. 교사는 학생들이 변화를 꾀할 때 이를 믿어 주고 촉진해 주어야 하며 노력한 부분을 알아채고 그것에 대해 긍정적으로 강화해 주어야 한다.

셋째, 교사는 'positive reframer', 'highlighter'가 되어야 한다. 학생들이 삶의 여러 사건을 겪으며 좌절했을 때 그들을 실패자로 낙인찍기보다는 긍정의 눈으로 삶이 주는 건강한 메시지를 바라볼 수 있도록 도와주기 위해서는 교사 자신이 건강한 안목을 갖추어야 한다. 진로발달 과정에서 만나는 수많은 역경을, 경력을 쌓을 수 있는 좋은 기회로 읽어내는 시각의 전환이 필요하다. 교사가 긍정의 틀로 삶을 이해하는 모습을 보여줄 때, 학생들은 교사와 닮은꼴로 변화할 것이다. 또한 교사는 단점이나 부족한 부분을 들추어내는 사람이 아니라 강점과 장점을 발굴하고 그것에 밑줄을 그어 강조해 주는 사람이어야 한다. 강점을 찾아낸 그곳이 진로발달의 출발점이 된다. 학생들 속에 숨어 있는 강점 자원을 찾아내기 위한 보물찾기를 한다는 마음으로 진로교육에 임하고 찾아낸 보물을 보고 함께 기뻐하는 교사의 모습에서 학생들은 안정감을 갖게 되고 이를 디딤돌 삼아 꿈을 펼쳐나갈 수 있게 된다.

진로진학상담교사들이 학생이나 인간에 대해서 어떠한 관점을 취하는지와 그들의 역할 수행은 밀접한 관계가 있다. 진로진학상담교사가 지녀야 할 인간관은 크게 3가지로 축약할 수 있다. 첫째, 학생의 고유한 특성을 인정해야 한다. 우리는 모두 거울을 통해 자신의 얼굴을 보며 자아개념을 만들어 간다. 학생들이 비추어 보는 중요한 거울이라고 할 수 있는 교사가 학생들이 가진 여러 특성 하나하나를 소중하게 여기고 존중하면, 학생들은 긍정적인 자기상을 갖게 되고 이를 토대로 직업 역량을 개발해 나갈 힘을 얻게 된다. 최고의 스펙(spec)은 자기존중감(respect)라는 말이 있다. 교사가 학생들을 존중해 주면, 학생들은 진로를 개발하는 데 기본적인 스펙을 갖추고 출발할 수 있다.

둘째, 학생의 변화 가능성을 믿어야 한다. 우리가 만나는 학생들은 결과가 아니라 변화해 가는 과정 속에 있으며 그 변화의 한계를 우리는 알지 못한다. 인간은 끊임없이 변화해 간다. 교사의 노력과 태도에 따라 학생의 변화의 크기가 달라질 수 있다. 지금 보여주는 학생의 모습을 쉽게 단정 짓고 판단하기보다는 커 나갈 수 있는 학생의 가능성에 대해 호기심을 갖고 궁금해 하는 태도로 진로교육에 임해야 한다. 우리 모두가 학생 변화의 도우미라는 사실을 기억해야 한다.

셋째, 모든 학생은 강점과 자원이 있음을 믿고 이를 발굴하려고 노력해야 한다. 직업은 단점이 아닌 강점과 장점을 활용하여 성취해야 하는 분야이다. 단점을 찾아내려는 삐딱한 시선보다는 강점을 발굴하려는 긍정적인 태도와 시각이 필요하다. 교사는 학생을 인간으로 성장시키려는 사람이다. '인간(人間)'이라는 글자를 보면 '사람[ㅣ]'과 '사람[ㅣ]'이 서로 기대어[人] 격려하고 있으며, 이 '문(門)'과 저 '문' 사이에 '해[日]'가 비추고 '말[曰]'이 오고가고 있다. 다시 말해 학생과 교사 사이에는 따뜻하게 격려하는 말이 오고가야 한다는 큰 뜻을 헤아릴 필요가 있다.

진로진학상담교사는 이러한 인간관을 지니고 교육에 임하고 상담을 행해야 한다. 상담이 무엇인지에 대해서 학자들마다 다양한 정의를 내리고 있지만, 여기에서는 글자 그대로의 의미를 파헤치는 것으로 정의를 대신하려고 한다. 기본적으로 상담(相談)은 서로 만나 이야기함으로써 자신이 갖고 있는 문제를 알고 그 문제를 해결할 수 있는 방향을 찾아가는 활동이라는 뜻을 갖고 있다. 상담을 구성하는 한자 낱낱의 의미를 풀면 상담이 어떤 활동이 되어야 하는지가 드러난다. 서로 상(相)은 한 일(一), 뚫을 곤(ㅣ), 사람 인(人), 눈 목(目)으로 구성되어 있다. 이야기 담(談)은 말씀 언(言)과 불꽃 염(炎:火火)이 합쳐진 글자이다. 결국 상담자와 내담자[人]가 동등한 관계에서[一] 서로 눈[目]을 보며 마주보고 앉아서, 가장 세속적인 문제부터 성스러운 문제까지 개인이 안고 있는 모든 문제를 통틀어 뚫고[ㅣ] 나가기 위한 대화인 것이다. 내담자는 그동안 문제를 해결하기 어려웠기 때문에 마음속에 화나 분노, 억울함 등의 감정을 쌓아 놓고 있었다. 이러한 화(火)가 상담자와 내담자의 의사소통[言]을 통해 해소되는 과정이 상담이라고 할 수 있다.

이 과정은 결국 상담이 지향하는 목표인 문제행동의 변화, 정신건강의 증진, 문제의 해결, 개인적 효율성의 향상, 의사결정력의 증대로 이어진다. 상담을 통해 내담자, 즉 학생은 성장하고 변화하며 좀 더 자율적이고 전인적인 사람으로 발달하게 된다. 이 과정에서 가장 중심이 되는 것은 상담자의 격려라고 할 수 있다. 결론적으로 말하면 상담자는 격려자가 되어야 한다.

2) 격려의 의미와 격려상담

학생들이 행복한 삶을 사는 방법을 알고 이를 실천하도록 격려하는 것이 진로진학상담교사의 주요한 역할이다. 따라서 상담자인 교사는 격려가 무엇이고 격려상담은 어떤 원리를 토대로 진행해야 하는지를 이해할 필요가 있다. 대부분의 상담 이론들에서는 내담자의 새로운 시도를 격려하고 실천하려는 용기를 북돋기 위한 방법론을 제시하고 있다. 이 중에서 격려를 특별히 중요시하는 이론이 아들러(Adler)의 상담 이론이다.

아들러는 개개 인간이 가진 강점에 초점을 두면서 그들이 자신감 있게 삶의 여러 과제를 해결해 나갈 용기를 북돋울 수 있는 상담이 필요하다고 주장했다. 내담자는 좌절하고 낙담한 상태에서 상담자를 찾는데, 이때 상담자는 내담자에게 '희망'의 불빛을 보여주어야 하고 용기를 갖도록 격려해야 한다고 보았다. '나는 해낼 수 있다', '내가 선택한 일에 책임을 진다'는 마음으로 내담자가 삶의 어려움에 대적하고 용기를 내어 문제들을 하나씩 풀어나가도록 상담자가 도와야 한다. 이를 통해 내담자의 가슴에 낙담이 아닌 도전의식과 열정, 용기의 불씨를 되살려내는 것이 상담자의 과제여야 한다. 결국 변화는 내담자가 해야 할 몫이며, 변화하도록 용기를 북돋는 것은 상담자들의 몫인 것이다. 이 과정에서 중요한 것은 끊임없는 격려이다.

행복은 어느 정도의 모험을 수반한다. 아무것도 하지 않으면 아무 일도 일어나지 않으며, 아무 일도 없다면 행복해질 수 없다. 모험의 과정에는 불안이 끼어드는데, 그 불안에 압도당한다면 시도하지 않고 포기하게 된다. 상담자는 그 틈새에 희망의 랜턴을 비추어 주는 사람이다. '시도해 보라'고, '실패해도 괜찮다'고, '실패는 시도했다와 동의어이다'라고 속삭여 주면서 뒤에서 힘주어 밀어 주는 역할을 하는 사람이다. 이러한 모든 과정이 격려의 과정이다.

격려는 내담자가 포기하지 않고 용기를 잃지 않도록 북돋는 것이다. 격려는 칭찬과는 달리 결과가 아닌 과정에 찬사를 보내는 것이며 애쓰고 있음에 박수를 보내는 것이다. 결과는 중요하지 않다. 지속적으로 세상의 어려움에 맞서고 좌절하지 않으며 성장하려고 노력하는 것이 지닌 가치를 알아차리고 그것의 긍정적 의미를 피드백해 줄 필요가 있다. 다른 사람과 비교하지 않고, 어제의 내 모습에서 조금 변화되고 성장한 내 모습에 주목하며, 그 과정에 기울인 땀방울의 의미를 일깨워 주어야 한다. 일신우일신(日新又一新)이라는 말의 의미를 되새김질해 주는 것이 격려상담의 기본이라고 할 수 있다.

격려(encouragement)란 말은 일반적으로 타인에게 용기(courage)를 북돋워 주는 것이다. 용기의 어원인 'coeur'은 불어로 '심장'을 뜻한다. 다시 말해 해 보자는 마음이 생겨서 가슴이 쿵쿵 뛰고 그러한 추진력으로 새로운 일에 뛰어들 수 있는 것이다. 상담자는 내담자의 두려움을 가라앉히고 해 보겠다고 쿵쾅거리는 가슴에 불을 지피는 사람이 되어야 한다. 용기를 북돋는 격려를 장작불 삼아 성공 회로를 가동시키려고 노력하는 사람이 상담자이다. 이 성공 회로는 문제를 만나면 작동한다. 문제를 만났을 때 굴복하기보다는 세상의 어려움에 맞설 기회로 받아들이고 위기를 기회로 환영하면서 해결할 시점으로 해석하면, 해결 지향적인 긍정적 행동이 생겨날 수 있다. 이로 인해서 성공적인 경험을 하게 되면 다시금 긍정적인 자기 피드백이 가능해지면서 자기존중감이 높아질 수 있다. 개인은 이러한 과정을 통해 교육학에서 흔히 이야기하는 '탄력성(resilience)'을 갖게 된다. 탄력성은 실패에도 굴하지 않고 다시 도전하는 심리적 힘을 의미하는데, 성공하는 사람들에게서 나타나는 주요한 특성이다. 따라서 격려를 통해서 자아탄력성이 높은 인간으로 성장한다고 할 수 있다.

3) 격려상담의 방법론

격려는 기본적으로 인간의 가능성과 노력에 대한 인정과 믿음을 토대로 하기 때문에, 기법적인 측면에서 접근하기보다는 삶에 대한 태도, 인간에 대한 관점을 기반으로 전달되어야 한다. 격려는 상호존중, 평등성, 이해, 신념을 포함하고 있으며(Grundwald & McAbee, 1985), 긍정적 행동을 하도록 개인의 내적 자원과 용기의 발달을 촉진하는 과정이다(Dinkmeyer & Losoncy, 1980). 따라서 격려는 성과에 대한 긍정적 진술이라고 할 수 있는 칭찬이나 긍정적 강화물의 제공 같은 보상과 차원을 달리한다. 격려는 결과가 아니라 이전과의 차이를 만들기 위한 노력과 애쓰는 과정을 강조하며, 그러한 과정에서 갖게 되는 좋은 감정에 주목한다.

교사가 학생들을 격려하기 위해서는 우선 그들이 책임 있게 자기 일을 해 나가려고 한 점을 주목하고, 그때 보여준 강점이나 장점을 제시해야 하며, 그러한 노력의 결과에 대한 믿음을 드러내야 한다. 마지막으로, 학생들이 보여준 노력의 가치를 인정해 줄 필요가 있다. 이를 간단히 도식화하면 ABC기법으로 표현할 수 있다. 우선 교사는 학생들이 노력하는 행위와 그 과정에서 드러난 성장과 성취에 주목(Attention)해야 한다. 그리고 이를 언어화 또는 행동화(Behaviorization)해야 한다. 이 과정은 실제로 언어로도 가능하고 비언어적인 행동으로도 가능하다. 어쨌든 긍정적인 피드백을 해 준 이후에는 앞으로의 성장에 대한 기대를 표현해야 한다. 이는 결과(Consequence)에 대한 믿음을 전달하는 것으로, 가능성에 대한 확신을 드러냄으로써 학생들의 자존감을 향상시키고 독립성을 촉진하는 결과를 만들 수 있다.

딩크마이어와 드라이커스(Dinkmeyer & Dreikurs, 1963)는 교사가 격려할 때 다음의 사항을 유념해야 한다고 제시한 바 있다. 첫째, 있는 그대로의 학생에게 가치를 둔다. 둘째, 학생에 대한 신념을 보이고 학생이 자신에 대한 신념을 갖도록 한다. 셋째, 학생의 능력을 진실로 믿고 그가 자기존중을 형성하는 동안 자신감을 북돋운다. 넷째, 학생이 하는 일이 잘됐다는 것을 인식하고 그의 노력을 인정해 준다. 다섯째, 학생의 발달을 촉진하고 향상시키기 위해 학급집단을 활용한다. 여섯째, 학생 개개인이 집단에서 자신의 자리를 확신할 수 있도록 집단을 통합한다. 일곱째, 성공을 보장하기 위해 계속적으로 기술의 발달을 조력한다. 여덟째, 강점과 자질을 인식하고 그것에 초점을 둔다. 아홉째, 건설적 활동에 힘을 쏟도록 학생의 관심을 이용한다. 이러한 주의사항을 염두에 두는 한편, 교사는 자신이 적극적으로 학생의 행동에 반응해야 한다는 사실을 기억해야 한다. 인간은 감탄을 통해 성장한다고도 할 수 있다. 타인의 긍정적인 시선과 격려는 한걸음씩 나아가게 하는 추진 동력이다. 우리가 하는 모든 행동은 격려받아 마땅하다. 왜냐하면 모든 문제는 어렵고, 그 문제를 포기하지 않고 풀어 보려고 시도하는 것 자체가 격려받아 마땅하기 때문이다. 정답을 맞히는 것이 중요한 것이 아니라, 풀어 보기를 주저하지 않는 것, 계속 풀어 보려고 노력하는 것이 큰 박수를 받을 만한 가치가 있는 행위이다.

교사는 격려하는 데 활용할 수 있는 다양한 표현을 수집하고 이를 적절한 시기에 적절한 방법으로 전달할 수 있어야 한다. 학교 현장과 상담 장면에서 활용할 수 있는 표현 목록에는 다음과 같은 내용이 포함될 수 있다.

- 네가 이런 일들을 해냈구나.
- 네가 이런 것도 잘하네.
- 난 너를 좋아해. 그런데 너의 이런 행동은 좋아하지 않는데…….
- 넌 나를 도울 수 있어.
- 너의 도움이 나에게 큰 힘이 되는구나.
- 함께 그것을 해 보자.
- 내가 네 나이였을 때는 그건 꿈꾸지도 못했는데, 대단하구나.
- 네가 자랑스럽다.
- 열심히 노력하는 네 모습이 정말 예쁘다(멋지다).
- 네가 애쓴 흔적이 많이 발견되네.
- 넌 그걸 못할 거라 생각하는지 모르겠지만 난 다르게 생각해. 넌 충분히 능력을 갖고 있어.
- 계속해서 시도해 봐. 포기하지 말고.
- 난 네가 이 문제를 해결하리라고 믿지만 혹시라도 도움이 필요하면 나를 찾아와라.
- 너희가 변화하는 모습을 볼 수 있어서 기쁘다.
- 와 ! 정말 대단하다.
- 잘했어. 진짜 굉장하네.
- 어떻게 그런 생각을 했지?
- 너희들의 발상에 박수를 치고 싶네.
- 점점 더 좋아지고 있어.

이상의 내용은 기본적으로 아들러 개인심리학의 주요 이론을 토대로 하고 있지만, 최근 상담 현장에서 많이 활용되고 있는 해결중심상담의 주요 기법도 격려상담의 방법으로 활용될 수 있다. 해결중심상담 이론은 문제의 원인을 밝히기보다는 그동안 내담자가 해 왔던 여러 가지 방법 중에 해결의 실마리가 있음을 강조하고, 작은 변화가 큰 변화를 만든다는 신념으로 내담자를 대한다. 또한 내담자가 갖고 있는 약점보다는 강점과 장점을 확대함으로써 내담자의 문제해결 능력을 강화시키려고 한다.

해결중심상담 이론의 기본 가정을 간단하게 정리하면 'Go, Stop, Change'의 원리라고 할 수 있다. 내담자가 그동안 잘해 왔던 방법이 있다면 그것을 유지하면 된다(Go). 대부분의 내담자들은 자기가 하는 방법이 효과적인지 아니면 성과가 없는지를 판단하지 않고 무작정 시도한다. 따라서 자신이 사용한 방법 중에서 잘되었던 것을 살펴보게 하고, 그것을 어떤 상황에서 실천했을 때 효과가 나타났는지를 관찰하게 할 필요가 있다. 이러한 관찰을 통해서 잘되었던 것은 그대로 하되 성과가 나타나지 않는 방법은 중단해야 한다(Stop). 그리고 이후 다른 방법을 적용해야 한다. 다시 말해 방법을 바꾸어야 한다(Change). 이러한 방법 전환을 통해 잘된 방법이 나타나면 그대로 하고 안 되면 그만두고 새로운 방법을 찾으면 내담자의 성공적인 방법 목록이 길어지게 된다. 이 과정에서 필요한 것이 상담자의 적극적인 격려이다. 내담자가 다른 방법을 시도할 수 있도록 격려하는 것, 그리고 그 시도를 통한 변화에 박수를 보내는 상담자의 지지 과정이 내담자 문제해결의 필수 요소이다.

최선을 다한다는 것은 다르게 이야기하면 해결할 수 있는 어떠한 방법이든지 찾아서 실천해 보고 효과를 살펴본 후 성과가 나타날 때까지 시도해 본다는 말이다. 실패했다는 말은 시도했음을 의미하는 한편 이젠 다른 방법을 적용해 볼 때가 되었다는 말과 동의어이다. 풀리기 힘든 문제로 볼 것인가 아니면 해결해야 할 시점으로 볼 것인가는 바라보는 시각의 문제이다. 내담자의 진로발달 과정에서 만나게 되는 여러 진로장벽들을 문제로 보기보다는 해결해야 할, 여러 가지를 시도해 보아야 할 시점(timing)이라는 긍정적인 시각으로 이해할 때 극복의 가능성이 높아진다는 점을 명심할 필요가 있다.

생각해 볼 문제

1. 다음의 설문을 완성한 후 자신의 여가 스타일이 어떠한지 평가해 보자[기존의 여러 여가 스타일 질문지 중 요인별로 5문항씩만 선택한 것으로 각 문항별로 점수를 부여해 보고 자신의 여가 스타일을 알아 보자(매우 그렇다 5점, 그렇다 4점, 보통이다 3점, 그렇지 않다 2점, 매우 그렇지 않다 1점)].

여가 스타일 요인	문항	점수
합리적 계획성	나는 구체적인 여가 계획을 세워 실천한다	
	나는 여가활동을 꾸준히 한다	
	나는 바쁘고 피곤하더라도 규칙적으로 여가활동을 하는 편이다	
	나는 여가에 대한 정보를 활용하는 편이다	
	나는 계획을 세워 여가시간을 보낸다	
	나는 목표를 세워 하나씩 달성해 가는 여가를 보낸다	
감각 추구형	나는 스릴감을 느낄 수 있는 여가를 보내고 있다	
	나는 나의 한계를 도전해 보는 여가를 선택하는 편이다	
	나는 남들이 하지 않는 여가활동을 하는 것이 좋다	
	나는 해보지 않은 새로운 여가활동을 선택하는 편이다	
	나는 개성 있는 여가가 좋다	
여가 무기력성	나는 주말에 별 의미 없이 시간을 보내는 것 같다	
	나는 주말에 TV시청을 하거나 잠자거나 컴퓨터를 한다	
	나는 막상 여가시간이 생겨도 특별히 할 일이 없다	
	나는 여가시간에 잠자는 것이 제일 좋다	
	나는 주말에 별일 없이 빈둥거리는 편이다	
참여 용이성	나는 긴장을 이완시키는 휴식 같은 여가활동을 한다	
	나는 쉽게 접할 수 있는 여가가 좋다	
	나는 여가활동을 할 때 저렴하게 할 수 있는 방법을 찾는다	
	나는 나의 적성이나 능력, 성격을 고려해서 여가를 선택한다	
	나는 나의 감성과 지적인 욕구를 채울 수 있는 여가가 좋다	

	나는 여러 명이 함께하는 여가활동을 선호한다	
	나는 혼자 하는 것을 좋아하지 않는다	
관계 중심성	나는 주로 혼자 하는 여가를 즐기지 않는다	
	나는 여가활동을 통해 인간관계를 넓히는 것을 중요하게 생각한다	
	나는 친한 사람과 함께하는 여가활동을 선호한다	
	주말에는 가족을 중심으로 움직인다	
	나는 가족과 함께할 수 있는 여가활동을 즐기는 편이다	
가족 중심성	나는 주말에 가족과 함께 시간을 보내야 한다고 생각한다	
	나는 내가 하고 싶은 여가활동보다는 가족이 원하는 것을 주로 한다	
	나는 가족과 함께하는 여가활동이 있다	
	나는 여가보다 일이 중요하다	
	나는 여가시간에도 일을 생각할 때가 많다	
일 중심성	나는 일을 하지 않으면 불안하다	
	나는 일 때문에 여가시간을 포기한 적이 많다	
	나는 여가활동을 선택할 때 나에게 도움이 되는 여가활동인가를 먼저 고려한다	

2. 자신의 은퇴 준비에 필요한 영역이 무엇인지 살펴보자.

3. 긍정심리학에서 제시한 24개의 강점 리스트에서 자신이 갖고 있다고 생각하는 3개의 강점과 부족하다고 생각하는 강점 3개를 적어 보자.

4. 다음의 설문을 완성한 후 자신의 여가 만족 정도를 평가해 보자[기존의 여러 질문지 중 요인별로 4문항씩만 선택한 것으로 각 문항별로 점수를 부여해 보고 자신의 여가 만족도를 알아 보자(매우 그렇다 5점, 그렇다 4점, 보통이다 3점, 그렇지 않다 2점, 매우 그렇지 않다 1점)].

문항	점수
1. 내가 하고 있는 여가활동은 매우 재미있다	
2. 내가 하고 있는 여가활동은 새로운 것을 배우게 해 준다	
3. 나는 여가활동을 통하여 새로운 친구를 사귀는 기회를 갖는다	

4. 내가 하고 있는 여가활동은 휴식을 취하는 데 도움을 준다	
5. 나는 여가활동을 통해 나의 신체적 능력을 시험해 볼 수 있다	
6. 내가 여가활동을 하는 시설 및 장소는 깨끗하다	
7. 나는 여가활동을 통해 자신감을 얻는다	
8. 내가 하고 있는 여가활동은 새로운 것을 시도해 볼 수 있는 기회를 제공한다	
9. 나는 여가활동을 통해 친구와 더욱 가까워질 수 있는 기회를 갖는다	
10. 내가 하고 있는 여가활동은 스트레스를 푸는 데 도움이 된다	
11. 내가 하고 있는 여가활동은 체력 향상에 도움이 된다	
12. 내가 여가활동을 하는 시설은 여가활동을 하기에 충분하다	
13. 내가 하고 있는 여가활동은 나도 무엇인가를 할 수 있다는 자신감을 갖게 해 준다	
14. 나와 여가활동을 같이하는 친구들은 친절하다	
15. 나는 여가활동을 하는 동안 마음이 편안하다	
16. 내가 하고 있는 여가활동은 건강한 삶을 사는 데 도움을 준다	
17. 내가 하고 있는 여가활동 시설 및 장소는 보기가 좋다	
18. 나는 여가활동을 통해서 다른 사람을 이해할 수 있는 마음이 생긴다	
19. 내가 여가활동을 하고 있는 시설 및 장소는 훌륭하다	
20. 나는 여가활동을 통해 건강을 유지한다	

참고문헌

권석만(2008). 긍정심리학: 행복의 과학적 탐구. 서울: 학지사.
권석만(2011). 인간의 긍정적 성품:긍정 심리학의 관점. 서울: 학지사.
김종서, 김승한, 황종건, 정지웅, 김신일(1987). 평생교육원론. 교육과학사.
김사현(2004). 중년자가 준비해야 할 인생설계. 미래지식.
노용구(2001). 여가학. 대경북스.
송재홍(2016). 평생학습사회에서 학습 조력자로서 상담자의 역할과 과제. 평생학습사회, 12(2), 25-47.

Allport, G. W.(1961). *Pattern and growth in personality*. New York: Holt, Rinehart, & Winston.
Atchley, R.(1988). *Social forces and aging*(5th ed.). Belmont, CA: Wadsworth.
Borland, B.(1978). Research on middle age: An assessment. *The Gerontologist, 18*(4), 379-386.

Bruning, R. H., Schraw, G. J., & Norby, M. M.(2011). *Cognitive pshchology and instruction*(5th ed.). Boston: Pearson.

Dinkmeyer, D. & Losoncy, L.(1980). *The encouragement book: Beconing a positive person*. Englewood Cliffs, NJ: Prentice-Hall.

Dinkmeyer, D. & Dreikurs, R.(1963). *Encouraging children to learn*. Englewood Cliffs, NJ: Prentice-Hall.

Erikson, E.(1956). The problem of ego identity. *Journal of the American Psychoanalytic Association, 4,* 56-121.

Erikson, E.(1982). *The life cycle completed*. New York: Norton.

Gould, R. L.(1972). The phases of adult life; A study in development psychology. *The American Journal of Psychiatry, 129*(5), 33- 43.

Grundwald, B. B. & McAbee, H. V.(1985). *Guiding the family*. Muncie, IN: Accelerated Development Inc.

Jung, C.(1933). *Modern man in search of a soul*. New York: Harcourt Brace Jovanovich.

Leitner, M. J. & Leitner, S. F.(2004). *Leisure in Later Life*(3rd ed.). Binghamton, NY: Haworth Press.

Maslow, A. H.(1971). *The father reaches of human nature*. New York: Viking.

McDowell, C. F.(1976). *Leisure Counseling: Selected Lifestyle Processes*. Eugene, OR: Center of Leisure Studies, University of Oregon.

Neukrug, E.(2016). 전문 상담자의 세계(*The world of the counselor*). 이윤주, 권경인, 구자경, 박승민, 임은미, 손은령, 손진희 역. 서울: 사회평론아카데미(원전은 2014년 출판).

Passuth, Patricia M. and Vern L. Bengtson(1988). Sociological theories of aging: Current perspectives and future directions. In Birren, James E.(Ed.), *Emergent theories of aging*(pp. 333-355), New York: Springer Publishing Co.

Richardson, V. E.(2008). 은퇴상담(*Retirement counseling*). 이장호, 김연진, 여정숙, 오경민, 윤석주, 이은경, 이회란, 정선화, 조성자 역. 서울: 학지사(원전은 1993년 출판).

Rogers, C. R.(1980). *A way of being*. Boston: Houghton Mifflin.

Ryff, C. D.(1989). Happiness is everything, or is it? Explorations on the meaning of psychological well-being. *Journal of Personality and Social Psychology, 57,* 1069-1081.

Seligman, M. E. P.(1999). The president's address. *American Psychologist, 54,* 559-162.

Seligman, M. E. P.(2002). Positive psychology, positive prevention, and positive therapy. In C, R, Snyder & S. J. Lopez(Eds.), *Handbook of positive psychology*(pp. 3-9). London: Oxford University Press.

Shertzer, B. & Stone, S. C.(1976). *Fundamentals of guidance*. Houghton Mifflin.

Zunker, V. G.(2006). *Career counseling: A holistic approach*(7th Ed.). US: Thomson Brooks/ Cole.

11장

진로진학상담교사의 직업 윤리

공윤정

학생과 학부모 대상의 교육 및 상담에서는 다양한 윤리적, 법적 고려사항이 발생하며, 진로진학상담교사는 주어진 상황에서 최선의 선택이 무엇인지 고민하게 된다. 흔히 경험하는 문제로는 학생이 진로상담에서 이야기한 내용에 대한 비밀보장을 들 수 있다. 진로상담은 비밀보장을 기본으로 진행되지만, 상담이 학교에서 이루어지고 대상이 미성년인 만큼 부모, 담임교사, 관리자의 정보 공유 요청, 상담 기록 및 보관, 상담 기록에의 접근, 관련 기관으로의 보고 등 비밀보장과 관련한 다양한 의사결정 상황이 발생한다. 이때 진로진학상담교사는 진로상담과 관련한 교육적·임상적 기준, 윤리적 기준, 법적 기준 등을 종합적으로 적용해 학생의 복지를 위한 최선의 결정을 내리게 된다. 이를 위해서는 진로상담과 관련된 법적, 윤리적, 임상적 기준을 숙지하고 적용할 수 있도록 하는 사전교육과 연습이 필요하다. 이 장에서는 진로교육과 상담에서 윤리적 행동의 기준이 되는 관련법과 윤리규정, 의사결정 과정 등을 제시한다. 구체적으로 전문가 윤리의 의미, 교사 및 상담자의 윤리, 진로진학상담교사의 관련법과 윤리, 윤리적 의사결정 등을 기술한다.

교사 및 상담자의 전문가 윤리는 궁극적으로 상담과 교육의 대상인 학생들의 복지를 증진하면서 전문가의 잘못된 행동으로 인해 학생들이 받을 수 있는 잠정적인 해를 예방하기 위한 것이다. 전문가 윤리규정은 전문가의 바람직한 행동에 대한 기준을 제시하고, 윤리적 위반을 감지하고 예방할 수 있도록 하며, 윤리적 갈등 상황에서 바람직한 의사결정을 하기 위한 지침을 제시하는 역할을 한다.

전문가가 윤리적인 행동을 하기 위해서는 일정한 품성이나 인성을 갖추는 것이 하나의 방법이 될 수 있다. 한 집단의 전문가 윤리를 전문가가 갖추어야 하는 품성 위주로 제시하는 방식이 덕윤리(virtue ethics)이다. 덕윤리는 이상적인 기준을 제시하지만, 현실에서 이러한 품성이 어떻게 행동으로 나타나야 하는지 모호할 때가 많은 단점을 지닌다. 이에 대한 보완으로 전문가 집단에서는 윤리적 기준을 원칙윤리(principle ethics)에 따라 제시하기도 하는데, 원칙윤리는 전문가가 경험할 수 있는 상황별로 어떤 행동을 하는 것이 바람직한지를 구체적으로 제시한 것이라고 볼 수 있다.

전문가 윤리규정은 흔히 전문가 집단이 속한 학회나 협회 같은 전문 단체에서 제정하여 그 단체에 속한 회원들에게 적용된다. 진로진학상담교사가 참조할 수 있는 윤리규정으로는 진로진학상담교사협의회나 한국교원단체총연합회, 한국상담학회 등에서 제정한 것을 들 수 있다. 2016년 현재 진로진학상담교사협의회는 따로 윤리규정을 두고 있지 않으므로, 여기에서는 한국상담학회 및 한국교원단체총연합회의 윤리규정을 중심으로 살펴본다.

한편 교사와 상담자의 행동은 윤리적 기준뿐만 아니라 법적 기준의 안내를 받는다. 법적 기준은 집단 구성원이 따라야 하는 최소한의 행동 기준을 제시한 것으로, 진로진학상담교사에게 적용되는 대표적인 법적 기준으로는 공무원 행동강령이 있다. 법적인 기준은 그 기준을 따르지 않았을 때 직업적인 징계가 주어진다는 점에서 강한 행동적인 구속력을 가진다. 진로진학상담교사는 교사이면서 상담자이므로, 교사의 윤리적, 법적 기준 및 상담자의 윤리적, 법적 기준을 동시에 확인하여 적용하는 것이 바람직하다.

2 | 교사 관련법과 윤리

1) 교직 윤리의 주요 내용

교사를 전문직, 천직, 노동직 중 어떤 관점으로 보는지에 따라 윤리적 기준의 내용 및 내용별 중요도가 달라지는데, 최근에는 교사를 전문가로 보는 관점이 지지를 얻고 있다(홍은숙, 2011). 여기에서도 교사를 전문직으로 보는 관점을 중심으로 기술한다.

국내에서 제정된 교사의 전문가 윤리규정으로는 한국교원단체총연합회(2005)에서 제정한 교직윤리헌장이 있다. 교직윤리헌장은 대학입시와 관련된 교원의 비리 등이 반복적으로 발생한 사회적 상황에서 제정되었는데, '교직윤리헌장'과 실천방안을 담은 '우리의 다짐' 두 부분으로 구성된다. '우리의 다짐'에는 교사의 윤리적 행동지침으로 학생에 대한 존중, 공정한 업무 처리, 교사 업무에서의 유능성, 사적 이익의 금지, 제도 개선을 위한 노력 등이 선언적으로 담겨 있다. '우리의 다짐' 전문은 다음과 같다.

우리의 다짐

1. 나는 학생을 사랑하고 학생의 인권과 인격을 존중하며, 합리적인 절차와 방법에 따라 지도한다.

1. 나는 학생의 개성과 가치관을 존중하며, 나의 사상 · 종교 · 신념을 강요하지 않는다.

1. 나는 학생을 학업성적 · 성별 · 가정환경의 차이에 따라 차별하지 않으며, 부적응 아와 약자를 세심하게 배려한다.

---

1. 나는 수업이 교사의 최우선 본분임을 명심하고, 질 높은 수업을 위해 부단히 연구하고 노력한다.
1. 나는 학생의 성적평가를 투명하고 엄정하게 처리하며, 각종 기록물을 정확하게 작성·관리한다.
1. 나는 교육 전문가로서 확고한 교육관과 교직에 대한 긍지를 갖고 자기개발을 위해 노력한다.
1. 나는 교직 수행과정에서 습득한 학생과 동료 그리고 직무에 관한 정보를 악용하지 않는다.
1. 나는 학생이나 학부모로부터 사적 이익을 취하지 않으며, 사교육기관이나 외부업체와 부당하게 타협하지 않는다.
1. 나는 잘못된 제도와 관행을 개선하는 데 앞장서며, 교육적 가치를 우선하는 건전한 교직문화 형성에 적극 참여한다.
1. 나는 학부모와 지역사회를 교육의 동반자로 삼아 바람직한 교육공동체 형성을 위해 함께 노력한다.

외국의 경우, 미국교사협회(Association of American Educators, 1994)의 교사윤리강령은 4개의 원칙으로 구성된다. 원칙1은 학생 관련 윤리규정으로, 학생을 공정하고 사려 깊게 대할 것, 학생 정보의 보호, 학습에 악영향을 주는 환경으로부터 학생을 보호할 것 등을 제시한다. 원칙2는 교사의 행동과 전문성에 관한 것으로, 교사로서의 품위를 유지할 것, 자기관리를 통해 건강함을 유지할 것, 전문적인 성장을 위해 노력할 것, 자신의 이익을 위해 지위를 이용하지 말 것 등을 기술하고 있다. 원칙3은 동료와의 관계에 관한 규정으로, 동료와 윤리적 관계를 맺을 것을 제시하고, 동료의 사적인 정보를 노출하거나 동료에 대한 거짓말을 하는 등의 비윤리적 행동을 금한다. 원칙4는 학부모 및 지역사회와 관련한 규정으로, 학부모와의 의사소통을 위한 노력, 학급의 다양한 문화와 가치에 대한 존중, 학교 및 지역사회와의 관계에서 긍정적이고 적극적인 역할을 할 것 등을 제시한다.

교총의 교직윤리헌장이나 미국교사협회의 교사윤리강령에는 교사가 할 일과 하지 말아야 할 행동이 선언적으로 담겨 있다. 교총의 교직윤리헌장은 2005년에 시대적 요구로 제정되었지만, 교사 윤리 관련 문헌자료를 확인한 결과 이 헌장을 인용하거나 적용하여 윤리적 지침으로 활용하는 경우를 발견하기 어려웠다. 이는 전문직 윤리규정이 충분히 구체적으로 제시되지 않았을 때 교육 현장의 다양한 윤리적 문제를 해결하는 데 도움이 되지 못하고 장식적이고 선언적인 역할만 하게 된다는 우려(홍은숙, 2011)를 반영하는 것으로 볼 수 있다.

한편 교직 윤리는 구체적인 상황에서 어떤 행동을 할 것인지를 중심으로 다루어질 수도 있지만, 교사가 지녀야 할 바람직한 품성이 무엇인지를 중심으로 다루어질 수도 있다. 예를 들어 김태훈(2008)은 교사가 갖추어야 할 윤리적 특성으로 지식의 생성, 습득, 전달에서의 유능성과 관련된 성실성(integrity), 학생 및 학부모와 관계를 맺고 유지하는 능력과 관련된 배려(care), 공무를 원활하게 수행하는 능력과 관련된 공정성(fairness) 등을 제시한 바 있다. 교직 윤리가 교사들이 일상적으로 참조할 수 있는 실용적인 지침으로 활용되기 위해서는 덕윤리와 원칙윤리를 함께 적용한 좀 더 포괄적이면서 동시에 구체적인 윤리규정의 마련과 지속적인 교육이 필요하다.

2) 교사 관련법의 이해

학교교육에서 교사의 활동은 다양한 법의 적용을 받는데, 대표적으로는 교육기본법(교육부, 2016), 초ㆍ중등교육법(교육부, 2012), 진로교육법(교육부, 2015a), 공무원 윤리강령 등이 있다. 여기에서는 진로진학상담교사의 상담 및 교육과 직접적으로 관련되는 법조항을 선별적으로 제시한다. 특히 진로진학상담교사의 행동에 대한 법적 판단은 교육청에서 제정하는 공무원 행동강령에 의해 이루어지는 경우가 많으므로 이를 함께 살펴본다.

(1) 교육의 기회 균등

교육기본법은 교육에 관한 국민의 권리와 의무, 국가 및 지방자치단체의 책임을 정하고 교육제도와 그 운용에 관한 기본적 사항에 대한 규정을 목적으로 한다(교육부, 2016). 교육기본법에서는 모든 국민이 "성별, 종교, 신념, 인종, 사회적 신분, 경제적 지위 또는 신체적 조건 등을 이유로 교육에서 차별을 받지 아니한다"(제4조)라고 규정하고 있다. 따라서 진로교육에서도 학생들은 성별, 종교, 신념, 인종, 문화적 배경 등에 따라 차별받지 않고 진로교육 및 상담을 받을 권리가 있음을 알 수 있다.

진로상담 및 교육에서는 진로교육 및 상담 기회의 제공, 진로정보 및 진로체험 기회의 제공, 심리검사의 실시 등이 이루어지며, 이러한 요소가 학생의 배경이나 거주하는 장소에 따라 차별적으로 이루어지지 않아야 한다. 예를 들어 진로체험관이 도시에만 있어 농촌에 있는 학생들이 진로체험관을 경험할 수 있는 기회가 제한된다면 이는 교육의 기회 균등에 어긋나는 일이 될 것이다. 진로심리검사와 관련해서도 성별이나 언어, 장애 유무 등과 무관하게 학생이 원하는 심리검사를 받을 수 있도록 필요한 심리검사를 개발하여 사용하는 데 최선을 다해야 한다.

(2) 교육의 중립성

교육의 중립성이란 교육이 "개인적 편견을 전파하기 위한 방편으로 이용되어서는 안 된다"는 것으로, 이는 교육기본법 제6조에 제시되어 있다. 상담에서도 상담교사의 가치중립이 중요하게 다루어지는데, 상담자가 자신의 가치를 학생에게 강요하여 학생의 선택에 영향을 주려는 것은 자신의 가치가 옳고 더 중요하다는 가정에 따른 것으로 비윤리적으로 간주된다. 진로상담에서는 학생의 가치에 따라 의사결정과 행동이 달라지는 경우가 많다. 진로진학상담교사가 자신이 옳다고 생각하는 방향으로 학생의 결정을 유도하는 것은 학생의 권리와 존엄에 대한 존중에 위배된다. 진로진학상담교사가 갖는 다양한 직업에 대한 가치는 학생의 진학 및 진로결정에 영향을 미치기 쉬우므로 주의해야 한다.

(3) 학생의 정보 보호

학교에서는 학생의 지적, 정서적 발달과 관련한 다양한 정보가 기록, 보관, 관리된다. 학생의 정보를 누가 기록하고, 어떻게 보관하며, 누가 정보에 접근할 수 있는가 하는 문제는 중요한 법적 쟁점이 된다. 학생정보의 보호 및 정보 보호의 제한과 관련한 내용은 교육기본법(교육부, 2016) 및 초·중등교육법(교육부, 2012)에 명시되어 있다. 교육기본법과 초·중등교육법의 관련 내용을 살펴보면 다음과 같다.

〈교육기본법〉

제23조의3(학생정보의 보호 원칙) ① 학교생활기록 등의 학생정보는 교육적 목적으로 수집·처리·이용 및 관리되어야 한다.

② 부모 등 보호자는 자녀 등 피보호자에 대한 제1항의 학생정보를 제공받을 권리를 가진다.

③ 제1항에 따른 학생정보는 법률로 정하는 경우 외에는 해당 학생(학생이 미성년자인 경우에는 학생 및 학생의 부모 등 보호자)의 동의 없이 제3자에게 제공되어서는 아니 된다.

〈초·중등교육법〉

제30조의6(학생 관련 자료 제공의 제한) ① 학교의 장은 제25조에 따른 학교생활기록과 「학교보건법」제7조의 3에 따른 건강검사기록을 해당 학생(학생이 미성년자인 경우에는 학생과 학생의 부모 등 보호자)의 동의 없이 제3자에게 제공하여서는 아니 된다. 다만, 다음 각 호의 어느 하나에 해당하는 경우에는 그러하지 아니하다.

1. 학교에 대한 감독·감사의 권한을 가진 행정기관이 그 업무를 처리하기 위하여 필요한 경우

2. 제25조에 따른 학교생활기록을 상급학교의 학생 선발에 이용하기 위하여 제공하는 경우

3. 통계작성 및 학술연구 등의 목적을 위한 것으로서 자료의 당사자가 누구인지

알아볼 수 없는 형태로 제공하는 경우

4. 범죄의 수사와 공소의 제기 및 유지에 필요한 경우

5. 법원의 재판업무 수행을 위하여 필요한 경우

6. 그 밖에 관계 법률에 따라 제공하는 경우

② 학교의 장은 제1항 단서에 따라 자료를 제3자에게 제공하는 경우에는 그 자료를 받은 자에게 사용목적, 사용방법, 그 밖에 필요한 사항에 대하여 제한을 하거나 그 자료의 안전성 확보를 위하여 필요한 조치를 하도록 요청할 수 있다.

③ 제1항 단서에 따라 자료를 받은 자는 자료를 받은 본래 목적 외의 용도로 자료를 이용하여서는 아니 된다.

학생정보의 보호 원칙은 학교생활기록 등 교육적 목적으로 수집, 처리된 정보들은 기본적으로 보호되어야 하며 학생과 부모가 이 정보를 제공받을 권리를 가진다는 것이 기본 내용이다. 학교생활기록이나 보건기록은 학생과 부모의 동의를 받은 이후에만 제 3자에게 제공될 수 있다는 점이 법률로 명시되어 있다. 다만 학생과 부모의 동의를 받지 않고도 정보를 제공할 수 있는 예외사항으로, 교육청과 같은 행정기관의 업무 처리에 필요한 경우, 상급학교 선발에 이용하는 경우, 당사자가 드러나지 않게 수합하여 연구 목적으로 사용하는 경우, 법원이나 범죄의 처리와 관련되는 경우 등을 구체적으로 제시했다.

학교생활기록에는 학생의 진로 관련 활동 및 희망 진로 등 진로 관련 내용이 포함되어 있으며, 이 기록은 교육기본법의 학생정보의 보호 원칙에 따라 다루어진다. 진로 상담을 포함한 상담 관련 기록에는 학생에 관한 다양한 사적 정보가 포함된다. 상담의 진행 및 상담 내용에 관한 정보의 처리가 교육기본법에 구체적으로 명시되어 있지는 않지만, 상담 자료에 대해서는 위의 법률적 기준을 정보 보호의 최저 기준으로 하여 처리하는 것이 바람직하다.

(4) 직위를 이용한 이익 추구의 금지

교육부 공무원 행동강령(교육부, 2014)은 공무원에게 바람직한 가치 규범을 제시하면서, 직위를 이용한 사적 이익추구를 금지하는 내용을 담고 있다. 공무원 행동강령은 부패방지 및 국민권익위원회의 설치와 운영에 관한 법률(국민권익위원회, 2014) 7조와 8조를 근간으로 해서 대통령령에 의해 제정되었다. 공무원 행동강령의 법적 근거는 아래와 같다.

부패방지 및 국민권익위원회의 설치와 운영에 관한 법률

제7조(공직자의 청렴의무) 공직자는 법령을 준수하고 친절하고 공정하게 집무하여야 하며 일체의 부패행위와 품위를 손상하는 행위를 하여서는 아니 된다.

제7조의2(공직자의 업무상 비밀이용 금지) 공직자는 업무처리 중 알게 된 비밀을 이용하여 재물 또는 재산상의 이익을 취득하거나 제3자로 하여금 취득하게 하여서는 아니 된다.

제8조(공직자 행동강령) ① …중략…

　② 제1항에 따른 공직자 행동강령은 다음 각 호의 사항을 규정한다.

　1. 직무관련자로부터의 향응·금품 등을 받는 행위의 금지·제한에 관한 사항

　2. 직위를 이용한 인사관여·이권개입·알선·청탁행위의 금지·제한에 관한 사항

　3. 공정한 인사 등 건전한 공직풍토 조성을 위하여 공직자가 지켜야 할 사항

　4. 그 밖에 부패의 방지와 공직자 직무의 청렴성 및 품위유지 등을 위하여 필요한 사항

　③ 공직자가 제1항에 따른 공직자 행동강령을 위반한 때에는 징계처분을 할 수 있다.

　④ 제3항에 따른 징계의 종류, 절차 및 효력 등은 당해 공직자가 소속된 기관 또는 단체의 징계관련 사항을 규정한 법령 또는 내부규정이 정하는 바에 따른다.

교사는 관할 교육청의 공무원 행동강령의 적용을 받는다. 경기도교육청(2016)의 예를 보면, 위 근거법에 따라 공정한 직무수행, 부당한 이득의 수수 금지, 건전한 공직 풍토 조성을 위한 내용, 위반시의 징계에 관한 내용을 포함한 공무원 행동강령을 마련하여 적용하고 있다. 특히 부당 이득의 수수와 관련해 교사가 자신의 직위를 이용해 이권에 개입하거나 직무 관련 정보를 이용한 거래를 통해 이득을 얻거나 업무 관련인에게 금품 등을 받는 행위의 제한 등이 제시되어 있다. 2016년 9월부터 시행된 부정청탁 및 금품 등 수수의 금지에 관한 법률(국민권익위원회, 2015)에 따라, 직위를 이용한 이익 추구의 금지에 관한 부분은 더욱 엄격하게 적용되고 있다.

공무원 행동강령은 교사가 업무 수행과정에서 하지 말아야 할 행동을 구체적으로 제시하면서 법적 구속력을 가지기 때문에 교사의 행동을 제한하는 강력한 수단이 된다. 이에 반해서 교사가 추구해야 할 바람직한 행동에 대한 부분은 포괄적이고 추상적으로 제시되어 있어, 이 부분은 법 규정의 제한점으로 볼 수 있다. 법에서 다루기 어려운 교사의 바람직한 품성, 윤리적 행동 기준, 윤리적 갈등 상황에서의 의사결정 등이 윤리규정에서 좀 더 구체적으로 다루어진다면 진로진학상담교사의 교육 및 상담에 도움이 될 것이다.

3 상담자 윤리

상담은 심리적으로 취약한 내담자를 대상으로 이루어지는 경우가 많다. 이에 따라 상담자의 행동이 내담자의 복지에 도움을 주어야 하며 해를 주어서는 안 된다는 기본적인 원칙 아래 상담자 윤리규정이 발달해 왔다. 상담자에 관한 대표적인 윤리규정으로 한국상담학회(2016)의 윤리강령을 들 수 있다. 한국상담학회의 윤리강령 중 진로진학상담교사의 상담 및 교육과 밀접하게 관련된 몇 가지를 살펴보면 다음과 같다.

1) 상담자의 유능성

상담자의 유능성에 관한 윤리규정은 상담자가 충분한 교육과 훈련을 받아 학생의 문제를 도와줄 수 있을 정도의 능력을 갖추고 있는지에 관한 사항을 다룬다. 학생은 심리적으로 취약한 상태에서 상담을 받으러 오는 경우가 많으므로, 상담자의 유능하지 못한 개입은 학생에게 해를 주기 쉽다. 따라서 상담자는 학생의 문제와 관련하여 충분한 교육과 훈련을 통해 능력을 갖춘 상태에서 상담을 시작해야 하며, 이러한 능력을 유지하기 위한 지속적인 노력이 요청된다.

한국상담학회(2016)의 윤리강령에서는 상담자의 유능성에 대하여 제1조 전문적 능력에서 다음과 같이 다루고 있다. 먼저 전문적 능력 신장과 관련해서, 상담자는 자신의 전문성을 발달시키기 위해 교육, 연구, 실습 등을 통해 노력해야 하며, 능력을 넘어서는 문제에 대해서는 적절하게 도움을 줄 수 있는 전문가에게 의뢰할 것을 명시하였다. 상담자가 일정한 능력을 갖추었다고 하더라도 업무의 과다, 생활의 스트레스 등 여러 요인으로 인해 능력이 훼손될 수 있으므로 상담자는 자신의 능력을 관찰하면서 유능성이 유지될 수 있도록 노력해야 한다.

제1조(전문적 능력)

① 상담자는 상담에 대한 지식, 실습, 교수, 임상, 연구를 통해 전문성을 발달시키기 위해 지속적으로 노력해야 한다.

② 상담자는 자신의 능력 및 기법의 한계를 인식하고, 전문적 기준에 위배되는 활동을 하지 않는다. 만일, 자신의 개인 문제 및 능력의 한계 때문에 도움을 주지 못하리라고 판단될 경우에는 내담자에게 동의를 구한 후 다른 동료 전문가 및 관련 기관에 의뢰한다.

③ 상담자는 자신의 활동 분야에 있어서 최신의 과학적이고 전문적인 정보와 지식을 유지하기 위해 지속적인 교육과 연수에 참여한다.

---

④ 상담자는 윤리적 책임이나 전문적 상담에 대해 의문이 생길 때 다른 상담자나 관련 전문가들에게 자문을 구하는 절차를 따른다.

⑤ 상담자는 정기적으로 전문가로서의 능력과 효율성에 대해 자기반성과 자기평가를 해야 하며, 필요한 경우 자신의 효율성을 증진시키기 위해 지도감독을 받아야 한다.

윤리강령 제1조 3항에서는 상담자가 자신의 활동 분야에서 최신의 과학적이고 전문적인 정보와 지식을 유지하기 위해 지속적인 교육과 연수에 참가할 것을 제시했다. 진로진학상담교사가 법에 따른 교육과 연수를 통해 자격을 얻고 어느 정도의 유능성을 얻었다고 하더라도, 진로상담에서 다루는 진학, 직업세계, 심리검사, 효과적인 진로상담 기법 등은 꾸준히 변화하고 발전해 나간다. 따라서 이러한 변화에 대응하면서 효과적인 진로상담을 하기 위해서는 지속적인 교육 및 연수가 이루어지는 것이 바람직하다.

효과적으로 상담을 진행하기 위해서 요구되는 상담자의 능력은 크게 지적 능력 (intellectual competence)과 정서적 능력(emotional competence)으로 구분할 수 있다 (Pope & Vasquez, 2007). 지적 능력은 상담에 필요한 연구 결과, 상담 이론, 효과적인 개입방법 등에 대해 아는 것이다. 상담자가 학생의 진로문제에 대해 어떻게 접근하는 것이 효과적인지, 어떤 접근이 학생에게 해로운지, 진로상담을 실제로 어떻게 수행해 나갈지 등에 대해 알고 있는 것이다. 정서적 능력은 상담자의 자기지식(self-knowledge), 자기수용(self-acceptance), 자기관찰(self-monitoring)에 관한 것이다. 상담자는 학생들의 고민을 들으면서 강한 정서적 반응을 경험하는데, 정서적으로 스트레스를 경험할 때 자신이 어떻게 반응하는지를 상담자 스스로 인식하면서 잘 대처할 수 있어야 학생에게 효과적으로 도움을 줄 수 있다. 상담자는 자신의 능력과 효율성에 대한 지속적인 관찰과 반성을 하면서, 필요하다면 상담과 수퍼비전을 통해 이러한 능력을 유지해 나간다.

2) 상담정보의 보호

상담에서의 비밀보장은 학생이 상담자와 신뢰관계를 형성하고 자신의 고민을 솔직하게 털어놓을 수 있도록 돕는 가장 기본적인 상담의 요건이다. 비밀보장은 상담의 대상, 상담에서 다루어진 내용, 상담의 진행과정, 심리검사 결과, 상담 기록 등이 상담자와 학생 사이에서만 공유되어야 하며 학생의 동의 없이 제3자에게 알려져서는 안 된다는 것이다. 한국상담학회(2016)의 비밀보장과 관련한 윤리규정을 보면 다음과 같다.

제3조(비밀보장)

① 상담자는 사생활과 비밀유지에 대한 내담자의 권리를 최대한 존중해야 할 의무가 있다.

② 상담자는 내담자 또는 내담자의 법정대리인에게 비밀보장의 예외와 한계에 대해 설명해야 한다.

③ 상담자는 제7조 비밀보장의 한계를 제외하고는, 내담자의 서면 동의 없이는 제삼의 개인이나 단체에게 상담 기록을 공개하거나 전달해서는 안 된다.

…중략…

제6조(상담 기록)

① 상담자는 내담자에게 전문적인 서비스를 제공하기 위해 내담자에 대한 상담 기록 및 보관을 본 학회의 윤리강령 및 시행세칙에 따라 시행한다. 또한 상담 기록을 안전하게 보관하고 허가된 사람 이외에는 기록에 접근할 수 없도록 한다.

…중략…

⑤ 상담자는 상담과 관련된 기록을 보관하고 처리하는 데 있어서 비밀을 유지해야 하며, 이를 타인에게 공개할 때에는 내담자의 동의를 구한다. 내담자에게 해를 끼치지 않는 범위 내에서 공개해야 한다.

상담을 진행하는 과정에서 다양한 학생의 기록이 생성된다. 상담의 신청, 학생에 대한 평가와 진단, 상담에서 다루어진 주제, 상담의 진행, 상담의 결과 등이 그것이다. 이러한 기록은 인쇄물이나 전자자료의 형태로 남게 되는데, 상담자 이외의 관련 없는 사람들이 접근할 수 없도록 필요한 조치를 취한다. 인쇄자료는 잠금장치가 있는 공간에, 전자자료는 접근이 허락된 사람만 자료를 볼 수 있도록 조치를 취하는 것이 바람직하다.

비밀보장은 상담의 진행을 위한 가장 기본적인 조건이기는 하지만, 학생이나 주변인의 안전과 보호가 비밀보장보다 우선되는 상황이 있다. 이러한 상황에서는 비밀보장에 우선해 학생과 관련인을 보호하는 개입을 하게 되는데, 비밀보장의 예외상황은 다음과 같다.

제7조(비밀보장의 한계)

① 상담자는 아래와 같은 내담자 개인 및 사회에 임박한 위험이 있다고 판단될 때 내담자에 관한 정보를 사회 당국 및 관련 당사자에게 제공해야 한다.

1. 내담자가 자신이나 타인의 생명 혹은 사회의 안전을 위협하는 경우
2. 내담자가 감염성이 있는 치명적인 질병이 있다는 확실한 정보를 가졌을 경우
3. 미성년인 내담자가 학대를 당하고 있는 경우
4. 내담자가 아동학대를 하는 경우
5. 법적으로 정보의 공개가 요구되는 경우

비밀보장의 예외상황은 대부분 학생과 주변인의 안전이 위협받는 상황을 포함한다. 학생이 자신을 해칠 위험이 있거나 주변인을 해칠 위험이 있을 때, 상담자는 비밀보장의 예외사항임을 인지하고 이를 학생에게 설명한 후 보호자에게 알려 학생을 보호하기 위해 필요한 조치를 취해야 한다. 학생이 타인을 해칠 위험(예, 폭력을 포함한 보복의 위험)이 있을 때에도 대상자 및 부모에게 알려 관련된 사람들의 안전이 지켜지도록 해

야 한다. 특히 학생이 아동학대를 경험하고 있거나 부모가 아동학대를 하고 있는 상황이라면, 학교의 관련인(관리자 등)에게 알리고 아동학대예방센터에 연락해 학생을 보호하기 위한 조치가 취해지도록 개입해야 한다.

비밀보장의 예외상황에서 상담자가 주의할 부분은 이러한 상황일수록 학생에게는 도움이 필요하며 상담의 신뢰관계를 유지해서 상담이 지속적으로 이루어지도록 해야 한다는 점이다. 상담자는 관련 내용을 왜 보호자에게 알려야 하는지, 학생의 안전을 위해 어떤 조치가 취해질 것인지를 미리 설명하여 상담을 통한 도움이 지속적으로 이루어질 수 있도록 해야 한다.

한편 상담 정보는 법원의 명령에 의해 공개될 수 있다. 학생의 비행에 대한 판결, 양육권 분쟁 등이 있을 때 상담 정보가 법원의 판결에 영향을 미칠 수 있다. 이러한 경우라도 상담자는 법원의 요청에서 필요한 부분만을 제공하고, 관련성이 적은 상담 정보가 제공되지 않도록 최선의 노력을 기울인다. 학교상담에서 교육청 등 관련기관의 정보공개 요청이 있는 경우도 마찬가지이다. 학교상담은 교육의 일부로 이루어지므로 관련기관의 요청이 있을 때 정보가 제공될 수 있지만, 이러한 경우라도 불필요한 정보가 노출되지 않도록 주의한다.

3) 내담자의 복지

학생의 복지 증진은 상담의 목적이면서 상담자의 유능성과 밀접하게 관련된다. 상담자는 학생을 도와줄 수 있다고 판단될 때 상담을 시작하고, 상담 과정에서 전문적인 도움을 주는 것이 어렵다고 판단되면 도움을 줄 수 있는 다른 전문가를 찾아 의뢰하는 등 적절한 조치를 취한다. 학교에서는 전문상담교사와 진로진학상담교사가 상담을 제공하지 않는다면 학생이 다른 상담 서비스를 받기 어려울 수 있으므로, 진로진학상담교사가 진로상담에 필요한 능력을 키워 학생들이 호소하는 다양한 문제를 도와줄 수 있도록 준비하는 것이 최선의 방법이다.

한국상담학회(2016)의 윤리강령에서는 학생의 다양성에 대한 존중을 내담자의 복지와 관련하여 다루고 있는데 그 내용은 다음과 같다.

제9조(내담자 다양성 존중)

① 상담자는 모든 인간의 기본적인 권리, 존엄성, 가치를 존중하며 연령이나 성별,
인종, 종교, 성적 선호, 장애 등의 어떤 이유로든 내담자를 차별하지 않는다.

② 상담자는 내담자의 발달 단계와 문화에 적합한 방식으로 정보를 전달한다.

③ 상담자가 사용하는 언어를 내담자가 이해하는 데 어려움이 있을 때는 내담자
가 명확하게 이해할 수 있도록 통역자나 번역자를 배치하여 필요한 서비스를
제공한다.

④ 상담자는 자신의 고유한 가치, 태도, 신념, 행위가 사회에서 어떻게 적용되는
지를 인식하고 내담자에게 자신의 가치를 강요하지 않는다.

…후략…

다양성 존중에 관한 내용에서는 상담자가 학생의 성별, 인종, 종교, 성적 선호, 장애, 문화적 배경, 언어 등의 이유로 학생이 상담 서비스를 받을 수 있는 기회에서 차별을 받지 않도록 해야 함을 기술한다. 최근 국내에서도 다문화 배경을 가진 학생들이 늘어나고 있는데, 이들은 문화적 배경에 따른 다양한 가치를 지니고 상담에 온다. 상담자는 학생들의 문화적 배경에 대한 이해, 문화적 배경이 진로문제에 어떻게 영향을 주고 있는지, 진로문제에 대한 개입에 적합한 방법은 무엇인지 등에 대한 교육을 통해 다문화 상담 역량을 키워, 학생이 문화적 배경으로 인해 상담 기회나 상담 서비스의 질에서 차별받지 않도록 한다.

4) 내담자의 권리 - 정보에 근거한 동의

내담자는 상담이 무엇이고 상담이 어떻게 진행되며 상담에서 기대할 수 있는 것이 무엇인지 알고 상담을 시작할 수 있는 권리를 갖는다. 학교 밖의 상담실에서는 상담자의 자격 및 개입방법, 상담의 진행방법 등에 대한 정보를 기반으로 학생과 보호자가 상담자를 선택하고 시작할 수 있는 권리를 갖는다. 학교에서는 상담자가 정해져 있으므로 학생이 상담자를 선택하기는 어렵지만, 상담정보 제공을 통해 학생이 상담을 시작할지의 여부를 결정하도록 도와줄 수 있다. 한국상담학회(2016)의 윤리강령에서도 상담자는 상담에 대한 정보를 제공하고 동의를 구한 뒤 상담을 시작할 것을 명시하고 있다.

제10조(정보제공 및 동의)

상담자는 상담을 제공할 때에, 내담자에게 상담 관련 정보를 제공하고 이에 대한 동의를 받는다.

학생이 의무적으로 상담을 받아야 할 때라도, 자신의 이야기를 어느 정도 상담에서 공개하고 도움을 구할지의 여부는 학생이 결정할 수 있는 권리가 있다. 상담에서는 이와 같은 상담 관련 정보를 상담 초기에 서면과 구두로 제공하고, 상담을 받을 것인지에 대해 학생과 학부모의 동의를 얻은 후에 상담을 시작하는 것이 바람직하다.

학교상담은 학교교육의 일부이므로 부모의 동의를 따로 받지 않아도 된다는 견해도 있는 반면에, 모든 학생이 상담을 받는 것은 아니므로 학교상담에서도 부모 동의가 필요하다는 견해도 있다. 학생이 상담을 신청한 경우 한두 회기 정도의 짧은 회기라면 부모 동의 없이 상담을 진행할 수도 있지만, 공윤정(2008)은 아동과 청소년의 많은 문제는 부모가 문제를 인식하고 적극적으로 개입함으로써 변화될 수 있으므로 학생의 동의와 함께 부모의 동의를 얻고 상담을 진행할 것을 권장했다.

5) 상담자와 내담자의 관계

상담자와 학생의 신뢰관계는 학생이 상담에서 자신의 문제를 솔직하게 이야기하도록 하는 기초가 될 뿐만 아니라, 좋은 관계를 경험하는 것 자체가 학생의 문제해결을 위한 중요한 도구가 되기도 한다. 이를 위해 상담관계 이외의 다른 사회적, 성적, 금전적 관계를 학생이나 학생의 가족과 맺음으로써 상담에 방해가 되는 행위가 금지된다. 상담자가 학생(또는 부모)과 상담관계 이외의 관계를 맺는 것을 다중관계라고 하는데, 다중관계는 상담 이외의 관계가 상담관계와 동시에 진행되는 경우뿐만 아니라 상담 이전이나 이후에 맺어지는 경우를 포함한다. 한국상담학회(2016)의 윤리강령에서는 다중관계에 관해 다음과 같이 다루고 있다.

제11조(다중관계)

① 상담자는 내담자와의 친밀한 관계를 인식하고, 내담자에 대한 존중감을 유지하며 내담자를 이용하여 상담자 개인의 필요를 충족하고자 하는 활동 및 행동을 하지 않는다.

② 상담자는 객관성과 전문적인 판단에 영향을 미칠 수 있는 다중관계를 피해야 한다. 상담자가 내담자를 지도하거나 평가를 해야 하는 경우라면 그 내담자를 다른 전문가에게 의뢰한다. 단, 내담자의 복지를 위해 상담자와 내담자가 사전 동의를 한 경우와 그에 대한 자문이나 감독이 병행될 때는 상담관계를 맺을 수도 있다.

③ 상담자는 특별한 경우를 제외하고는, 내담자와 상담실 밖에서 사적인 관계를 맺지 않는다.

④ 상담자는 내담자와의 관계에서 상담료 이외의 어떠한 금전적, 물질적 거래관계도 맺지 않는다.

제12조(성적 관계)

① 상담자는 내담자 또는 내담자의 가족들과 성적 관계를 갖거나 어떤 형태의 친

밀한 관계를 갖지 않는다.

② 상담자는 내담자 또는 내담자의 가족과 성적 관계를 맺었거나 유지하는 경우 상담관계를 형성하지 않는다.

③ 상담자는 상담관계가 종결된 이후에도 최소 2년 내에는 내담자와 성적 관계를 맺지 않는다.

④ 상담자는 상담 종결 이후 2년이 지난 후에 내담자와 성적 관계를 맺게 되는 경우에도 이 관계가 착취적이 아니라는 것을 철저하게 검증할 책임이 있다.

⑤ 상담자는 다른 상담자가 자신의 내담자와 성적 관계를 맺는 것을 알았을 경우 묵과하지 않고 적절한 조치를 취한다.

상담에서 다중관계는 학생의 이익보다는 상담자의 이익을 위해 맺어지는 경우가 많고, 그렇지 않다고 하더라도 다중관계가 결국 학생이 상담에서 얻을 수 있는 도움에 해가 되는 경우가 많기 때문에 금지된다. 그런데 진로진학상담교사는 학생을 평가하는 평가자의 역할과 상담자의 역할을 동시에 하게 되어, 엄격한 의미에서 다중관계를 형성하게 된다. 불가피하게 학생과 다중관계를 맺게 되는 경우에는, 학생을 평가하는 평가자의 역할이 상담에 어떻게 영향을 미치는지를 인식하면서 상담과정에 주의를 기울인다. 진로진학상담교사가 학생이나 가족과 이미 사회적, 성적, 금전적, 물질적 거래관계가 있어 학생에게 적절한 도움을 주기 어렵다고 판단되면, 다른 전문가에게 학생을 의뢰해 학생이 필요한 도움을 받을 수 있도록 조정한다.

1) 진로진학상담교사의 관련법

진로진학상담교사의 교육 및 상담 활동은 교육기본법(교육부, 2016), 초·중등교육법(교육부, 2012), 공무원 윤리강령 이외에 진로교육법(교육부, 2015a) 및 시행령(교육부, 2015b) 등의 적용을 받아 이루어진다.

진로교육법은 진로진학상담교사 배치의 법적 근거가 되는 법으로, 학교 진로교육의 내용 및 각 관련 주체의 역할과 진로교육의 범위 등을 다루고 있다. 초·중등학교의 진로교육에 관해 다루는 제2장에서는 제9조(진로전담교사), 제10조(진로심리검사), 제11조(진로상담), 제12조(진로체험 교육과정 편성·운영 등), 제13조(진로교육 집중학년·학기제) 등에서 초·중등학교의 전문 인력 배치 기준 및 운영과 관련한 내용, 진로교육의 내용 및 진행과 관련한 전반적인 내용을 담고 있다.

진로교육법에 따르면, 진로진학상담교사의 주요 업무는 진로심리검사의 실시, 진로상담, 진로체험 교육과정의 편성 및 운영, 진로교육 집중학년 및 학기와 관련한 사항 등임을 알 수 있다. 진로진학상담교사의 유능성과 관련한 사항은 진로교육법 시행령 4조의 자격규정을 들 수 있다. 이에 따르면, 진로진학상담교사는 "교사자격증이 있으면서 교육감이 실시하는 진로교육에 관한 교육 또는 연수를 40시간 이상 이수할 것"이 요청된다. 진로진학상담을 효과적으로 수행하기 위해서는 진로진학상담교사의 자격 부여에 필요한 연수와 교육도 중요하지만, 진학 및 직업 정보의 변화 파악, 최신의 효과적인 진로상담 개입방법 습득, 변화하는 학생 특성의 이해 등을 위해 지속적인 교육 및 연수가 필요하며 이러한 부분에 대한 법적 보완이 필요해 보인다.

진로교육법 제7조에서는 직무상 알게 된 사실의 누설 금지에 관한 사항이 명시되어 있는데, "진로교육을 담당하는 사람 또는 담당했던 사람은 업무처리 중 알게 된 사실을 정당한 사유 없이 다른 사람에게 누설해서는 아니 된다"고 하여 비밀보장을 법으로 규정했다. 법 규정에는 진로상담이나 교육의 내용 중 어떤 내용이 공개가 가능하고 어떤 부분이 비밀보장이 되어야 하는지, 정당한 사유란 무엇인지에 대한 구체적인 언급이 없지만, 기존의 교육 관련 자료의 보호 및 처리와 유사한 기준이 적용될 것으로 예측할 수 있다. 다만 진로상담에서는 일반적인 교육의 내용보다는 좀 더 사적인 개인정보를 다루게 되며, 이러한 내용은 비공식적인 상담 기록으로 남게 될 가능성이 크다. 진로진학상담교사가 학생의 진로발달에 관하여 어떤 내용을 기록으로 남기는 것이 좋은지, 누가 이 기록에 접근할 수 있도록 할 것인지에 대한 연구가 최근에 진행된 바 있다(이종범·정진철·이건남, 2013). 이에 따르면, 좀 더 기록을 남겨 학생의 진로상담 및 교육에 활용하자는 의견과 함께 학생의 진로정보를 공식적으로 많이 남기는 데 대한 개인정보 노출에 대한 우려, 학생에 대한 편견이 생길 것에 대한 우려도 함께 확인되었다. 학생의 진로상담 관련 내용의 기록 및 보관, 폐기와 관련해 어떤 기준을 적용할 것인지에 대해 좀 더 지속적인 논의와 기준이 필요할 것으로 보인다.

2) 특수한 상황에서의 윤리

진로진학상담교사는 개인상담뿐만 아니라 심리검사, 사이버상담, 가족상담, 집단상담 등을 진행할 수 있다. 이와 같은 상황에 관련된 윤리규정 중 몇 가지 생각해 볼 부분을 살펴보면 다음과 같다.

(1) 심리검사

심리검사는 진로상담과 교육에서 중요한 부분을 차지한다. 진로진학상담교사는 개인, 학급 또는 학년을 대상으로 심리검사를 실시할 수 있다. 진로심리검사에 관해서는 진로교육법(교육부, 2015a) 제10조(진로심리검사) 제1항에서 "초·중등학교의 장은 학생이 소질과 적성을 이해하고 진로상담의 자료로 활용할 수 있도록 진로에 관한 심리검사를 제공할 수 있다"고 명시하였다. 한국상담학회(2016)의 상담자 윤리강령에서는 심리검사의 실시 및 채점, 해석과 관련한 사항을 제22조(일반사항)에서 비교적 자세히 다루고 있다.

주요 내용을 보면, 심리검사는 학생을 돕기 위한 목적에 적합하게 선정해야 하며, 실시 및 채점, 해석은 충분한 훈련을 받아 자격이 있는 사람이 표준화된 절차에 따라 진행해야 한다. 또한 심리검사를 실시할 때에는 학생들에게 그 검사의 목적 및 시행방법 등에 대해 충분히 설명하고 동의를 구할 것을 분명히 하였다. 따라서 진로진학상담교사는 특정한 진로심리검사를 실시하기 위해서 검사와 관련한 교육과 훈련을 받아 그 검사의 심리측정 정보, 검사의 목적, 검사의 실시 대상과 해석의 범위, 검사의 한계 등을 파악한 후에 검사를 실시해야 한다. 특히 검사의 채점 및 해석과 관련한 사항을 보면 다음과 같다.

제24조(검사 채점 및 해석)

① 상담자는 개인 또는 집단검사 결과 발표에 정확하고 적절한 해석을 포함시킨다.

② 상담자는 검사 결과를 보고할 때, 검사 상황이나 피검사자의 규준 부적합으로 인한 타당도 및 신뢰도와 관련하여 발생하는 제한점을 명확히 한다.

③ 상담자는 연령, 피부색, 문화, 장애, 민족, 성, 인종, 언어 선호, 종교, 영성, 성적 지향, 사회경제적 지위가 검사 실시와 해석에 영향을 미친다는 것을 인식하고, 내담자와 관련된 다른 요인들을 고려하여 적절하게 검사 결과를 해석한다.

…중략…

⑥ 상담자는 내담자 이외에는 내담자의 동의를 받은 제삼자 또는 대리인에게 결과를 공개한다. 또한 이러한 자료는 자료를 해석할 만한 전문성이 있다고 상담자가 인정하는 전문가에게 공개한다.

검사의 해석과 관련해, 진로심리검사를 실시했을 때에는 개인 또는 집단을 대상으로 검사의 해석을 반드시 해 주어야 하며, 불충분한 해석으로 인해 학생들이 검사 결과

를 과잉해석하거나 잘못 해석하는 경우가 없도록 해야 한다. 또한 다양한 문화적 배경을 가진 학생들에게 진로심리검사의 결과가 적절하게 해석될 수 있는지, 주의해서 해석해야 하는 부분은 무엇인지를 파악하고 이러한 제한점을 학생들에게 설명해 줄 것이 요청된다. 특히 심리검사의 결과는 상담의 내용처럼 비밀보장의 대상이 되므로, 이를 제3자에게 알려 줄 때에는 학생과 학부모의 동의가 필요하다. 동의를 받은 경우라고 하더라도 심리검사 결과를 해석할 수 있는 전문성이 있는 사람에게만 자료를 공개해 검사 결과의 잘못된 해석으로 학생이 해를 입지 않도록 주의한다.

(2) 사이버상담

사이버상담은 사이버상에서 이루어지는 전문적인 상담 활동으로, 대면상담에 비해 어느 정도 익명성이 보장되어 학생들이 쉽게 접근할 수 있는 대안적인 상담으로 간주된다(임은미, 2006). 진로상담에서도 사이버상에서 심리검사 및 온라인상담, 채팅상담 등이 빈번하게 이루어지고 있는데, 진로진학상담교사가 사이버상의 상담 및 교육을 진행하려고 한다면 다음의 사항을 고려하여 적용할 필요가 있다. 사이버상담에도 기본적으로는 대면상담과 같은 윤리규정이 적용되지만, 사이버상담의 특성상 특별한 주의가 필요한 부분이 있다. 한국청소년상담복지개발원(2008)의 청소년상담사 윤리강령에서는 사이버상담의 비밀보장, 사이버상담 기록의 관리와 보관, 사이버상담에서의 위기관리에 관한 부분 등 사이버상담의 특성에 비추어 주의가 필요한 부분을 중심으로 윤리규정을 제시했다.

먼저 비밀보장과 관련해서, 사이버상담에서는 대면상담에 비하여 비밀보장이 쉽게 깨어질 수 있다는 점을 학생들에게 미리 설명해야 하며, 학생들도 이러한 정보를 파악한 상황에서 진로서비스를 선택할 수 있도록 한다. 사이버상담의 비밀보장 및 기록의 보관과 관련한 청소년상담사 윤리강령(한국청소년상담복지개발원, 2008)의 규정 일부는 다음과 같다.

자. 청소년 사이버상담

1. 사이버상담에서 비밀보호의 한계

① 사이버상담자는 상황들이 내담자의 사적인 정보 공개를 요구할 때 오직 기본적인 정보만을 밝힌다. 더 많은 사항을 밝히기 위해서는 사적인 정보의 공개에 앞서 내담자와 보호자에게 알린다.

…중략…

③ 사이버상담자는 해킹이나 사이트를 통해 들어오는 바이러스를 컨트롤할 수 없으므로 인터넷 상에서 완벽하게 보안을 유지하는 데 한계가 있음을 내담자에게 알리고, 이에 대한 대안적인 서비스 방법에 대해 논의해야 한다.

2. 사이버상담기록의 보존 및 활용

① 사이버상담 운영기관은 상담 기록의 보관여부와 보존연한에 대해 알릴 필요가 있다.

② 사이버상담 운영기관이나 연구단체는 상담 기록 및 보관에 관한 규정을 작성해야 하며, 그렇지 않을 경우 상담 기록은 사이버상담자가 속해 있는 기관이나 연구단체의 기록으로 간주한다. 사이버상담자는 내담자 혹은 보호자가 기록에 대한 열람이나 상담 기록 인쇄물을 요구할 경우, 그 기록이 내담자에게 잘못 이해될 가능성이 없고 내담자와 상담자에게 해가 되지 않으면 응하는 것이 원칙이다.

…후략…

사이버상담이 이루어지기 위해서는 상담 신청자와 상담 내용의 비밀보장이 이루어질 수 있는 사이버 환경이 구축되어야 한다. 이러한 경우에도 해킹이나 바이러스의 공격이 생길 경우 사이버상담의 내용에 대해 완전히 보안을 유지할 수 없다. 그러므로 이를 학생이 미리 알고 상담을 선택할 수 있도록 할 것과, 사이버상담을 통해 적절한 상담이 이루어지기 어려운 경우 대면상담과 같은 대안적인 서비스를 통해 필요한 도움을 제공할 것이 규정되어 있다.

한편 사이버상담에서는 학생의 위기상황에 대한 대처에 주의를 기울여야 한다. 사이버상담의 초기에는 학업이나 진로와 관련한 고민으로 상담을 시작했다고 하더라도, 상담이 진행됨에 따라 학생이 현재 위기를 경험하고 있다는 점이 드러날 수 있다. 이러한 경우 학생의 보호를 위한 적절한 개입을 하기 위해, 청소년상담사 윤리강령에서는 "사이버상담자는 만약에 있을지 모르는 위기개입 등의 상황에 대비하기 위해서 내담자의 신분을 확인할 방법을 가지고 있어야 한다"고 명시하고 있다. 사이버상담은 학생의 익명성이 장점이 되어 쉽게 상담을 신청하도록 하는 이점이 있지만, 학생이 위기상황이라면 긴급지원이 이루어지기 어렵다는 단점을 가진다. 따라서 사이버상담이라고 하더라도 상담 신청을 할 때 학생이 최소한의 정보를 기입하도록 하여 위기상황에서 필요한 개입이 이루어질 수 있도록 한다.

(3) 가족상담과 집단상담

가족상담과 집단상담을 진행하기 위해서는 이러한 형태의 상담에 대한 지식과 훈련을 토대로 한 교사의 유능성이 우선적으로 요청된다. 가족상담 및 집단상담을 진행할 때, 진로진학상담교사는 상담자의 유능성, 상담 동의, 비밀보장, 내담자의 복지 증진 등 여러 측면에서 일반적인 상담의 윤리규정들을 준수하면서 적용할 수 있다. 다만 좀 더 주의가 필요한 부분은 비밀보장과 관련한 부분으로, 한국상담학회(2016)의 윤리강령에서는 가족상담 및 집단상담의 비밀보장과 관련해 다음과 같이 기술하고 있다.

제4조(집단 및 가족상담의 비밀보장)
① 상담자는 특정 집단을 대상으로 집단상담을 시작할 때 비밀보장의 중요성과 한계를 명확하게 설명한다.
② 상담자는 집단 및 가족상담시 개인의 비밀보장에 대한 권리와 그 비밀보장을 유

지해야 할 의무와 관련해 참여한 모든 사람으로부터 동의를 구한다.

③ 상담자는 자발적인 동의 능력이 불가능하거나 미성년인 내담자를 상담할 때, 부모 또는 대리인의 동의를 받고 그들이 참여할 수 있음을 알린다.

학교에서 이루어지는 집단상담에서는 학생이 집단상담을 받는다는 것을 다른 학생이 알게 되기 쉽고 상담의 참가자도 많아 개인상담에 비해 상담 내용의 비밀보장이 깨어지기 쉽다. 진로진학상담교사는 이와 같은 집단상담의 비밀보장의 원칙과 한계에 대해서 상담 초기에 미리 설명하고, 비밀보장이 깨진 경우에는 상담의 진행에 미치는 부정적 영향이 최소화되도록 노력한다.

가족상담에서 주의할 부분은 가족 구성원 서로 간의 비밀보장에 대한 부분이다. 진로진학상담교사는 가족상담을 시작할 때 개인의 비밀보장에 대한 권리와 이에 대한 상담자의 의무를 설명하고 상담 내용의 비밀을 유지한다. 가족상담에서는 가족 구성원이 다른 가족구성원이 없는 상태에서 자신의 이야기를 털어놓고 이에 대한 비밀보장을 요청하는 경우가 있다. 예를 들어 가족상담 중에 학생이 진로진학상담교사와 따로 상담을 진행하면서 이야기한 내용은 비밀보장의 예외사항에 해당하지 않는다면 부모에 대한 비밀보장이 이루어져야 한다.

3) 진로진학상담교사의 윤리에서 가치의 문제

진로진학상담교사의 교육과 상담에서 가치중립은 법적인 의무인 동시에 윤리적인 의무이다. 교육의 가치중립에 대해서는 교육기본법 제6조에 교육이 "개인적 편견을 전파하기 위한 방편으로 이용되어서는 안 된다"라고 명시되어 있다. 가치중립은 상담 윤리에서도 강조되는데, 한국상담학회(2016)의 윤리강령에서도 제9조에서 "상담자는 자신의 고유한 가치, 태도, 신념, 행위가 사회에서 어떻게 적용되는지를 인식하고 내담자에게 자신의 가치를 강요하지 않는다"라고 규정하고 있다.

상담에서의 가치중립은 상담자가 자신의 가치에 따라서 학생이 의사결정을 하도록 유도하는 것이 학생의 권리와 존엄에 대한 존중에 위배된다는 인식에 근거한다. 이에 따라 상담자의 가치를 학생에게 강요하는 것은 비윤리적으로 간주된다(공윤정, 2008). 예를 들어 학생이 다양한 진로를 놓고 갈등하고 있을 때 진로진학상담교사가 '안정된 직장이 좋으니 안정적인 직업을 선택하라'고 한다면, 이는 교사의 가치에 따라 학생이 진로를 선택하도록 개입하는 것이다. 상담에서 이를 다루는 더 바람직한 방법은 학생이 자신을 깊이 있게 탐색하면서 자신의 생각을 분명히 하고 이에 따른 의사결정을 하도록 돕는 것이다.

한편 교육에서의 가치중립은 좀 더 복잡한 문제를 내포하고 있다. 교사가 자신의 가치를 학생에게 강요하지 않는다고 하더라도 교육과정의 선정 및 교과에 포함된 활동에는 이미 고유한 가치가 내재되어 있어, 교사가 객관적인 입장에서 교과의 내용만을 기술적으로 전달하는 것이 최선의 교육이라고 보기 어렵기 때문이다. 이에 대하여 홍은숙(2011)은 교사가 교과의 내적 가치를 통합적으로 가르치되 그것만이 유일한 진실은 아니라는 개방적인 태도로 가르치는 것이 한 가지 방법이 될 수 있다고 주장했다. 진로진학상담교사가 상담과 교육에서 가치중립을 유지하는 첫 번째 단계는 자신의 가치를 인식하는 것이다. 또한 자신의 가치가 절대적인 것이 아니며 다양한 가치들 중의 하나임을 알고, 자신의 가치가 진로교육 및 진로상담 과정에 어떻게 영향을 미치는지를 민감하게 인식하며 파악하고 있어야 한다.

4) 진로진학상담교사의 윤리적 의사결정

진로진학상담교사가 교육과 상담에서 경험하는 윤리적 갈등에 대해서 관련법이나 윤리규정이 명확한 기준을 제시하는 경우도 있지만, 현실에서는 법이나 윤리규정이 서로 다른 기준을 제시해 결정이 어려워지는 경우도 있다. 윤리적 갈등 상황은 학생에 대한 임상적 기준, 윤리적 기준, 법적 기준이 서로 달라 충돌하거나 서로 다른 윤리적 가치가 충돌해 윤리규정이 제시하는 모든 가치를 충족시키기 어려워, 어떤 가치에 우선한 결정을 할지에 대한 전문적인 판단이 필요한 상황을 뜻한다. 또는 현실에서 필요한 기준을 반영한 법이나 윤리규정이 아직 마련되지 않아 진로진학상담교사가 전문가로서 판단을 내려야 하는 상황도 이에 해당한다. 상담에서 윤리적 의사결정에 관한 웰펠(Welfel, 2006)의 모델은 그림 11-1과 같다.

1단계	윤리적 민감성 증진
2단계	사례에 관한 정확한 사실과 사회문화적 맥락의 파악
3단계	핵심적인 쟁점과 가능한 대안의 확인
4단계	관련된 윤리규정과 법규정의 파악
5단계	전문가 윤리 관련 문헌 확인
6단계	윤리적 원칙을 주어진 상황에 적용하기
7단계	수퍼바이저나 관련 전문가에게 자문 구하기
8단계	깊이 생각하고 결정하기
9단계	수퍼바이저에게 알리고, 행동을 취하고 기록으로 남기기
10단계	경험에 대한 반성(reflection)

그림 11-1 윤리적 의사결정 모델
출처 : Welfel(2006), p.22

윤리적 의사결정 모델의 1단계와 2단계는 윤리적 민감성 증진과 주어진 사례에 대한 사실관계 파악이다. 진로진학상담교사의 윤리적 갈등에 대한 민감성은 윤리적, 법적 기준에 대한 지식과 그것을 현실에 적용하는 능력에서 비롯된다고 볼 수 있다. 교육과 상담을 진행하는 과정에서 뭔가 이상하거나 불편하다고 느낀다면 이는 윤리적 갈등과 관련되어 있을 가능성이 높다. 이때 주어진 사례와 관련된 사실을 확인하고 불편감의 원인이 무엇인지를 파악해야 한다.

예를 들어 학생이 상담에서 자신이 원하는 학교에 가기 위해서는 성적이 더 올라야 하는데 성적이 오히려 떨어져 고민이며, 이로 인해 죽고 싶은 생각을 한다고 이야기했다고 하자. 이때 정확한 사실 확인이란 학생이 죽고 싶다고 생각하는 것이 어느 정도인지, 학생이 이 상황을 통제할 수 있다고 생각하는지, 구체적인 방법을 생각하는지 등을 확인해 현재 상황이 얼마나 심각한지를 평가하는 것이다.

윤리적 의사결정의 3단계에서 8단계까지는 주어진 상황의 핵심적인 쟁점을 파악하고, 이와 관련된 윤리적, 법적 규정을 확인하며, 어떤 가치나 규정을 우선해서 결정할지를 판단하고, 필요하다면 관련 전문가에게 자문을 구해 의사결정을 하는 것이다. 앞의 사례에서 학생이 자신을 해칠 생각이 강하고 위험하다면, 이때는 학생의 자율성과 관련된 비밀보장보다는 학생의 안전이 가장 중요하게 다루어지며, 관련 내용을 보호자에게 알리고 학생의 안전과 보호를 위한 조치를 취해야 한다. 그런데 학생에 대한 평가 결과 죽음에 대해 한 번 생각한 적이 있고 실제 행동으로 옮길 가능성도 낮게 평가된다면, 상담 내용에 대한 비밀보장(자율성에 대한 존중)과 학생의 복지 증진이 양립할 수 있으므로 비밀보장을 하면서 상담 내에서 학생의 문제해결을 도울 방법을 찾아나갈 수 있다. 진로진학상담교사는 자신의 결정이 학생이 상담을 지속적으로 받으면서 전문적인 도움을 받도록 하는 데 어떤 영향을 미칠지, 학생의 복지를 위한 최선의 결정이 무엇일지를 우선적으로 고려하면서, 이 결정이 학부모와의 협조관계에는 어떻게 영향을 줄지 등을 종합적으로 고려하여 결정해야 한다.

윤리적 의사결정의 9단계와 10단계는 결정을 행동으로 옮기고 이를 기록으로 남기며 자신의 결정과 그 결과를 돌아보는 단계이다. 진로진학상담교사는 자신의 결정에 대한 임상적, 법적, 윤리적 근거를 기록으로 남겨 보관한다. 공윤정(2008)은 이 과정에서 윤리적 의사결정의 과정이 적절했는지, 부족한 부분은 없었는지, 만약 다음에 비슷한 상황이 생기면 어떻게 대처할 것인지, 다음에 무언가 다르게 접근해야 한다면 어떤 부분을 다르게 할 것인지 등을 생각해 볼 것을 제안했다.

5) 윤리적 위반과 대처

진로진학상담교사는 자신이 전문가로서 법적, 윤리적 규정을 따를 뿐만 아니라, 소속 전문가 집단이 윤리적으로 행동하도록 하여 전문가 집단에 대한 일반인의 신뢰를 높이는 데 기여할 수 있다. 전문가 집단에 대한 신뢰를 높이기 위해서는 전문적인 서비스의 제공 및 문제의 예방이 가장 중요하지만, 이러한 노력을 했음에도 문제가 발생했다면 이를 바로잡기 위한 노력이 필수적이다. 문제 발생 후의 처리는 법이나 윤리규정의 징계와 관련된 조항에 따른다.

경기도교육청의 예를 들면, 공무원 행동강령 21조(위반행위의 신고 및 확인) 제1항에서 공무원 행동강령의 위반 사항에 대해서는 누구나 그 공무원이 소속된 기관의 장, 그 기관의 행동강령 책임관 또는 국민권익위원회에 신고할 수 있다고 규정하고 있다. 신고가 발생한 후에는 행동강령책임관이 해당 공무원의 소명자료를 첨부해 그 공무원이 소속된 기관의 장에게 보고한 후 해당 기관의 장이 소속 공무원에 대한 징계를 내릴 수 있는 것으로 되어 있다. 위반 사실이 확인되면 그 정도에 따라 경징계에서 중징계까지의 징계가 주어진다.

한국상담학회(2016)의 윤리강령에서는 윤리규정의 위반이 있을 때 먼저 비공식적 방법을 통해 위반행동이 지속되지 않도록 노력한 후, 비공식적 방법이 효과가 없을 때 학회의 윤리위원회를 통한 공식적인 방법을 통해 조사, 징계의 절차를 거칠 것을 제안한다. 윤리위원회의 조사 결과 윤리강령의 위반 정도에 따라 경고에서 자격의 영구박탈에 이르는 징계가 이루어진다. 윤리강령의 위반과 관련하여, 웰펠(Welfel, 2006)은 윤리규정의 위반을 경사로를 내려오는 것에 비유하면서, 윤리규정을 한 번 위반한 후에는 가속도가 붙어 더 큰 위반이 쉽게 일어날 수 있다고 경고했다. 따라서 사소한 위반이라도 경계하는 태도가 전문적인 행동을 유지하는 데 도움이 될 것이다.

생각해 볼 문제

1. 진로진학상담교사 A가 고등학교 2학년 여학생 B와의 진로상담을 2회 진행한 이후, B의 어머니가 연락해 상담 내용을 자세히 알기를 요청했다. B의 어머니는 B가 부모에게는 아무런 이야기도 하지 않는다면서 B가 자신의 진로에 대해 어떤 생각을 하는지 알고 돕고 싶다고 한다. 이러한 경우 관련되는 법적, 윤리적 쟁점은 무엇이며, 이 상황에 어떻게 대처하는 것이 바람직할지 논의해 보자.

2. 중학교 3학년 남학생 C와 진로상담을 진행하는 중 C가 부모와 심각한 갈등을 겪고 있다는 것을 알게 되었는데, 이 문제는 C의 진로문제와도 관련되어 있다. 진로진학상담교사는 부모와 자녀의 갈등 해결을 돕는 방법에 대해서는 훈련을 받은 적이 없다. 이러한 상황에서 고려해야 하는 윤리적, 법적 쟁점은 무엇인지 논의해 보자. 자신이 C의 진로진학상담교사라면 부모와의 갈등을 어떤 방식으로 다룰 것인지 생각해 보자.

참고문헌

공윤정(2008). 상담자 윤리. 서울: 학지사.

경기도 교육청(2016). 2016 공무원 행동강령 업무편람. 수원: 저자.

교육부(2012). 초중등교육법. 세종: 국가법령정보센터.

교육부(2014). 교육부 공무원 행동강령. 세종: 국가법령정보센터.

교육부(2015a). 진로교육법. 세종: 국가법령정보센터.

교육부(2015b). 진로교육법 시행령. 세종: 국가법령정보센터.

교육부(2016). 교육기본법. 세종: 국가법령정보센터.

국민권익위원회(2014). 부패방지 및 국민권익위원회의 설치와 운영에 관한 법률. 세종: 국가법령정보센터.

국민권익위원회(2015). 부정청탁 및 금품 등 수수의 금지에 관한 법률. 세종: 국가법령정보센터.

김태훈(2008). 교사의 윤리의식에 관한 고찰. 도덕윤리과교육, 27, 1-24.

이종범, 정진철, 이건남(2013). 학교생활기록부 진로 관련 기록의 작성, 관리, 활용 실태 및 개선방안, 농업교육과 인적자원개발, 45(4), 23-52.

임은미(2006). 사이버상담 이론과 실제. 서울: 학지사.

한국상담학회(2016). 한국상담학회 윤리강령. 서울: 저자.

한국교원단체총연합회(2005). 교직윤리헌장. 서울: 저자.

한국청소년상담복지개발원(2008). 청소년상담사 윤리강령. 서울: 저자.

홍은숙(2011). 교직관에 따른 전문적 교지윤리의 성격 제음미, 교육철학연구, 33(3), 187-212.

Association of American Educators(1994). Code of ethics for educators. Retrived September 19, 2016, from http://www.aaeteachers.org

Pope, K. S. & Vasquez, M. J. T.(2007). *Ethics in psychotherapy and counseling: A practical guide*(3rd ed.). San Francisco, CA: Jossey-Bass.

Welfel, E. R.(2006). *Ethics in counseling and psychotherapy: Standards, research, and emerging issues*(3rd ed.). Belmont, CA: Thomson Brooks/Cole.

12장

성찰하는 진로진학상담교사

허창수

성찰은 교수학습에서 보편적으로 활용하는 방법이라고 할 수 있다. 진로진학상담을 위해서도 성찰은 매우 유용한 방법이다. 이 장에서는 성찰의 중요성을 강조하기 위해서 진로진학상담에만 초점을 두지 않고 다양한 영역에서의 성찰의 활용 방법에 대해 소개하고자 한다. 첫째, 성찰은 흔히 반성이라는 용어와 혼용해서 사용하는 경우가 많다. 이 장에서는 이 둘의 차이를 구분해서 설명한다. 이는 혼용이 오용임을 지적하기 위해서가 아니라 단지 성찰의 개념을 강조하기 위해서이다. 둘째, 비판교육학이라는 이론적 근거를 통해 수행하는 성찰 방법을 소개한다. 특히 전환학습을 통해 성찰을 위한 구체적인 단계를 설명한다. 셋째, 교육과정 영역에서 성찰은 교수학습 방법뿐 아니라 전체 과정 그 자체로 구성되고 운영되고 있다. 이에 대해 소개한다. 넷째, 현상학적 성찰의 의미를 담은 진로 멘토링에 대해서 살펴본다. 다섯째, 진로를 위한 강좌에서 상담의 역할로서 성찰을 어떻게 사용할 수 있는지에 대해서 소개한다. 이 장의 내용은 진로진학상담과 간접적인 연관성을 가지고 있다. 이를 기초로 하여 진로진학상담에 성찰을 활용할 수 있는 다양한 방법에 대해 알아본다.

1 반성과 성찰의 의미

먼저 반성(反省)과 성찰(省察)의 차이에 대해서 알아본다. 사전적 의미부터 살펴보면, 국립국어원 표준국어대사전(2016a, b)에 제시된 여러 의미 중에서, 반성은 "자신의 언행에 대하여 잘못이나 부족함이 없는지 돌이켜 봄"이고, 성찰은 "자기의 마음을 반성하고 살핌"이라고 할 수 있다. 한자의 의미를 자세히 보면, '반성(反省)'은 '돌이킬 반(反)'과 '살필 성(省)'으로, '성찰(省察)'은 '살필 성(省)'과 '살필 찰(察)'로 사용되는 것이 보편적이다. 다음으로 영어 표현을 살펴보자. 한자의 의미와 표준국어대사전에 따라 번역한 영어 표현에 따르면, 반성은 'to regret(반성, 후회)'와 'to reflect(반성, 성찰)'의 중간쯤의 의미를 뜻한다. 반면 성찰은 'to reflect'라는 표현이 적절하다. 의미를 살펴볼 때, 성찰의 영어식 표현은 분명한 것 같다. 우리나라에서는 'to reflect'의 번역어로 '반성'과 '성찰' 모두 사용하고 있다. 사전적 의미에 따라 둘의 의미를 정의하면, 반성한 내용을 살펴보고 분석하며 해석하는 과정을 담고 있는 것이 성찰이라고 할 수 있다. 이에 대해서 다른 많은 의견이 있을 수 있다. 학술적으로도 이에 대한 다양한 논의와 사고가 있으리라고 생각하지만, 이 글에서는 이 정도로 둘의 차이를 설명해 두고자 한다.

반성과 성찰의 차이를 체계적으로 구분하여 그에 따른 활동에 대한 논의나 안내만을 하기 위한 것이 이 글의 주요 목적은 아니다. 성찰이라는 의미에서 그에 따른 교육적 실천을 강조하기 위해서 인위적이고 조작적으로라도 반성과 성찰의 의미 차이를 제시해야 하므로, 이글에서는 이 둘을 구분해 본다. 다음의 예를 통해 이 글에서 의미하는 반성과 성찰의 차이 또는 성찰의 의미에 대해 살펴보자. 필자는 어제 영화관에 갔다. 영화 관람 전에는 항상 팝콘과 콜라의 유혹을 받는다. 영화관의 많은 수입이 영화를 보며 즐기는 팝콘과 콜라 같은 간식류 판매에 있다는 것을 알고 있고 이의 부당함을 인식하고 있지만, 팝콘과 콜라의 유혹을 뿌리치기란 쉽지 않다. 그래서 가끔 영화를 보면서 즐길 수 있는 팝콘과 콜라를 양손에 들고 상영관으로 들어가게 된다. 기다리며 즐기는 팝콘과 콜라는 정말 비교할 수 없을 만큼 매혹적인 맛을 낸다. 그리고 영화 상영 중간에 무의식적 움직임을 통해 입으로 유입되는 이 둘의 조화도 만만치 않다. 그런데 이러한 유혹에 빠져 있노라면, 항상 개인적인 문제가 발생한다. 방광의 배뇨 감각이 민감해서인지 평상시에도 화장실을 자주 가는 습관 때문에 영화 상영 중간에 상당히 급한 지경에 이르게 되고, 참다가 결국 후다닥 화장실로 가게 되어 영화 일부분을 놓치고 만다. 그럴 때면 항상 유혹을 못 이기는 필자의 행동에 대해서 반성하게 된다.

평상시에도 그렇지만, 영화 상영관에서의 이러한 습관은 언제부터인지 불편함이 되었다. 그래서 필자는 이에 대해서 한번 심각하게 생각해 보았다. 도대체 왜 이러는 것일까. 이러한 행동이 과연 생물학적인 것인가 사회적인 것인가. 이러한 행동은 아마도 초등학교 시절에 시작된 것 같다. 그 이전의 기억은 도저히 떠오르지 않는다. 초등학교 1학년이 된 필자는 화장실에서 소변 보는 것에 대해서 상당히 불편함을 느끼며 생활했다. 우선 필자가 다니던 학교의 화장실은 학교 건물 뒤편 양쪽 출구 근처에 있었다. 남녀 공용이라, 남학생은 시멘트로 쌓아 올린 약간 높은 단 위에 올라가 하수구 같은 곳에 소변을 처리했고, 여학생은 남학생이 소변 보는 곳 뒤편에 재래식 구조의 칸들이 있어 그곳에 들어가 소변을 보았다. 재래식이라는 의미는 소변과 대변이 아래로 떨어져 모이는 곳이 화장실 칸 밑에 있고 아래를 보면 훤히 보이는 그런 구조, 그리고 그 높이가 높아지면 그것을 퍼내야 하는 그런 화장실을 의미한다. 한 학년이 800명 가까이 되는 당시의 콩나물시루 같은 학교 건물에서 나온 아이들의 수는 정말 많았다. 보통 6개 반 정도가 한 층을 차지했던 것으로 기억하는데, 두 개 학년이 있다면 1600여 명이 동시에 쏟아져 두 개의 화장실을 사용했다. 여학생이 사용하는 곳은 말할 것도 없고, 남학생이 사용하는 곳도 다닥다닥 붙어 있어 살짝만 밀쳐도 하수구 같은 소변 배수구로 떨어질 것 같았다. 이렇게 서로 의지하며 소변 보기는 정말 끔찍했다. 각자의 가정환경의 차이를 떠나 정말 비인간적이라는 생각이 들었다. 그리고 이러한 환경보다는 조용한 곳에서만 소변을 볼 수 있는 소심한 성격의 필자는 쉬는 시간이면 항상 소변을 처리하지 못하고 뜸만 들이다 뒤에 서 있는 친구들에게 미안한 마음이 들어 바지 지퍼를 올려야만 했다. 온종일 이렇게 반복하다 성공한 적도 있지만 참고 또 참다가 집에 가서 마음 편히 처리한 경우가 많았다. 아마도 화장실을 자주 가는 습관은 이때 생긴 것이 아닌가 싶다. 당시 화장실에 자주 가는 것에 대한 문제제기를 부모에게 한 것 같은데, 기억나기로는 병원에 가서 검사를 해 보았지만 특별한 병적 기미는 없었던 것으로 알고 있다.

화장실과 필자의 친분은 이렇게 쌓여 가기 시작했고 성장하면서 필요하면 잠시 참기도 하는 등 약간의 불편함을 느꼈지만, 습관에 대해서 이해하고 있던 필자는 적절하게 행동하면서 일상생활을 했다. 그러던 중 앞에서 언급한 영화관에서의 경험, 특히 자신을 뽐내기 위한 연애가 목적인 자리에서 그와 같은 일이 발생하면 영락없이 조심하지 못한 자신에 대해서 반성했다. 그렇게 한참을 지내던 어느 날, 도저히 이를 그냥 넘길 수 없어 그러한 상황에 대해 좀 더 깊이 있는 반성을 성찰의 태도로 해 보았다. 이렇게 성찰이라는 의미로 한 번 더 살펴본 결과, 앞에서 소개한 초등학교 시절로 거슬러 올라가게 되었다. 그리고 그 장면에서 만난, 교육과 사회에 대한 다양한 맥락적 이해는 초등학교 학생들이 겪어야 하는 화장실 경험에 대한 이해로 초점이 맞추어졌다. 예를 들어 초등학교 1학년 교실은 화장실에서 가까워야 한다든지, 필자가 초등학교에 다닐 당시의 어린아이들, 미래를 짊어질 어린 새싹들에게 어른과 교사가 어떤 일을 하고 있었는지 등 말이다. 이러한 맥락적인 이해를 통한 분석과 해석은 바로 성찰의 결과라고 할 수 있다. 일종의 정신적 유희 같지만, 이를 통해 시각의 폭은 상당히 넓어졌다고 할 수 있다.

이는 단순히 필자의 과거에 대한 경험과 반성만을 대상으로 하지 않는다. 우리가 살아가는 일상세계의 모든 것을 대하는 태도에도 작용한다. 다음의 예를 살펴보자. 아래의 사진 콜라주는 허창수와 이주욱(2008, p.175)이 일상적 폭력에 관한 논의에 활용한 성찰의 예이다.

그림 12-1 화장실

이들의 기술을 그대로 인용하면 다음과 같다.

앞의 사진들은 어느 기관에 있는 한 건물에 위치되어 있는 출구들을 찍은 것이다. 장애
인 화장실 표시는 이 건물 어느 한쪽에 부착되어 있지만, 어느 출구도 하체가 불편한
장애인이 들어갈 수 있는 입구는 찾을 수 없다. 한편 다른 건물 한 켠에는 지금은 거의
사용하고 있지 않은 공중전화 부스(booth)에 친절하게도 장애인이 사용할 수 있도록
표시가 되어 있다. 이와 같은 비이성적이고 비합리적인 상황은 다수로 인정되는 권력
을 소유한 계층들에게는 일상이겠지만, 그렇지 않는 소수자들에게는 폭력으로 느껴지
는 것이다.(허창수 · 이주욱, 2008: 175)

이러한 시도는 일상에서 접하는 사물을 대상으로 성찰하는 것으로, 그것이 가진 고
정관념을 일상적 폭력이라는 의미에서 설명하고 있다. 즉 하루하루 접하는 익숙한 일
상에 대한 관성적인 이해를 넘어선 성찰을 통해 이해한 폭력의 의미를 논의하고 있다.
　성찰은, 매우 타당하다면, 자신의 변화뿐만이 아니라 다양한 형태로 확산하여 다
른 사람들에게 영향을 미치기도 하고 잠재되어 미래로 차연되기도 한다. 자신의 과거
를 반성하는 것과는 달리, 이러한 면에서 성찰은 단순히 자신의 성장에 필요할 뿐만 아
니라 교육적 요소도 가지고 있다고 할 수 있다.

2 비판교육학적 성찰을 통한 전환학습

비판교육학[1](critical pedagogy)은 1920년대 초부터 프랑크푸르트 사회연구소에서

1　비판교육학에 대한 설명은 김명희 편저(2015) **박물관 교육과 질적연구**에서 필자가 작성한 「비판적 브리콜라주와 박물관
　교육」(pp. 245-274) 중 pp. 249~254에 제시한 비판교육학에 대한 내용을 일부 수정한 것이다.

시작하여 1930년대 이후 기틀을 조성한 프랑크푸르트 학파(Frankfurter Schule)에 의해 형성된 비판이론을 이론과 실천적 기초로 삼고 있는 교육적 담론이다. 인간의 이성과 합리성에 관심을 가진 독일철학의 전통을 연구하는 비판이론은 마르크스주의로부터 많은 영향을 받았다고 할 수 있다. 따라서 비판교육학도 비판이론이 가진 근본적인 기조에서 크게 벗어나 있지 않다. 그렇다고 이 둘의 차이가 그 표현에서 알 수 있듯이 이론적인 배경과 그것을 기초로 한 교육적인 영역에서의 교수학적 배경으로만 구분되지는 않는 것 같다. 비판이론이 이성과 합리성에 대한 이해에 초점을 두었다면, 비판교육학은 이에 대한 실천적인 행위에 집중하고자 한다. 물론 실천을 담보로 하지 않는 이론이란 존재하지 않는다는 바디우(Badiou, 2013)의 주장처럼 비판이론이 잠재적으로 실천을 강조하고 있다고 인정하면, 사실 이 둘 사이에 차이는 없을 수 있다. 물론 실천을 어떤 특성으로 설명할 수 있는지에 대한 본질적인 논의로 들어가면 차이를 구분하기 어려울 수 있지만, 비판교육학에서 의미하는 실천이 프레이리(Freire, 1970)식 실천(praxis)에 기초한 것이라고 범위를 좁혀 살펴보면 차이는 분명히 드러날 것이다. 이러한 면에서 본다면, 비판교육학은 마르크스주의에 기초한 프레이리식 교육적 실천이라고 할 수 있다. 물론 조시화(Cho, 2014)가 비판교육학의 역사적 흐름을 비판적으로 조명한 내용을 보면, 프레이리를 '비판교육학의 아버지'로 보는 관점에 대해서는 이견이 있다는 것을 알 수 있다. 필자 또한 이를 부정하지는 않는데, 그 이유는 마르크스주의 또는 신마르크스주의에 입각한 교육의 실천적인 교수학에 대한 고민은 프레이리뿐만 아니라 동시대의 다양한 교육사회학자들이 함께해 왔을 터이기 때문이다. 여러 학자의 물줄기가 작은 실개천의 모습이었다면 프레이리라는 인물은 또 다른 하천을 의미하기도 한다. 그러나 프레이리가 가진 상징적 의미는 좀 더 넓은 중간 정도의 하천이나 큰 규모의 하천 정도였을 뿐이라고 생각한다. 이들 모두가 모여 비판교육학을 이루었다고 생각하기 때문에, 프레이리만이 비판교육학의 대표 주자로서 다른 학자들에게 영향을 미쳤다고 하는 무리한 주장을 펼칠 이유는 없을 것 같다. 왜냐하면 프레이리도 이러한 본질주의적인 주장을 펴지는 않았을 터이고, 그가 주장하는 의식적 해방을 위한 실천으로서의 교육방법은 매우 상식적이기 때문이다. 물론 많은 학자가 프레이리에게서 영향을 받아 비판교육학의 영역을 안정적으로 구축했다는 점에 대해서는 이견이 없을 것이다.

비판교육학과 비판이론의 차이에 대해서 좀 더 생각해 보자. 앞에서 언급한 것처럼, 비판이론의 이성과 합리성이라는 것은 필자에게는 다소 의식적 수준에서의 논의로 여겨진다. 이 의식은 다양한 행위로 형성된다고 할 수도 있는데, 당연히 실천의 결과를 포함하고 있다면 그것에 대해서는 크게 문제를 제기하고 싶지는 않다. 하지만 필자는 프레이리식 실천에는 이러한 보편적인 행위로서의 실천과 다른 점이 있다고 생각한다. 최근에 맥라렌(McLaren, 2008)이나 조시화(Cho, 2014) 같은 비판교육학자들이 주장하고 있는 것처럼, 비판교육학의 경우 이론적 논의가 주를 이루고 실천이 다소 부재하다는 비판을 통해 비판교육학의 새로운 모습을 제안하는 지적에서도 이를 알 수 있다. 다소 과장된 말이라고 할 수도 있지만, 그만큼 비판교육학에서 의미하는 실천은 구체적이고 실제적인 범위에서 매우 중요하게 여겨져야 한다는 점을 강조하려는 것이다. 즉 이론적인 고민보다는 실천을 우선시하라는 뜻으로 볼 수 있다. 이론이 실천의 토대가 아니라 실천이 이론의 토대라는 것이다.

비판교육학의 개념적 정의는 크게 어렵지 않다. 다만 개념을 설명하는 단어들이 지닌 의미는 복잡한 역사, 문화, 정치, 경제, 사회 등의 맥락에서 정해져 왔고 그 의미가 변화하고 있으므로 간단하게 설명되지만은 않는다. 필자가 이해한 바로는, 비판교육학의 궁극적인 목표는 교육을 지향하는 공동체에 참여하는 모든 구성원이 평등과 공평에 기초한 자기주도적인 학습 태도와 행위를 지니고 이를 기초로 자율적이고 능동적인 의식을 형성하는 것으로 볼 수 있다. 여기에서 학습과정은 비판적 사고를 통해서 구성되는데, 끊임없는 자기성찰적인 비판적 사고, 즉 해석학적 변증법 또는 변증법적 사고는 우리를 자율적이고 능동적인 의식을 지닌 존재로 이끌어 준다. 따라서 교사 자신도 이러한 실천적인 태도와 행위를 취해야 하고, 이와 같은 태도와 행위를 가질 수 있도록 학생들과도 함께해야 한다. 이를 좀 더 구체적으로 이해하기 위해서는 비판이론을 정의하기 위해 사용한 용어들에 대해 살펴볼 필요가 있다.

교육 공동체에 참여하는 구성원은 다양한 고정관념과 실행의 경험 속에서 허위의식을 형성하고 있다. 특히 프레이리는 '은행적금식 체제(banking system)'에 의한 교육이 이 같은 현상을 도와주었다고 한다. 여기에서 의미하는 고정관념은 이데올로기를 의미하고, 실행은 이데올로기를 전달하는 과정으로 헤게모니에 해당한다고 할 수 있다.

이는 절대적이지만은 않고 상호 보완적인 형태를 띠는데, 개략적인 이해를 돕기 위해 다음과 같이 설명할 수 있다. 예를 들어 이데올로기는 지식이 될 수 있고, 헤게모니는 교육과정이 될 수 있다. 이를 통해 권력을 생산하거나 재생산하며 결국 억압과 피억압의 구조를 형성하고 유지해 간다. 이러한 고정관념과 실행에 대한 문제제기는 평등과 공평의 개념으로 이해할 수 있다. 평등이 동등한 기회를 얻는 것이라면, 공평은 공정성에 입각한 것이다. 예를 들어 어떤 영어 교사가 미국에서 살다가 온 학생과 한국의 교육 체제에서만 영어 공부를 한 학생에게 영어 도서 한 권을 주고 일주일 만에 읽도록 하는 행위는 평등의 관점에서 보면 두 학생에게 같은 기회를 제공한 것이라고 볼 수 있다. 그러나 한국에서만 공부한 학생에게 이러한 교육적 실행은 공평하지 않다고 할 수 있다. 이 둘 가운데 어느 한쪽에 교육적 실행을 치중해야 하는 것은 아니며, 상황에 따라 양쪽 사이의 어느 지점에서 교육적 실행을 취해야 할지에 대한 고민이 필요하다. 그렇지 않으면 누군가는 불이익을 받을 것이다. 평등과 공평의 관점에서 이데올로기적 헤게모니는 특정 계층에게는 이익을 제공하고 그 상대방에게는 불이익을 제공하면서 권력을 생산 또는 재생산하여 억압구조를 만들어 간다. 다른 예로 여성과 남성의 경우에 대해 살펴보자. 여성은 여자답게 남성은 남자답게 교육하는 것이 당연할 수 있지만, 우리 사회의 남성 중심적인 고정관념과 실행은 교육이라는 헤게모니를 통해서, 그리고 '답게'라는 고정관념의 이데올로기를 통해서 여성에게 불이익을 제공한다. 이로부터 남성 중심의 권력이 형성되고 확장되어 결국 성폭행을 둘러싼 다양한 상황이 벌어진다. 흥미로운 점은 특정 계층에 유리한 방식의 이데올로기에 익숙해지면 우리는 이를 당연하게 여기게 되고 결국 허위의식을 가지게 되며 억압을 받는 존재로 전락하게 된다는 것이다. 비판이론이나 비판교육학은 이러한 허위의식의 문제를 지적하고 있다. 이를 비판적인 사고를 통해 자율적이고 능동적인 의식으로 전환해서 의식적 해방에 도달할 수 있도록 하는 것이 교육의 궁극적인 목적이라고 할 수 있다.

요컨대 비판교육학에서 교육의 목적은 해방이다. 이는 허위의식과 억압 구조 속에서 해방되는 것을 의미한다. 해방은 권력관계를 형성하는 억압구조를 구성하는 데 역할을 하는 이데올로기적 헤게모니를 해체하고 재구성할 수 있는 비판적인 사고를 통해 이루어질 수 있다. 비판적인 사고는 결국 비판이라는 의미가 담고 있는 교육적 실천을 제시한다. 이에 대한 학문적 설명은 다음과 같다.

비판교육학은 불평등한 권력관계를 교육적인 맥락에서 이해하도록 노력하는 데 초점을 둔다(허창수, 2012: 420-421). 비판교육학자들이 지닌 문제의식은 다음과 같다. 많은 교육기관은 학생들에게 신화적 신념을 내면화하는 데 노력해 왔으며, 앞으로도 이와 같은 허위의식을 형성할 수 있는 다양한 기회가 제공될 수 있다는 것이다. 이로부터 벗어나거나 빠져들지 않기 위해서는 학습자가 비판적인 사고와 공동체적 행위를 통해 해방을 성취해야 하는데, 이러한 안내를 하는 것이 바로 비판교육학이다.

킨첼로, 맥라렌, 스테인버그(Kincheloe, McLaren, & Steinberg, 2011: 164)는 비판교육학자가 지닌 태도를 다음과 같이 설명한다. 이들의 저서에는 비판가(criticalist)로 나와 있지만, 이들이 기술하고 있는 전체 흐름을 볼 때 비판교육학자를 의미한다고 볼 수 있다. 모두 7가지로 진술하고 있는 내용은 다음과 같다.

첫째, 모든 생각은 근본적으로 사회적으로나 역사적으로 형성되는 권력관계에 의해 영향을 받는다.

둘째, 사실은 특정 가치와 이데올로기의 형태로부터 분리될 수 없다.

셋째, 특정 대상에 대한 특정 개념 또는 기의와 기표는 안정적이거나 고정되어 있지 않으며, 자본주의자의 생산과 소비의 사회적 관계에 의해 영향을 받는다.

넷째, 언어는 주관성 형태의 핵심인데, 이는 의식과 무의식을 모두 포함한다.

다섯째, 어느 사회에나 특권층은 존재한다. 특권의 이성은 매우 다양하지만, 현 사회에서 피억압자가 억압자의 존재를 자연적인 것, 필요한 것, 필연적인 것이라고 인정할 때, 모든 특권은 강력히 재생산된다.

여섯째, 억압은 다양한 측면을 지니고 있다.

일곱째, 주요 연구 실행은 계급, 인종, 젠더 억압의 재생산 체제 내에서 함축적인 의미를 지니고 있다.

간단히 정리하면 권력은 이데올로기와 계급의 사회적 관계에서 형성되며, 이를 주관하는 행위는 언어라는 행위체의 사용이다. 이는 의식과 무의식 모두를 지배하는데, 이를 이끄는 특권층은 어디에나 존재한다. 하지만 이러한 권력관계의 사회적 구조를 재생산하는 것은 결국 피억압자의 인정으로부터 나타난다. 따라서 이러한 구조를 해체하기 위해 피억압자가 지닌 의미를 이해할 수 있도록 하는 것이 비판교육학자이며 비판교육학이다.

화려하고 강한 용어를 담고 있는 비판교육학의 실제 진행 과정은 표현과는 다소 다르다. 용어는 현상을 설명하기 위한 도구이다. 교수자로서 그리고 학습자 입장에서 중요한 것은 주어진 상황과 현상에 대해 끊임없이 비판적 성찰을 지속하는 것이다. 이를 통해 비판적 성찰의 역량과 능력[2]을 갖출 수 있다. 변증법적이고 비판적인 성찰이 중요한데, 이에 대해 성찰을 중심으로 더욱 명료하게 설명하고 있는 개념이 바로 메지로우(Mezirow)의 전환학습으로서의 성찰이다.

메지로우[3](1990)는 전환학습의 주요 과정을 자기성찰(self-reflection)이라고 정의했으며, 이에 대한 교육적 중요성을 다음과 같이 강조했다. 학자들은 학습을 일상의 경험에 의미를 부여해 가는 과정으로 인식했다. 즉 경험이 지니고 있는 보편적인 의미를 새로운 또는 수정된 해석으로 재구성하는 과정을 학습이라고 했다. 이는 결국 자기성찰의 과정으로 진행된다. 학습자는 자기성찰을 통해 변형된 관점을 수정한다. 지속적이고 반복적인 자기성찰 과정은 결국 학습자를 현존하는 사회적, 역사적, 문화적, 정치적, 경제적인 억압에서 해방할 수 있는 길로 안내해 줄 것이다(Mezirow, 1990: 18-19).

메지로우(1990: 2-11)는 성찰의 최고 단계를 비판적 성찰(critical reflection)로 정의했고, 이를 위해서 선행해야 하는 단계를 셋으로 나누었는데 첫째, 의미를 구조화하기(structuring meaning) 둘째, 성찰과 의미 구성하기(reflection and making meaning) 셋째, 의미를 입증하기(validating meaning)이다.

'의미를 구조화하기'에는 두 가지 차원의 의미구성이 있다. 첫째는 의미도식(meaning scheme)이고, 둘째는 의미관점(meaning perspectives)이다. 의미도식은 습관적인 기대와 맹목적인 규칙에 따라 해석하여 의미를 구성하는 것을 말한다. 의미관점은 의

---

2   최근에는 역량과 능력이라는 말을 함께 사용하기도 하지만, 구분해서 사용하기도 한다. 이 장에서는 이 둘을 구분했는데, 리첸과 살가닉(Rychen & Salganik, 2001)에 따른 것이다. 이들에 따르면, 능력(skill)은 상대적으로 쉽고 간단하게 수행할 수 있도록 소유한 지식을 활용하는 것이고, 역량(competence)은 복잡하고 고급 수준의 요구에 적합한 복잡한 행위 체제를 함축하고 있다고 한다.

3   메지로우의 전환학습에 대한 내용 정리는 허창수, 이주욱(2008)이 **교육인류학연구** 11권 2호에 게재한 논문인 「일상 속 숨겨진, 당연시 여기는 폭력들」의 pp. 198~200에 정리한 내용을 일부 수정하여 제시한 것이다.

미도식보다는 좀 더 복잡한 상위 개념의 도식인데, 문화적인 동화(assimilation)를 통해서 해석되는 의미구성이다. 이를 언어학자들은 '논쟁의 연계망(networks of arguments)'이라고 하며, 대부분은 사회화 과정 중 형성된 문화적 맥락에서 해석되는 의미이다. 이는 대체로 보편적인 기대로 이해된다고 할 수 있다.

'성찰과 의미 구성하기'는 의미도식과 의미관점에 대해 비판적으로 사고하는 것이다. 즉 기존의 보편적인 의미에 대한 이해를 재평가하고 재해석하여 우리의 뒤틀린 이성과 사고를 바꿔 가는 과정의 성찰을 통한 의미구성이라고 할 수 있다. 메지로우는 학습을 하는 데 필요한 성찰 과정의 중요성을 도구적인 학습(instrumental learning)과 의사소통적인 학습(communicative learning)으로 구분하여 설명했다. 이에 대한 이해는 성찰이라는 의미를 더욱 분명히 해 준다. 도구적인 학습은 상황에 대한 통제와 조작을 통해서 경험적인 이해의 결과를 얻어 가는 학습과정을 의미한다. 의사소통적인 학습은 타자의 가치, 의미 등과 의사소통을 통해서 도구적인 학습과 같은 경험적인 의미의 이해를 비판적으로 재평가하여 새로운 의미를 만들어 가는 학습을 의미한다. 이와 같은 학습과정을, 일부분과 전체의 의미를 반복적으로 오가며 새로운 의미를 이해하고 생성한다는 의미에서 '해석학적인 순환(hermeneutic circle)'이라고 한다(Bernstein, 1985: 131-139).

'의미를 입증하기'는 의사소통적인 학습의 일환으로 성찰과 의미구성을 통해 재구성 또는 생성된 의미의 정당성을 입증해 가는 과정을 의미하는데, 이 또한 비판적인 평가를 필수요건으로 한다. 이상적으로는 재판의 과정을 연상하면 쉽게 이해할 수 있다.

결국 비판적인 성찰은 도전적이고 비판적인 태도와 함께 위와 같은 과정을 통해서 정당하다고 입증된 당연시되는 보편적인 의미를 해체하고 재구성하는 것을 말한다(Mezirow, 1990: 12-13). 또한 비판적인 성찰은 기존 전제의 정당성과 타당성에 대한 의문과 함께 그 전제의 의미와 정의의 진정성을 기저에서부터 이해하려는 시도이다. 메지로우는 이러한 과정에서 인식론, 사회문화, 심리적 뒤틀림을 이해하고 재구성하는 것이 전환학습(transformative learning)이라고 했으며, 이것의 반복적인 학습과정을 포함하는 것이 해방적인 교육(emancipatory education)이라고 했다(Mezirow, 1990: 13-14)

교육과정에는 다양한 개념이 있다. 그 중 국내뿐만 아니라 국제적으로 논의되고 있는 개념은 두 가지 정도로 요약할 수 있다. 북미에서의 논의와 사고가 이 개념의 기초가 되었다. 이를 패러다임의 관점에서 보면, 교육과정의 개념은 두 집단으로 구분하여 설명할 수 있다. 첫 번째, 교육과정은 계획된 학습활동의 총체를 의미하는데, 이는 한국 국가 교육과정에서 제시하는 개념과 유사하다. 이는 타일러(Tyler, 1949)가 30여 개 학교를 대상으로 8년간 진행한 연구 결과물로, 교육과정 개발자가 되기 위해 공부하는 학생들을 위해 제시한 교육과정 영역에서 가장 유명한 저서인 『교육과정과 수업지도의 기본 원리(*Basic Principles of Curriculum and Instruction*)』에서 제시하고 있는 개념이다. 즉 학습목표를 정하고 그에 따라 지식과 방법을 정한 후 계획한 목표의 성취 여부를 판단하기 위해 평가를 진행하는 과정을 의미한다. 교육과정 학문 영역에서는 타일러를 중심으로 모인 집단을 개발 패러다임주의자로 인정한다. 이를 매우 보편적이고 심지어 일반적이라고 인정하고 흠집 없어 보이는 개념처럼 한동안 활용했지만, 이와 같은 교육과정 운영이 실제적인지에 대한 문제제기가 생겨났다. 1960년대 후반부터 이러한 움직임이 활발했는데, 이들이 하나의 집단이 되어 제시한 것이 두 번째 교육과정 개념이다. 이들의 주장은 교육과정이 학교 내외에서 진행되는 교육적인 모든 활동을 포함해야 한다는 것이다. 이들의 생각이 패러다임으로 형성되었다는 것을 알려 주는 논문이 바로 슈왑(Schwab, 1969)의 「실제 : 교육과정을 향한 언어(The Practical: A language for Curriculum)」이다. 이 논문의 핵심은 교육과정이 실제적이어야 한다는 것이다. 타일러식 교육과정은 계획된 학습활동으로, 학습자를 고려하는 것이 아니라 결국 교수자의 경험이 중심이 된 교육과정을 운영하게 되어, 교육과정의 주체로 여겨져야 하는 학습자에게는 실제적이지 않다는 것이다. 그렇기 때문에 학습자가 자기주도적으로 동료나 교수자와 협동해서 교육과정 운영의 주체가 되어야 함을 강조한다. 이것이 바로 실제성이며, 이를 기초로 개념화한 것이 바로 이 두 번째 집단의 주장이다. 이 개념은 타일러식 교육과정 개념을 재구성했다는 의미에서 재개념 또는 이해 패러다임이라고 불린다. 북미에서는 교육과정 개념의 패러다임이 타일러식에서 슈왑식으로 옮겨져 활용되고 있다. 여기에서 의미하는 '이해'는 교육과정을 운영해 가면서 도래하는 상황에 대해 이해하는 것이 계획된 것을 지키고 따라가는 것보다 중요하다는 점을 지적하면서 붙여진 개념이다.

슈왑식 교육과정 개념에는 하나의 의미만 담겨 있지 않고, 다양성을 가질 수 있는 경계와 내용의 유연성이 있다. 파이너 외(Pinar et al., 1994)에 따르면, 1990년대 초반까지 재개념을 제시한 집단은 모두 10개로 정리된다. 이들이 바라보는 교육의 목적에 서로 차이가 있기 때문에, 이를 성취하기 위한 교육과정의 개념화를 시도했다. 이 개념 중 하나가 바로 여기에서 소개하고자 하는 자서전적 텍스트로서의 교육과정 개념이다.

파이너(Pinar, 1978, 1994)가 주장하는 교육과정은 구조적으로는 매우 간단하다. 다른 교육과정 재개념들도 마찬가지이다. 파이너는 교육의 목적은 삶을 완성하기 위한 것이고 이를 위한 과정이 바로 교육과정이라고 주장했다. 이는 삶을 완성하는 방향을 가진 교육과정을 의미하는데, 이를 4가지로 세분하여 회기(regression), 진전(progression), 분석(analysis), 종합(synthesizing)[4]으로 구성하고 진행하도록 추천했다. 우선 모든 과정은 학생들의 자기주도학습과 협동학습으로 진행되는데, 이를 위한 과정을 요약하면 다음과 같다. '회기'에는 교사, 학생 등 교육과정에 참여하는 모든 구성원이 각각 자신의 과거 경험을 기록하고 관찰하도록 한다. 자신의 경험뿐만 아니라 다른 구성원의 경험도 관찰한다. 주제나 범위를 정할 필요가 있을 수도 있다. 경험을 기록할 때에는 하나의 장면과 상황으로 묘사하고 과거와 현재의 연결고리를 형성하고자 노력한다. 이때 '분석'은 생략해도 된다. 예를 들어 수업 시간에 구성원 각자가 돌아가면서 자신의 경험을 발표하고 스스로 그 의미를 살펴본 후, 다른 구성원이 이에 대한 자신의 생각을 발표하여 서로 소통하는 과정을 경험하도록 한다. 이 과정에는 보통 한 달이라는 시간이 걸릴 수 있다. 특히 한 학기가 15~17주인 경우에 이를 4등분 하면 한 달 정도의 시

---

4   이 네 단어의 번역 표기는 학자마다 조금씩 차이를 보이지만 유사한 의미를 담고 있다. 학자마다 이해하는 방식의 차이에서 나타난 현상이라고 생각한다. 이 글에서는 위와 같이 표기하고 있지만 다른 한국어 단어와 바꾸어 표기할 수 있다.

간이 걸린다는 계산이 나온다. '회기'가 과거에 대한 것이라면, '진전'은 미래에 대한 것이다. 같은 방식으로, 1년 후, 10년 후, 30년 후의 모습, 장면, 상황 등을 상상하고 기록하며 관찰한다. 이후 미래를 위해 현재에는 무엇이 부족한지 등을 고려하면서 관찰하는데, 이 과정에서 '회기'와 '진전'은 현재라는 시간에 서로 연결된다. 또한 미래에 대한 상상은 현재의 복잡한 관계 속에 영향을 미치게 된다. 한 수업에 참여하는 구성원 전체가 순서대로 발표하고 관찰하며 마찬가지로 한 달여 동안 진행한다. '분석'은 현재에 대한 분석을 의미한다. 제도적 삶을 사는 자신의 모습, 지속하며 반복하고 싶은 삶에 대한 조명, 분석을 통한 새로운 사건이나 연속적인 삶의 장면 창출, 과거와 현재, 미래의 연속적 삶 속에서 특정 주제 발견, 다양한 장면과 상황 간의 다차원적인 상호 관련성 찾기 등의 분석 과정을 통해 현재의 삶을 과거, 미래와 연계하여 새롭게 구성해 보고자 하는 시도가 포함된다. 현재의 삶에 대한 사고전환의 과정을 구성하는 것으로 생각하면 된다. 진행 방식은 '회기', '진전'과 유사하다. 마지막으로 '종합'은 이 모든 과정을 종합하는 것을 의미한다. 특히 '회기', '진전', '분석'에서 진행한 과거, 현재, 미래의 삶에 대한 연결을 통한 '종합', 현 시점에서 자신의 모습과 정체성 찾기, 개념적 복잡성과 정제되고 심도 있는 지식에 대한 이해, 학업이나 진로에 대한 다양하고 복잡한 성격, 이 과정에서 생성되는 질문과 답변의 순환을 구성하고자 시도하는 것을 뜻한다.

자서전적 텍스트로서의 교육과정은 이렇게 '회기', '진전', '분석', '종합'이라는 세부과정을 통해 구성된다. 이를 단일선상에서 순차적으로 활용하기도 하지만, 총체적으로 진행하는 편이 더 현실적일 수도 있다. 세부과정을 구분하여 설명하기 위한 기술로 제시하기 위해 나열한 것이지, 반드시 순차적으로 진행해야 할 필요성을 강조한 것은 아니다. 이러한 과정에서 파이너가 추구하는 삶의 재구성을 위한 목적으로서의 교육과정의 개념이 형성된다. 또한 이렇게 삶에 대해서 총체적으로 사유해 가면서 새로운 삶의 정체가 드러나기도 한다. 자신의 삶에 대한 실제적 조명을 통해 현 위치에 놓여 있는 각자의 모습을 이해할 기회를 갖고, 그동안 인식하지 못했던 삶의 파편들에 의미를 부여하고 이해를 추구하여 주체적인 '나'라는 존재로 거듭나게 된다. 파이너는 이 과정을 '쿠레레'(currere)의 한 과정이라고 주장한다. 쿠레레는 교육과정 재개념주의자들이 개발주의자들을 비판하기 위해 활용한 교육과정(curriculum)의 라틴어원으로, 과정을 의미한다. 즉 개발주의자들이 과정에 초점을 두기보다는 투입과 결과에만 중점을 둔 것을 비판하기 위해 불러온 개념이다.

이에 대한 적용 사례는 쉽게 찾아볼 수 있다. 특히 일상적인 수업 안에서도 삶을 재조명하기 위한 노력이 있다. 이는 일시적으로 그리고 상당히 보편적으로 사용하는 방식이다. 다만 파이너가 개념화를 시도했을 뿐이다. 파이너 자신도 이를 적용한 사례를 출간했는데, 그것이 바로 『교육과정 이론이란 무엇인가?(*What is Curriculum Theory?*)』(2004)라는 저서이다. 이 책에서는 미국의 교육 역사를 4단계로 구분하여 조명했는데, 우리나라에도 번역, 출간되어 있다. 이 책이 시사하는 바는 쿠레레라는 개념은 교수방법이나 교육과정으로만 사용하는 것이 아니라 현재를 살펴볼 수 있는 일종의 분석적 도구로도 사용 가능하다는 것이다. 또한 도어(Doerr, 2004)는 고등학교 생태학 수업에 파이너의 쿠레레 개념을 적용했다. 매월 중점을 두는 단계를 변화시켜 가며 수업을 진행했고, 긍정적인 결과를 이끌어냈다. 물론 도어가 생각하는 교육의 목적은 흔히 과학교과에서 추구하는 것과는 달랐다. 도어는 교육이 '무엇'이라는 지식보다는 '어떻게'라는 방법에 초점을 두어야 한다고 생각했고, 실제적이고 일상생활에서 적용 가능하며 연결 가능한 사고 능력을 키우는 것으로 교육을 정의했다. 그는 그동안 과학이 지식으로만 존재했지 일상적인 생활에 대한 관심을 매우 소홀히 했다는 문제의식에서 출발했다. 과학교과에서 우수한 성적을 성취하는 많은 학생들이 평소 생활에 산재되어 있는 많은 과학적 지식에 대해서는 관심이 별로 없다는 사실을 경험적으로 관찰하게 되었고, 그로부터 인식의 전환을 시도한 것이다. 즉 그는 과학교과의 경우 지식도 중요하지만 일상생활을 바라보는 과학적 시각에 대한 관심이 더욱 필요하다는 점을 인식했다. 도어는 이 연구에서 다양한 긍정적인 면과 함께 부정적인 면을 함께 목격했지만, 쿠레레의 적용 가능성에 대해서 충분한 검토가 이루어졌다고 결론지었다. 특히 이 연구는 자서전과 관련된 교수법이 마치 인문과학이나 사회과학에만 적용 가능할 것이라는 고정관념이 신화적이라는 것을 입증하고 있다. 그런 의미에서, 즉 과학교과처럼 지식 중심의 관점이 불변적인 가치로 인정되는 영역에서도 쿠레레라는 교육과정 개념의 활용이 가능함을 보여주고 있다는 점에서 상당한 시사점이 있다.

진로 멘토링에서 체험으로 성찰

후설(Husserl)에서 시작된 이성과 과학에 대한 비판은 사유하는 방식에 대한 새로운 지평을 열어 주었고, 하이데거(Heidegger)에 의해 철학에서 추구하는 존재론의 지향하는 바에 대한 새로운 시대가 열렸다고 할 수 있다. 이러한 맥락은 현상학이라는 철학에서의 커다란 담론을 형성하게 되었는데, 다양한 학문에 현상학이 널리 활용되고 있는 것이 현대철학의 한 특성이라고 할 수 있다. 현상학자가 드러내고자 하는 존재에 대한 이해는 조금씩 다르지만, 이들은 모두 현상을 이해하기 위해 사태 그 자체로 돌아가야 함을 주장했다. 여기에서 현상과 사태의 의미에 대해서는 각 학자마다 조금씩 차이를 보이는데, 이러한 의미를 이해하기 위해 공통으로 활용하는 방법론적 근거는 성찰이라고 할 수 있다. 현상학자들에게 성찰이란 판단중지(epoche), 환원(reduction), 괄호 치기(bracketing), 기투(projection) 등의 방법을 통해 수행되는 것을 의미한다. 이러한 성찰을 통해 얻어지는 의미는 바로 생활세계(lived world)와 체험(lived experience)으로 이해된다. 따라서 현상학에서 의미하는 체험은 성찰을 통해 얻어지는 경험과 같은 것이다. 성찰을 통하지 않은 경험이란 나에게 의미로 이해되지 않기 때문에 존재하지 않고 특별하지 않은 '지나간' 순간일 뿐이다. 즉 누군가에게는 존재하지만, 나에게는 존재하지 않는, 나타났다 사라지는 그런 '것'이다. 많고 다양한 성찰을 통해 체험하면 할수록 특정 상황, 현상, 주제, 쟁점 등에 대한 깊은 이해와 함께 삶의 의미를 진하게 느낄 수 있다.

현상학적 성찰은 사실 학문적이 아닌 일상적인 언어로 표현해 보면 대단히 어려운 것은 아니다. 관성적으로만 생각하지 말고 접하는 모든 상황에 대해서 항상 조금 더 관심을 가지고 살펴보자는 것이 현상학자들의 주장이다. 즉 '잘 보면' 그 상황이 보여주고자 하는 진정한 의미에 다가갈 수 있다는 것이다. 이러한 특성 때문에 최근에 상담의 과정을 하나의 현상학적 환원의 과정으로 이해하려는 노력이 간간이 제시되고 있다. 여기에서 소개하고자 하는 내용도 이에 해당한다. 다양한 분야 중에서 진로를 위해 진행한 진로 '멘토링(mentoring)' 과정에서 나타나는 다양한 이해에 대한 연구인데, 특히 금융권 진로를 원하는 대학생들을 대상으로 금융업을 평생 직종으로 선택하여 퇴직한 선배, 멘토(mentor), 그리고 연구자로서 연구에 참여하여 진행한 과정에 대한(mentee) 것이다. 이 연구에서 멘토링은 매우 중요한 성찰의 과정이었다. 멘티들은 멘토링을 통해 진정한 '나'와 특색 있는 진로를 찾고 그로부터 삶과 앎의 의미를 이해하게 된다. 이러한 멘토링의 전체 과정은 교육적 의미를 담은 사고전환의 체험을 제공하는 데 중요한 역할을 한다. 구체적인 내용은 다음과 같다.

이 연구에서 멘토링은 처음에 금융권과 취업이라는 키워드를 중심으로 진행되었다. 멘티들은 초기에는 '짧은 연줄'(김상현, 2012: 53)을 쌓고 정보를 취득하기 위한 목적으로 참여하여 경계하는 태도로 동료, 멘토와 비본래적인 만남을 시작했다. 여기에서 비본래적이라는 말은 보편적으로 알려진 관성적인 정보에 따라 수동적으로 접하고자 하는 태도의 특성을 의미한다. 이는 결국 '절반의 소통'(김상현, 2012: 53)이라는 만남의 특성을 만들어낸다. 이러한 왜곡된 의식은 그들이 지니고 있는 비실제적인 지식과 정보 그리고 그들이 처한 일종의 '열등감', '조급함' 등에서 비롯한다고 할 수 있다. 즉 현장에서와는 다른, 학생들에게 신화적으로 전달되어 알려진 정보를 비실제적이라고 할 수 있는데, 이는 현장에서 실제로 요구하는 것과는 다른 특성을 지니고 있다. 연구 대상은 스스로 우수한 인재가 되기 위해 꾸준히 인정받고 노력하지만, 대학에 입학하는 과정에서 한 번의 평가를 통해 정해지는 자신의 능력과 역량 그리고 사회적으로 인정되는 불합리한 과정에 의해 형성된 정체성이라고 할 수 있다. 이러한 상황에서 멘티들 사이에서는 경쟁이 주요 관계의 특성으로 자리잡기도 했다. 그러다 실제성을 주요 특성으로 하는 특수화된 멘토링에 적극적으로 참여하면서 새로운 국면으로 전환되었다. 우선 '절반의 소통'을 하는 비본래적인 만남은 현장학습을 통한 다양한 만남을 통해 소통의 태도를 지닌 본래적인 만남으로 전환되는 계기가 된다. 따라서 멘토와 멘티들 사이에 새로운 관계가 형성될 뿐만 아니라 멘티들 사이에서도 경쟁 관계와 함께 동료 관계가 형성되면서 동질감, 친밀감 그리고 서로 간의 이질감 등을 발견하면서 각자의 진로 방향에 대해 구체적으로 이해하기 시작했다. 현장은 실제성을 담은 정보를 습득하는 계기가 되었고, 멘토, 동료 사이의 관계 형성은 서로가 지닌 열등감, 조급함 등을 해소할 수 있는 계기가 되었다.

　여기에서 강조하고자 하는 의미는 다음과 같다. 이 연구에서는 멘토링이라는 관계형성 과정의 의미에 대한 재구성뿐만 아니라 멘티 스스로 체험하게 되는 자기성찰의 과정도 발견된다. 멘티들은 관계 형성 과정에서 자기반성과 자기이해 등을 통해 성찰의 의미를 담은 실존적인 스스로의 모습을 발견하는 체험도 하게 된다. 또한 이러한 과정에서 흥미로운 점은 취업에 대한 불안은 사라지지 않았지만 그것이 담고 있는 의미에 상당한 변화가 일어났다는 것이다. 초기에 멘티들이 가지고 있었던 불안은 상당히 막연한 것이었다. 예를 들어 열등감에 따른 불안, 금융권에서 일하기 위해서 갖추어야 하는 역량에 대한 몰이해에서 오는 불안 등 상당히 막연했던 반면, 멘토링 과정에서 다양하고 본래적인 관계 형성을 위한 상호작용을 하면서 그리고 자신의 실존적인 모습을 위한 성찰을 하면서 이제는 '실체를 아는 불안'(김상현, 2012: 187)으로 변화했다. 이러한 불안을 통해 스스로가 추구하는 자신의 모습, 즉 실존적인 체험을 통해 얻게 되는 실존적인 '나'를 이해할 수 있게 되었다. 이와 함께 다양한 역량을 갖추면 금융권 취업에 성공할 것이라는 객체로서의 기존의 모습과 태도에서, 진로문제에서 결정권은 항상 자신의 몫이라는 '앎'이 형성되고 주체적인 모습으로 거듭남을 체험했다.

　이 연구가 지닌 의미는 다음과 같이 요약할 수 있다. 미성숙한 존재였던 멘티들은 멘토링이라는 과정을 통해 비본래적인 만남에서 본래적인 만남을 경험하게 되었다. 이로부터 마치 철이 드는 것과 같은 경험을 하게 되는데, 이를 연구자는 하나의 성숙으로 개념화했다. 이러한 과정을 통해, 성찰의 의미를 담은 멘토링이 하나의 진로교육 도구로서 유용함을 알게 되었다. 또한 멘토링은 현상학적인 체험의 도구로 그리고 성찰 그 자체로 의미를 담고 있음을 강조했다. 마지막으로 이 연구에서 멘토링을 체험한 참가자들은 연구 종료 시점에는 자신들 스스로 얻은 체험의 의미에 따라 미래의 멘토 모습을 꿈꾸어 보기도 했다고 한다. 이는 연구의 타당성 면에서 볼 때 교육적, 촉매적, 존재론적 타당성을 가진 결과의 도출로 이해될 수도 있다(Guba & Lincoln, 1989).

성찰을 수업에 활용하는 사례는 매우 보편적이다. 어떤 수업이든지 성찰이라는 활동을 부분적 또는 전면적으로 활용할 수 있다. 하지만 3절에서 소개한 사례처럼 한 학기 동안 성찰만을 활용하는 수업은 매우 드물다. 여기에서 소개하는 사례는 자기성찰이라는 방법을 활용하여 진행한 대학 강좌에서 나온 것이다. 특히 교수자는 학교상담 전공자로서 자기성찰 글쓰기를 통한 진로상담의 의미를 담은 실행을 시도하고 있으며, 이 과정이 참여자들이 실존적 삶을 찾아가는 데 중요한 경험이 되었음을 결론으로 밝혀냈다. 강좌 전체 과정 중 자기성찰 글쓰기와 관련된 과정은 첫 4주 동안 진행되었다. '나 자신에 대한 이해'라는 주제로 진행한 수업 내용은 다음과 같다(제갈원, 2016: 47~48).

주제: 나 자신에 대한 이해

제1강

주제 : '자기성찰 글쓰기란 무엇인가'에 대한 소개

학습 문제 : 자기성찰 글쓰기를 쓴다는 것에 대 어떻게 생각하는가?

학습 내용 : 태어나서 초등학교를 졸업할 때까지의 기억 중 가장 행복했던 기억과 가장 힘들었던 기억을 떠올리고, 그때 그 순간으로 돌아가서 생생하게 글을 써 보기

토론 내용 : 자신이 쓴 글을 중심으로 조별 대화 시간 갖기

과제 : 자서전 한 편 읽어 오기('나를 바꾸는 나의 이야기' 읽기)

제2강

주제 : 지나온 삶을 전체적으로 탐색해 보기

학습 문제: 나의 지나온 삶을 그래프로 어떻게 표현할 수 있을까?

학습 내용: 인생 그래프를 그리고, 중요한 순간에 점을 찍고 선으로 연결해 보기, 각 꼭

짓점에 어떤 일이 있었는지 구체적으로 써 보기

토론 내용: 자신이 쓴 글을 중심으로 조별 대화 시간 갖기

과제 : 자서전 한 편 읽어 오기('나를 바꾸는 나의 이야기' 읽기)

제3강

주제 : 나와 세상(너)과의 관계에 대해 성찰하기

학습 문제 : 나는 그동안 어떤 관계적 삶을 살아왔는가?

학습 내용 : 그동안 살아오면서 자신의 삶에 영향을 준 사람에 대해 써 보기(긍정적 영향, 부정적 영향)

토론 내용 : 자신의 쓴 글을 중심으로 조별 대화 시간 갖기

과제 : 자서전 한 편 읽어 오기('나를 바꾸는 나의 이야기' 읽기)

제4강

주제 : 나의 미래 생각해 보기

학습 문제 : 나는 어떤 미래를 설계할 것인가?

학습 내용 : 꿈을 주제로 한 동영상 시청하기, 버킷리스트[5] 작성하기

토론 내용 : 자신이 쓴 글을 중심으로 조별 대화 시간 갖기

과제 : 자서전 한편 읽어 오기('나를 바꾸는 나의 이야기' 읽기)

위 내용과 같이, 4주 동안 자기성찰을 기초로 한 글쓰기 과제를 준비하고 수업 시간에 발표를 진행하며 다른 학생들과 교수자가 함께 참여하여 피드백을 제공하는 방식으로 수업을 진행했다. 이 강좌는 1학년 학생을 대상으로 진로설계를 위해 개설되었다. 수업과 연구가 동시에 진행될 때, 수강한 학생은 40명이었으며 전공도 다양했다. 연구

---

5 버킷리스트는 살아 있는 동안 하고 싶은 일을 적은 목록을 의미한다. 영화 「The Bucket List(2007)」의 흥행과 함께 많은 사람들에게 알려져 한국에서도 일상적으로 사용하는 용어가 되었다. 'bucket'이라는 영어를 번역하면 '양동이'란 뜻인데, 중세 유럽에서 교수형을 집행할 때 죄인을 양동이 위에 올린 후 집행관이 그 양동이를 걷어차서 형을 집행하는 상황에서 유래했다.

에 직접 참여한 학생은 모두 9명이었고, 실제 활용한 자료는 6명에게서 수집했다. 이 과정에서 얻은 결론을 4개의 장면으로 요약했는데, 그 내용은 다음과 같다(제갈원, 2016: vi-vii).

첫 번째 장면은 학생들은 자기성찰 글쓰기를 어떻게 수행하는가에 대한 것이다. 자기성찰 글쓰기는 수행방법에 있어서는 '시간적 순서로 삶을 정리해 본다', '자신에게 영향력 있었던 타자에 대해 정리해 본다', '상호 비교를 통해 자기와 타자에 대한 이해의 지평을 넓힌다', '동료 피드백을 통해 자기 이해의 깊이를 더한다', '윤리적인 고려 사항을 숙지하면서 신뢰로운 관계를 구축한다'로 정리할 수 있다.

두 번째 장면은 학생들은 대화의 장에서 무엇을 경험하는가에 대한 것이다. 학생들은 대화의 장에서 '나를 이해하고 수용한다', '타자를 이해하는 폭이 넓어지다', 누군가의 대화자가 되어주다', '공유적 지식과 삶을 만들어 가다', '살아졌던 나를 반성하고 살아갈 나를 기획한다', '지금-여기를 살아가다'로 정리할 수 있다.

세 번째 장면은 실존적 삶의 구성에서 대화의 의미는 어떤 것인가에 대한 것이다. 실존적 삶의 구성에서 '대화는 실존의 본질이자 방법이다', '대화는 존재와 존재의 만남이다', '대화는 실존으로 열매 맺게 한다', '대화적 실존은 자기 치유의 과정이다', '대화는 자기 자신과 서로의 성장을 돌보는 일상적 상담이다'로 정리가 되었다.

네 번째 장면은 연구자가 어떻게 대화자(상담자) 역할을 하였는가에 대한 정리이다. 연구자는 '눈을 맞추고 관심을 기울이며 공감적 태도를 갖다', '자전적 탐구를 통해 성찰하고 스스로를 교육하다', '이해 가능데 대화자(상담자)로 서다', '나의 선입관을 학생들에게 펼쳐 열며 그들에게 다가가다', '학생들을 수업의 화자로 설정하다', '일상적 삶에서 대화의 장을 열다'로 정리할 수 있다.

이러한 과정은 학생들이 현재 처한 위치에서 자신의 진로에 대해 이해하는 계기가 되었다. 연구에서는 이러한 이해를 실존적 삶에 대한 재구성의 과정이라고 주장한다. 마지막으로 성찰이 진행된 과정을 좀 더 세분화해 요약하면 다음과 같다. 첫째, 학생들은 자신의 과거 경험, 특히 진로와 진학 과정을 대상으로 성찰을 시도하게 되었다. 그리고 잊고 있었던 자신의 삶에 대해 이해하게 되었다. 둘째, 다른 학생들의 과거 경험을 들으면서 각각의 학생은 성찰할 수 있는 기회를 가졌다. 이를 통해 자신의 삶과 비교하는 과정을 경험했으며, 다른 삶에 대한 이해와 함께 자신의 삶의 확장 가능성을 살펴볼 수 있게 되었다. 셋째, 학생들뿐만 아니라 교수자도 함께 성찰의 과정을 경험했다. 넷째, 교수자는 자신의 삶과 학생들의 삶을 비교하면서 스스로 성찰하는 과정을 경험했다. 다섯째, 교수자는 학생들의 대화자와 상담자로서의 역할을 동시에 수행했고, 학생들은 교수자나 상담자와의 만남을 구성했으며, 이를 도구삼아 자신의 성찰 폭을 넓히는 경험과 학습의 장을 경험했다. 이 모든 경험을 통해 교수자와 학습자는 동시에 실존적 여정을 하게 되었고 성장의 순간을 경험했다. 이는 성찰, 소통, 대화의 순환이 만들어낸 일종의 진로진학상담 과정이라고 할 수 있다.

생각해 볼 문제

1. 성찰과 반성의 차이에 대해서 함께 논의하고 성찰의 의미를 재개념화해 보자.

2. 교수와 학습자를 위한 성찰 방법에 대해서 논의해 보자.

3. 교사와 학생 간의 진로진학상담 과정이라는 의미로 성찰이 중심이 된 교육과정에 대해서 논의해 보자.

참고문헌

김상현(2012). 여대생들의 진로 멘토링 체험에 관한 현상학적 연구. 미간행 박사학위논문. 서울: 숙명여자대학교 대학원.

제갈원(2016). 대학생의 실존적 삶의 구성에 관한 존재론적 탐구: 대화와 실존의 관계적 의미 찾기. 미간행 박사학위 논문. 서울: 숙명여자대학교 대학원.

표준국어대사전(2016a). 반성. http://stdweb2.korean.go.kr/search/List_dic.jsp

표준국어대사전(2016b). 성찰. http://stdweb2.korean.go.kr/search/List_dic.jsp

허창수(2012). 비판이론과 교육과정 연구. 김영천 편저. 교육과정 이론화: 역사적/동시대적 탐구(pp. 399~436). 파주: 아카데미프레스.

허창수, 이주욱(2008). 일상 속 숨겨진, 당연시 여기는 폭력들. 교육인류학연구, 11(2), 173-205.

Badiou, A.(2013). 투사를 위한 철학: 정치와 철학적 관계. 서용순 역. 파주: 오월의 봄(원전은 2011년 출판).

Bernstein, R.(1985). *Beyond objectivism and relativism: Science, hermeneutics and praxis*. Philadelphia, PA: University of Pennsylvania Press.

Cho Seewha(2014). 비판적 페다고지는 세상을 변화시킬 수 있는가?(*Critical Pedagogy Social Change*). 심성보, 조시화 역. 서울: 살림터(원전은 2013년 출판).

Doerr, M. N.(2004). *Currere and the Environmental Autography: A Phenomenological Approach to the Teaching of Ecology*. NY: Peter Lang Publication.

Freire, P.(1970). *Pedagogy of the Oppressed*. New York: The Continuum Publishing Company.

Guba, E. G. and Lincoln, Y. S.(1989). *Fourth generation evaluation*. Tousands Oaks, CA: Sage Publications.

Kincheloe, J. L., McLaren, P., & Steinberg, S.(2011). Critical pedagogy and qualitative research. In N. Denzin and Y. Lincoln(Eds), *The Sagehandbook of Qualitative Research* (pp.163-177). Thousand Oaks, CA: SAGE Publications.

McLaren, P.(2008). 체 게바라, 파울로 프레이리, 혁명의 교육학(*Che Guevara, Paulo Freire, and The Pedagogy of Revolution*). 강주헌 역. 서울: 아침이슬(원전은 2000년 출판).

Mezirow, J. & Associates(1990). *Fostering critical reflection in adulthood: A guide to transformative and emancipatory learning*. San Francisco: Jossey-Bass Publishers.

Mezirow, J.(1990). How critical reflection triggers transformative learning. In Mezirow, J. & Associates(Eds.). *Fostering critical reflection in adulthood: A guide to transformative and emancipatory learning*(pp. 1-20). San Francisco: Jossey-Bass Publishers.

Pinar, W.(1978). Life history and curriculum theorizing. *Review Journal of Philosophy and Social Science, 3*(1), 92-118.

Pinar, W.(1994). *Autobiography, politics, and sexuality: Essay in curriculum theory, 1972-1992*. New York: Peter Lang.

Pinar, W., Reynolds, W., Slattery, P., & Tabuman, P.(1995). *Understanding curriculum: An introduction to the study of historical and contemporary curriculum*.

Pinar, W.(2004). *What is curriculum theory?* Mahwah, NJ: Lawrence Erlbaum Associates Publishers.

Rychen, D. S. & Salganik, L. H.(2001) *Defining and Selecting Key Competencies. Kirkland*, WA: Hogrefe & Huber Publishers.

Schwab, J. J.(1969). The Practical: A language for Curriculum. *The School Review, 78*(1), 1-23.

Tyler, R. W.(1949). *Basic Principles of Curriculum and Instruction*. Chicago: The University of Chicago Press.

찾아보기

저자 소개

손은령

서울대학교 교육학과 학사, 석사 및 박사(교육상담)

(전) 개포중학교 교사

(전) 충남대학교 입학관리 부본부장

(전) 충남대학교 교육연수원장

충남대학교 교육학과 교수

한국상담학회 생애개발상담학회 부회장

청소년상담사 1급, 한국상담학회 수련감독급 전문상담사(학교상담 분과, 생애개발상담 분과), 한국
상담심리학회 1급 상담사

문승태

순천대학교 농업교육과 학사, 건국대학교 석사 및 박사(교육심리)

(전) 천안제일고등학교 교사

(전) 순천대학교 인력개발원장

(전) 교육부 진로교육정책과장

순천대학교 농업교육과 교수

한국진로교육학회 이사

임경희

서울교육대학교 초등교육과 학사, 홍익대학교 석사 및 박사(교육상담)

순천대학교 교직과 교수

한국진로교육학회 이사 및 편집위원

김희수

서강대학교 국문학과 학사, 교육학 석사(상담심리), 건국대학교 교육학 박사(교육심리)

(전) 덕성여자중학교 교사

(전) 한세대학교 교양학부장

한세대학교 심리상담 대학원 학과장, 한세대학교 학생상담센터장

한국상담학회 생애개발상담학회, 학교상담학회, 심리치료학회 감사

한국상담학회 수련감독급 전문상담사(학교상담 분과, 심리치료 분과), 한국 상담심리학회 1급
　　상담사

손진희

서울대학교 교육학과 석사 및 박사(교육상담)

(전) 서울대학교 학생생활연구소 상담연구원

(전) 서울특별시청소년종합상담실 팀장

(전) 서강대학교 학생생활상담센터 전임상담원

선문대학교 상담심리사회복지학과 교수

한국상담심리학회 이사, 한국생애개발상담학회 이사, 한국진로교육학회 이사

한국상담학회 수련감독급 전문상담사(아동청소년분과), 한국 상담심리학회 상담심리사 1급

임효진

서울대학교 교육학과 학사 및 석사, University of Southern California 박사(교육심리)

(전) 고려대학교 두뇌동기연구소 연구교수

(전) 전북대학교 교육학과 부교수

서울교육대학교 초등교육과 교수

한국교육심리학회 이사, 한국상담학회 생애개발상담학회 이사

학습컨설턴트 1급

여태철

서울대학교 교육학과 학사, 석사 및 박사(교육심리)

(전) 한국행동과학연구소 연구원

(전) 경인교육대학교 교무처장

(전) 한국초등상담교육학회 회장

경인교육대학교 교육학과 교수

최지영

숙명여자대학교 교육심리학과 학사, 서울대학교 교육학과 석사, 미국 미네소타대학교
　　박사(교육심리)

(전) 서울대학교 교육연구소 한국인적자원연구센터 선임연구원

(전) 한국인간발달학회 회장

(전) 한남대학교 교수학습센터장 및 한남대학교 장애학생지원센터장

한남대학교 교육학과 교수, 한남대학교 학생상담센터장, 한남대학교 건강관리센터장

한국교육심리학회 이사, 한국상담학회 생애개발상담학회 이사, 한국영재교육학회 이사

청소년상담사 1급, 학습컨설팅전문가(한국교육심리학회), 학부모지원전문가 1급(한국인간발달학회)

손민호

서울대 교육학과 학사 및 석사, 미국 오하이오주립대 박사

(전) 한국교육과정평가원 연구원

인하대학교 사범대학 교육학과 교수

고홍월

성신여자대학교 국어국문학과 학사, 서울대학교 교육학과 석사 및 박사(교육상담)

(전) 서울대학교 교육종합연구원 선임연구원

(전) 중앙대학교 학생생활상담센터 선임연구원

충남대학교 자유전공학부 부교수

한국상담학회 편집위원회 부위원장

한국상담학회 생애개발상담학회 특별위원장

청소년상담사 1급

공윤정

서울대학교 생물교육학과 학사, 교육학과 석사(교육상담), 미국 퍼듀대학교 박사(상담심리)

(전) 청소년 대화의 광장 상담자

(전) 서울대학교 진로취업센터 전문위원

경인교육대학교 교육학과 교수

한국상담학회 생애개발상담학회 고문

초등상담교육학회 이사

허창수

인하대학교 물리학과 학사, 플로리다주립대학교 석사 및 박사(교육과정 및 과학교육)

충남대학교 교육학과 부교수

충남대학교 교육연구소 소장, 충남대학교 교직부 부장

한국교육과정학회. 한국교육인류학회, 한국질적탐구학회, 한국다문화교육학회 이사